国家社科基金
GUOJIA SHEKE JIJIN HOUQI ZIZHU XIANGMU
后期资助项目

毛奇齡佚文輯考編年

胡春麗 著

上海人民出版社

毛奇齡像（選自清康熙五十九年刻本《西河合集》）

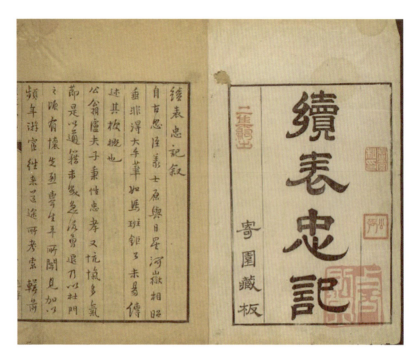

《續表忠記敘》書影(清康熙三十四年趙氏寄園刻本)

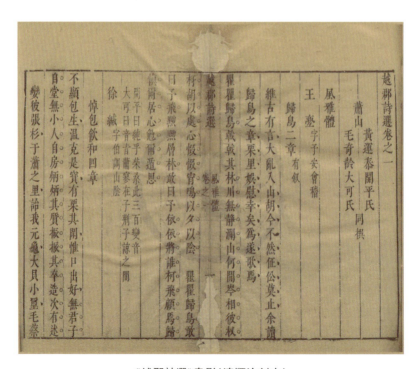

《越郡詩選》書影(清順治刻本)

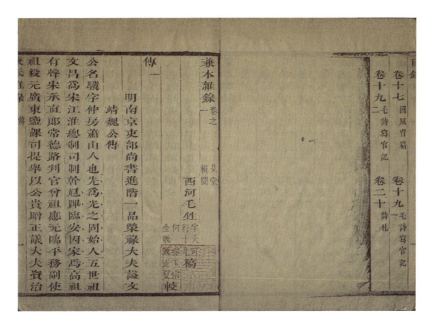

《兼本雜録》書影（清康熙十七年刻本）

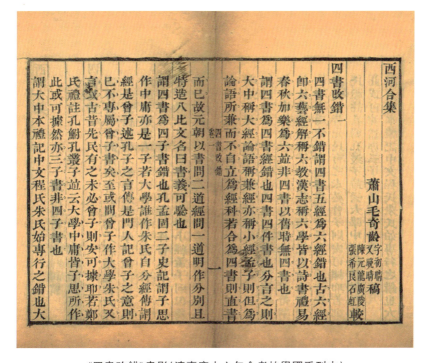

《四書改錯》書影（清嘉慶十六年金孝柏學圃重刊本）

論定西廂記自序

西河毛　姓譔

西廂記者填詞家頗要也夫元詞亦多矣獨西廂記以院
本爲北詞之宗且傳其事者似乎有異數在其間焉昔元
積爲會眞記彼偶有託耳杜牧李紳輩卽爲詩傳之逮宋
而秦觀毛澤民卽又創爲詞作調笑令焉暨乎趙安定郡
王撰成商調鼓子詞凡一十二章俚謳師唱演謂之傳奇
至金章宗詞有所爲董解元者不傳其名氏實始爲填北
曲名曰西廂記然猶是揚彈家唱本也嗣後元人作西廂
院本凡幾本而後乃是本以傳繼此則又有陸天池李日

《毛西河論定西廂記》書影（清康熙十五年浙江學者堂刊本）

國家社科基金後期資助項目
出版説明

　　後期資助項目是國家社科基金設立的一類重要項目,旨在鼓勵廣大社科研究者潛心治學,支持基礎研究多出優秀成果。它是經過嚴格評審,從接近完成的科研成果中遴選立項的。爲擴大後期資助項目的影響,更好地推動學術發展,促進成果轉化,全國哲學社會科學工作辦公室按照"統一設計、統一標識、統一版式、形成系列"的總體要求,組織出版國家社科基金後期資助項目成果。

全國哲學社會科學工作辦公室

目　　録

前言 ……………………………………………………………………………………… 1

毛奇齡佚文輯考編年 …………………………………………………………………… 1

慕歌慕禹也（約順治二年） …………………………………………………………… 1

小海唱頌胥也（約順治二年） ………………………………………………………… 4

三洲歌（約順治二年） ………………………………………………………………… 5

毛總戎墓誌銘（約順治八年） ………………………………………………………… 5

武進惲仲升過話（順治十年） ………………………………………………………… 12

送姚江黄晦木之三吳（順治十年） …………………………………………………… 14

早秋夜歸湘湖（順治十年） …………………………………………………………… 15

堯之岡（順治十年） …………………………………………………………………… 15

秋望（順治十年） ……………………………………………………………………… 16

贈虞意詩（順治十年） ………………………………………………………………… 16

崇蘭（順治十年） ……………………………………………………………………… 16

似艷歌何嘗行（順治十年） …………………………………………………………… 18

似艷歌行（順治十年） ………………………………………………………………… 19

那呵灘（順治十年） …………………………………………………………………… 19

似猛虎行（順治十年） ………………………………………………………………… 20

似董逃行（順治十年） ………………………………………………………………… 20

從南屏入南高峰憩新菴淨室（順治十年） …………………………………………… 21

於湖心至一橋留晚家庄（順治十年） ………………………………………………… 22

憩孤山（順治十年） …………………………………………………………………… 22

還止西陵宋右之欽序三陸予敬訪予勤公講堂（順治十年） ………………………… 22

欸乃曲（順治十年） …………………………………………………………………… 23

鴻資北歸出癭瓢示予索賦云得之孔檜中（順治十年） ……………………………… 24

送友人入蜀（順治十年） ……………………………………………………………… 25

節母葛太君行狀（順治十年）…………………………… 25

出塞（順治十一年）………………………………………… 26

三月十九日舟中望哭（順治十一年）……………………… 26

雜曲二首（順治十一年）…………………………………… 27

寄答施比部尚白（順治十一年）…………………………… 28

情詩寄魏雪竇二首（順治十一年）………………………… 29

答錢瞻百（順治十一年）…………………………………… 30

過會城訊陸麗京不得（順治十一年）……………………… 31

聞梁谿錢礎日蒙難得免訊之以詩（順治十一年）………… 31

送禾中女士黃皆令之山陰（順治十一年）………………… 32

贈女士（順治十二年）……………………………………… 33

憲翁四兄讀書處有異蘭花敷葉其花跗與葉甲互含若珠既瑞之又

　　醉之又從而韻之蓋以此爲憲翁夢蘭預也敢乞教晉翁老先生

　　（約順治十三年）……………………………………… 36

《鼓吹新編》敘（順治十五年）…………………………… 36

贈王丹麓（順治十五年）…………………………………… 38

次日又賦（順治十五年）…………………………………… 39

聽何紫翔弟子彈琴別館（順治十五年）…………………… 40

同諸公宿沈孚先宅哭之（順治十五年）…………………… 40

二月四日聽女弟子彈琴百尺樓（順治十六年）…………… 41

寄懷李研齋（順治十六年）………………………………… 41

八月十五日友人約觀濤不赴獨坐卻憶魏雪竇久滯梅市

　　（順治十六年）………………………………………… 42

瑞吾公德配張孺人傳（順治十六年）……………………… 43

慶一公像贊（約順治十七年）……………………………… 44

題陳洪綬摹李伯時《乞士圖》（康熙三年）……………… 44

自題《宜男圖》（康熙四年）……………………………… 46

復何自銘札子（康熙六年）………………………………… 47

丁徵士誄文（康熙七年）…………………………………… 49

爲婦陳何答黃皆令札子（康熙七年）……………………… 51

《南疑集》題詞（康熙十年）……………………………… 54

與陸藎思（約康熙十年）…………………………………… 55

寄郡佐羅周師書（約康熙十年）…………………………… 55

《修竹高仕圖》題辭（康熙十一年）……………………… 56

修誌五箋(康熙十二年) ……………………………………… 56

《蕭山汀頭沈氏族譜》序(約康熙十二年) ………………… 60

郡文序(約康熙十三年) ……………………………………… 61

題雲石山居詩(康熙十四年) ………………………………… 62

《西廂記》考實(康熙十四年) ……………………………… 63

《崔鄭合袝》辨(康熙十四年) ……………………………… 65

《論定西廂記》識語(康熙十四年) ………………………… 66

《論定西廂記》緣起(康熙十五年) ………………………… 67

題鶯像(康熙十五年) ………………………………………… 70

《朱道人播痘禁方》緣起(康熙十五年) …………………… 72

與某書(約康熙十五年) ……………………………………… 73

題贈對聯(約康熙十五年) …………………………………… 74

齊相叔牙公像贊(約康熙十五年) …………………………… 74

思親堂記(康熙十六年) ……………………………………… 75

《暸城陸生三絃譜》記(康熙十六年) ……………………… 76

《上海朱氏九世圖》記(康熙十六年) ……………………… 80

《三絃譜記》詞話(康熙十六年) …………………………… 82

《白鷹賦》跋(康熙十六年) ………………………………… 83

《纕芷閣遺稿》序(康熙十七年) …………………………… 84

《孟次微集》序(康熙十七年) ……………………………… 85

送邵子湘之登州(康熙十八年) ……………………………… 87

題《武康韓侯德政録》(康熙十八年) ……………………… 88

《雷琴歌》爲張晴峰水部賦(康熙十九年) ………………… 89

寄王丹麓(康熙十九年) ……………………………………… 91

國朝安遠將軍美公像贊(康熙二十二年) …………………… 93

《錦官集》序(康熙二十三年) ……………………………… 93

《梅花賦》跋(康熙二十三年) ……………………………… 95

《康熙甲子史館新刊古今通韻》緣起(康熙二十三年) …… 97

呈進《康熙甲子史館新刊古今通韻》表(康熙二十四年) … 100

與渭翁書(約康熙二十四年) ………………………………… 102

又與渭翁書(康熙二十四年) ………………………………… 103

和題阿錢《留視圖》(康熙二十四年) ……………………… 103

《吳道賢樂府》小序(康熙二十四年) ……………………… 104

《礦嚴續文部二集》序(康熙二十四年) …………………… 106

近山公傳(康熙二十五年)……………………………………………………… 107

水仙廟土穀神倪三相公事蹟(約康熙二十五年)……………………………… 108

過高士徐明德墓志感(約康熙二十六年)……………………………………… 109

毅菴王公七旬壽文(康熙二十六年)…………………………………………… 110

廣博辭(康熙二十七年)………………………………………………………… 112

《蕭山長浜陳氏宗譜》序(康熙二十七年)…………………………………… 114

《客越近詠》序(康熙二十七年)……………………………………………… 116

《東渚詩集》題詞(康熙二十七年)…………………………………………… 116

恢七公像贊(約康熙二十七年)………………………………………………… 118

《樂志堂文鈔》敘(康熙二十八年)…………………………………………… 118

《完玉堂詩集》題辭(康熙二十九年)………………………………………… 120

《越州臨民録》序(康熙三十年)……………………………………………… 121

壽柴士容七十序(約康熙三十年)……………………………………………… 122

題《汪柯庭瓵鶉圖》(康熙三十一年)………………………………………… 124

贈劉明府(康熙三十二年)……………………………………………………… 124

《西陵詠》序(康熙三十二年)………………………………………………… 125

與某(康熙三十二年)…………………………………………………………… 126

臨汾三賈傳(約康熙三十二年)………………………………………………… 127

《湖上雜詠》跋(康熙三十三年)……………………………………………… 129

題《納涼圖》(康熙三十三年)………………………………………………… 130

《東城紀勝》題辭(康熙三十三年)…………………………………………… 131

題門人徐昭華仿李公麟《抱子圖》(康熙三十三年)………………………… 132

和王子丹麓《六十初度作》即次原韻(康熙三十四年)……………………… 132

與蔣蘿村、蔣梅中昆仲書(康熙三十四年)…………………………………… 133

《續表忠記》敘(康熙三十四年)……………………………………………… 135

《武林臨民録》序(康熙三十四年)…………………………………………… 137

忠宣公像贊(康熙三十四年)…………………………………………………… 138

《嘯竹堂集》序(康熙三十五年)……………………………………………… 139

郡庠生楚材林先生暨配任太安人像贊(康熙三十五年)……………………… 140

獻和林公暨配陸太孺人像贊(康熙三十五年)………………………………… 141

又與蔣蘿邨、梅中昆仲書(康熙三十五年)…………………………………… 141

和博問亭《簡遊人十二韵》(康熙三十五年)………………………………… 143

和索太僕《無題》原韻(康熙三十五年)……………………………………… 144

贈蔣憲臺(康熙三十五年)……………………………………………………… 146

《署全浙提憲藍公德政留愛編》序(康熙三十五年)……………… 147

贈兩浙提憲義甫藍公(康熙三十五年)……………………………… 149

題《荷花圖》(康熙三十六年)………………………………………… 149

新安汪烈女徵詩啓(康熙三十七年)………………………………… 150

與陳山堂(康熙三十七年)…………………………………………… 151

《念佛鏡》序(康熙三十七年)………………………………………… 152

金太君七十壽文(康熙三十七年)…………………………………… 153

張孺人像贊(康熙三十七年)………………………………………… 156

《朱文恪公誥命》跋(康熙三十七年)………………………………… 156

《野香亭集》序(康熙三十七年)……………………………………… 158

《家塾教學法》序(康熙三十八年)…………………………………… 159

贈張敬止中丞(康熙三十八年)……………………………………… 160

《布澤編》序(康熙三十八年)………………………………………… 161

位侯公傳(康熙三十八年)…………………………………………… 163

《鹿野詩草》序(康熙三十八年)……………………………………… 164

題《王百朋小像》(康熙三十八年)…………………………………… 165

《無雙譜》引言(康熙三十八年)……………………………………… 166

諸虎男先生像贊(康熙三十八年)…………………………………… 167

《石羊生詩稿》序(約康熙三十八年)………………………………… 167

《步陵詩鈔》序(康熙三十九年)……………………………………… 169

爲王南村題《風木圖》(康熙三十九年)……………………………… 171

與張山來書(康熙三十九年)………………………………………… 172

《老竹軒詩》序(康熙三十九年)……………………………………… 173

《蕭邑桃源朱氏宗譜》序(康熙四十年)……………………………… 173

《天南一峰集》序(康熙四十年)……………………………………… 174

元邑令國平於公行序(康熙四十年)………………………………… 176

《梅花百詠》跋(康熙四十年)………………………………………… 177

復馮山公書(康熙四十年)…………………………………………… 178

二復馮山公書(康熙四十年)………………………………………… 179

三復馮山公書(康熙四十年)………………………………………… 182

與丁勗菴(康熙四十年)……………………………………………… 182

監兹五姪八十大壽詩(康熙四十一年)……………………………… 183

四復馮山公書(康熙四十一年)……………………………………… 184

孝成徐太君讚(康熙四十二年)……………………………………… 185

訥齋[府]君贊(康熙四十二年)‧‧‧‧‧‧‧‧‧‧‧‧‧‧‧‧‧‧‧‧ 186

《倚樹堂詩選》序(康熙四十二年)‧‧‧‧‧‧‧‧‧‧‧‧‧‧‧‧ 186

答蘇倫五見寄原韻(康熙四十二年)‧‧‧‧‧‧‧‧‧‧‧‧‧‧ 188

朱界淘《匏葉山莊集》敘(康熙四十三年)‧‧‧‧‧‧‧‧ 189

松溪先生七十自述用杜句作迴環體依韻奉和(康熙四十四年)‧‧ 190

《讀書正音》序(康熙四十四年)‧‧‧‧‧‧‧‧‧‧‧‧‧‧‧‧‧‧ 192

《賜書堂詩稿》序(康熙四十四年)‧‧‧‧‧‧‧‧‧‧‧‧‧‧‧‧ 194

月瞻公六旬壽詩(康熙四十四年)‧‧‧‧‧‧‧‧‧‧‧‧‧‧‧‧ 195

題戴雪渠《索句圖》(康熙四十四年)‧‧‧‧‧‧‧‧‧‧‧‧ 196

諸母江夫人壽序(康熙四十四年)‧‧‧‧‧‧‧‧‧‧‧‧‧‧‧‧ 196

通議大夫晉贈開府大宗趙公墓誌銘(康熙四十四年)‧‧ 198

《漁莊詩艸》序(康熙四十四年)‧‧‧‧‧‧‧‧‧‧‧‧‧‧‧‧‧‧ 201

承德郎匪菴公傳(康熙四十四年)‧‧‧‧‧‧‧‧‧‧‧‧‧‧‧‧ 202

沈爲久《集句詩》題辭(康熙四十四年)‧‧‧‧‧‧‧‧‧‧ 203

寄陳山堂(康熙四十四年)‧‧‧‧‧‧‧‧‧‧‧‧‧‧‧‧‧‧‧‧‧‧‧‧ 204

題悅我軒(康熙四十四年)‧‧‧‧‧‧‧‧‧‧‧‧‧‧‧‧‧‧‧‧‧‧‧‧ 205

始祖柏山公傳(約康熙四十四年)‧‧‧‧‧‧‧‧‧‧‧‧‧‧‧‧ 206

毛以澳傳(約康熙四十四年)‧‧‧‧‧‧‧‧‧‧‧‧‧‧‧‧‧‧‧‧‧‧ 207

十七世陞之公贊(康熙四十五年)‧‧‧‧‧‧‧‧‧‧‧‧‧‧‧‧ 208

《重刊臨海集》序(康熙四十六年)‧‧‧‧‧‧‧‧‧‧‧‧‧‧‧‧ 209

《詩識名解》序(康熙四十六年)‧‧‧‧‧‧‧‧‧‧‧‧‧‧‧‧‧‧ 210

《四書正事括略》自序(康熙四十六年)‧‧‧‧‧‧‧‧‧‧ 212

《筍莊詩鈔》序(康熙四十六年)‧‧‧‧‧‧‧‧‧‧‧‧‧‧‧‧‧‧ 213

與沈鹿坪書(約康熙四十六年)‧‧‧‧‧‧‧‧‧‧‧‧‧‧‧‧‧‧ 215

《類林新咏》序(康熙四十七年)‧‧‧‧‧‧‧‧‧‧‧‧‧‧‧‧‧‧ 216

《稼雨軒近詩》序(康熙四十七年)‧‧‧‧‧‧‧‧‧‧‧‧‧‧‧‧ 218

《四書改錯》自序(康熙四十七年)‧‧‧‧‧‧‧‧‧‧‧‧‧‧‧‧ 219

《讀史亭詩集》序(康熙四十七年)‧‧‧‧‧‧‧‧‧‧‧‧‧‧‧‧ 221

吳心遠先生《韻切指歸》序(康熙四十八年)‧‧‧‧‧‧ 223

《金華文略》序(康熙四十八年)‧‧‧‧‧‧‧‧‧‧‧‧‧‧‧‧‧‧ 224

《倪文忠公全集》序(康熙四十八年)‧‧‧‧‧‧‧‧‧‧‧‧ 226

《菀青集》序(康熙四十八年)‧‧‧‧‧‧‧‧‧‧‧‧‧‧‧‧‧‧‧‧ 227

《越州詩存》序(康熙四十八年)‧‧‧‧‧‧‧‧‧‧‧‧‧‧‧‧‧‧ 228

武夷山莊詩(康熙四十八年)‧‧‧‧‧‧‧‧‧‧‧‧‧‧‧‧‧‧‧‧‧‧ 229

與沈方舟書(康熙四十八年)……………………………………… 230

肇生公像贊(康熙四十九年) ……………………………………… 231

《藥園詩稿》序(康熙四十九年)………………………………… 231

《綏安二布衣詩》序(康熙四十九年)………………………… 233

《志姜堂贈言册》序(康熙四十九年)………………………… 234

文學聲遠王君像贊(康熙五十年)……………………………… 236

孫廣其《松鱗集》序(康熙五十年)…………………………… 237

賀瑞徵公八袠榮壽(康熙五十年)……………………………… 238

《靳史》序(康熙五十年)………………………………………… 238

《家禮經典參同》序(康熙五十一年)………………………… 239

《枝語》序(康熙五十一年)……………………………………… 240

《性影集》序(康熙五十一年)…………………………………… 241

《峴西杜氏重修宗譜》序(康熙五十一年)………………… 242

醬署復建三友居詠(康熙五十一年)………………………… 244

佩玉公以上四代圖贊(康熙五十一年)……………………… 245

《饑鳳集詩稿》序(約康熙五十一年)………………………… 246

毛奇齡佚文辨僞考録………………………………………………… 249

上巳後三日汎舟西湖即席分韻得先字(康熙四十年)…… 249

又得西字(康熙四十年)…………………………………………… 250

錢王祠下作(康熙四十年)………………………………………… 250

墟中十八詠序(康熙四十一年)………………………………… 252

世經堂集序(康熙五十一年)…………………………………… 253

貞西公傳(康熙五十二年)………………………………………… 256

水閣于氏宗譜序(康熙五十二年)……………………………… 257

五言楹聯(康熙五十二年)………………………………………… 260

毛奇齡散佚評語輯補………………………………………………… 261

毛奇齡散佚殘句輯補………………………………………………… 329

陸節婦傳……………………………………………………………… 329

《鹿園詩集》序…………………………………………………… 329

《經鋤堂詩集》序………………………………………………… 330

與某書…………………………………………………………………… 330

毛奇齡佚文存目‥‥‥‥‥‥‥‥‥‥‥‥‥‥‥‥‥‥‥ 331

　　河女之章‥‥‥‥‥‥‥‥‥‥‥‥‥‥‥‥‥‥‥‥‥ 331

　　《梅市倡和詩》序‥‥‥‥‥‥‥‥‥‥‥‥‥‥‥‥‥ 331

　　桃枝詞‥‥‥‥‥‥‥‥‥‥‥‥‥‥‥‥‥‥‥‥‥‥ 332

　　王百朋《梅花詩》敘‥‥‥‥‥‥‥‥‥‥‥‥‥‥‥‥ 332

　　挽大章公‥‥‥‥‥‥‥‥‥‥‥‥‥‥‥‥‥‥‥‥‥ 332

參考文獻‥‥‥‥‥‥‥‥‥‥‥‥‥‥‥‥‥‥‥‥‥‥‥ 333

人名索引(按姓氏拼音排序)‥‥‥‥‥‥‥‥‥‥‥‥‥ 346

後記‥‥‥‥‥‥‥‥‥‥‥‥‥‥‥‥‥‥‥‥‥‥‥‥‥ 353

前　言

一

毛奇齡(1623—1713)，又名甡，字大可、齊于、于、初晴、晚晴、老晴、秋晴、春遲、春莊、僧彌、僧開等，號西河、河右①，浙江蕭山人。少時聰慧過人，有"神童"之譽。明崇禎十年(1637)，入縣學爲諸生。旋從紹興司理陳子龍遊，子龍評其文曰"才子之文"。明亡後，避兵城南山中，築土室讀史書。後入同宗毛有倫南明軍中，屢有建言。失敗後，亡走山寺爲僧，衣緇者八年。順治年間，他積極參加浙地的文社活動，與諸名士爭短長，因品目過峻，且好甲乙人所爲文，人多忌之。其間，毛奇齡與山陰祁氏寓園秘密反清復明團體聯繫密切。康熙初年，"通海案"發，好友魏耕、錢纘曾等被殺，祁班孫、李甲等遠戍寧古塔。爲躲避追捕，毛奇齡易名王彦，字士方，流亡十餘年。返里後，得友人姜希轍之助，輸貲爲廩監生。其間，文名早著，與毛先舒、毛際可俱以文章雄東南文壇，有"浙中三毛，文中三豪"之譽。康熙十八年(1679)，年近花甲的毛奇齡舉博學鴻儒科二等，授翰林院檢討，入史館纂修明史，曾分題起草弘治、正德兩朝列傳及"盜賊""土司""后妃"等諸雜傳，共二百餘篇。在京修史之暇，考識古韻，成《古今通韻》一書。此書進呈御覽，蒙康熙帝頒諭獎勞，入藏皇史宬。二十四年(1685)，充會試同考官。旋以葬親爲由乞假，托以痹疾，不復出仕。晚年僦居杭州，摒棄詞賦之業，唯以研經爲務，於經部十大類之《易》學、《尚書》學、《詩經》學、《春秋》學、三禮學、四書學、小學、《孝經》學、《樂》學等，皆有撰述。學問日隆，從學者日衆。四十七年

① (清)梁章鉅《浪跡三談》卷三"多字"條："近人之多字，無如毛西河先生。按先生名奇齡，又名甡，字兩生，又字大可，又字齊于，又字于，又字初晴，又字晚晴，又字老晴，又字秋晴，又字春遲，又字春莊，又字僧彌，又字僧開。皆雜見集中，其取義有不甚可解者，今人但稱爲西河先生而已。西河者，其郡望，非字也。"載梁章鉅：《浪跡三談》卷三，劉葉秋、苑育新校注，福建人民出版社1985年版，第40—41頁。

(1708),成《四書改錯》二十二卷,針朱熹之膏肓,起朱熹之廢疾,在一定程度上消解了元明以來士人奉爲金律的《四書章句集注》的權威性。凌廷堪認爲此書"如醫家之大黄,實有立起沉疴之效,爲斯世不可無者"(凌廷堪《與阮中丞論克己書》);劉師培認爲"有毛奇齡《四書改錯》,而後宋儒釋《論》《孟》之書失其依榜"(劉師培《近代漢學變遷論》)。毛奇齡原本想將此書獻呈,豈料康熙自四十六年以後,不再南巡。五十一年(1712),清廷頒諭將朱熹從祀孔廟的地位升格,由東廡先賢之列升至大成殿十哲之次,毛奇齡獻書的願望落空,自斧其《四書改錯》版片。五十二年(1713)三月,毛奇齡卒於蕭山里第,走完了他頗富傳奇色彩的一生,享年九十一歲。其生平詳施閏章《毛子傳》(施閏章《學餘堂文集》卷十七)、毛奇齡《自爲墓誌銘》(《西河合集·墓誌銘十一》)、盛唐《西河先生傳》(《西河合集》卷首)、全祖望《蕭山毛檢討別傳》(《鮚埼亭集外編》卷十二)等。

　　毛奇齡著述之富,清儒罕有其匹。其早年單刻諸小集如《瀨中集》十四卷、《當樓集》二卷、《桂枝集》一卷、《兼本雜録》二十卷、《毛翰林史集》二十九卷、《西河文選》十一卷等,合併後期所著,於康熙三十八年(1699)彙刻爲《西河合集》,此乃初刻本,亦是未完本。康熙五十九年庚子(1720),距初刻本《西河合集》刻成已逾二十年,毛奇齡仙逝業已七年,毛氏弟子蔣樞及其從孫毛雍等鑒於《西河合集》原板殘缺頗多,加之毛氏在康熙三十八年至五十二年間續有撰作,因此補入遺稿,校輯付梓。蔣樞歷述其重刻經過云:"先生自康熙三十八年以後,越五年而東歸草堂,又九年而卒,中間研經講學殆無虛日,所積卷帙甚夥,經集如干卷,文集如干卷,既經鏤刻而原目未載者,今悉補入,彙爲成書,部署一遵舊式。但《全集》原板殘缺頗多,先生之從孫聖臨氏,充有先生之長嗣也,重檢遺稿,較輯付梓,間有無從補輯者,闕而有待,不敢以贋本竄入云。康熙庚子臘月中澣,同里門人蔣樞識。"①是爲補刻本,《西河合集》終成完璧,共收書 116 種 493 卷,其中經集 50 種 237 卷,文集 66 種 256 卷。乾隆三十五年(1770),蕭山陸體元購得補刻本《西河合集》版片,因版片漸就模糊,遂"修其殘缺,補其遺亡"②,再付剞劂。是爲修補本。嘉慶元年(1796),時任浙江學政的阮元極爲推重毛奇齡《西河合集》,認爲乾嘉學術的繁榮昌明應歸功於毛奇齡的"開始之功"③,遂作序重刊,是爲重刊本。嘉慶本《西河合集》扉頁題"毛西河先生全集",故《西河合集》又名《毛西

---

① (清)毛奇齡:《西河合集》卷首"總目録"末,清康熙五十九年刻本。
② (清)陶杏秀:《藏毛西河全集原版序》,載毛奇齡《毛西河先生全集》卷首,清嘉慶元年刻本。
③ (清)阮元:《毛西河檢討全集後序》,載毛奇齡《毛西河先生全集》卷首,清嘉慶元年刻本。

河先生全集》。乾隆修補本及嘉慶重刊本無論是版式，還是所收書的種數與卷數，皆與康熙五十九年書留草堂補刻本《西河合集》相同。

除《西河合集》外，毛奇齡所著《夏歌集》《古今樂府》《越州三子詩》《空居日抄》《鴻路堂詩鈔》《丹攤雜編》《儀禮疑義》諸書已亡佚，另有《毛西河論定西廂記》六卷、《康熙甲子史館新刊古今通韻》十二卷、《四書正事括略》八卷、《四書改錯》二十二卷單行，未收入《西河合集》，而嘉慶重刊本《西河合集》扉頁題“毛西河先生全集”，名不副實，故本書所引毛奇齡文，以康熙五十九年書留草堂補刻本《西河合集》爲準。

二

毛奇齡由明入清，身歷天啓、崇禎、順治、康熙四朝，生平經歷坎坷。其詩文散佚較多，主要有以下幾個方面的原因：其一，毛奇齡順治年間所作詩文，或抒發明清易代之際的人間疾苦，或反思明亡的歷史教訓，或爲江湖疇人作傳，有些已刻入其早年單刻小集《兼本雜録》中，後毛奇齡入仕清廷，擔心少作不合時宜，故晚年彙刻《西河合集》時，將《兼本雜録》卷四《嫪城陸生三弦譜記》《上海朱氏九世圖記》、卷十一《論定西廂記緣起》《朱道人播痘禁方緣起》《題雲石山居詩》《題鶯像》《刻今詩鼓吹新編題詞》、卷十二《丁徵士誄文》、卷十四《復何自銘札子》《爲婦陳何答黄皆令札子》《修志五箋》、卷十五《詞話》第二十三則等 12 篇文刪去，未收入《西河合集》。其二，順治十年至十八年，毛奇齡與山陰祁氏寓園反清復明團體的核心人物魏耕、祁班孫、錢纘曾、朱士稚、李甲等交往密切，後諸人或被殺，或被流放，毛奇齡與他們的酬唱贈答，多亡佚。李塨云：“且舊有《夏歌》《瀨中》二集行世，世爭購之。既而《夏歌》無存者。曾刻《古今樂府》于淮西，亦不存。……先生嘗曰：少爲選體詩。既而見吳江吳生有爲齊梁以後詩者，遂爲齊梁以後詩，凡三百餘者，無兼本。甬東魏生與烏程錢氏選近人詩，攜其稿去。會吳生以考場事徙塞外，而魏生與錢氏則皆以他案捕逮，籍其家，而詩并亡焉。”① 從毛奇齡弟子李塨所言可知，毛奇齡《夏歌集》與《古今樂府》兩書已佚。“吳江吳生”即吳兆騫，“甬東魏生與烏程錢氏”即魏耕與錢纘曾，毛奇齡曾有詩呈三人供選詩之用，因三人或被殺，或被流放，詩大多亡佚。現存魏耕、錢纘曾同選的清詩選本《今詩粹》載毛奇齡佚詩十餘首，可證毛奇齡確實參與了山陰祁氏

---

① （清）李塨：《西河文集序目》八，載毛奇齡《西河合集·二韻詩》卷首，清康熙五十九年刻本。

寓園的反清復明活動。其三,毛奇齡自言"予自弱冠即爲親朋閭里行文寫幛,閱五十餘年,其爲文不知凡幾"(《西河合集·沈母陳太君壽序》),但多隨寫隨贈,不自留底稿,故其詩文往往不載其集中,而卒入總集、家譜、方志中。其四,毛奇齡乞假僦居杭州及歸居蕭山故里後,摒棄詞業,唯以研經爲務,對早年詩文不自收拾,爰多亡佚。其弟子莫春園云:"先生少經憂患,垂暮登朝,又以病不時侵,出入承明者日淺,故所著誥、頌等篇,擬作者十之五。及解組南歸,肆力諸經,而篇籍散失者復十之七。如誥詞,則館稿不存;樂録,則奏疏全逸。判存六,牘存廿五,箋存三十四,則其他之歷星霜而蝕風雨者何限? 又況表、策諸大篇,盡書'缺',有間者乎?"①可知康熙三十八年彙刻《西河合集》時,毛奇齡諸體文已亡佚不少。據《西河合集》總目録,《續哀江南賦》一卷、《擬廣博詞連珠詞》一卷、策一卷、表一卷,均標"缺"字。其五,毛奇齡卒後,其後嗣及弟子曾重輯、三輯《西河合集》,或爲尊諱,或出避忌,又有以己意行删改之事,亦有詩文不予編入。

　　毛奇齡詩文散佚如此之多,致後人很難窺其一生行事面貌,讀毛奇齡《西河合集》,亦難免如霧裏看花,隔着一層。今幸輯得毛奇齡佚詩佚文 206 篇,評語數百條,殘句 4 則,存目 5 種,可使毛奇齡生平行跡進一步大明,不啻提供了一部研究毛奇齡的新"文本"。

三

　　長期以來,學界對毛奇齡其人其學的評價呈兩極化的態勢,一方面是對毛奇齡的才學持肯定態度的,如李天馥、阮元等人。李天馥《西河合集領詞》云:"因回思當日西河不可及者三:身不挾一書册,所至籯笥無片紙,而下筆蓬勃,胸有千萬卷,言論滔滔,其不可及一;少小避人,盛年在道路,得怔忪疾,遇疾發,求文者在門,捫胸腹四應,頃刻付去無誤者,其不可及二;讀書務精核,自九經、四子、六藝諸大文外,傍及禮樂、經曲、鐘吕諸瑣屑事,皆極其根柢而貫其枝葉,偶一論及,輒能使漢、宋儒者悉拄口不敢辨,其不可及三。至其集,則予固未能窺其涯也。聖天子崇尚經學,以所立學官諸經説參校未備,因遍搜海内群儒之言,凡于經學有發明者,無拘同異寡多,皆得入藏書之閣而納諸秘府。西河少受六經,而長博群籍,自《易》《禮》《春秋》《詩》《書》諸

---

① (清)莫春園:《西河文集序目》一,載毛奇齡《西河合集·文集》卷首,清康熙五十九年刻本。

經而外皆有論著，鬱然集于成。方今推儒學者，于西河居一焉。"①阮元云：
"蕭山毛檢討以鴻博儒臣，著書四百餘卷。後之儒者或議之。議之者，以檢
討好辨善詈，且以所引證索諸本書，間有不合也。余謂善論人者，略其短而
著其功，表其長而正其誤，若苛論之，雖《孟》《荀》無完書矣。有明三百年以
時文相尚，其弊庸陋諓僿，至有不能舉經史名目者。國朝經學盛興，檢討首
出于東林、蕺山講學爨燎之餘，以經學自任，大聲疾呼，而一時之癈疾頓起。
當是時，充宗起于浙東，朏明起于浙西，寧人、百詩起于江淮之間，檢討以博
辨之才，睥睨一切，論不相下，而道實相成。迄今學者日益昌明，大江南北著
書授徒之家數十，視檢討而精核者固多，謂非檢討開始之功則不可。檢討推
溯《太極》《河》《洛》在胡朏明之先，發明荀、虞、干、侯之《易》在惠定宇之先，
于《詩》駁申氏之僞，于《春秋》指胡氏之偏。三禮、四書，所辨證尤博。至于
古文、詩、詞，後人得其一已足以自立于千古，而檢討猶不欲以留于世，則其
長固不可以一端盡矣。至于引證間有訛誤，則以檢討彊記博聞、不事翻檢之
故，恐後人欲訂其誤，畢生不能也。我朝開四庫館，凡檢討所著述，皆分隸各
門，蓋重之也。"②

　　另一方面是對毛奇齡的道德學問持否定態度的，如全祖望《蕭山毛檢討
別傳》云："顧西河既爲史官，益自尊大無忌憚。其初年所蹈襲，本不過空同、
滄溟之餘，謂唐以後書不必讀。而二李不談經，西河則談經，於是并漢以後
人俱不得免。而其所最切齒者爲宋人，宋人之中所最切齒者爲朱子。其實
朱子亦未嘗無可議，而西河則狂號怒罵，惟恐不竭其力，如市井無賴之叫囂
者，一時駭之。"③另全祖望《題仲氏易》云："百年以來，論古之荒謬者，蕭山
毛氏爲尤。毛氏之論，說經爲尤。諸經之中，《易》爲尤。"④在全祖望這位浙
東同鄉的惡評下，後世學者多祖述其說，致使毛奇齡在清代學術史上的地位
和真實面貌被逐漸掩沒，甚而影響到現代學術界對毛奇齡研究的深入開展。

　　就目前學界的研究狀況而言，關於毛奇齡的研究成果，在質和量上都和
毛奇齡的學術成就極不相稱。迄今爲止，有關毛奇齡的研究專著寥寥無幾，
衆多學術史、思想史、經學史、文學史及文學批評史著作對毛奇齡或略爲勾
勒，或一筆帶過。以毛奇齡爲專題的學術論文雖有數十篇，但或限於一隅，
或只是漫談概述，未能得其全貌。在這種研究現狀下，遑論對毛奇齡著作的
輯佚。

①　(清)李天馥：《西河合集領詞》，載毛奇齡《西河合集》卷首，清康熙五十九年刻本。
②　(清)阮元：《毛西河檢討全集後序》，載毛奇齡《毛西河先生全集》卷首，清嘉慶元年刊本。
③　(清)全祖望：《鮚埼亭集外編》卷十二，清嘉慶十六年刻本。
④　(清)全祖望：《鮚埼亭集外編》卷二十七，清嘉慶十六年刻本。

四

稽考佚作,既是深入研究毛奇齡其人其學之必需,亦是《毛奇齡全集》整理與研究之當然。筆者在編纂《毛奇齡年譜長編》和整理《毛奇齡全集》過程中,廣事搜求毛奇齡佚詩佚文,窮萬餘種古籍,參覈考訂,甄別去取,探賾索隱,已陸續發表相關文章10篇。此次結集,對已發表諸文失誤失考處,予以更正,又收入近期陸續輯得而未發表的佚文佚詩100餘篇(首)。正如束景南先生所云:"余以爲古籍文獻浩如煙海,輯佚事亦難矣,非閱一二種書、查一二本集所能一蹴而就,須有披沙瀝金、海底撈月之手段與恒心。……故輯佚必當有所考辨,輯佚而無考辨,真僞莫明,反貽誤後人。"①毛奇齡身負重名,有托名僞作之事,在所難免。因此,對毛奇齡散失之佚文,如果單純輯佚,而不作真僞考辨、史實考證,毫無意義,非唯誤人子弟,甚而會給毛奇齡研究造成混亂。故本書在輯佚的基礎上,對毛奇齡206篇佚文予以考證編年。具體表現在:在輯佚上,廣泛查閱各類古籍文獻,輯出佚篇;在考證上,考訂佚文真僞,置僞篇於"辨僞考録";在辨史上,辨明佚文所涉人物、史實,以明其事;在繫年上,考訂佚文作年,依年代次序編排;在證誤上,以佚文與《西河合集》中詩文對勘互證,補正《西河合集》之闕誤。

據此,本書在輯佚上,以不見載於《西河合集》(清康熙五十九年書留草堂刻本)之詩、文爲佚文,予以輯入。將散佚在各書中的毛奇齡評語、殘句,分別編爲"毛奇齡散佚評語輯補""毛奇齡散佚殘句輯補"。若干有目而無文的佚文篇目,列入"佚文存目",以備後查。在考證上,對每篇佚文加以真僞考辨,去僞存真,取真篇編爲"毛奇齡佚文輯考編年";剔除僞篇,編爲"毛奇齡佚文辨僞考録"。在編年上,考明每篇相關人物及史實,確定其作年,依年代次序編排;有少數若干篇無法考訂其確切作年,亦據筆者之考辨判斷,推定大致作年,編入正文。

本書專爲毛奇齡佚文之輯考編年,至於毛奇齡佚著之輯考,如《夏歌集》《古今樂府》《空居日抄》《儀禮疑義》《還町雜録》《鴻路堂詩鈔》《丹攤雜編》等,則俟諸異日。

本書所録佚文,以考證所引第一種文獻爲準,不與他書所載校勘。目録與正文的佚文篇目下,只標清代帝王年號,不標公元紀年,但在正文考證語

---

① 束景南:《王陽明佚文輯考編年·敘》,上海古籍出版社2015年版,第3頁。

中標出公元紀年。本書中異體字,除少數改爲規范字外,其他悉依原文。故宫博物院書畫部所藏毛奇齡佚文,极難辨認,錯舛之處,尚祈讀者諸君指正。

　　本書所徵引文獻,遇原文闕文或字跡模糊無法辨識之字,均以"□"替代;疑誤字,後用"（　）"標出正確字;疑漏字,用"〔　〕"補出;衍字,用"［　］"标出。以上種種,文中不再加腳註一一説明。

毛奇齡佚文輯考編年

慕歌慕禹也（約順治二年）

維上古神禹，治洪荒水。老入於越，大會計天下。一解。

維於越民，及禹有道。審平法度，爲民功巡，下爲鳥田。二解。

於越之先世無餘君，大守封祀作禹冢。工師葬禹，上到茅山，奄及荒落。棺槨無度，儉德不衰。三解。

越民望禹，有若天神。其地光怪，埋古文奇字。開平壇壝，命其祠曰禹井，其山曰會稽。四解。

神聖所至，土地佳秀，越之鄉世産賢者。其山水窅窱深曲，其俗開大，其人物輻輳。五解。

思我民日用飲食，追仰前世。若我皇祖，道其功德。欲以誇示子孫，多所可慕。六解。

不幸介在荆楚，外並三天子，雜東荒夷。當國衰薄，賴神聖法度，不敢自爲非，世世登茅山思之。七解。

【按】詩見王士禛《漁洋山人感舊集》（又名《感舊集》）卷十三"毛甡"條。毛甡即毛奇齡，甡是後所更名，王士禛《漁洋山人感舊集》"毛甡"條注曰："甡，字大可，一名奇齡，字于［一］，號西河，浙江蕭山人。舉博學鴻詞，官檢討。有《桂枝集》。"①據詩題注"慕禹也"，知"慕歌"爲思慕夏禹而作。禹，亦稱大禹、夏禹、神禹等，傳統以爲夏朝開國君主，因治水而廣受世人傳頌。相傳死後葬於會稽山。自秦始皇始，歷代帝王多上會稽山祭大禹，祭禹成爲常典，以明、清兩代爲多。會稽山在清初屬紹興府轄地，毛奇齡籍貫蕭山縣亦屬紹興府，因作詠禹之詩。

① （清）王士禛：《漁洋山人感舊集》卷十三，上海古籍出版社 2014 年版，第 927 頁。

毛奇齡《蕭山縣誌刊誤》卷三云："予少與包二先生飲和、蔡子伯、沈七子先儗《慕歌》《河女之章》《小海唱》三題，各製樂府，而見者不解，驚爲特創，不知即仲御詩也。仲御自歌土風，製此三詩，雖其詞皆不傳，然題亦異矣。今按其《傳》中自述數語，可當詩序。《傳》曰：先公雅寓稽山，朝會萬國，授化鄙邦，崩殂而葬。恩澤雲布，聖化猶存，百姓感詠，遂作《慕歌》。孝女曹娥，年甫十四，貞順之德，過越梁、宋。其父墮河，不得尸所。娥仰天哀號，中流悲歎，便投水而逝。父子喪尸，後乃俱出。國人哀其孝義，爲歌《河女之章》。伍子胥諫吳王，言不納用，見戮投海。國人痛其忠烈，而作《小海唱》。此數語即詩序也。又《傳》中寫'聞歌'數語，即是品藻。《傳》曰：諸人顧相謂曰：'不游洛水，安見是人！聽《慕歌》之聲，髣髴見大禹之容。聞《河女之章》，不覺涕淚交流，即謂伯姬高行在目前也。領《小海》之唱，則子胥、屈平立吾左右矣。'其品藻之善如此。"[1]知毛奇齡與包秉德（字飲和）、蔡仲光（字子伯）、沈禹錫（字子先）以《慕歌》《河女之章》《小海唱》三題各成樂府詩，分詠夏禹、曹娥、伍子胥。包秉德集未載三詩，沈禹錫集今不傳，唯蔡仲光有集傳世，可資考證。蔡仲光《慕歌》序云："會稽夏統仲御入雒，歌土地曲三章。《慕歌》，思夏禹也。古歌逸不傳，追敘其情，製爲七言，以暢厥旨，不必辭之在魏、晉閒也。"[2]其詩曰："古天子禹人慕思，照耀千載光離離。斬高喬下太平治，惠然南來渡江淮。東巡大海入會稽，會稽之山高嵯峨，川溪縈委蕩揚波。聖人圜道皇天規，山川不得矜麗佳。中原有民狀駭魚，欲追就禹日吟歌。乃復盰黸臨吾人，審平法度俾無尤。覆釜遺讖鬼靈化，黃金爲簡字玉題。決汨衆流咸具備，因夢覯形得所求。今來茅山冠毋顑，年齒已暮當髦期。酒就陵澤捐其骸，桐棺葦槨掩藏之。精氣飛揚御雲雷，上到天門入徘徊。下使百鳥拔草萊，羽毛滿野如鋤犁。亦有三寸澤畤畦，越民搆屋山谷棲。杳然下視水渚肥，刻畫肌色牽網絲。抱持魚鼈性脆蚩，兢兢不敢犯鳥飛。聖人至德大無涯，蓄蓄仁民身就衰。後人臨穴探幽埋，世世祭祀以不壞。"[3]據蔡仲光《慕歌》序中"思夏禹"及詩中"古天子禹"句，可證《慕歌》爲歌禹而作。

毛奇齡《九懷詞》云："當晉武惠時，予鄉人夏統以採藥入洛，洛王侯貴官爭物色之，欲強之仕，統乃歌土風三章以見志，聞者曰：'其人歌土風，不忘故鄉，當不願仕矣。'遂爭致酒醴而去。'土風'者，一《慕歌》，祠舜也，謂舜能慕親也；一《河女之章》，祠孝娥也，以孝娥爲盰江女也；一《小海唱》，祠伍大夫

① （清）毛奇齡：《蕭山縣誌刊誤》卷三"晉夏統"條，載《西河合集》，清康熙五十九年刻本。
② （清）蔡仲光：《謙齋詩集》卷一，清咸豐三年篤慶堂刻本。
③ （清）蔡仲光：《謙齋詩集》卷一，清咸豐三年篤慶堂刻本。

也,大夫不良死而尸于江,哀之。江也者,海之小者也。雖其詞不傳,不知何如,然亦神言矣。"①

　　《蕭山縣誌刊誤》與《九懷詞》同載毛奇齡《西河合集》,而一記《慕歌》爲"慕禹",一記《慕歌》爲"祠舜",自相矛盾。除蔡仲光《謙齋詩集》記《慕歌》爲詠夏禹之證外,單隆周《雪園詩賦初集》亦有同題詩《慕歌》《河女之章》《小瀊唱》,其《慕歌》題下注曰:"思禹功也。以下三題見《晉書·夏統傳》。"②其詩曰:"微神禹,吾其魚,河流湯湯洛徐徐。瓦礫之聚,哀哉下愚。一解。防風九歃身,以後至當誅。禹步不相過九州,驅車巧者何所用? 拙者爲令圖。二解。……金簡碧珪,光焰四野。扶登屈驚,咸集其下。四解。"③從單隆周《慕歌》題注"思禹功"及詩中"微神禹"句,亦可證《慕歌》爲詠禹而作。單隆周字昌其,蕭山人,與毛奇齡爲同里同學,毛奇齡爲單隆周《雪園集》作序云:"予與昌其比鄰居,兒時同學於塾師沈四先生之門。"④蓋包秉德、蔡仲光、沈禹錫和毛奇齡以《慕歌》《河女之章》《小海唱》三題各成樂府詩後,單隆周亦作詩相和。《晉書·夏統傳》云:"夏統,字仲御,會稽永興人也。幼孤貧,養親以孝聞。……會三月上巳,洛中王公已下,並至浮橋,士女駢填,車服燭路。統時在船中曝所市藥,諸貴人車乘來者如雲,統並不之顧。太尉賈充怪而問之,統初不應,重問,乃徐答曰:'會稽夏仲御也。'……充又謂曰:'昔堯亦歌,舜亦歌,子與人歌而善,必反而後和之,明先聖前哲無不盡歌,卿頗能作卿土地間曲乎?'統曰:'先公惟寓稽山,朝會萬國,授化鄙邦,崩殂而葬。恩澤雲布,聖化猶存,百姓感詠,遂作《慕歌》。又孝女曹娥,年甫十四,貞順之德,過越梁、宋。其父堕江,不得尸,娥仰天哀號,中流悲歎,便投水而死。父子喪尸,後乃俱出。國人哀其孝義,爲歌《河女之章》。伍子胥諫吳王,言不納用,見戮投海。國人痛其忠烈,爲作《小海唱》。今欲歌之。'衆人僉曰:'善。'統於是以足叩船,引聲喉囀,清激慷慨,大風應至……雲雨響集,叱咤讙呼,雷電晝冥,集氣長嘯,沙塵煙起,王公已下皆恐,止之乃已。諸人顧相謂曰:'若不游洛水,安見是人! 聽《慕歌》之聲,便髣髴見大禹之容。聞《河女》之音,不覺涕淚交流,即謂伯姬高行在目前也。聆《小海》之唱,謂子胥、屈平立吾左右矣。'"⑤亦可證《慕歌》爲詠禹之作,非爲"祠舜",《九懷詞》所言"《慕歌》祠舜",顯誤。

①　(清)毛奇齡:《九懷詞》,載《西河合集》,清康熙五十九年刻本。
②　(清)單隆周:《雪園詩賦初集》卷一,清康熙刻本。
③　(清)單隆周:《雪園詩賦初集》卷一,清康熙刻本。
④　(清)毛奇齡:《西河合集·序二十五·雪園集序》,清康熙五十九年刻本。
⑤　(唐)房玄齡等:《晉書》卷九十四,中華書局 1974 年版,第 2428—2430 頁。

毛奇齡自言"予少與包二先生飲和、蔡子伯、沈七子先傶《慕歌》《河女之章》《小海唱》三題,各製樂府",知此詩作於毛奇齡少時。據毛奇齡《沈七傳》:"沈七,名禹錫,字子先。邑人,居崇儒里。……而七病凡五年,以戊子十一月二十七日死。……時年二十七。"此"戊子"即順治五年(1648),十一月沈禹錫卒,則此詩當作於順治五年之前。毛奇齡《蘋書第三集跋》:"及甲申以後,予乃廢舉子業,稍效爲呻吟。"①毛奇齡《介和堂詩鈔序》:"暨予罷兵革,稍爲詩歌。"②知毛奇齡於明清易代之後始作詩歌。毛奇齡《謝竺蘭上人書》:"暨乙酉之冬,衣緇山中。"③則此詩約作於順治二年乙酉(1645),當屬現存毛奇齡最早的文字。

小海唱頌胥也(約順治二年)

吳越之國,在大海隅。錢唐之東,西陵之西。中有小水,葬伍相子胥。一解。

子胥在吳,霸顯其名。死中江水,興越巫神。爭朝夕來往,日攘奪千里。二解。

吳越報仇,漸不可已。其後長大,有君鳥喙,與其臣幽思,子胥身死。越之後生,日事怨毒,不得戴履地上。及君父之難,往往奮發,惟子胥始之。三解。

【按】詩亦見王士禛《漁洋山人感舊集》卷十三"毛甡"條。據本詩題注"頌胥也",知《小海唱》爲頌伍子胥而作。伍子胥,名員,春秋時楚國人。以封於申,亦稱申胥。伍子胥父、兄皆爲楚平王所殺,子胥逃至吳國,爲吳王闔閭重臣。闔閭子夫差即位,敗越國,越王勾踐投降。伍子胥向夫差諫言滅越國,夫差聽信伯嚭讒言,殺伍子胥。子胥臨卒,遺言"抉吾眼置之吳東門,以觀越之滅吳也"。

蔡仲光《小澥唱》題下注曰:"小澥者,浙河伍員遺響也。"④其詩曰:"大海滔滔灌百流,蕩潏漂没越東陬。西有小水亦澥儔,白波滾滾有餘饒。八月遥望海水高,鬼鬼神鬼疾招摇。以炬爲目輪爲頭,其前道者白繒旗。望之如

---

① (清)毛奇齡:《西河合集·跋》,清康熙五十九年刻本。
② (清)毛奇齡:《西河合集·序十一》,清康熙五十九年刻本。
③ (清)毛奇齡:《西河合集·書一》,清康熙五十九年刻本。
④ (清)蔡仲光:《謙齋詩集》卷一,清咸豐三年篤慶堂刻本。

茶軀慄聊，突前敢死畏逢遭。勾吳賢者伍大夫，前成大功後爲戮。木蛇制赴
何明昭，忠臣發口懷深憂。直辭拂上身受誅，盛以馬革江中投。東岸霸者石
室囚，來入圈檻供庖廚。制人不決國爲墟，空傳綮組自掩糾。丈夫盛氣浩浮
浮，高馳匹馬遠遨遊。因緣水波寄怨尤，水波不平難踏踩。隱隱江間聞伐
蓋，橫奔千里何訇然。宵宵晦冥變昏朝，篙師漁子各自救。把檝擁柁愈堅
牢，岸旁觀者風蕭騷，非神有神情相繚。會稽慕賢忘其仇，後有賢者生吾
州。"①單隆周《雪園詩賦初集》卷一亦載同題詩《小瀣唱》，其題下注曰："弔
子胥也。"②"瀣"，海之別名，亦明此詩爲弔伍子胥而作。

據上"慕歌"條考證語，知此詩與《慕歌》作於同時，約作於順治二年乙酉
（1645）。

三洲歌（約順治二年）

不到姊歸縣，須到婿歸鄉。姊歸尋舊歡，婿歸不可量。
解裙作帆去，一幅一絲連。絲絲滿儂幅，載上巴陵船。

【按】詩亦見王士禛《漁洋山人感舊集》卷十三"毛甡"條。《三洲歌》，一
名《三洲曲》，在郭茂倩《樂府詩集》中屬《清商曲辭·西曲歌》。此曲流行於
巴陵（今湖南岳陽）一帶，故詩末有"巴陵"句。《舊唐書·音樂志》二："《三
洲》，商人歌也。商人數行巴陵三江之間，因作此歌。"③知《三洲歌》初爲商
賈之作。

據《樂府詩集》，《三洲歌》凡三首，而王士禛《漁洋山人感舊集》唯載此二
首。此詩應是毛奇齡借樂府舊題送別友人之作，所送之人不詳。

毛總戎墓誌銘（約順治八年）

將軍以冤死，其子承祿已不免。當是時，藁木倉皇，未能斂衣冠而封之
也。大清興，其舊時將吏有建開國勛者。定南王孔君分藩廣西，道經錢塘，

① （清）蔡仲光：《謙齋詩集》卷一，清咸豐三年篤慶堂刻本。
② （清）單隆周：《雪園詩賦初集》卷一，清康熙刻本。
③ （後晉）劉昫：《舊唐書》卷二十九，載《點校本二十四史精裝版》，中華書局 2011 年版，第1067 頁。

覓將軍子不得。其故屋三間，已易姓，孔君流涕去。既而他將吏以從龍功受封，由浙之嶺表，有故校知將軍子所，跡至，厚贈之，親詣將軍塋，號而祭，以其殯宮飄于海未葬，深自責。乃謀于定南王孔君，合葬將軍衣冠于靈峰莊，樹以碣。而以予同出姬氏，屬爲文。

予惟將軍事在勝代所聞異詞，其事往往與本朝抗顏行，劣蹟不足道。況大清實録尚未頒，其事不定，何敢預有述？第古人有史傳，有家傳，家傳與史傳齟齬，所從來久。且士庶有行，皆許琢石紀平生。將軍賫志没，不爲表章，即直道安在？因據其當時所傳行狀摭爲文，寧損無益，以略存不白之意，然受冤根株所宜著也。

按狀：將軍姓毛，諱文龍，字振南，錢塘人也。少孤，隨其母養舅氏沈光祚家。光祚中萬曆乙未進士，官山東布政使司。將軍幼從學，授經生業，厭之，思棄去。客有講孫吳兵法者，求其書諦視，忽心開，光祚奇之。光祚官山東，將軍負博，進隱于署，無賴，聞邊事日棘，嘗密走關寧，覘其山川形勢，拊髀咨嗟，然卒無可如何。遼東巡撫王化貞者，山東人也，與光祚善，將行，就光祚請教。光祚曰：“主臣光祚經生，未嘗習兵事，何敢妄有言。獨光祚有姊子毛文龍，奇才也，忼慨多大略，且究心時事久矣！試與之一旅，必能爲國效力，成功名。若但隨諸校籍在麾下，文龍必不能奮著所長也。”化貞許諾，乃檄將軍之門，擇日選十人起標，宴于堂，各授都司職，而將軍爲之首。臨出鼓吹，簪以花，親易其所衣，拱揖上馬。將軍感泣叩頭，斷所易革帶誓曰：“所不矢死以報國者，有如此帶。”

先是遼東陷，大清兵一日破百屯，自花嶺、秀老塸、許毛子、譖山城，以及王大人、石廟兒、蘆尖、瓦溝諸寨迎刃而下，傍檥山東礦兵及九連大姓之抗命者。獨抄花爲外樊，不即破，然告急日再，至相傳欲襲黃泥窪，直搗廣寧以臨京師，自通薊至山海阨塞皆戒嚴。於是有爲批根之計者，謂當習戈船，據島浮洋，溯鴨緑以指黃江，進足闚敵，次亦牽制之，以邀返顧，冀不即前。兵科明時舉、長蘆同知邱雲肇，皆前後上書，而化貞力持其説。因遣將軍入登萊，潛匿海島，拜練兵游擊將軍，使便宜行事。將軍乃周視四陬，結水營，招集壯勇，而佐以援遼水軍，夜入連雲島。連雲島者，蓋州所屬島也。蓋、海、金、復共四州，以爲四大衝，皆遼重地。而大清所署蓋州游擊楊於渭、復州游擊單進忠皆遼人，將軍急通以蠟書，使爲應，乃得下連雲據之，而進襲猪島。時海風大發，不能行。有民船漂猪島，船户李景先爲鹿島民，避難，知鹿島虛實。將軍急率之襲鹿島，戍島官胡可賓，而其傍給店、石城諸島皆以次入，生得島兵，撥塘船、遼船、定波船，渡遼人願歸者萬餘人安海中，而自統兵搜戮鎮江上下諸官軍。時大清兵强盛，所向無敵。薊遼總督薛國用有云：“明無一勝，大清無一負。獨將軍受事後，稱稍稍敢仰視。然地偏人少，終非其敵。”

大清師既切齒，思復鎮江，而將軍以兵單弱，請發他兵策應之，不許。乃乞兵高麗，久之，不即答。其參將駐各島者，又不敢離寸步。兵科給事中蔡思充、張鶴鳴以毛弁孤軍當援，不納。將軍度勢劣，未能進取，徒守鎮江城無益，乃大關皮島，當時所謂“東江”者，招集勇壯，並避難民來歸，合數十萬人。東接高麗，限以雲從島，南出諸島以百數，最大者如豬島、獐子、大小長山等，與登州相屬，阨塞皆以兵據之。西北之陸纔四十里，距今奉天三百而喻。將軍遣遊騎四望，俟大清兵小至，可犯則犯之，不可犯則乘島。大清兵習流鮮，戈船不繼，未遑卒亂海而與之戰也。近塞動靜稍稍見，則曰“毋西，西入而俘矣”。以故大清兵且鄭重爲牽制之局，局成，大清兵復鎮江，將軍卻不敢敵。熊廷弼聞之大快，謂其言驗。然而將軍雖牽制，仍厚圖進取，以邀于成。而關寧諸大臣見大清兵不即前，忌牽制之勞，疑大清師本易與，無他長，紛紛講東事，反謂毛帥跋扈不受節制，將有患。又年饑，國帑不給，島兵多糜帑。于是分關寧、東江爲兩局。而欲詘東江者，動云糜帑，裁其兵，久之，即謂其帥亦可裁。而于是惡之者，不至去毛帥不止。而不知八年之關寧，亦即八年之東江，以得有是也。

初，諸島無兵，大清兵久視四衛爲不足慮。暨將軍以重兵窺其東，則旅順固南衛門户，而金州則又統四衛以逼旅順者。于是發兵戮金州，以絕其路。而臥榻鼾睡，勢應剿除。嘗夜寒島冰，大清兵思夜渡襲之，謀頗秘。將軍偵得之，則豫斫冰，冰解復合，然脆薄，人不知也。天夜雨雪，雪大集，大清兵從雪上觀，一麾而渡，渡及半，島上兵擊鼓鉦呼譟，人馬蹂踏，多半陷入海，自後相語勿渡島。

會莊烈帝即位，軍需匱，有議減島兵者。前此天啓末，嘗遣詞臣姜曰廣、科臣王夢尹詣島點閱檢，減報一十餘萬。其所缺餉，將軍每開洋通市貨，以補不給，然所存猶十餘萬也。至是道臣王廷試受閣臣指，勒令留二萬八千，而盡裁其餘。兵譁，島中人洶洶，相聚而哭，漸有揭竿以前者。將軍斬二將，稍止，然往往解散降丁，流民相繼渡海去，島中囂然。時將軍已授總兵官，掛將軍印，賜劍，得專殺，然終不能止，上疏又不納。而督師袁崇煥復欲以二萬八千之餉，扣之往年之浮領者，且復定制，自今以後凡東江兵糧器仗皆從關門起運，至覺花島登舟，由旅順以達東江。而津運糧料亦當由靖海達覺花島，非督師衙門掛號不出門。將軍嘗疏曰：“夫轉運有紆捷，自登州至旅順捷而易，由關門至旅順紆而難，夫人而知之也。在督臣之意，不過欲臣受其節制，而不知其勢有不可者，臣祇以風候言之，自登州至旅順止西南風半日，可以早到。然有時猶以爲遲，何則？人早食暮飢，不能待也。若從關門達，則必得正西風二日，始從牛頭河至長山，又得西南風半日，至覺花島。又得西北風一日夜，至北汛口。又得正西風半日，至南汛口。又得西北風一日，至塔連島。又得正南風半日，始至旅順。夫舟附水行，不能越岸而直達，又不能使風之朝東而暮必西。是一歲無幾運，而欲以朝食暮飢之人，而使之待之，是殺之也。且津運達旅順爲道本紆，以故往年所運十止六七，餘報以漂没。然而臣知之，不得不以實收與之。以其運頗艱，若再苛之，是阻其將來之運也。如必從覺花島，且必從寧遠掛號，則路愈遠，漂没愈多，將來津運總烏有矣。"

前此閣臣錢龍錫惡將軍，每過崇煥寓，屏左右密語。龍錫曰："誰能除江東者?"崇煥曰："我能之。"時崇煥爲寧薊道，至是進督師，思其言，且深惡其無禮。嘗曰："咄，安有此?"明俗輕武人，鄉有習武者，目爲兵，不齒于所親。武人雖都督長五府，出見一縣令，必厚禮幣。縣令倨視之，當答拜，遣胥吏持刺去，弗親往。及見兵部，毋論堂上官，但司郎以下，必披執跪，退則行兩膝蛇卻，自稱曰"狗"，有所索，必應。一旦有事，非五府官不領兵，領兵必文臣監之，祇一推官監其軍，必日伺監軍門取進止，曰毋動，雖百萬兵不敢動。以故兵政弛，自禁軍及邊軍、衛軍，無一能自立者。將軍獨桀驁，所至不屈，即本兵督部，亦不屑屑受節制。舉朝相驚，以爲三百年成事，一旦壞，何故? 會崇煥門客周錫圭、王資治者，將歸里，自請觀東江形勢以行，意謂督師客，必厚賂。至則設酒醴長享，無牲，具獻不過爵帛。大恚憾，告崇煥以無禮渺督師，密語一晝夜去。當是時，崇煥自恃有將才，可以取勝。而大清師以從容不即專所向，遂予崇煥以小逞。崇煥妄自信，謂東事可任，是必除東江，而東事成，如治疽然，預施鍼石，而後濟之以湯醴。其不知者，妄疑湯醴之有濟也，去而鍼石，而于是疽發，而不可救矣。

劉愛塔者，遼東人也，年十二爲大清師所得，及長驍悍，偕其弟興治、興賢皆在軍。大清太祖器之，賜名愛塔。愛塔，猶言愛他也。時愛塔爲都督，守金州，將軍計通之。復州都督王丙廉其反，上變，幾不免。有救之者，謂丙有私怨，誣愛塔，竟論殺丙，置愛塔不問。愛塔乃使其弟投東江，而自取他尸衣己衣，燒其面，乘夜走蓋州，統其所部四百人、馬四百匹，取道至旅順。將軍迎至島，隨相機導之，從蓋州登岸，殺二千人，因題授愛塔昭勇將軍。崇煥乃大恚，以爲愛塔來歸，不先之軍門，爲東江所得。每遣人邀愛塔，不至，向將軍索之，亦不與。門客周錫圭親見愛塔于島中，啖以爵，終不之答。會大清太祖皇帝幸溫泉，愛塔知之，語將軍設伏，至即發，去，不敢犯。及太祖皇帝大行，崇煥遣番僧往弔。而將軍以愛塔言上狀，至是與愛塔畫復遼東之策，謀劫五嶺。崇煥忌且妒，乃於崇禎二年五月，疏請覲詣東江商進取事，令文龍與愛塔偕。會留劍印寧前,而崇煥復請攜劍印行,疏稱:"臣門下士周錫圭謂皇上赫濯,必當令東江將士重振威儀,一切機宜俱委趙率教、祖大壽等攝之。"乃請餉十萬,攜之給東江兵。因選將士之驍者二百人登舟,由旅順入至雙島。旅順遊擊毛永義率兵迎之。崇煥乃登島謁龍王廟,呼永義等諭之曰:"國初開平、中山水陸俱用,故能攻采石,戰鄱陽。而其既也,曰縱橫沙漠而不之卻。今吾亦欲使東江將士悉用之寧前,何如?"衆或唯或否。崇煥取否者將殉,而復釋之,謂之曰:"故事:督師言無齟齬理,爾曹不知法度久矣,此所以教也。"衆唯唯。既而將軍至,拜,崇煥亦答拜。崇煥親出報將軍帳中,就將軍借行帳,張島間開筵,召將軍飲,間語進取事,曰:"此事視我兩人耳,然必同心共力,今我來欲觀東江形勢,然亦以爾我間闊,所不憚屈身就將軍,固將與將軍成大功也。"將軍流涕曰:"文龍住海外八年矣,雖小有所減,馬匹、器仗日不給,恐枵腹徒手不能有濟,如之何?"崇煥曰:"嗣後餉日至,無憂飢也。"當是時,崇煥禮甚恭,詞色和易,逮夜多密語,擊銅釜二下方出。既而將軍設饗具東江將士,暨降丁來謁,俱有賞。及飲,蒼頭侍酒者帶刀立,崇煥叱使退。酒酣,乃諉以四事:一、移鎮;二、定營制;三、設道廳,稽兵馬糧糧;四、分旅順東、西節制,旅順東行總兵官印信,旅順西行督師印信。將軍俱未應。崇煥乃出餉十萬犒東江將官。當夕,傳寧前副將汪翥與語,夜分出。詰旦校射,語將軍曰:"吾將歸寧前,國家海外重寄在將軍,將軍受予拜。"臨拜,副將汪翥與參將謝尚政,密傳督師兵四環,而截東江隨行官在環內,蒼頭出環外,不得近。崇煥乃顧隨行官詢何姓,曰:"姓毛氏。"崇煥曰:"安有諸官一姓者? 此非法也。"遂呼之來前曰:"爾等皆人傑,爲國效力久矣,即非毛姓,國家豈忘汝報者? 今汝在海外勞苦倍,而其所食俸減于寧前,吾痛之。吾將疏請增汝餉,今無以酬汝等,汝等受吾拜。"衆亦拜,崇煥即大坐,數將軍罪,仍以前四事爲詞,並無他。且厲聲曰:"夜郎自大久矣,吾殺汝後,若不能復遼以謝汝者,吾他日亦齒以劍。"乃顧諸隨行官曰:"此秘旨也,不及汝,無怖。"遂請尚方斬將軍,將軍無一言。既而蒼頭洶洶起,顧督師威嚴,且疑爲秘旨,不敢前。崇煥乃哭奠,破馬棧爲腹棺,殮之。而以東江事屬劉興祚,興祚泣不受。乃分爲四協,而以興祚當一協,將軍子承祿當一協,其二則旗鼓徐敷奏,其副將陳繼盛當之。興祚者,愛塔名也。時六月五日。既而東江將士皆聚哭,欲追殺崇煥,將軍子承祿固阻之。是夕見大星墜海中,有光聲如雷,遲久乃止。各嘆曰:"將軍亡矣,天意也。"各散去。孔有德、尚可喜、耿仲明輩皆歸降本朝,其後從龍封異姓王,名"三王"。獨愛塔呼曰:"吾烏往矣。"率兄弟逃他島。嗣此不補帥,不立軍營,棄諸島海中,而東江遂亡。

將軍爲人美鬚髯，面有瘢，而黑色黳面，虎步，長裁五尺九寸。家貧不事生人產。其在島中，日市高麗、暹羅、日本諸貨物以充軍資，月十萬計，盡以給軍贍賓客。死之日，室無贏財。當愛塔之逃，拜將軍哭曰："必不使崇焕獨存，以負將軍。"既而帝竟磔崇焕。愛塔曰："吾志畢矣。"時閣臣孫承宗繼崇焕守關，得愛塔喜甚，拊其背曰："子義士，必能成功名以報國。"解腰帶賜之。愛塔屯永平，道臣鄭國昌徙之，屯建昌。愛塔遇大清兵于帽頭兒，令諸將施三伏，自選八百，夜挑戰，暗去明徽幟，擁大清幟，熟其語言營號，昏黑莫能辨，相擊破一軍，得數百級。遲明復出兩灰口，值大騎轉戰，伏不起，愛塔中流矢死。興賢降，興治復歸島。島將疑興賢降，今興治來，必有變。興治怒，攻殺島將二十人，爲島兵所殺。將軍子承斗，更名珏。孫有韓。銘曰：

將軍死以冤，而其事竟白如旦日。雖然，將軍之志尚鬱鬱。載石先最其績，竚壽其傳，何尤焉。迄于今，將軍之衣冠已不可問矣，而猶得志其阡。

【按】文見吳騫輯《東江遺事》卷下。"毛總戎"即毛文龍（1576—1629），字振南，浙江錢塘人。少孤，隨母養於舅父沈光祚家。歷仕萬曆、泰昌、天啓、崇禎四朝，官至左都督平遼總兵官。曾開創軍事重鎮東江鎮，在與後金的戰爭中頗有戰功。但爲人驕恣，於崇禎二年被袁崇焕誅殺。

此文因未載於毛奇齡早年單刻諸小集及晚年彙刻的《西河合集》中，有學者疑爲他人假毛奇齡之名而作，筆者初亦深疑，及見羅振玉《毛西河〈毛總戎墓誌銘〉跋》，始知羅振玉亦曾疑此文爲僞託。羅振玉《毛西河〈毛總戎墓誌銘〉跋》云："《東江遺事》載此文，顧不見《西河集》中。初疑或是僞託，嗣讀厲太鴻先生《東城雜記》，載西河所作《志圓尼師抄化齋糧序》，稱'志圓俗姓沈氏，予嘗爲家太保題墓門之碑，疏所自出，嘆其舅氏京兆公爲明熹宗朝名臣，當時稱杭州甲族，以沈爲最'云云。今觀此文，有'將軍少孤，隨其母養舅氏沈光祚家。光祚中萬曆乙未進士，官山東布政使司'語，則此文果西河所作，非他人所僞託明矣。己巳四月記。"①羅振玉自言乃是讀厲鶚《東城雜記》所載毛奇齡《志圓尼師抄化齋糧序》，始信此文確爲毛奇齡所作。筆者現據毛奇齡《東園沈庵志圓尼師抄化齋糧功德簿序》，對其再作補考，其文云："東園多尼居，綠塍相接。……志圓尼師中年去家，伐茅而編櫳，獨以俗姓本沈氏，築名'沈庵'，有日矣。康熙辛未，將勸緣于城，自持化簿膜拜予，而請予以序。夫閨中耽澹淨，自昔所難。況以朱門華屋之子，餐金拖繡，乃一旦托跡于此，汰其膏而毀其飾，猶復以齋薪供粥經營樵粒，毋乃太苦！予嘗

① 羅振玉：《雪堂類稿》乙"圖籍序跋"，蕭文立編校，遼寧教育出版社 2003 年版，第 507 頁。

爲家太保題墓門之碑，疏所自出，嘆其舅氏京兆公爲明熹宗朝名臣，當時稱杭州甲族，以沈爲最。其後嗣君輩起，皆相繼仕宦，而第五郎君曾以舉人爲蒼梧令者，則尼之夫也。世事之如幻也久矣，長林高岸，已爲陂池。即數十年來，其間家國之興亡，城隍之圮復，與夫閭閻貧富，宦遊荒落，凡夫盛而衰、衰而盛者，亦復何限？……乃志圓所請，不欲以身之所需，乞之官人，而第做長安老尼，出入汾陽、臨淮諸閨閫，以匄所有。夫人之可愛者，莫如家室；女子之身，其所甚愛者，尤莫如首髮。而以家之盛若此而棄之，身與髮之所甚愛若此而捨之卻之。由是而思天下之可愛而不可戀，有如是乎？況金錢已！"①毛奇齡在康熙三十年辛未(1691)爲志圓尼師作此序時，自言"予嘗爲家太保題墓門之碑"，則毛奇齡確曾爲毛文龍作傳，無庸置疑。另從序中得知，志圓尼師未出家前乃毛文龍舅父沈光祚第五媳，其夫與毛文龍爲表兄弟行。志圓尼師在康熙三十年辛未仍在世，毛奇齡爲其《抄化齋糧功德簿》作序，可見毛奇齡與沈氏一族交情不薄。至於《毛總戎墓志銘》未見於毛奇齡各集，或因作此文時未留底稿，或因後來毛奇齡出仕清朝，諱言毛文龍事，故意不收錄。

《東江遺事》輯者吳騫(1733—1813)，字槎客，號兔床、愚谷，晚號齊雲采藥翁。祖籍安徽休寧，居於浙江海寧。貢生。藏書極富，其拜經樓藏書，名滿天下。著有《愚谷文存》《拜經樓詩集》《拜經樓詩話》《桃溪客話》《陽羨名陶錄》《陳乾初先生年譜》等。吳騫將毛奇齡所撰《毛總戎墓誌銘》輯入《東江遺事》後，又有跋文一篇，記其得文始末。吳騫《毛西河〈毛總戎墓誌銘〉跋》云："右西河檢討所爲《毛總戎墓誌銘》。昔亡友奚純章處士嘗偕予過董浦杭先生於道古堂，談次及皮島事，先生嘅然出此文眎予，因假歸，屬純章手録副本，藏之三十餘載矣。讀此誌，知文龍之死，實爲袁崇煥忌功枉殺，然不旋踵而崇煥磔死於市，家貲籍滅，無子，兄弟及妻皆流三千里，其慘報視文龍更數倍。可見陰謀傾險之輩害人害己，禍機反掌。傳曰：'小人之使爲國家，災害並至，雖有善者，亦無如之何矣。'史臣曰：'自二人死而明亡遂決。'嗚呼，豈非天哉？"②"奚純章處士"即奚岡，"董浦杭先生"即杭世駿。知吳騫與奚岡同訪杭世駿，兩人從杭世駿處睹此銘，吳騫因借歸，屬奚岡手抄，《毛總戎墓誌銘》得以傳世。

此文未署年月，文中所及"大清興，其舊時將吏有建開國勛者。定南王孔君分藩廣西，道經錢塘，覓將軍子不得。其故屋三間，已易姓，孔君流

① （清）毛奇齡：《西河合集·序十五》，清康熙五十九年刻本。
② （清）吳騫：《愚谷文存》卷四，虞坤林點校，浙江古籍出版社 2016 年版，第 62 頁。

11

涕去"語，當作於順治六年孔有德被清廷改封爲定南王後。孔有德原爲毛文龍舊部，一説爲毛文龍養子，因不滿毛文龍無罪被殺，於崇禎六年投降後金。入清後改封定南王，分藩廣西，亦頗念毛文龍當年之恩，語及毛文龍，常悲傷落淚。文中又及"既而他將吏以從龍功受封，由浙之嶺表，有故校知將軍子所，跡至，厚贈之，親詣將軍栗，號而祭。以其殯宮飄于海未葬，深自責。乃謀于定南王孔君，合葬將軍衣冠于靈峰莊，樹以碣"，知毛文龍舊部將吏合葬毛文龍衣冠於靈峰莊時，曾謀於孔有德，則毛文必作於孔有德在世時。孔有德順治九年卒，則毛文約作於順治八年。文中又及"而以予同出姬氏，屬爲文"，知毛文龍與毛奇齡系出同姓，一爲錢塘毛氏，一爲蕭山毛氏，故而毛文龍舊部將吏囑毛奇齡爲誌墓之文。文中又及"因據其當時所傳行狀撫爲文，寧損無益，以略存不白之意，然受冤根株所宜著也"，知毛奇齡所撰毛文龍墓誌銘是以"當時所傳行狀"爲基礎撰成，側重描述毛文龍冤死始末。文末所及"將軍子承斗，更名玨。孫有韓"，可知毛奇齡因同宗之故，對毛文龍子、孫有一定程度的了解和熟悉，因得據其行狀爲撰墓誌銘。

武進惲仲升過話（順治十年）

熟食春前近，扁舟江上來。烏啼木客塚，雨過越王臺。畏路行何慮，空樽語易哀。函關天棧杳，使汝戀蒿萊。

【按】詩見黄運泰、毛奇齡同撰《越郡詩選》卷五，阮元《兩浙輶軒録》卷六"毛奇齡"條亦載。《（雍正）浙江通志》卷二百五十四："《越郡詩選》八卷，蕭山黄運泰開平、毛奇齡大可輯。"[1]"惲仲升"即惲日初（1601—1678），字仲升，號遜菴，江蘇武進人。少好學，亦知兵事，中崇禎六年副榜貢生，應詔上備邊五策，不報，攜書三千卷歸隱天台山中。著有《不遠堂詩文集》。《（光緒）武進陽湖縣志》卷二十六："惲日初，字仲升。崇禎癸酉副榜。方正有氣節，與張瑋善。又從劉宗周游，學益粹。上守邊十策，不報。載書三千卷，隱天台山中。遭亂，崎嶇閩、越。後歸里，偕同志講學道南書院。尤長於《易》。學者稱遜菴先生。"[2]

---

① 《（雍正）浙江通志》卷二百五十四，清文淵閣《四庫全書》本。
② 《（光緒）武進陽湖縣志》卷二十六，清光緒五年刻本。

此詩未載年月，筆者據毛奇齡《西河合集》、施閏章《越游草》和《學餘堂文集》，以及黃運泰、毛奇齡同撰《越郡詩選》，對《越郡詩選》的成書年代略加考證，以此推論本詩的作年。毛奇齡《陳老蓮詩跋》："自予選越詩，付此稿來，今二十年矣，老蓮死二十二年。"①"予選越詩"即毛奇齡與黃運泰同撰《越郡詩選》事。"老蓮"即陳洪綬（1599—1652），字章侯，幼名蓮子，一名胥岸，號老蓮，別號小淨名，浙江諸暨人。素豪放，飲輒斗酒。好吟詠。崇禎間，召入爲供奉。甲申後，自稱悔遲、老遲。罩思書法，善畫山水、人物。畫技精湛，與崔子忠齊名，世稱"南陳北崔"。晚年學佛參禪，在紹興、杭州等地鬻畫爲生。著有《寶綸堂集》《避亂草》等。從毛奇齡《陳老蓮詩跋》，可以推知《越郡詩選》成書在陳洪綬卒後兩年。據黃湧泉《陳洪綬年譜》，陳洪綬卒於順治九年壬辰（1652），則《越郡詩選》成書當在順治十一年。施閏章《越遊草》中載《蕭山黃開平有文園別業夏五月招集徐徽之姜綺季徐伯調何伯興毛大可沈康臣祁奕喜諸子同限十八韻余喜而次之》《何伯興毛大可書至自蕭山兼示越州詩選及文園倡和諸刻》兩詩，《越遊草》題下注"甲午夏秋"。施念曾《施愚山先生年譜》卷一"順治十一年甲午"條："夏秋，先生往剡中，由西湖至蘭亭、剡溪、娥江、禹陵而返，著有《越遊草》。"②知《越游草》所收詩是施閏章於順治十一年甲午夏秋游蕭山、山陰時所作詩的結集。施閏章《毛大可詩序》云："夏六月，客居山陰，蕭山毛子大可及何伯興書至，亟相推許，以所定《越州詩選》《文園倡和詩》見寄。"③此"夏六月"即順治十一年甲午六月。綜上可知，順治十一年甲午夏五月，施閏章在蕭山與蕭山諸子同集文園，時《越郡詩選》尚未完印，六月施閏章客山陰時，毛奇齡與何之杰（字伯興）以《越郡詩選》相寄，則《越郡詩選》當刻成於順治十一年甲午六月。《越郡詩選》卷首祁鴻孫序云："十年以來，而黃子開平、毛子大可以昭明之識、河嶽之才，乃汎除積習，慨然撰類。"④知《越郡詩選》所收諸人詩，作於順治元年至十一年初春。《越郡詩選》凡例云："近年亡友若王公正義、陳子章侯、翁師織若、王子叔盧、陸子章之、包子飲和、張子用賓、沈子子先、王子茂遠，欣賞咸追，賦覽相繼。"⑤所言"亡友"諸人，可考者"陳子章侯"即陳洪綬，卒於順治九年壬辰。"包子飲和"即包秉德（1607—1652），原名啓槙，字飲和，號即山，浙江蕭

---

① （清）毛奇齡：《西河合集·跋》，清康熙五十九年刻本。

② （清）施念曾：《施愚山先生年譜》卷一，載《北京圖書館藏珍本年譜叢刊》第74冊，北京圖書館出版社1999年版，第363頁。

③ （清）施閏章：《施愚山集·文集》卷六，何廣善，楊應芹校點，黃山書社2018年版，第111頁。

④ （清）黃運泰、毛奇齡同撰：《越郡詩選》卷六，清順治刻本。

⑤ （清）黃運泰、毛奇齡同撰：《越郡詩選》卷首，清順治刻本。

山人。少有才名，與來驤、陳清、蔡立國、沈禹錫、蔡仲光爭尚著作，同時齊名，稱"固陵六子"。明亡後，棄諸生，授書里中。著有《雲峰詩鈔》《蟲弋編》。生平詳毛奇齡《西河合集·傳七·徵士包二先生傳》。陳洪綬、包秉德兩人俱卒於順治九年壬辰（1652），《越郡詩選》內"包秉德""陳洪綬"條下均標"遺稿"字樣，則《越郡詩選》必輯於兩人身故之年順治九年壬辰後。毛奇齡《鑑園詩序》："獨是予之選北沙詩，在癸巳歲，既已略見其概於《越詩》之中。"①此"癸巳歲"即順治十年癸巳（1653）；"北沙"指來蕃（1612—1665），字成夫，號北沙，浙江蕭山人。精六書，能作古文、魚籀、大小篆、殳隸、八分。平生好立名節，人有以東漢人物相擬則喜。著有《北沙集》。生平詳毛奇齡《西河合集·墓誌銘十·二友銘》。可知黃運泰、毛奇齡於順治十年開始選來蕃詩入《越郡詩選》中，知選政開始於順治十年癸巳。現存《越郡詩選》八卷，按風雅體、古樂府、五言古詩、六言古詩、七言古詩、五言律詩、七言律詩、五言絕句、七言絕句分卷，輯選工作始於順治十年，所收諸詩多爲順治元年至十一年初春之間所作，順治十一年夏六月刻成。據《越郡詩選》卷一所收毛奇齡《堯之岡》《崇蘭》兩詩均作於順治十年癸巳（詳見本書"堯之岡""崇蘭"條考證），可推知《越郡詩選》卷二至卷八所收毛奇齡諸詩亦作於順治十年。本詩有"熟食春前近"句，知順治十年癸巳（1653）春，憚日初過訪，毛奇齡作此詩贈之。黃運泰評此詩云："繇意氣沉渾，故秀而不羸，結語極悲哀骯髒之致。"②

送姚江黃晦木之三吳（順治十年）

酥雨暗孤城，春山繞落英。涉江懷楚頌，對酒恨秦箏。檇李程難定，姑蘇艸正生。蘆中人不見，瀨上漫經行。

【按】詩見黃運泰、毛奇齡同撰《越郡詩選》卷五，阮元《兩浙輶軒錄》卷六"毛奇齡"條、商盤《越風初編》卷三"毛奇齡"條亦載，字有小異。"姚江黃晦木"即黃宗炎（1616—1686），字晦木，一字立谿，號鷓鴣，浙江餘姚人。尊素仲子，宗羲仲弟。曾師事劉宗周。宗炎早爲場屋之學，而後參加反清活動。中年以後，著《周易象辭》《周易尋門餘論》《圖學辯惑》，另有佚著《六書會通》

---

① （清）毛奇齡：《西河合集·序一》，清康熙五十九年刻本。
② （清）黃運泰、毛奇齡同撰：《越郡詩選》卷五，清順治刻本。

《本草注》《山栖集》《二晦集》《小剡山堂詩餘》等。"三吳",此處代指蘇州,與詩中"姑蘇"句合。

據詩中"春山繞落英""姑蘇艸正生"句,知順治十年春,黄宗炎赴蘇州,毛奇齡作詩贈行。黄運泰評此詩云:"高秀而麗澤,若不覺其氣之悲。"①

早秋夜歸湘湖(順治十年)

早秋頻向夜,騁望意何如。野牧移新燒,衡門返舊居。波摇湘水闊,木落洞庭虚。縱得南歸雁,征人未有書。

【按】詩見黄運泰、毛奇齡同撰《越郡詩選》卷五。《(康熙)蕭山縣志》卷十一:"湘湖在縣西二里。"②此以湘湖代指蕭山。順治十年秋七月,毛奇齡歸蕭山,作此詩。黄運泰評此詩云:"格意清廓處,又近鹿門。"③

堯之岡(順治十年)

堯之岡,壽丁迪吉師也。師人倫在望,有若岡成。
堯之岡,岠岠其陽。岠兮陽兮,維君子之堂兮。
堯之岵,宛宛其崫。宛兮崫兮,維君子之阼兮。
有瀺下泉,有穴衆氿。可用藟物,亦以燕喜。

【按】詩見黄運泰、毛奇齡同撰《越郡詩選》卷一。詩序有"壽丁迪吉師也"語,知此詩是毛奇齡爲業師丁迪吉祝壽而作。"丁迪吉"即丁一蕙(1604—1671),字迪吉,蕭山人。據丁南生等續修《蕭山丁氏家譜》卷二:"一蕙……字迪吉,增廣生。生萬曆甲辰八月二十五日。娶任氏,子二,成勛、成照。女一,適湯蕙生。卒康熙辛亥七月十三日。年六十八。"④知丁一蕙生日爲"八月二十五日",則此詩作於順治十年癸巳(1653)八月。據其生年推之,此年丁一蕙值五十壽辰,毛奇齡作詩祝壽。

---

① (清)黄運泰、毛奇齡同撰:《越郡詩選》卷五,清順治刻本。
② 《(康熙)蕭山縣志》卷十一,清康熙十一年刊本。
③ (清)黄運泰、毛奇齡同撰:《越郡詩選》卷五,清順治刻本。
④ (民國)丁南生等續修:《蕭山丁氏家譜》卷二"相二十世房",民國二十一年木活字本。

秋望（順治十年）

楓樹清秋盡，蟲聲薄暮低。蓮舟雙槳外，竹路一亭西。隴上鴻猶度，荊門戍未齊。滄江木葉下，長望好淒淒。

【按】詩見黃運泰、毛奇齡同撰《越郡詩選》卷五。據詩中"楓樹清秋盡"句，知作於順治十年九月。

贈虞意詩（順治十年）

何處茱萸女，相逢菡萏時。朝雲迷嶺岫，夜色到江麋。集鵠聯腰細，哀鴻赴曲遲。眉開楊柳妯，裙淺石榴知。高髻橫鴉出，雙瞳秋水移。紫雲誰解喚，丹可無施。對酒誇樊素，吟詩似雪兒。輕風羞帶起，礙日惜巾披。匣裏金蟬換，釵頭玉燕離。宜城遊自熟，瓜浦路何岐。結我雙鍼縷，酬君十索詩。吟來桃葉渡，生向華山畿。花曲藏車小，香屏隱笑奇。會稀憐未得，燭短坐相宜。掩面啼油壁，傷心事酒卮。明星長在地，無力傍花枝。

【按】詩見黃運泰、毛奇齡同撰《越郡詩選》卷五。虞意，生平不詳。詩中有"何處茱萸女，相逢菡萏時"句，詩當作於順治十年秋。據詩中"對酒誇樊素，吟詩似雪兒"句，虞意應是歌女。黃運泰評此詩曰："婑娟乃爾。'夜色''燭短'諸句，猶似唐人。至'輕風'二語，則幾乎簡文矣。"[1]

崇蘭（順治十年）

《崇蘭》，壽陸母也。陸母宜夢鶴先生，術麗京、鯤庭、梯霞、左城諸子。歲六十，有秋蘭之榮焉。

崇崇秋蘭，被於中阿。零露離離，高陽列施。變彼晨苗，曾莫之偕。

崇崇秋蘭，被於中薄。其節之睪，其葩之倬。佩之用幃，貽以是握。大

---

[1] （清）黃運泰、毛奇齡同撰：《越郡詩選》卷五，清順治刻本。

人攸宜,君子既度。

　　崇崇秋蘭,被於中唐。無足不利,無蕳不芳。繁稠之從,孫生之功。

　　莽莽者木,維霜斯披。菫菫者蓼,隕于西吹。侯(候)彼崇蘭,以條以綏。稽爾貞心,穉爾後來。

　　【按】詩見黃運泰、毛奇齡同撰《越郡詩選》卷一。據詩序"《崇蘭》,壽陸母也。……歲六十"語,知爲祝陸母六十壽而作。詩序中所及"陸母宜夢鶴先生",言陸母爲陸夢鶴之妻。陸夢鶴即陸運昌(? —1641),初名鳴勛,字夢鶴,浙江錢塘人。與弟鳴時、鳴煙先後舉於鄉,鄉人謂爲"三鳳齊鳴"。崇禎七年(1634)成進士。歷知江西永豐、吉水兩縣,皆有政聲。著有《易學》《西江治譜》《學制膚言》《元圃集》。施閏章《重建永豐陸侯祠堂記》:"明崇禎乙亥,武林陸夢鶴先生知永豐縣,朞年稱治。用調繁例,改吉水,又稱治。二縣之人思之,並祀名宦。……會君之子圻來問祠所在,邑人相見欷歔,遂僉謀新之。……君諱運昌,字夢鶴,浙江錢塘人。崇禎甲戌進士。"①

　　陸母裘氏(1594—1661),與陸運昌育有六子:陸圻、陸培、陸堦、陸垣、陸堙、陸㙓。㙓早夭,餘五子皆有文名,世號"五鳳"。孫治《陸太孺人墓誌銘》:"陸太孺人姓裘氏,以吉水令夢鶴先生之妻曰孺人,又以仲子培行人之封曰太孺人。太孺人有賢子六人,長曰圻。次曰培,培盡節死。次曰堦。次曰垣。次曰堙。其季㙓,蚤夭。今自圻以下皆大賢,有志節,能文章者也。海內人士宗之,故無不稱陸太孺人矣。……太孺人上以事其堂上,而下以撫其子女,吉水君無內顧憂,得以遨遊吳楚、狎主齊盟者,用此以成進士,拜永豐令,遷吉水令。……辛巳,吉水君遭內艱以死,太孺人稱未亡人,如不欲生。乙酉,哭其子行人殉節于橫山之桐塢嶺,晝夜啼不止。……太孺人體固病羸,年老益衰……遂卒,時辛丑七月二十八日也,距其所生之年,六十有八矣。"②

　　詩序所及"術麗京、鯤庭、梯霞、左城諸子",指陸運昌與裘氏所生陸圻、陸培、陸堦、陸垣四子。其中"麗京"即陸圻(1614—1682),字麗京,又字景宣,號講山。少與弟培、堦以文學志行見重於時,號"陸氏三龍門"。少負詩名,與吳百朋、毛先舒等倡登樓社。明亡後,與柴紹炳、毛先舒、陳廷會、張綱孫、吳百朋、丁澎、沈謙、孫治、虞黃昊砥礪志節,時號"西泠十子"。康熙元年(1662),湖州莊廷鑨私撰明史,因圻名盛,列之卷首,與查繼佐、范驤皆被逮,以先嘗具狀自陳,事得白,旋釋歸。後以精醫名,曾賣藥長安市。康熙六年

①　(清)施閏章:《施愚山集·文集》卷十一,第209—210頁。
②　(清)孫治:《孫宇台集》卷二十三,清康熙二十三年孫孝楨刻本。

(1667),入黄山爲僧,初名法龍,字誰菴。後入粤,謁函是於丹霞山,易名今
竟,字與安。著有《從同集》《威鳳堂集》《西陵新語》《新婦譜》《靈蘭堂墨守》
等。"鯤庭"即陸培(1617—1645),字鯤庭。崇禎十三年(1640)進士。南明
福王時,官行人司行人。清軍下江南,杭州失守,作《絶命詩》,自經死,年二
十九。著有《旂鳳堂集》。"梯霞"即陸堦(1620—1702),字梯霞。明亡,奉母
隱於河渚,以佃漁爲食。兄圻因史事被逮,堦走京師,力爲營救。歸後,以教
授爲事,從遊者如市。浙撫張鵬翮聞其名,因築書院於萬松山,集十一郡學
士讀書其中,聘之爲師。著有《四書大全》《白鳳樓集》。"左城"即陸堭
(1633—1676),字左城。未鬌年能通六經,弱冠馳聲藝苑,爲文鴻麗。後因
家道中落,遠遊幕府。年四十四卒。著有《丹鳳堂集》。

　　陳確《復蕭山徐徽之書》:"明年癸巳,西泠陸麗京之母六十。"①知陸圻
母癸巳年六十,此"癸巳"即順治十年(1653)。毛先舒《毛馳黄集》卷六《陸太
夫人六十壽序》:"歲癸巳之橘塗,陸太夫人誕彌之月也。"②《爾雅·釋天》:
"(月)在乙曰橘……十二月爲塗。"邢昺疏:"十二月得乙則曰橘塗。"知陸母
生日在十二月。丁澎《壽陸母裘太孺人兼贈景宣梯霞左城諸子》題下注曰:
"時立春後一日。"③亦可爲證。毛奇齡於明崇禎十二年己卯(1639)即與陸
氏昆仲定交,毛奇齡《陸三先生墓誌銘》云:"崇禎己卯,舉兩浙鄉試,先生偕
兩兄合梓其社業行世。……予是年初赴試場,從祁君奕遠舉蘭里文社於涌
金門外,杭之名士唯徐君世臣、張君用霖、吳君錦雯先後至,曰:'三陸君何
在?'既而麗京、鯤庭來,而先生不赴。次日,訪先生於板兒巷。予之見先生
從此時始。"④順治十年十二月,值陸母六十生日,毛奇齡作此詩祝壽。黄運
泰評此詩曰:"比、興瞭然,其格之矯變、辭之典則,彷彿《葛覃》。"⑤

似艷歌何嘗行(順治十年)

　　好鳥勿棲壞屋,好花勿生塗泥。力子恒苦瘠,逸子恒苦肥。力子拮据,
終歲私顧乏食。猶有病婦,伸手索箸飯齋。一解。

　　纍食不飽,視地生躊躇。出門欲適與他所,棄婦空室與居。念之無名,

---

①　(清)陳確:《乾初先生遺集》卷一,清餐霞軒鈔本。
②　(清)毛先舒:《毛馳黄集》卷六,清初刻本。
③　(清)丁澎:《扶荔堂詩稿》卷十一,清順治刻本。
④　(清)毛奇齡:《西河合集·墓誌銘十五》,清康熙五十九年刻本。
⑤　(清)黄運泰、毛奇齡同撰:《越郡詩選》卷一,清順治刻本。

日徘徊趑趄。二解。

　黄鵠一去，不復來還。我口噤，不能喞井蛙。我有毛羽，日苦瘠薄多衰殘。三解。

　念婦與我，來時治酒餔，清濁恒理，日夕犬豕嗄嗄。小大區置，咸得其意。四解。

　小麥青青，大麥萎黄。男兒出門，冀免凍僵。何處求我死，在亭西之坂，桓東之塲。婦病不能起，牽衣在床，吁嗟此行當成名。五解。

　【按】詩見黄運泰、毛奇齡同撰《越郡詩選》卷二。《艷歌何嘗行》，樂府舊題，一曰《飛鵠行》，屬《相和歌·瑟調曲》。詩題"似"字，言毛奇齡借用《艷歌何嘗行》樂府舊題，諷刺時事。時毛奇齡初學作詩，以摹擬樂府舊題爲主。黄運泰評此詩曰："無故棄婦，艱難可知。四章'念婦'與末句頌夫語，多少惨動。其章法絶續激汰，全乎漢音。"又曰："大可詩如太華削成，高奇徑秀；又如素女鼓瑟，愀愴迷煩，真大家也。時稱大可樂府極似曹公詞，其古直而悲涼過之，以原思《三百》，摛情《楚詞》。斯言良然。全集繁賾，兹《選》於蠡中見海，凡所已刻，俱不復録。"[1]

似艷歌行（順治十年）

　童童一疋布，欲量不得度。團團一株楊，有度不得量。男兒七尺軀，出門無短長。兄弟兩三人，流宕在他鄉。髮敝不復黑，肌敝不復白。躊蹰髮與肌，黑白安足知？

　【按】詩見黄運泰、毛奇齡同撰《越郡詩選》卷二，黄傳祖輯《扶輪廣集》卷四亦載，文稍異。《艷歌行》，樂府舊題，屬《相和歌·瑟調曲》。詩題"似"字，是毛奇齡借用《艷歌行》樂府舊題，表達游子思鄉之情。

那呵灘（順治十年）

　日來不曾歌，聽歌那呵灘。屠兒解毛豬，剖腹斷心肝。一解。
　歡從楊州還，願到瀘水游。鬼彈打折篙，交郎早回頭。二解。

---

① （清）黄運泰、毛奇齡同撰：《越郡詩選》卷二，清順治刻本。

【按】詩見黄運泰、毛奇齡同撰《越郡詩選》卷二。《那呵灘》，樂府舊題，屬《清商曲辭·西曲歌》。"那呵"，蓋灘名也，《古今樂録》云："《那呵灘》……多敘江陵及揚州事。"

似猛虎行（順治十年）

上山有猛虎，下山有禾秏。不入猛虎居，安得禾作糜？寧使身與猛虎食，不可嘗使腹中饑。一解。

上山採樵，草莽木枹，日午不得食。旁有猛虎，終不顧視，但恨無力撩此木槮。二解。

少年私喜自顧，曰能聚旅逐此猛虎，入處虎處，將下食禾秏。三解。

男子興作，當令享名。我實處此，爲家國報仇。爾無我尤，我宜食爾下民。四解。

下民俯首，私念好義，日輸禾與此少年，不得吝悔。五解。

山自有猛虎，入處虎處，安得復爲生人食？禾秏不顧，將食爾婦子骨肉。婦子咸走，置山下田。六解。

吁嗟嗟，上山亦無虎，下山亦無禾。猛虎不食人，腹饑多苦辛。七解。

【按】詩見黄運泰、毛奇齡同撰《越郡詩選》卷二。《猛虎行》，又作《猛虎吟》，樂府舊題，爲王僧虔《伎録》所載平調七曲之一。詩題"似"字，當是毛奇齡借用《猛虎行》樂府舊題，抨擊苛政猛於虎的社會現實。黄運泰評此詩曰："比意分曉。漢魏古詞，悉具六義，近不能喻，賴此表見。"①

似董逃行（順治十年）

我欲上升泰山，道遇神山人，言欲下授不死丸。使果得不死，天地傾仄，安容此民？一解。

非東海神人之山，安得受命千萬年？非東海神人之山，安得受命千萬年？二解。

不願生長久，但願得肌骨皮肉，保護咸安，惟旦暮霜露在身。三解。

---

① （清）黄運泰、毛奇齡同撰：《越郡詩選》卷二，清順治刻本。

秋得乾芋,可以治餐;冬得單布,可以行寒。門左有少年,意錢蹴鞠,相與競逐牽攀。四解。

東有海水,潋潋其瀾;西有平地,茫茫其圍。人思其樂,不到其間。穆王周流,終老室垣。五解。

神山之人,欲下語下地少年。幸自今以往,勿復遁與逃,董安不安均足豪。六解。

【按】詩見黃運泰、毛奇齡同撰《越郡詩選》卷二。《董逃行》,樂府舊題,屬《相和歌辭·清調曲》。相傳董逃是傳說中仙人的名字,一說是東漢董卓敗亡的讖語。詩題"似"字,蓋毛奇齡借用《董逃行》樂府舊題,抨擊清初嚴酷的"逃人法"。

從南屏入南高峰憩新菴淨室(順治十年)

停舸還中峰,徐步出北林。蓮洞接幽眇,藕花長升沉。輒更西路高,頃入南屏深。黃槁披道隅,梧楸列崇岑。寒風動綌衣,白日移廣衿。朗衍見石屋,窈窕來蒼潯。烟霞識前題,滿覺還舊唫。殘桂芬樹歇,孤花曜藂陰。拾礎折芰菁,杖策扶蕭森。羊腸若襟帶,象鼻同笄簪。高峰上難量,石塔杳不任。仙掌擘崉岘,優鉢纏嶇嶔。巖幽結茅脩,壁峭留坐暗。下當空清潭,前有鳴飛禽。愀愴乍驚飈,惻惻離我心。

【按】詩見黃運泰、毛奇齡同撰《越郡詩選》卷三。"南屏"即南屏山,《(乾隆)杭州府志》卷二十七:"南屏山在淨慈寺右。"[1]"南高峰",是西湖十景"雙峰插雲"的兩山之巔——南高峰和北高峰之一。《(雍正)浙江通志》卷九:"南高峰,《西湖遊覽志》'在南北諸峰之界,羊腸詰屈,松篁蔥蒨。塔居峰頂,晉天福間建,宋崇寧、乾道兩度崇修,元季燬。舊七級,今存五級'。"[2]

此詩與以下三詩皆是毛奇齡游西湖時作。黃運泰評此詩曰:"諸作俱本謝客。一徑幽峭,如心縈手披,模索無盡。"[3]

---

① 《(乾隆)杭州府志》卷二十七,清乾隆刻本。
② 《(雍正)浙江通志》卷九,清文淵閣《四庫全書》本。
③ (清)黃運泰、毛奇齡同撰:《越郡詩選》卷三,清順治刻本。

於湖心至一橋留晚家庄（順治十年）

明湖澹澄波，鼓枻緣岸長。落日暗前碉，平烟萃橫梁。歸牧當北馳，離鳥交南翔。丘隴望不移，流水沿自涼。三潭舍悠悠，九曜追蒼蒼。結筜暎波岸，負棹觀魚塘。林路淹暝色，雲巖隱宵光。密樹霞隙明，薄霧山足亡。夜渡息筋力，晚家投村庄。撫寂意未竟，眷生情難忘。處明故終安，蒙晦敢豫將？但期繼膏薰，留歡極山陽。

【按】詩見黃運泰、毛奇齡同撰《越郡詩選》卷三。"湖心"即湖心亭，在西湖中央。《(萬曆)杭州府志》卷四十四："湖心亭在西湖之中，舊有湖心寺。"①

憩孤山（順治十年）

山水遞夷隩，昏旦互興没。涵理靜得多，敷觀曲能達。疏峰尚嵯峨，就徑長顯豁。游行倦名奇，矧乃晰豪髮。小山介澄鮮，碧波繞層闕。休息方夕陰，怊騷及秋節。斷橋蒔新花，橫塘佇涼月。水入錦帶迴，嚴依歲寒切。已傷青蒲銷，況覩綠楊折。鳷鵲起瀾端，芙容墮木末。時來企新榮，感往悲逝決。遺踪汩重泉，薆草偃故碣。流沫初短長，芳華競銷歇。逝將策遠遊，縱情駭超越。浮雲昧前除，蒼茫杳難涉。

【按】詩見黃運泰、毛奇齡同撰《越郡詩選》卷三。《(成化)杭州府志》卷六："孤山在錢塘門外西湖中，獨立無附，爲湖山最佳處。"②黃運泰評此詩曰："慷慨怊恠，直擅《游南亭》《登石門》《經湖中》諸詩之勝。"③

還止西陵宋右之欽序三陸予敬訪予勤公講堂（順治十年）

冀時多營心，變物無素思。遲憩疏水間，靜念關山期。幽閣入林秘，曠

---

① 《(萬曆)杭州府志》卷四十四，明萬曆刻本。
② 《(成化)杭州府志》卷六，明成化十一年刻本。
③ (清)黃運泰、毛奇齡同撰：《越郡詩選》卷三，清順治刻本。

視來川坻。縱復廣情曲，何異窮棲時。西陵茂風雨，東路饒車輮。勤公舊講堂，寂莫孤山陲。甘泉餍名賢，朱柿條上堎。踟躕緒颽涼，倚徙寒屛敧。君子抱嘉則，慕類情無涯。丘園既難忘，蘭蕙寧久遺？抽素愜幽好，吐芳滌繁支。汎愛謬加及，耿衷難重持。慷慨念舊質，聊落招今悽。神親多脩容，夕至無挽曦。緬彼雙生松，戚歷同所懷。

【按】詩見黃運泰、毛奇齡同撰《越郡詩選》卷三。此“西陵”爲杭州古稱，亦作“西泠”。“宋右之”即宋德宜（1626—1687），字右之，號蓼天，江蘇長洲人。順治十二年（1655）進士，選庶吉士，授編修。歷官國子監祭酒、戶部侍郎、左都御史、刑部尚書、兵部尚書、文華殿大學士等。風度端重，每奏事，輒當上意。卒諡文恪。生平詳王昶《春融堂集》卷六十四《宋德宜傳》。“欽序三”即欽蘭（1618—1677），尤侗《艮齋雜說》卷五：“處士欽蘭，字序三，少爲諸生，有名。鼎革後，高尚不事，賣文自給。……序三與予同庚，爲總角交。出處雖異，甚相得也。”①“陸予敬”即陸志熙，《（道光）蘇州府志》卷一百四：“陸志熙，字予敬，長洲人。吏部郎中康稷子。明末由諸生選貢。尚氣節，工詩文。承先志，不謁選人。康熙初，遷昆山南星瀆，與歸莊、王晨、吳殳輩結社賦詩。”②“勤公講堂”即六一泉，張岱《西湖夢尋》卷三：“六一泉在孤山之南，一名竹閣，一名勤公講堂。宋元佑（祐）六年，東坡先生與會勤上人同哭歐陽公處也。勤上人講堂初構，鑿地得泉，東坡爲作《泉銘》，以兩人皆列歐公門下。此泉方出，適哭公訃，名以‘六一’。”③黃運泰評此詩曰：“排儷中時具頹宕之態，要是氣高。”④

欸乃曲（順治十年）

江空旦霜水深，木葉留留猿吟。哀轉久絶暗暗，行子舟中泪淋。八月秋高雨滂，秋水沈淪瞿塘。傾敗汩没混茫，行子舟中傍徨。下水五日無幾，上水十旬過之。灘頭白勃堅持，黃牛異鄉可悲。與子節歌江中，家住錢塘水東。上篙下篙力同，此時何時葉紅。

① （清）尤侗：《艮齋雜說》卷五，清康熙刻《西堂全集》本。
② 《（道光）蘇州府志》卷一百四，清道光四年刻本。
③ （清）張岱：《西湖夢尋》卷三，清光緒九年刻本。
④ （清）黃運泰、毛奇齡同撰《越郡詩選》卷三，清順治刻本。

【按】詩見黃運泰、毛奇齡同撰《越郡詩選》卷三。"欸乃",原爲搖櫓聲,後演變爲以"漁父"爲題材的古琴曲。黃運泰評此詩曰:"古歌之遺,其撣援處,似猶有和聲。"又曰:"起致悽悗。"①

鴻資北歸出瘦瓢示予索賦云得之孔檜中(順治十年)

老檜之胅肩肩,銀鏟一瘦千年。喆匠經營來前,器中膇懸自然。欸底崇屑高开,外象縷縷形賢。爛若萬波中漩,挹水酌酒良便。不假金銀珠瑀,一顧得直萬錢。王子自遠道還,告予得之聖埏。當年北走幽燕,道經東魯周旋。下馬仰際高筵,豐林茂材芊芊。其中手植檜蹟,殄生此瘦瓢緣。大聖文章相宣,東土小儒乾乾。拜手頓首恭寠,咨嗟咄喈艱鮮。君子立行無譽,則取細物不捐。俯仰堯冠頌旃,胡必盡嘗拘牽。願洗此瓢中懸,無爲牛羊腥羶,同里鄙人戔戔。

【按】詩見黃運泰、毛奇齡同撰《越郡詩選》卷三。"鴻資"即王正儒,字鴻資,蕭山人。與毛奇齡、任辰旦、張杉爲友。任辰旦《介和堂集·徐秀才詩序》:"予友固多作者,若毛僧開、王鴻資、張南士、胡繩先。"②單隆周《雪園詩賦初集》卷九《王鴻資小樓索題》題下注曰:"時王久爲記室,始歸里,貽我《劍游集》。"③知王正儒爲記室,著有《劍游集》。康熙十六年,毛奇齡客上海縣知縣任辰旦署,王正儒亦至上海,值其生日,毛奇齡填《百字令·客滬上爲王鴻資初度》詞祝壽,其詞曰:"秋風乍起,桂花時、又是東亭初度。四十年來彈指頃,閱歷山川無數。倚馬成文,磨盾音旬草檄,殺盡中山兔。侯王以下,一時趨走如鶩。誰道梁苑歸來,故人官滬上,歡然相聚。有弟同行勝小陸,共作平臺詞賦。弧矢高懸,長庚何在,遙指星明處。壯心未已,莫言歲月遲暮。"④王正儒築半樓成,毛奇齡爲作《半樓記》,其文曰:"王子鴻資挾其文以遨遊天下,自燕、齊、代、隴以暨荆、鄧、甌粵、嶺海之外,率驅柴擔篅,坦坦如衡術者,凡四十年。曾歸而築小樓于隘巷,名曰'臥遊',而卒之舍而去也,予嘗作《臥遊樓》詩以留之。暨其後,從五嶺歸,慨然念故里不可去,乃復買宅于沂川之間,環沂舍傍築層樓其中。前可瞰城南諸山,而北幹一峰,適當北

---

①　(清)黃運泰、毛奇齡同撰:《越郡詩選》卷三,清順治刻本。

②　(清)任辰旦:《介和堂集》,清抄本。

③　(清)單隆周:《雪園詩賦初集》卷九,清康熙刻本。

④　(清)毛奇齡:《西河合集·填詞五》,清康熙五十九年刻本。

牖，且鄰園之蓁薈而翳蔚者，松楸木莽，晻映左右。于是判樓而分受之，顏之曰‘半’。……今鴻資薄遊海濱，而予以訪舊之餘，與之晨夕，蓋嘗飲予酒，而告予以將返而居是樓也，遂述其撰事而乞予以記。”①王正儒《客中雜咏》成，毛奇齡亦爲作序，其文云：“今之爲詩者，大率兵興之後掣去制舉，無所挾撮，而後乃寄之于詩。惟鴻資不然，少爲詩數百，自書之，而與之雕工。人之讀其詩，兼摩其書，以爲兩絕。予入塾時猶珍之。暨鴻資漫遊四方，值天下初亂，中州群盜大起。鴻資獨杖劍挾策，思一得當以展所學，而卒不可得。歸而梓其詩，則皆壯游時發憤怫鬱，不得已而仍寄之詠嘆，以圖一快者也。今老矣，凡所爲詩，則皆以奔走衣食，寄諸侯幕下，爲他人搖筆草檄，馳箋驛奏，勞心敝力之餘，暫一偃息，而意氣感發，亦復爲之。故爲之不多，即多亦散去不收拾，乃亦録其膡者于篇。……乃鴻資凡三爲詩：一揣摹帖括而旁及之，一挾策求有用而藉以興懷，至于今則皆食苹傾醑之歲月也。然而其爲詩，一若劌心鉥神、窮幽達眇而爲之，沈雄老健，不遺餘力。”②從以上諸文，可窺王正儒生平大端。黃運泰評此詩曰：“六字句，不廢佻塞，意致迴復，章法亦穩。”③

送友人入蜀（順治十年）

遠到雙流未有期，春江漫漫接天涯。與君但渡霜中路，恍見峨嵋月上時。

【按】詩見黃運泰、毛奇齡同撰《越郡詩選》卷八。友人，未詳何人。

節母葛太君行狀（順治十年）

嘗讀《周易·節》，曰“節亨”，曰“苦節不可貞”。夫曰“節亨”者，以節有可亨之道也。曰“苦節不可貞”者，以節之苦不可爲常也。然則節不亦難矣哉！

---

① （清）毛奇齡：《西河合集·碑記五》，清康熙五十九年刻本。
② （清）毛奇齡：《西河合集·序十》，清康熙五十九年刻本。
③ （清）黃運泰、毛奇齡同撰：《越郡詩選》卷三，清順治刻本。

陳母葛太君者，學山公之妻，而經科公之母也。學山公去世，太君年方二十四歲，經科公尚在緥褓，而太君冰雪爲心，松筠著節，茹茶集蓼，澼絖不倦。易錦茵以苦席，代羅幬以素帷。無異懷清之巴婦，何殊高行之梁媛？具斷指截髮之心，懷割鼻毀耳之操。將見"黃鵠"之歌，無難再續；"烏鵲"之詩，亦堪重吟。豈徒聽鳴鴛而腸斷，詠孤燕而心悲也哉！太君如此，自宜彤管揚休，青史表節，入列女之傳，登貞婦之記也矣。時順治十年仲春之吉，後學史官毛奇齡拜撰。

【按】文見《山陰天樂傅墩陳氏宗譜》卷一。文中所及"學山公""經科公""陳母葛太君"，三人生平俱不詳。文末署"順治十年仲春"，知作於順治十年癸巳（1653）二月。末署"後學史官"四字闕疑，毛奇齡於康熙十八年應博學鴻儒科，試列二等，授翰林院檢討，入史館纂修《明史》。順治十年陳氏修族譜時，不能預知康熙十八年毛奇齡爲史官之事。蓋毛奇齡此文作於順治十年，康熙十八年後陳氏重修宗譜，加此四字。

出塞（順治十一年）

漢家烽火徹霄明，李氏功名久未成。胡馬幾時來上郡，秋風一夜入重城。關中適戍俱無恙，帳下孤兒尚可征。並道五軍皆出塞，將軍何必藉風聲。

【按】詩見程棟、施諢選《鼓吹新編》卷六，魏畊（亦作耕）、朱士稚、錢纘曾仝選《吳越詩選》卷十三亦載。

此詩排在《鼓吹新編》卷六《三月十九日舟中望哭》前，據本書下條"三月十九日舟中望哭"考證語，知作於順治十一年（1654）春。

三月十九日舟中望哭（順治十一年）

芳茹生時憶故居，洲中帝子尚愁予。遣人千里雙鴛被，誤我多年尺素書。閶闔嵯峨開未得，增成消息近何如？淹淹長是三春雨，痛殺山前老荷鋤。

【按】詩見程棟、施謴選《鼓吹新編》卷六。三月十九日,是明朝崇禎皇帝的忌日,錢士馨《甲申傳信錄》:"大明大行皇帝於崇禎十七年甲申三月十九日夜子時,龍馭上賓。"①順治年間,毛奇齡以明遺民自居,因而在順治十一年(1654)三月十九日崇禎帝逝世十年之忌辰,作詩哭祭,抒發哀思。程棟、施謴選《鼓吹新編》卷八載顧樵《甲午三月十九》、卷九載陳濟生《三月十九日》和祁理孫《三月十九日》詩,可爲證。

雜曲二首(順治十一年)

北風洞洞高微,月落天明烏啼。絡繹人馬路疲,負薪擔囊取糜。艱哉太行崔嵬,偪仄羊腸九迴。大樹輪囷庬龐,中塗雪深苦寒。滅没足跡衣單,道逢老人蒼顔。顧之顔色齾盤,告言遠道難還。俯首躬身自慚,北風大吹聲繁。咨嗟喟息長嘆,道路反覆艱難。

又

潔潔高堂草深,蟋蟀蕭條悲鳴。明月妖姣佳人,衣帶盤桓自親。戶牖交疏綺陳,啓手洞達四鄰。燦爛上下星辰,金槽琵琶荒淫。大絃小絃不成,俯斂衣裳垂長。宛轉徘徊心傷,大姊遠道三湘。歡娛異時多方,彷彿大道春陽。十里江南橫塘,可憐拔蒲相將。同制並髾異粧,遞代好嫵不嘗。觀者躑躅道傍,女心傷悲何當。迨及同歸翶翔,富貴焉敢相忘?

【按】詩見魏畊、朱士稚、錢纘曾全選《吳越詩選》卷一"樂府詩"。祁理孫《奕慶藏書樓書目》:"《吳越詩選》二十二卷,明朱士稚等選。"《(同治)蘇州府志》卷一百三十九《藝文》四:"朱士稚,《吳越詩選》,山陰人。"②《吳越詩選》卷端題"慈溪魏畊雪竇、山陰朱士稚朗詣、歸安錢纘曾允武全選"。

毛奇齡《五言格詩一》題下注云:"暨山陰朱朗詣與苕中錢氏選擬古雜體詩,以西河擬古詩獨多,索其稿,攜至苕中。"③知朱士稚與錢纘曾索毛奇齡詩入其《吳越詩選》中。毛奇齡"六言詩"題下注云:"西河六言詩,舊無存者,祇《越選》中二首,《吳越選》中二首,盡入'樂府'。"④"《吳越選》中二首",即

---

①　(清)錢士馨:《甲申傳信錄(外四種)》卷一,文津出版社 2020 年版,第 19 頁。
②　《(同治)蘇州府志》卷一百三十九,清光緒九年刊本。
③　(清)毛奇齡:《西河合集·五言格詩一》,清康熙五十九年刻本。
④　(清)毛奇齡:《西河合集·六言詩》,清康熙五十九年刻本。

此《雜曲二首》。

　　此詩未載年月，黃裳《掌上的煙雲·來燕榭書跋》"吴越詩選"條云："亦山陰祁氏寓山遺書也。……傳本至罕，所收大抵皆明亡前後十年中詩。……此卷中梅村聽卞玉京彈琴歌後錢允武跋云'甲申後十年矣'；七律祁班孫詩題亦有'喪亂以來，不覺十載'之語，因知此集編刻當在順治十年頃。……此書分體選詩……清初選詩風氣甚盛，頗疑非只揚扢風雅，主旨乃別有所在。寄故國興復之思，掩聯結聲氣之跡，皆借選事行之。入選諸詩，大抵故國遺民之作，間附評語，亦頗有關作者身世，有裨考史，蓋不徒以存詩重也。"①黃裳認爲《吴越詩選》所收詩"皆明亡前後十年中詩"，大致符合事實。毛奇齡《復朱朗詣書》云："僕選越詩……聞尊選亦及閨秀，且聞尚未竣。……十一月四日。"②"僕選越詩"，指毛奇齡與黃運泰同撰《越郡詩選》事。"尊選亦及閨秀"，指朱士稚所選《吴越詩選》亦收録了吴、越兩地閨秀所作詩。可知毛奇齡復朱士稚(字朗詣)書，當作於順治十一年甲午六月《越郡詩選》成書後。文末署"十一月四日"，即順治十一年甲午十一月四日，而此時《吴越詩選》"尚未竣"。蓋《吴越詩選》成書於順治十二年，所收詩多爲順治元年至十一年諸遺民所作詩。據本書"出塞"條考證語，《出塞》亦載於《吴越詩選》卷十三，作於順治十一年春。則此詩載於《吴越詩選》卷一，亦當作於順治十一年甲午(1654)。

<h2 style="text-align:center">寄答施比部尚白(順治十一年)</h2>

　　桃花潭空夜乘鯉，曉破滄浪渡烟水。東尋蓬島返海門，爲看飛花鏡湖沚。臨流晞髮枕窮石，前望雞山解爲客。李白乘風浩欲行，杜老依然寄人食。茫茫高嶠吾所思，風前再讀涇川辭。越人擁楫久蒙好，慷慨悦君知不知？新潮初生舊潮去，汗漫將歸采菱渡。蒙君許我搴桂枝，望斷淮南最深處。

　　【按】詩見施閏章《越遊草》卷首"贈言"，鄧漢儀《詩觀初集》卷六"毛姓"條亦載。"施比部尚白"即施閏章(1619—1683)，字尚白，一字屺雲，號愚山、蠖齋，晚號矩齋，安徽宣城人。少年喪父，由叔父譽撫養成人。受業於沈壽

①　黃裳：《掌上的煙雲》，華東師範大學出版社1998年版，第403—404頁。
②　(清)毛奇齡：《西河合集·書一》，清康熙五十九年刻本。

民，得其指授頗多。性孝友，紹述理學，矜尚禮儀。順治三年(1646)中舉，六年成進士，授刑部主事。十三年，遷山東提學道。十八年，轉湖西道參議。康熙六年(1667)，以缺奉裁，歸里。十八年，舉博學鴻儒，授侍講，預修《明史》。二十年，任河南鄉試主考官，旋進侍讀。文章醇雅，尤工於詩，與同邑高詠等唱和，時號"宣城體"；與宋琬有"南施北宋"之稱。著有《學餘堂集》《蠖齋詩話》《矩齋雜記》《施氏家風述略》《青原志略補輯》等。

順治十一年甲午夏秋間，施閏章遊杭州、蕭山、紹興等地，與當地諸友互有詩酬答，成《越遊草》一卷，詳見本書"武進惲仲升過話"條考證語。毛奇齡詩載《越遊草》卷首"贈言"，當作於順治十一年甲午(1654)。《越遊草》卷首有李明睿、顧夢游、施肇元序及諸人贈言。除毛奇齡贈言外，另有丁澎、張梧、徐緘、張陛、葉雷生、沈胤范、姜廷梧、祁鴻孫、徐繼恩等人的贈言。《越游草》現存清順治刻本，藏國家圖書館。《安徽古籍叢書》之《施愚山集》亦收錄，可參。

情詩寄魏雪竇二首(順治十一年)

噭噭孤鴛鴦，唼喋清漣漪。文藻縈外澤，幽花蔽中池。單情獨皎皎，戢翼還求雌。相視寡偕偶，所至終乖離。雄鳩弗姚佚，嚅喈嘗見疑。謠以善鵲疆，訴以鄰鶯羈。賦性本良妌，謂我多紕違。脩容蓄文彩，恒爲匹者施。懷儔不能侶，至死猶相思。如何罷愆尤，惻惻來嘆咨。

又

粥粥朝星明，條條曉風集。怨女歸曲房，一顧三嘆息。楷藥彫絳衣，山藍減芳色。曙影開鏡光，問誰理容餙。東園有狂夫，中路懷匪測。張羅近烏飛，懷金向桑澤。思以輸樂歡，因之敘儔匹。豈知我有夫，道遠義不隔。井深知絲長，弦斷知矢急。與子堅遠心，踰河展疇昔。

【按】詩見魏耕、錢价人仝選《今詩粹》卷三。《今詩粹》十五卷，順治十七年刻，以選錄明清之際的詩歌爲主。書刻成不久，魏耕、錢价人兩人因"通海案"發被殺，此書漸次湮沒，故而流傳甚稀，各公私目錄俱未載。今中國科學院圖書館、山東省圖書館、上海圖書館有藏。

詩題"魏雪竇"即魏耕(1614—1662)，原名璧，又名時珩，字楚白，浙江歸安人。明亡後改名耕(亦作畊)，字野夫，號雪竇，又號白衣山人。順治年間，與祁班孫等聯絡抗清志士，秘密圖謀復明大業，事泄被殺。工詩，古體學李白，近體學杜甫，爲屈大均所賞，著有《息賢堂集》《雪翁詩集》。生平詳魏霞《明處士雪竇先生傳》。

據詩中"與子堅遠心，踰河展疇昔"句，知作於毛奇齡與魏耕初識不久。順治十一年(1654)秋末冬初，魏耕、毛奇齡均赴紹興爲祁班孫母商景蘭慶五十壽，兩人約相識於此際。參魏耕《奉賀祁忠敏中丞公商夫人五秩二十韻》①、毛奇齡《青雀吟爲祁中丞德配商夫人壽》②。商景蘭《五十自敘》："歲甲午十月，我年當五十。"③蔡仲光《祁奕喜婦朱孺人趙璧五秩壽序》云："甲午季秋，予同徽之、伯興、大可入梅墅拜祁忠敏公夫人五秩壽。"④綜上可知，順治十一年甲午(1654)冬十月，爲商景蘭五十壽辰，魏、毛兩人皆赴山陰祝商景蘭五十壽，相與定交，毛奇齡旋作此詩相寄。

答錢瞻百(順治十一年)

方泉蓄良玉，圓澤載明珠。神藏既已深，所見良獨殊。跂予薄蘭渚，睠念菰城隅。五色想龍蟠，八彩睇鳳揄。珪璋擅文域，理道恢神區。崇情溢遝標，淑氣揚令譽。暌時共涼曝，溯景詳哀愉。懷哉進退艱，徂矣歲月除。碧葉被林薄，丹花發根株。庭昏接新陰，春艷環幽居。遠憐結華珮，嘿識懷素書。良樂非所和，佳武難爲趨。七襄慚報章，九辯來追吁。何當挹流波，再繪雙鯉魚。

【按】詩見魏耕、錢价人仝選《今詩粹》卷三。"錢瞻百"即錢价人(？—1662)，字瞻百(一作伯)，浙江歸安人。家世華腴，祖、父均爲明吏。少工文詞，與弟志熙、方叔、丹季並以詩名，兄弟四人常一起刻燭聯句，魏耕以"四皇甫"目之。創立孚社。與魏耕、祁班孫等參與鄭成功、張煌言兵入長江之役，著有《河渭間集選》。

此詩排在魏耕、錢价人仝選《今詩粹》卷三《情詩寄魏雪竇二首》後，亦作於順治十一年甲午(1654)冬。蓋毛奇齡與錢价人通過魏耕而相識，遂互以詩酬贈。毛、錢兩人在順治年間頗有交往，錢价人《冰阻蕭山旅店寄李兼汝

---

① (清)魏耕：《雪翁詩集》卷十五，民國《四明叢書》本。
② (清)毛奇齡：《西河合集·七言古詩四》，清康熙五十九年刻本。
③ (清)商景蘭：《商夫人錦囊集》，清道光十五年刻本。
④ (清)蔡仲光：《謙齋詩集》卷八，清咸豐三年篤慶堂刻本。

毛大可徐徽之黃開平諸子》："歲暮霜厓高，冰花粲喬木。孤舟棹江潯，過憩逆旅宿。廚喧雜商旅，簟冷依僮僕。遥夜無鳴琴，聞雞趣車軸。因聲關令尹，青牛過函谷。"①錢价人《酬蕭山毛大可見訪西湖昭慶不遇之作》："我昔居西湖，徘徊望蕭然。君來西湖間，值余歸舊山。舊山半枕滄浪水，百里蒼葭橫烟紫。繁花雜樹鏡中開，遥見美人綠雲裏。美人逸思天上來，新詩百韻倒金罍。亂捲西湖瀉柔翰，屈注錢塘上酒杯。憐余卧疾換秋衣，贈貽白雪世間稀。春來夢見池塘草，爲想雙環色欲飛。"②錢价人《答蕭山毛大可見貽新曲及國風楚辭諸解》："才子風華今世稀，官梅東閣重依依。麗詞五夜流商羽，騷雅千年辨是非。秋近錢塘雙鯉至，天連秦駐一鴻歸。最憐垂老臨邛客，腸斷西陵舊紵衣。"③因魏耕、錢价人罹"通海案"被殺，有觸時忌，故而毛奇齡晚年彙刻諸書爲《西河合集》時，將與魏、錢兩人的贈答詩棄而不録。

過會城訊陸麗京不得（順治十一年）

西泠橋畔夕陽低，欲訪君家何處隄。避地不歸遼海上，逃名還向灞陵西。江潮雪後聽魚度，板屋烟深惜鳳題。日暮懷人最愁絶，城頭況有夜烏啼。

【按】詩見魏耕、錢价人仝選《今詩粹》卷十，程棟、施誙選《鼓吹新編》卷十四亦載。詩題"會城"指杭州。"陸麗京"即陸圻，生平詳本書"崇蘭"條考證語，兹不贅述。

此詩位於《今詩粹》卷十《送高臣虎還南湖》及《乙未三月雲間復有上巳之約予以事不果往卻賦簡張洮侯徐武靜吳六益諸子》之間，"乙未"即順治十二年乙未。詩中有"江潮雪後聽魚度"句，知此詩當作於順治十一年冬。

聞梁谿錢礎日蒙難得免訊之以詩（順治十一年）

軹里于今不可行，布衣何事尚髡鯨。申胥去國呼難定，張儉還家志未

---

① （清）錢价人：《河渭間集選》卷二，清刻本。
② （清）錢价人：《河渭間集選》卷五，清刻本。
③ （清）錢价人：《河渭間集選》卷八，清刻本。

成。固是雉羅原上有，那堪馬角暗中生。丘園徒抱饗殀貴，猶自黃冠負令名。

【按】詩見程棟、施譚選《鼓吹新編》卷十四。"梁谿"，無錫古稱。"錢礎日"即錢肅潤（1619—1699），字季霖，一字礎日，號十峰，江蘇無錫人。幼從學於高攀龍弟子鄒期相，授以靜坐法，頗有得。既補博士弟子員，鼎革後棄去，隱居教授。當事見其衣冠有異，執而笞之，折脛，肅潤笑曰："夔一足，庸何傷？"因自號跛足生。自此名益高，四方學者尊爲"東林老都講"。康熙十八年，薦舉博學鴻儒，以足疾辭。著有《十峰詩選》《十峰詩餘》《南忠記》《尚書體要》等。

據張慧劍《明清江蘇文人年表》"清順治十一年"條："無錫錢肅潤以不改明代服飾，被捕解南京刑訊，折一足，因自號跛足生。"①詩題中"錢礎日蒙難"，當指此。本年，錢肅潤獄解，毛奇齡聞出獄消息，以詩寄慰，則此詩當作於順治十一年（1654）。

送禾中女士黃皆令之山陰（順治十一年）

豈欲師梁孟，東遊到會稽。蘭舟隨意發，花嶼與眉齊。積雪開秦望，因風向剡溪。前途懷采葛，應過若耶西。

【按】詩見魏耕、錢价人仝選《今詩粹》卷七。詩題"禾中"，乃嘉興代稱。嘉興古稱"禾"，而秀水縣在清初爲嘉興府轄縣。"黃皆令"即黃媛介（約1610—1668），字皆令，號離隱、如一道人、無瑕詞史、禾中女史、天香女史，浙江秀水人。黃鼎、黃媛貞妹，楊元勳妻。幼承家教，髫齡即嫻翰墨，好吟咏，工書畫。以家貧，爲閨塾師，糊口四方。著有《如石閣漫草》《南華館古文詩集》《離隱歌》《湖上草》《越游草》《鴛湖閨詠》。施閏章《黃氏皆令小傳》："嘉興黃氏媛介，字皆令，同郡楊世功妻也。……介性淑警，聞兄鼎讀書聲，欣然請學，多通文史。……國初，隨世功避兵播遷，所至有知者，時相餉遺。卜處士妻吳巖子以詩名，假館留數月，爲文字交。嘗棲山陰梅市，與諸大家名姝靜女唱酬，有《越遊詩》。還家湖上，好事者傳其筆墨，一時名卿士大夫錢尚書牧齋、吳祭酒梅村皆稱異之，名日起。世功用是以布衣游公卿間，持書畫

---

① 張慧劍：《明清江蘇文人年表》"清順治十一年"條，上海古籍出版社 2008 年版，第 659 頁。

片紙，或易米數石。介既垂老，傷世功無家人産，以游爲生，黽勉同勞苦，嘆曰：'妾聞婦人之道，出必蔽面，言不出梱，得稍給饘粥，完稧弱婚嫁，吾守數椽没齒矣。'會石吏部有女知書，自京邸遣書幣强致爲女師。舟抵天津，一子德麟溺死，明年女本善又夭，介遂無子，憊甚，南歸。過江寧，值佟夫人賢而文，留養疴於僻園，半歲卒。遺詩千餘篇。"①

　　詩中有"積雪開秦望"句，則黄媛介之山陰似在冬天。毛奇齡《黄媛介入越感贈》詩中有"漂泊明湖又一年，寒花相對意茫然"句②，紹興府古稱"越州"，簡稱"越"，山陰、蕭山在清初均爲其轄縣。"明湖"指西湖，代指杭州。亦可證黄媛介於冬天自杭州入紹興府。據黄媛介《乙未上元吴夫人紫霞招同王玉隱玉映趙東瑋陶固生諸社姊集浮翠軒遲祁修嫣張婉仙不至拈得元字》③，此"乙未"當爲順治十二年乙未。順治十二年乙未上元節，黄媛介已至山陰，與山陰諸女詩人吴紫霞、王玉映、祁德瓊等雅集，則其赴山陰應在順治十一年甲午（1654）冬。據《黄媛貞黄媛介合集》整理前言云"順治十一年至順治十三年，黄媛介曾數度入山陰，先後爲張陛與商景蘭家閨塾師"④，亦可作爲黄媛介順治十一年冬初入山陰之證，毛奇齡送行詩當作於順治十一年甲午（1654年）冬。又蕭山鄭莊範《乙未仲冬贈黄皆令西歸》有"明發吴門霜露溥，應知離思共微茫"句⑤，知順治十二年冬，黄媛介自蕭山西歸蘇州。

贈女士（順治十二年）

　　當年曾説秦嘉婦，此日方知伯玉妻。辭賦舊傳退海上，樓臺近向小橋西。書縈蕙帶雙縑薄，釵壓桃花兩鬢低。昨夜天孫聞有約，隔河先聽汝南雞。

　　【按】詩見魏耕、錢价人仝選《今詩粹》卷十。詩題"女士"，指王端淑。徐釚《本事詩》卷八載曹爾堪《贈映然子》詩末注曰："按：映然子即王玉映端淑，季重先生之女，適貢士丁聖肇，偕隱青藤書屋。少時夢隨羽客陟廣寒園曰青蕪，因作《青蕪園記》，而係以詩曰：'飀如沖舉近黄冠，引入青蕪曰廣寒。丹

　①　（清）施閏章：《施愚山集・文集》卷十七，第344—345頁。
　②　（清）毛奇齡：《西河合集・七言三韻律》，清康熙五十九年刻本。
　③　（清）王端淑輯：《名媛詩緯初編》卷九，清康熙清音堂刻本。
　④　（清）黄媛貞、黄媛介：《黄媛貞黄媛介合集》整理前言，趙青整理，浙江古籍出版社2021年版，第11頁。
　⑤　（清）黄媛貞、黄媛介：《黄媛貞黄媛介合集》，第321頁。

草芃芃新月映，雙鬟隊隊白雲攢。幽游一晌歸春杳，謫落三旬解俗難。敗葉聲敲清夢遠，荒雞啼徹曉鐘殘。'又夢坐宋安妃畫舫，遂有'玉真閣'二絕句。自號映然子。工詩，善楷書，選《詩緯》《文緯》行世。越中毛甡有《贈女士》云：'當年曾說秦嘉婦，此日方知伯玉妻。詞賦舊傳迢海上，樓臺近向小橋西。書縈蕙帶雙縑薄，釵壓桃花兩鬢低。昨夜天孫聞有約，隔河先聽汝南雞。'亦為映然子作也。"①《本事詩》中所載詩與此詩相同，知是毛奇齡贈王端淑之詩。

王端淑（1621—？），字玉映，號映然子，又號青蕪子，浙江山陰人。王思任季女，丁聖肇妻。著有《吟紅集》《留篋集》等。孟稱舜《丁夫人傳》云："夫人名端淑，字玉映，別號映然子，越山陰人。王季重先生季女，而丁文忠公子婦也。季重先生元配楊夫人無子，其如夫人者數人，皆禱而生子。夫人母姚氏禱於神，夢神錫以彩管，一寤而詹之曰：'此錫蘭毓麟之祥也。異日且以文章名天下。'及產而得夫人，母心不懌，曰：'世間安得真有女狀元乎？'夫人賦質敏慧絕倫，狀貌頎晳，亭亭有玉樹當風之致。甫四齡，偕諸昆弟就外傅，過目輒成誦，屬對不凡，先生深器異之，曰：'惜也其身不為男子，使身為男子，必以文章第一蜚聲翰苑間。然中郎墳典不托之子而托之女，吾其為蔡中郎乎？'丁公自豫章典試返越，為其第五子睿字聖肇委禽焉。丁公抱命入都中，為魏璫所構，身斃。時夫人尚幼，聞之泣下，曰：'我翁以殉忠卒斃，翁則歿猶榮矣，而邦國不造，奈何？'既而懷宗皇帝御極，殛璫，贈公禮部尚書，諡文忠。季重先生亦起官按察司僉事，駐九江，夫人從之官。流氛薦至，家人驚怖，思返越。夫人曰：'父處危難中，吾輩獨謀安，可乎？'後先生得解綬歸里。丁子自北來結褵，兩人皆弱鶺，而夫人講賓敬禮甚至。丁子有兩母，俱在北都，欲偕夫人北去，諸母、兄嫂憐其年少遠行，繾綣不忍離。夫人愀然曰：'婦之事姑，猶子之從父，千里奔命，固其分與願也。'往事兩姑，曲盡孝謹，咸曰：'新婦真善事我。'已而兩姑相繼歿，哭盡哀，作詩誄之，見者俱為下泣。時中原板蕩，而北地猶瀕危殆，夫人曰：'此維帝都，然猶燕巢之在幙也，古曰狐死正首丘，其盍歸乎！'乃與丁子謀南轅，依季重先生居，並為丁子置側室，娣畜之，終無忮言。既而南北分類，丁子膺簡命司理三衢。未幾，王師渡江，丁子解官歸隱彭山之陽，半廛不避風雨，而季重先生以節死，棲遲無依，丁子常引觴自遣，而夫人則為吟詠以佐之。集成，名曰'吟紅'，志悲也。語曰'春女怨，秋士悲'，不懷春而悲秋，夫人其猶秋士之心也？夫鏡水光寒，霜葉花紅，騷人逸士對之則增其樂，遷客縈人見之則生其愁，此《吟紅集》所以作也。後丁子偕夫人徙居青藤書屋。青藤書屋，昔徐文長寓居處也……其後章侯陳

---

① （清）徐釚：《本事詩》卷八，清乾隆二十二年半松書屋刻本。

子居之。夫人繼居此室，著有《留篋集》，集内有《青藤爲風雨所摧折歌》，蓋深悲文長、章侯兩人失志于時，抑鬱以終，於己而將三之也。以遇言，則才人不偶，正略相似；而以詩言，則夫人與文長殆相伯仲；畫視章侯，别爲一家，而嫵媚過之。夫人年少時夢隨羽客陟廣寒園，曰青蕪，因作《青蕪園記》，而係以詩曰：'颺如沖舉近黄冠，引入青蕪曰廣寒。丹草芃芃新月映，雙鬟隊隊碧雲攢。幽遊一晌歸春杳，謫落三旬解俗難。敗葉聲敲清夢遠，荒雞啼徹曉鐘殘。'又夢身坐畫舫，額曰'宋安妃劉行宫'。妃武林人，未亂早薨，追册爲明節皇后。蔡京詩有'玉真閣裏看安妃'句，踵爲二絶，其一曰：'玉真閣裏看安妃，數百年華事亦非。每惜宣和君政弱，兵端原不起宫闈。'其二曰：'玉真閣上覆春輝，明節仙姿隔世違。不解籌邊能誤國，畫圖止識羨安妃。'夫人豈安妃後身邪！自古異人間植必有自來，夫人非神仙中人，安得吐辭發響與謫仙人相似者？此夫人近選名詩文曰《文緯》《詩緯》。……夫人以七月八日生，歲在戊戌，當甲子之半，姻鄰内外皆進詩爲壽，卧雲子客游金陵，不及以詩壽。歸而丁子以詩示之，並令爲傳。"[①]與《本事詩》中所載王端淑生平相符，可參。

王端淑《予客游半載至丙申春尚滯蕭邑浮翠吴夫人以扁舟相接賦此志感》[②]，此"丙申"即順治十三年(1656)，題中言"客游半載"，知順治十二年秋末及十三年春，王端淑因事滯留蕭山。詩當作於順治十二年秋末王端淑初至蕭山時。王端淑客蕭山期間，與毛奇齡互有詩贈答，毛奇齡有《雨中聽三絃子適女士王玉映將之吴下過宿蕭城西河里因作長句書感卻示》[③]，王端淑有《同夫子讀毛大可雨中聽三弦子長句賦贈》[④]。十三年春，王端淑將之吴，毛奇齡爲其《留篋集》作序，略云："吾鄉之有閨秀，自謝道蘊始。……今吾鄉閨秀十倍于昔，然早見稱者，王玉映也。玉映爲季重先生少女，先生制文傳海内，而玉映繼之，中郎有女，可慰孰甚！……猶以予選越詩時登玉映作，且群起訴厲，在有辭説。今玉映以涷饑，輕去其鄉，隨其外人丁君者，牽車出門，將棲遲道路，而自衒其書畫、筆札以爲活。記去秋鄉田燒自山陰道……予既聞其事，值有客抱三絃者托屋下，其哀彈與風雨迸出。予乃作長句，既悲閨中之在道，而又自託于箜篌作諷，申無渡之意。其詞至今在也。……今渡江已久，丁君且攜玉映詩示予爲序。……《吟紅集》詩文多激切，而《留篋》反之。……《留篋》者，予爲之名也。"[⑤]《詩話一》："王玉映有乞予作序一詩，

---

① (清)孟稱舜:《丁夫人傳》,載王端淑輯《名媛詩緯初編》卷首,清康熙間清音堂刻本。
② (清)王端淑輯:《名媛詩緯初編》卷四十二,清康熙間清音堂刻本。
③ (清)毛奇齡:《西河合集·七言古詩五》,清康熙五十九年刻本。
④ (清)王端淑輯:《名媛詩緯初編》卷四十二,清康熙間清音堂刻本。
⑤ (清)毛奇齡:《西河合集·序七》,清康熙五十九年刻本。

最佳,在《留篋集》中。又一首乞予選定其詩者,落句云'慎持千載筆,切勿恕雲鬢',亦最佳。然集中不知何故,竟無此詩。"①知王端淑《留篋集》成,曾乞毛奇齡爲作序,並乞選定其詩,而《留篋集》中未載。

憲翁四兄讀書處有異蘭花敷葉其花跗與葉甲互含若珠既瑞之又醉之又從而韻之蓋以此爲憲翁夢蘭預也敢乞教晉翁老先生(約順治十三年)

洞庭八月秋風涼,許昌宮中羅衣香。羨君晚節堅且强,君家紫莖綠葉長。君家自昔多異種,尋常瓦甒紛總總。況今一節異更孔,花從葉苞葉如箭。君來招我看瑞容,新思怪象皆天工。嘉肴清酒脾膢從,祛蕡解蕘紛無窮。願君佳夢重又重,珠函玉立包當中。

【按】詩見史晉等續修《蕭山史氏宗譜》卷二十二,乃毛奇齡詠史廷柏讀書處所植蘭花而作。詩題"憲翁四兄"即史廷柏,據史晉等續修《蕭山史氏宗譜》卷九,史廷柏(1614—1676),字憲臣,號覺庵,又號訥齋,行永四。蕭山庠生。毛奇齡《史四廷柏五十飲席》②、《訥齋詩題史四廷栢南園新居》③,與《蕭山史氏宗譜》卷九"行永四"合,故毛奇齡尊稱其爲"四兄";史廷柏字憲臣,長毛奇齡九歲,故毛奇齡尊稱其爲"憲翁"。詩題"晉翁老先生"即史繼善,據史晉等續修《蕭山史氏宗譜》卷九,史繼善(1579—1658),字晉生,號晉陵,邑庠增廣生。生於萬曆己卯九月初七日申時,卒於順治戊戌八月廿二日丑時,年八十。配傅氏。生子三,孟章、嗣端、廷柏。
　　此詩未載年月,史繼善卒於順治十五年戊戌(1658)八月二十二日,此詩作於其前,姑繫於順治十三年(1656)。

《鼓吹新編》敘(順治十五年)

聞之詩迄於律,蓋唐人樹體,以是終焉。然而四韻五字,亦齊、梁濫觴。

①　(清)毛奇齡:《西河合集·詩話一》,清康熙五十九年刻本。
②　(清)毛奇齡:《西河合集·七言絕句四》,清康熙五十九年刻本。
③　(清)毛奇齡:《西河合集·七言古詩五》,清康熙五十九年刻本。

律以七字，則真唐之聲也。律七成而體備矣。故武德以後，開成以前，爲者百萬，成之數家。彼函幽達眇，探賾索麐，程材效技，準繩嘉量，游思乎行間，而咏言乎物外，非殿最錙銖，去留毫末，則纖玼細纇，全體是敝，蓋其難哉！然而爲之難，知之尤難。夫家異其說，人殊其致，此可通乎？荊南之歌，至今未和；東野之辨，鰓來莫解。僻之以爲奇，離之以爲怪。空虛者矜名古情，踰軼者高許達變。向非曜夜之目，割晰幾微，吾慮其爲淫蛙之市也。

杓石、又王以昭明之偉略，集河嶽之靈材，顧瞻西北，襟裾東南，旁求諸什，咸彙一乘。斯誠流風之鼓歌，屬續之絕吹矣。夫旭日暎物，隨所著而各呈其形；條風披靡，憑乎材而各似其響。作者抱一心而流連激觸，隨感成象，選者持兩目而遷延倫類，考班定辭，得毋有同等者乎？世易爲比韵，因時屬文，即事酌製，匪是勿應。爾乃甫離齔牙，即夸鐘呂，平時所爲，苟屬名下，誰勿屈伏？彼被之卷帙，播之伶工，或好事者傳寫，相思者圖畫。且有鄉塾以之教誦，閨闈秘而法式。村橋野店，布施几楄；荒碑斷楬，移易絹素。流行之漸，何論工拙？其所鰓亦久矣！人苦不自下，時有以“盧家少婦”“白雲黃雀”爭等第者，請棄置勿道可也。於越社盟弟毛奇齡大可氏謹頓首題。

【按】文見程棅、施譚選《鼓吹新編》卷首，亦見毛甡《兼本雜録》卷十一，小異數字。“杓石”即程棅，“又王”即施譚，兩人生平不彰。《(同治)蘇州府志》卷一百三十七：“程棅、施譚先《鼓吹新編》。棅字杓石，譚先字又王。”① 鄒祇謨、王士禎輯《倚聲初集》卷四：“程棅杓石，長洲人。”② 蔣楛《天涯詩鈔》卷三《長安道中遇顧遥集述往事歌》詩末注曰：“施又王，名譚先。”③《(同治)蘇州府志》卷一百四十八：“國初吾邑之高蹈而能文者，相率爲驚隱詩社，四方同志咸集，今見於葉桓奏詩稿與其他可考者……吳門陳濟生皇士、程棅杓石、施譚又王。”④ 知施譚先又名譚，亦長洲人，與程棅同爲驚隱詩社成員。據謝正光、佘汝豐《清初人選清初詩彙考》“鼓吹新編”條：“是編收清初七言今體詩，用元遺山《唐詩鼓吹》例，題曰《鼓吹新編》。”⑤

此文未載年月，卷首王潢序云：“吳門程杓石、施又王兩君子，以陵顔鑠謝之才，抗懷千古。其所著等身書，未遽示人。姑取一時忠孝節烈、鴻名逸

---

① 《(同治)蘇州府志》卷一百三十七，清光緒九年刊本。
② (清)鄒祇謨、王士禎輯：《倚聲初集》卷四，清順治十七年刻本。
③ (清)蔣楛：《天涯詩鈔》卷三，清康熙三十三年丘如升刻本。
④ 《(同治)蘇州府志》卷一百四十八，清光緒九年刊本。
⑤ 謝正光、佘汝豐：《清初人選清初詩彙考》，南京大學出版社1998年版，第59頁。

德之士所爲聲律之作,輯而傳之,而以'鼓吹'名篇。儻亦出谷之求,在陰之和,有不得已而應,抑不得其平而鳴者耶?……順治戊戌且月,白門社盟弟王潢元倬氏題于金閶舟次。"①"順治戊戌"即順治十五年(1658),"且月"即六月,集當刻於此時,毛奇齡序位於王潢序後,亦當作於此年。文末所及"於越社盟弟毛奇齡大可氏謹頓首題",知毛奇齡與程楝、施諲爲同社友人。程楝與施諲同爲驚隱詩社成員,毛奇齡爲杭州登樓社成員,詳見拙文《〈明季杭州登樓社考〉補考》②。《鼓吹新編》十四卷,今北京大學圖書館、南京圖書館、日本内閣文庫有藏。

贈王丹麓(順治十五年)

朝弄富春潮,暮挹吴山靄。中有清揚姿,荷裳女蘿帶。俯仰懷古人,臨文見梗概。託跡闤闠間,游心八鴻外。入群不獨賢,知交多泛愛。贈我思友篇,琅琅振天籟。披襟一微吟,喟焉發深慨。六義漸蕪没,時俗眩雕繢。馳驅揚高徒,撫躬知寡昧。戚戚安所欽?悠悠狥物態。大雅若周行,與子共行邁。

【按】詩見王晫《蘭言集》卷一。"王丹麓"即王晫(1636—?),初名棐,字丹麓,號木庵,又號松溪子,浙江仁和人。著有《今世説》《峽流詞》《霞舉堂集》等。輯有《蘭言集》《千秋雅調》等。

詩中有"贈我思友篇"句,當是毛奇齡與王晫定交後不久,王晫贈毛奇齡以詩,毛奇齡作此詩爲答。毛奇齡《霞舉堂集序》:"王子木庵自第其所爲集……合三十五卷,名《霞舉堂集》,以屬予序。……予與木庵游約四十年,每歲過湖墅,必詣木庵。"③王晫《霞舉堂集》刻於康熙三十五年,毛奇齡爲作序,當在此年。文中言"予與木庵游約四十年",逆推之,知兩人於順治十五年定交,後毛奇齡過杭,必訪王晫。王晫云"自束髮論交,四方諸君子輒有投贈"④,知王晫二十歲左右,即與四方友人互以詩文相投贈。此詩排在《蘭言集》卷一,當是較早的贈詩,故繫於此。

① (清)程楝、施諲選:《鼓吹新編》卷首,清順治刻本。
② 胡春麗:《〈明季杭州登樓社考〉補考》,《江南社會歷史評論》第 16 期,2020 年 10 月。
③ (清)毛奇齡:《西河合集·序十六》,清康熙五十九年刻本。
④ (清)王晫:《蘭言集》卷首"例言",清康熙霞舉堂自刻本。

次日又賦(順治十五年)

　　綠綺穿珠的,朱絲隱斷紋。愁心對江草,含涕憶湘君。倒映憐殘日,孤飛送落雲。座中人有恨,庭葉墜紛紛。

　　【按】詩見魏耕、錢价人仝選《今詩粹》卷七。此詩前有《何紫翔女弟子彈琴請賦》詩,已見《西河合集·五言律詩二》。此爲毛奇齡次日再聽何紫翔女弟子彈琴後所贈詩。何紫翔,生平不詳,據張岱《陶庵夢憶》卷二《紹興琴派》:"戊午,學琴於王本吾,半年得二十餘曲。……王本吾指法圓靜,微帶油腔。……同學者,范與蘭、尹爾韜、何紫翔、王士美、燕客、平子。與蘭、士美、燕客、平子俱不成,紫翔得本吾之八九而微嫩,爾韜得本吾之八九而微迂。余曾與本吾、紫翔、爾韜取琴四張彈之,如出一手,聽者駭服。"①張岱《與何紫翔》:"昨聽松江何鳴臺、王本吾二人彈琴。何鳴臺不能化板爲活,其蔽也實;王本吾不能練熟爲生,其蔽也油。二者皆是大病,而本吾爲甚。……吾兄素以鍾期自任,其以弟言爲然否?"②知萬曆四十六年(1618),何紫翔與張岱同學琴藝於王本吾,應是清初紹興琴派的代表人物之一。

　　何紫翔善彈琴,其女弟子亦善彈琴,據毛奇齡《何紫翔女弟子鎦姬彈琴》詩,其一曰:"裁拂朱絃花又開,洞庭秋思聽悲哀。從教認得鎦姬在,猶道湘靈鼓瑟來。"其二曰:"青鴉髻子絳羅裙,紅燭燒殘夜未分。忽聽一彈盧女曲,階前紅藥墜紛紛。"③知何紫翔女弟子名鎦姬。毛奇齡又有《鎦姬彈琴得平沙落雁曲請賦》詩,其一曰:"重重簾幙捲霜華,西望衡陽音信遐。何處青桐流響急,一行塞雁落平沙。"其二曰:"金鑪香盡夜堂清,過雁咿呀指下生。最是琴心堪問處,從頭撥拉兩三聲。"④

　　此詩位於魏耕、錢价人仝選《今詩粹》卷七《聽何紫翔弟子彈琴別館》《同諸公宿沈孚先宅哭之》前,據本書"同諸公宿沈孚先宅哭之"條所考證沈功宗(字孚先)卒年,推知此詩作於順治十五年(1658)。

---

① (清)張岱:《陶庵夢憶》卷二,俞平伯校點,樸社1932年版,第20—21頁。
② (清)張岱:《嫏嬛文集》卷三,欒保群注,故宮出版社2012年版,第170—171頁。
③ (清)毛奇齡:《西河合集·七言絕句一》,清康熙五十九年刻本。
④ (清)毛奇齡:《西河合集·七言絕句四》,清康熙五十九年刻本。

聽何紫翔弟子彈琴別館（順治十五年）

靜夜霜初滿，清商恨正長。高梧踈墜葉，寶鴨斷聞香。指落橫紋細，衫垂斂膝涼。可憐腸斷處，似欲怨昭陽。

【按】詩見魏耕、錢价人仝選《今詩粹》卷七“五言律”。何紫翔及其弟子，見本書上條考證。此詩位於魏耕、錢价人仝選《今詩粹》卷七《同諸公宿沈孚先宅哭之》前，亦當作於順治十五年（1658）。

同諸公宿沈孚先宅哭之（順治十五年）

還憶青堂贈，寧知白馬來。盤餐仍地主，涕淚滿泉臺。燭冷涵虛牖，思深痛舉杯。鄰人漫吹笛，坐上恐悲哀。

【按】詩見魏耕、錢价人仝選《今詩粹》卷七。“沈孚先”即沈功宗（1632—1659），毛奇齡《沈君墓誌銘》：“予友沈七禹錫，二十七歲死嘔血。其諸宗沈功宗與予前後友，亦嘔血二十七歲死。死時作書曰：‘先生肯爲我作誌耶？’其弟在宗持書泣屬誌。……功宗，字孚先，蕭山汀頭人。……君善書法，遇縑素，必移易書滿。好談。每夜分，列廣氈，置蠟槃其中，箕坐談，達曙不寐。時其師來君、同學傅君亦皆好談，故嘗與談，無厭情。……君嘗行崗上，悵久之。著《越紐遺書》，不就。……而君以戊戌十二月嘔血死，死葬苧蘿山。無子，遺一女。”①知沈功宗字孚先，蕭山人，卒於順治十五年戊戌十二月。據“亦嘔血二十七歲死”語，推知沈功宗生於崇禎五年壬申（1632）。毛奇齡與沈功宗爲同里好友，順治十五年戊戌十二月（公曆爲 1659 年），沈功宗卒後，與諸人宿其宅哭之，因作此詩。

毛奇齡另有《哭沈生功宗詩》，其詩云：“時事有長短，交情無死生。同君埋草澤，先我返蓬瀛。器大如顏子，才高過禰衡。登臨迴北顧，詞賦本西京。早歲方懷策，終年竟請纓。人間金殿阻，天上玉樓成。鵩爲長沙至，麟來曲阜行。痛心君鳥逝，轉眼我驢鳴。庭有雙親養，田無一子耕。桓譚多緒論，

---

① （清）毛奇齡：《西河合集·墓誌銘一》，清康熙五十九年刻本。

朱穆但空簒。屬誌羞孫綽，臨尸負子荆。今朝發哀次，何似武昌城？"①姜埈評此詩曰："孚先病中囑其弟乞西河誌，又貽書西河云：'能如王武子哭孫楚否？'故末云。"②亦可證毛奇齡與沈功宗交情頗厚。

二月四日聽女弟子彈琴百尺樓（順治十六年）

花發正當樓，飛絲繞阿侯。誰來調錦瑟，猶似惜箜篌。鶯燕園中語，關山望裏愁。金釵橫兩鬢，遺思未能休。

【按】詩見魏耕、錢价人仝選《今詩粹》卷七。"女弟子彈琴"，當是本書"次日又賦"條所考何紫翔女弟子鎦姬。"百尺樓"即何之杰家之園亭，毛奇齡《何毅庵墓誌銘》："毅庵諱之杰，字伯興，又字毅庵，邑人。其先三世入御史臺，有名。父鴻臚公好結納，家有園亭，其在里曰'百尺樓'，在郊曰'梅花樓'。賓客至，多游二樓間。今百尺樓改爲祠宇，而梅花樓廢。"③單隆周《雪園詩賦初集》卷十三有《王麗青先生自省渡蕭羅紋山先生招余同候之西陵夜飲百尺樓有賦》，蔡仲光《謙齋詩集》卷八有《春雪既霽因同齊于大鴻登百尺樓兼懷迪吉澤蘊成夫南士三十韻》，單隆周與蔡仲光均爲毛奇齡同里友人，諸人常會於何之杰百尺樓，與"賓客至，多游二樓間"語合。

詩題"二月四日"，當指順治十六年二月四日。此詩位於《同諸公宿沈孚先宅哭之》後，據上詩考證，沈功宗卒於順治十五年十二月，而《今詩粹》刻成於順治十七年，則此詩應作於順治十六年（1659）二月四日。可知順治十五年、十六年兩年中，毛奇齡常聽何紫翔女弟子鎦姬彈琴。

寄懷李研齋（順治十六年）

曾看日出過蓬萊，浙水東流幾度迴。漢使乘槎今去遠，秦人采藥不歸來。春深難返蠶叢路，花發還思句踐臺。但道違時甘棄舍，到門張儉莫相猜。

---

① （清）毛奇齡：《西河合集·排律四》，清康熙五十九年刻本。
② （清）毛奇齡：《西河合集·排律四》，清康熙五十九年刻本。
③ （清）毛奇齡：《西河合集·墓誌銘十四》，清康熙五十九年刻本。

【按】詩見魏耕、錢价人仝選《今詩粹》卷十。"李研齋"即李長祥(1610—約1679),字研(亦作硯)齋,又字子發,自號石井道人,四川達州人。出身官紳之家,生而神采英毅,喜談兵。崇禎六年(1633)中舉,十六年(1643)成進士,選庶吉士。明亡後,逃亡南方,先被南京弘光政權授以巡視浙鹽監察御史,後被魯王監國授以右僉都御史、兵部侍郎,失敗後結寨堅持抗清。與鄭成功、張煌言屢仆屢起,抗節不撓。舟山兵敗後,李長祥被清軍總督陳錦所俘,後被羈押於南京。獲釋後寓居南京、常州、福州。吳三桂起兵反清,被授兵部尚書,往岳州節制兵馬,後客死廣東。著有《天問閣文集》《杜詩編年》《易經參伍錯綜圖》《全唐詩磻根圖》等。

此詩位於《今詩粹》卷十《八月十五日友人約觀濤不赴獨坐卻憶魏雪竇久滯梅市》前,據本書下條考證,當作於順治十六年(1659)春。

八月十五日友人約觀濤不赴獨坐卻憶
魏雪竇久滯梅市(順治十六年)

漫漫新霧滿蓬蒿,烏鵲西飛影自高。百里應同員嶠月,五年不看廣陵濤。荒臺夜冷丹山曲,古市宵寒白苧袍。何日共投牛渚去,秋風一詠醉酕醄。

【按】詩見魏耕、錢价人仝選《今詩粹》卷十。魏雪竇即魏耕,詳本書"情詩寄魏雪竇二首"條考證語。"梅市"指山陰梅市祁班孫宅。《(嘉泰)會稽志》卷四:"梅市在城西十五里,屬山陰縣梅市鄉,鄉有梅福里。"①《(嘉慶)大清一統志》卷二百九十四:"梅市在山陰縣西三十里,相傳以梅福得名。"②毛奇齡《存心堂藏書序》:"吾郡藏書推梅市祁中丞家。"③"祁中丞"即祁彪佳。毛奇齡《盛元白詩序》:"少時與木汀徐緘、梅市祁班孫、白魚潭張杉、南城沈九胤范、姜十七廷梧作五七字會。"④祁班孫爲祁彪佳子。兩文皆以梅市代指山陰祁氏宅。

詩題"八月十五日",當是順治十六年八月十五日。魏耕《哭吳理禎》序云:"理禎字治文,金吾期生先生之長子也。幼耽詩賦,文思煥發,與其從兄

---

① 《(嘉泰)會稽志》卷四,清文淵閣《四庫全書》本。
② 《(嘉慶)大清一統志》卷二百九十四,清文淵閣《四庫全書》本。
③ (清)毛奇齡:《西河合集·序一》,清康熙五十九年刻本。
④ (清)毛奇齡:《西河合集·序二十八》,清康熙五十九年刻本。

雲章齊名。……今年暮春，越州文讌，赴者三百餘人，而余爲之客。時治文亦在座，人初未之言，余顧其儁爽，一見識之，遂與定交。過其郡中精舍，相與沈飮，半閱月乃去。及秋余復至，將踐五泄之游，而治文病矣。偕雲章訪於榻前，猶危坐吟詩，如無病時，而形神困竭，余竊私憂之，而治文竟死。"①據《山陰州山吳氏族譜》一支大分："理禎字治文……崇正壬午十二月廿五生……卒年十八。"推知吳理禎卒於順治十六年秋。魏耕於順治十六年春赴山陰參加文讌，秋復至山陰，與"八月十五日"語合。魏耕於順治十六年秋久滯梅市祁班孫宅，當是參與鄭成功、張煌言進攻江南諸州縣之事。

瑞吾公德配張孺人傳（順治十六年）

孺人姓張氏，越之蕭山人。生而貞靜，寡言笑，動中女則。年十□，歸同邑宋瑞吾公，相夫子敬而和。舉二子。公以邑名諸生，刻苦自厲，年二十七病即世。孺人痛不欲生，以上有老姑，下有藐諸孤，未敢即死。遂矢志事姑以孝，勤績紡，供甘旨需。姑卒，殯葬悉如禮。教二子以義方，漸次成立，皆有聲。曰："今而後，未亡人得脱責矣。"晚年樂清淨，居西門外龍興庵，持梵行以終，年五十有五。子二：民豪、民表。贊曰：

語云"爲人臣者願爲良，不願爲忠；爲人婦者願爲賢，不願爲節"。賢處常而順，節處變而逆。逆而能順，節根於德。孺人未亡，層冰積霜。卅載松勁，千秋竹芳。遺嗣蕃育，作善降祥。蕭然山特，湘湖水長。西河毛奇齡撰。

【按】文見宋汝楫等續修《山陰江頭宋氏世譜》卷二十四。"瑞吾公"即宋嘉評（1603—1629），字瑞吾，蕭山人。據宋汝楫等續修《山陰江頭宋氏世譜》卷十六《蕭山東涇派譜錄》："（十五世）瑞吾公諱嘉評，生於明萬曆三十一年癸卯七月十八日，卒於崇禎二年己巳六月二十七日，葬窆裏吳西山背。"②據其生卒年推之，知宋嘉評享年二十七歲，與文中"年二十七病即世"語合。"德配張孺人"即宋嘉評妻張氏（1605—1659），蕭山人。據同書卷七《蕭山東涇派世表》："（十五世）嘉評，字瑞吾，行三，邑庠生。配張氏，生二子。"③文中所及"居西門外龍興庵，持梵行以終，年五十有五"，指宋嘉評妻張氏晚年

---

① （清）魏耕：《雪翁詩集》卷三，民國《四明叢書》本。
② （清）宋汝楫等續修：《山陰江頭宋氏世譜》卷十六《蕭山東涇派譜錄》，清咸豐十一年木活字本。
③ （清）宋汝楫等續修：《山陰江頭宋氏世譜》卷七《蕭山東涇派世表》，清咸豐十一年木活字本。

居龍興寺靜修,享年五十五歲。據宋汝楫等續修《山陰江頭宋氏世譜》卷十六《蕭山東涇派譜録》:"(十五世)瑞吾公……張孺人生於萬曆三十三年乙巳四月十一日,公故後守節,居西門外龍興寺靜修,卒於大清順治十六年己亥六月二十九日,墓在本寺園内。"①據張氏生卒年推之,其享年確爲五十五歲。自崇禎二年己巳(1629)宋嘉評卒,至順治十六年己亥(1659)張氏卒,張氏守節三十年,與文中贊語"卅載松勁"合。文中所及"子二:民豪、民表",即宋嘉評與張氏所生二子宋民豪(字懋之)、宋民表(字爾瞻),據同書同卷:"(十六世)懋之公諱民豪,生於明天啓五年乙丑正月十九日,卒於大清康熙三十八年己卯四月初二日。……爾瞻公諱民表,生於明崇禎二年己巳九月二十日,卒於大清康熙三十一年壬申七月初五日。"②

慶一公像贊(約順治十七年)

此克家兒,勤能繼襧,厚以衍支。饘於斯,粥於斯,聚族於斯,實開百世寢昌之基。西河毛奇齡題。

【按】文見朱城等續修《蕭山瓜瀝朱氏宗譜》卷四。"慶一公"即朱慶一(1556—1631),朱大學子。據朱城等續修《蕭山瓜瀝朱氏宗譜》卷八《始遷瓜瀝世系總支》:"慶一,生嘉靖三十五年五月十六日丑時,卒崇禎四年正月二十八日寅時。配任氏。"③同書卷一《朱氏源流説》:"茂才大學公自翔鳳遷居瓜瀝,生三子。長慶一公,爲大埠頭派;次慶堂公,爲沙墩派;三歷堂公,爲塢里派。"④

此文未署年月,譜前序亦未載清初修譜情況,據末署"西河毛奇齡",知約作於順治十七年(1660)。

題陳洪綬摹李伯時《乞士圖》(康熙三年)

不見老蓮者十餘年。客准,觀海翁所藏畫,得此幛,如與晤對。此係老

① (清)宋汝楫等續修:《山陰江頭宋氏世譜》卷十六《蕭山東涇派譜録》,清咸豐十一年木活字本。
② (清)宋汝楫等續修:《山陰江頭宋氏世譜》卷十六《蕭山東涇派譜録》,清咸豐十一年木活字本。
③ (清)朱城等續修:《蕭山瓜瀝朱氏宗譜》卷八《始遷瓜瀝世系總支》,清道光七年崇本堂木活字本。
④ (清)朱城等續修:《蕭山瓜瀝朱氏宗譜》卷一《朱氏源流説》,清道光七年崇本堂木活字本。

蓮得意筆,蓋中年畫而晚年又題者,觀其字畫昭然也。海翁秘之,誠不妄。
西陵毛姓題並識。

【按】文見陳洪綬摹李公時《乞士圖》軸,畫藏故宮博物院。陳洪綬《陳洪綬書畫集》、故宮博物院編著《故宮書畫館》第8編、黃湧泉《陳洪綬年譜》等書亦載。原無題,據圖題擬補。"陳老蓮"即陳洪綬,已見本書"武進惲仲升過話"條考證。"李伯時"即李公麟(1049—1106),號龍眠居士,安徽舒城人。宋神宗熙寧三年進士,歷泗州錄事參軍,以陸佃薦,爲中書門下省删定官、御史檢法。與王安石、蘇軾、米芾、黃庭堅交好,爲駙馬王詵之座上客。長於詩文,行、楷書有晉人風。善畫人物、山水、佛像、尤工畫馬。主要畫作有《五馬圖》《維摩居士像》等。

陳洪綬畫人物,學李公麟,張庚《國朝畫徵録》卷上"陳洪綬"條:"洪綬畫人物,軀幹偉岸,衣紋清圓細勁,兼有公麟、子昂之妙。"①毛奇齡《陳老蓮别傳》:"洪綬好畫蓮,自稱老蓮。數歲,見李公麟畫《孔門弟子》勒本,能指其誤處。"②陳洪綬摹李公麟《乞士圖》,不爲無由。毛奇齡言"此係老蓮得意筆,蓋中年畫而晚年又題者",言此畫是陳洪綬的得意之作,是其中年所畫,晚年所題。畫軸上有陳洪綬自題:"己卯秋抄,作於聖居。時聞箏琵聲,不覺有飛仙意。洪綬。"此"己卯"爲崇禎十二年(1639),則陳洪綬於崇禎十二年秋自題《乞士圖》。

據文中"不見老蓮者十餘年,客淮"語,知此文作於康熙三年(1664)。《(光緒)淮安府志》卷四十:"康熙二三年間,蕭山毛奇齡以避難來,山陽令朱禹錫舍之天寧寺,變姓名曰王彦,字士方,以文采重衣冠閒。"③知毛奇齡康熙三年前後客淮。據拙著《毛奇齡年譜》,毛奇齡於康熙二年至淮安後旋赴河南,康熙三年又返回淮安,至四年夏離淮赴山東。陳洪綬卒於順治九年壬辰(1652),自順治九年至康熙三年,恰爲"十餘年"。文中又及"觀海翁所藏畫",指陳洪綬所摹《乞士圖》爲海翁所藏。海翁,未詳何人。

據黃湧泉《陳洪綬年譜》"順治五年"條:"是年,毛奇齡與先生定交。"④順治五年,陳洪綬五十一歲,毛奇齡二十六歲,兩人可謂忘年交。毛奇齡《陳老蓮詩跋》:"惜予與老蓮交晚,見老蓮五年而老蓮死,乃不及爲詩令老蓮畫

① (清)張庚:《國朝畫徵録》卷上,清乾隆刻本。
② (清)毛奇齡:《西河合集·傳七》,清康熙五十九年刻本。
③ 《(光緒)淮安府志》卷四十,清光緒十年刊本。
④ 黃湧泉:《陳洪綬年譜》,人民美術出版社1960年版,第106頁。

之，如志和也。"①毛奇齡《報周櫟園先生書》："姓與老蓮損三十許歲，及見老蓮，時已晚矣。故雖屬同郡，其交老蓮乃反疏於先生。"②雖然陳、毛兩人定交較晚，但相知頗深。陳洪綬卒後，毛奇齡爲作傳，其《陳老蓮別傳》云："初法傅染。時錢唐藍瑛工寫生，蓮請瑛法傅染，已而輕瑛。瑛亦自以不逮蓮，終其身不寫生。……蓮遊於酒人，所致金錢隨手盡。尤喜爲寠儒畫，寠儒藉蓮畫給空。豪家索之，千緡勿得也。嘗爲諸生，督學使索之，亦勿得。顧生平好婦人，非婦人在坐不飲，夕寢，非婦人不得寐。有攜婦人乞畫，輒應去。崇禎末，愍皇帝命供奉，不拜，尋以兵罷。監國中，待詔。清師下浙東，大將軍撫軍固山，從圍城中搜得蓮，大喜，急令畫，不畫；刃迫之，不畫；以酒與婦人誘之，畫。久之，請彙所爲畫署名，且有粉本。……朝鮮、兀良哈、日本、撒馬兒罕、烏思藏購蓮畫，重其直。海內傳模爲生者數千家。……蓮畫以天勝，然各有法。"③康熙十二年，毛奇齡有感於世人多知陳洪綬畫而未知其詩，爲陳洪綬詩作跋，其《陳老蓮詩跋》云："老蓮畫多不題，間有題者，付之去，亦無稿本。姜綺季，老蓮老友也，與晨夕處，遇有題，輒記之，久得若干首，彙爲一卷。……世但知老蓮畫，不知其詩。"④又爲陳洪綬畫題詩，其《題老遲畫幛》："圖畫新鮮見老遲，珮弓玉鏃小蛾眉。嚴粧不辨宮中樣，那道昭陽射粉兒。"⑤在陳洪綬卒後，毛奇齡仍不遺餘力地表彰其畫、其詩，可見兩人交情匪淺，故而毛奇齡在海翁處見到陳洪綬所摹《乞士圖》，欣然爲題句。

自題《宜男圖》（康熙四年）

少時偶爲此，長即棄去，非遇至好，我皆不復覆帖以盟，非貴之，以爲此秘事也。乙巳元日，與希范登城賦一長律，復呵指作《宜男圖》以寓玩。時無□，且無丹綠盌，戲仿吳道子水襯□裝法請鑒。西陵渡毛甡。

【按】文見唐翰題著《唯自勉齋長物志》第三卷第七件（江蘇省立蘇州圖書館，民國三十一年）毛西河《宜男圖》。

文中有"乙巳元日"，知作於康熙四年乙巳（1665）元日。"希范"，未詳何人。

---

① （清）毛奇齡：《西河合集·跋》，清康熙五十九年刻本。
② （清）毛奇齡：《西河合集·書一》，清康熙五十九年刻本。
③ （清）毛奇齡：《西河合集·傳七》，清康熙五十九年刻本。
④ （清）毛奇齡：《西河合集·跋》，清康熙五十九年刻本。
⑤ （清）毛奇齡：《西河合集·七言絕句一》，清康熙五十九年刻本。

復何自銘札子(康熙六年)

閱序隔晤,辱委作《江上數峰青》詩,自忖拙廢,酬酢不逮,尚敢理詠?特蒙詢賦體當及根柢,斯言良然。昨見家侄阿蓮亦爲是題,偶及"湘靈",此是渠幸合,無足據者。若大敬作,都從"曲終不見"理會成篇,故作家也。唐人無無根柢者,或不甚耳。如《夏日可畏》《冬日可愛》祇賦本句,而陳風(諷)《冬日可愛》詩有云"晉臣曾比德",張藉《省試行不由徑》則有"子羽有遺跡"五字。孟對(封)詩云"澮臺千載後,公道有遺名",此落句也。至若"池塘生春草",首稱謝公;"秋菊有佳色",即呼陶令。就所已知,推厥未見,則知虛賦是題者之有未可矣。且凡賦詠體,多用六韻,此本試例,而尋常所作,亦有間及他體者。太宗《白日半西山》即五言律,李山甫賦"寒月",則七律矣;祖詠用五絕詠"終南晴雪",而楊巨源《灞岸柳》爲七絕句;至李白《賦得浣紗石》贈友,又以五七古體成之。今人不知"賦得"有六韻長律,此爲不辨菽粟。若以爲必無他體,則又少所見也。

且天下事有未容自信者。往在淮陰,隨諸名士後,于九日登張吏部雲起閣,中《賦得秋菊有佳色》,僕以"佳"字遂成六韻。次日,臨清倪天章同泗上施生過僕,曰:"名下豈有虛乎?昨累累者,不以五字爲可韻也。"僕亦曰:"非不能更韻,而有不可者。"及揀唐律,則因韻者百,更韻者一。如張藉《夏日可畏》別用"虞"韻,陳風(諷)《冬日可愛》別用"支"韻,李觀、馮宿、歐陽詹諸君賦得《御溝新柳》,凡六七首,俱同用"新"字,則因韻限韻者也;陸暢、李紳、張復諸君賦得《山出雲》,凡四五首,皆用"真"韻,則更韻限韻者也。不曉因韻者,既是爲倪、施所笑,而以爲必不出韻,則在予曩昔不幾爲有識者所揶揄耶?且夫韻亦未盡辨也。盧渥《賦得壽星見》,以"星"韻而雜出"庚"韻,則"庚""青""東""冬"等在排體,本通用耳。若公乘億《賦得秋菊有佳色》,首用"佳"韻,而繼以"麻"韻,豈"佳""麻"可通,抑亦"佳"亦即"嘉"也?考古不深,即有明好學如孫文融者,著《排律辨體》一書,謬稱六韻排律爲省試體。夫唐試不一,凡省試、監試、府試、禮闈試所傳諸詩,皆是體也。而專屬"省試",此又天章、施生所不道者,況文融以下耶?

【按】文見毛甡《兼本雜録》卷十四。"何自銘"即何文煒(1636—1677),字彝重,號自銘,浙江蕭山人。文中所及"辱委作《江上數峰青》詩",知毛奇齡《江上數峰青》詩乃應何文煒所請而作。毛奇齡《江上數峰青》云:"極浦彈瑤瑟,群山列翠屏。烟林栖浪碧,嵐氣近江青。九面開衡岳,雙螺洗洞庭。不須悲帝子,相望總冥冥。"①文中又及"昨見家侄阿蓮亦爲是題,偶及'湘靈'",指毛奇齡姪毛遠公所作《賦得江上數峰青》詩。毛遠公(1633—1697),字季蓮,一字驥聯,浙江蕭山人。康熙十六年(1677)舉人,後屢上公車不遇。著有《菽畹集》。毛遠公《賦得江上數峰青》云:"江畔誰彈瑟,晴峰歷歷開。仙音空際落,積翠望中來。暎日光無定,臨波影乍回。湘靈不可即,悵望思悠哉!"②文中又及"若大敬作,都從'曲終不見'理會成篇",大敬指蔡仲光(1613—1686),原名士京,字大敬,又字子伯,浙江蕭山人。明季諸生。以博學著稱,對經書頗有研究,兼長天文、地理。明亡後,隱居不仕,悉心從事災異、星象等研究。著有《謙齋詩文集》。蔡仲光《江上數峰青》詩,其《謙齋詩集》未載。此詩題由何文熿首倡,並請同邑友人同作。

文中又及"往在淮陰,隨諸名士後,于九日登張吏部雲起閣,中《賦得秋菊有佳色》,僕以'佳'字遂成六韻",指康熙三年(1664)九月九日,毛奇齡流亡淮安時,與查繼佐等登張新標雲起閣,作《賦得秋菊有佳色》詩。毛奇齡《九日雲起閣登高分得鹽韻》序云:"八月幾望,集淮陰張吏部園,各賦詩三章。九日,復集雲起閣,黃花映酒,清歌過雲,雖非復向時繁會,而風景悠然。東山釣史分韻牌賦詩,時請摘去險韻,勿許。牲最後到,日將墮,應手抽牌,得'鹽'韻,舉座譁然,曰'果然',蓋預擬相難也。復有五古題一《賦得秋菊有佳色》。"③毛奇齡另有《賦得秋菊有佳色》詩,題下注曰:"康熙甲辰重九,雲起閣登高賦也。分牌得'鹽'韻,先有律,只復'鹽'字。"④其序云:"九日,雲起閣各賦陶句,其不得'秋'字,從險也。唐人試是題,有唱得'佳'字而承以花者,豈誤'佳'爲'嘉'與?抑'佳''嘉'本同,今不然與?好學者稽焉。"⑤"臨清倪天章"即倪之煌(1628—1670),字天章,山東臨清人,客居淮安。爲人坦易簡直,不樂仕進,雅好爲詩。所居一草亭,四方名流道淮者,無不延攬,唱酬無虛日。老無子,遂削髮爲僧,法號懶庵,亦號鈍道人。著有《南涉雜詩》《泗上雜言》。"泗上施生"即施端教(1603—1674),字匪莪,號嘯閣,安徽泗州人。順治貢生,官宣城訓導。康熙時擢范縣知縣,仕至東城兵馬司指揮。工詩,喜集唐人成句爲詩。著有《古詩韻匯》《唐詩韻匯》《讀史漢翹》《嘯閣集古詩》《傷寒手拔》《正譌偶譚》等。

---

① (清)毛奇齡:《西河合集·五言律詩六》,清康熙五十九年刻本。
② (清)毛遠公:《菽畹集》,清康熙刻本。
③ (清)毛奇齡:《西河合集·七言律詩二》,清康熙五十九年刻本。
④ (清)毛奇齡:《西河合集·五言格詩一》,清康熙五十九年刻本。
⑤ (清)毛奇齡:《西河合集·排律一》,清康熙五十九年刻本。

　　此文排在《兼本雜録》卷十四《爲婦陳何答黄皆令札子》之前，據下文考證，《爲婦陳何答黄皆令札子》作於康熙七年二月。據拙著《毛奇齡年譜》，康熙六年秋毛奇齡潛歸，以怨家得悉，未能歸蕭山，藏於山陰白魚潭張杉家中，毛奇齡《山陰張南士墓誌銘》："中道遇赦，潛歸，將到家，而怨家跡之。南士親飾爲舟子，待之白魚潭，而藏於家。"①則此文當作於康熙六年丁未（1667）秋冬毛奇齡避居山陰時。

丁徵士誄文（康熙七年）

　　徵士丁大聲君，邑人也。明之季祀，用經術藝文著于鄉邑，曾以諸生被徵爲兵部職方郎中，監浙上軍，不就，游諸軍間。既而邑居，爲邑大夫。下逮閭里，上下交游，爭致賢重，以爲立概。于是往以排難，各中所急，門車舍養，不迄于暮。同邑毛姓避人他國，君陰解之，歸不著德。既而再罹，恐復相藉，君重導地，不羨遺力。時姓留旁縣，初不容悟，後漸知狀，將謀藉同行張杉間歸，謝君牀下。而君以戊申三月甲日寢卒于邑橫河里，嗚呼哀哉！

　　君軀材拔起，意識豪略。咳如挺鐘，言同奔河。既妙時猷，復綜古載。有詩集數卷，凡經三刻，早行于世。其因人緩急，又多概節，有魯連先生之風。初愛姓文，忘其倍長，以列几席。暨從季進士、嗣伯文學，又皆與姓有流連之好。既援嫂溺，旋纓室冠。生湛其恩，死不能謝。人苟有心，此亦哀感之至也。乃爲誄曰：

　　鈎以曲賤，弦用直伸。苟無陰蝕，陽生其身。君之顯考，爲時哲人。急物損己，作惠忘勤。指畫時政，冠諸縉紳。誰其繼之，以超類倫？惟君之生，稟乎列宿。惟君之學，炬夜而晝。惟君秉仁，儼登春臺。惟君有勇，奔霆過雷。亦惟君謹，尚集于木。亦惟君虛，欿然在谷。君之出矣，扶桑初暘。君之處矣，蛟龍蟄藏。驪善嫉邪，公之居鄉。利興災剔，卓乎有常。家稱太丘，人誦彦方。惜也違時，往抱潛德。併丁運際，陽九之厄。玄纁載幣，青蒲卷軏。固謝樞機，遂值因革。游麟折膺，飛鵬垂翼。卻而蒼黄，守乃貞白。顧其規摩，以法以則。大府分庭，諸侯下席。矧復忼慨，不立榮名。氣挾千乘，手揮連城。有時任氣，庶士所驚。解紛排難，爲魯先生。乃者毛姓，姱節罹蠆。張倞逋逃，子長縲紲。君乃仗劍，爲滕公説。飲德不著，藏施不泄。六載居間，兩直釋結。事方有濟，而君永訣。嗚呼哀哉！謂芝晚榮，謂松永勁。

季起金門，聲投玉鏡。鳳毛久豐，鶴鳴可聽。文舉大兒，王珉小令。縹帙流輝，青箱衍慶。何悟著湣，乃值龍蛇。玉樓崒嵂，貝闕幽遐。曷來命駕，邅爾乘槎。吟成山竹，夢接江花。嗚呼哀哉！亦有説者，人生其間。霜枯雨榮，秋海春田。堅爲金石，韌及漆綿。華衰畢釋，細大總捐。抑又何其，爲此涕漣？則惟君德，遠近所慕。雲迴于天，日旋于度。而君悠悠，禹此長路。胡時披丹，孰爲攬素？君既拯我，不使我悟。我獨何心，竟爾窘步？大夫越石，尚爭一顧。朱家終身，果不見布。嗚呼哀哉！

【按】文見毛甡《兼本雜録》（遼寧圖書館藏二十卷本）卷十二。"丁徵士"，據文首"徵士丁大聲君，邑人也"語，知即丁克振（1604—1668），字大聲，號迂庵，浙江蕭山人。明亡後，入魯王政權，官兵部職方司郎中。著有《迂庵改存草》。

文中所及"而君以戊申三月甲日寢卒于邑橫河里"，此"戊申"指康熙七年戊申，則此文當作於康熙七年戊申（1668）三月。丁南生等續修《蕭山丁氏家譜》卷九"相五房二房世系"："克振，字大聲，號迂庵。明增廣生。崇禎末，傾貲助餉，敕授承德郎。……生萬曆甲辰四月初七日午時，卒康熙戊申三月十四日未時，年六十四。"①知丁克振卒於三月十四日，亦可爲證。

文中又及"有詩集數卷，凡經三刻，早行于世"，指丁克振的詩集《迂吟初刻》《迂吟二刻》《迂吟三刻》曾經三刻行世。據黃運泰、毛奇齡同撰《越郡詩選》凡例："若吾邑則大聲、大敬諸子並起振厲，大聲《迂吟》兩刻。"②《越郡詩選》成於順治十一年，則順治十一年前，丁克振《迂吟初刻》《迂吟二刻》已刻成行世。據筆者調查，今《迂吟》各刻本皆不存，現存丁克振《迂庵改存草》係道光五年乙酉（1825）竹秋月重修本。文中又及"暨從季進士、嗣伯文學，又皆與甡有流連之好"，"從季進士"指丁克揚（1612—1697），字抑之，號琴溪，浙江蕭山人。順治十六年（1659）進士，官湖廣通城縣知縣。著有《琴溪合稿》。"嗣伯文學"指丁夢芝（1628—1695），字殿生，浙江蕭山人。丁克振子。毛奇齡與丁克揚、丁夢芝均有交往。康熙元年七月初一，丁克揚母來氏七十生日，毛奇齡作詩祝壽，見《奉贈丁進士克揚母太君初度》③。丁克揚《琴溪合稿》成，毛奇齡爲作序，其《琴溪合稿序》云："向與琴溪之伯氏論詩城西，琴溪方以舉進士走長安道上，未暇及也。暨琴溪筮仕，懷印之下雋，始得竊讀

---

① 丁南生等續修：《蕭山丁氏家譜》卷九"相五房二房世系"，民國二十一年木活字本。

② （清）黃運泰、毛奇齡仝輯：《越郡詩選》，清順治刻本。

③ （清）毛奇齡：《西河合集·五言律詩四》，清康熙五十九年刻本。

其所爲《楚中吟》者。……第伯氏論詩,雅好刻嚴,非備極幽拗,略一過不省,即未嘗動色稱嘆。而琴溪坦然獨行,澔澔然若決陂之灌河,曠然無所芥蒂于其詞,是豈履道之所爲,務爲可曉者與?乃琴溪爲邑,與民休息,終以不善事督郵,投劾竟去。……今琴溪歸里,思彙其所著,若所稱前、後《楚吟》與《秋夢》《旅愁》《消夏》諸編合爲一集,而命予以敘。"①黃運泰、毛奇齡同撰《越郡詩選》卷三收丁夢芝《鷗搏雀》詩一首,毛奇齡評其詩云:"此大聲長公詩也。辭意磊塊,方之其父,亦猶孟德之於子桓。"②此"大聲長公",知丁夢芝爲丁克振長子。

　　毛奇齡與丁克振爲同里忘年交,時相過從,順治年間,毛奇齡與丁克振、史廷柏、徐芳聲、蔡仲光、來集之等同里好友登望京門樓,毛奇齡《霜天曉角·仝丁大聲史憲臣徐徹之蔡大敬來成夫登望京門樓》:"平沙十里,滾滾江潮水。橫下秋鷹如削,短艸岸、朔風起。　　欄杆人共倚,舊關何處是?記得西施去路,殘陽外、碧烟裏。"③順治十年,丁克振《迂吟二刻》成,毛奇齡爲作序,其《丁大聲迂吟二刻序》云:"大聲爲《迂吟》,迂且吟也;既而墨然不一吟,蓋號呼躑躅之餘,總咿唔豈能成聲哉!去年三月,灌園于西郊,始出向時所爲《迂吟》者。視之,淚浪浪,少吟之,輒悲哀動人。……予私喜得大聲一言,而時之思大聲者,亦願一再見大聲詩,此《迂吟二集》之所爲刻與!"④康熙二年,毛奇齡流亡途中,有詩寄丁克振等密友,見毛奇齡《渡河寄大敬徽之憲臣並呈張五杉張七梧姜十七廷梧丁五克振吳二卿禎顧大有孝》⑤。毛奇齡過魯連村,有詩懷丁克振,見《過魯連村懷大聲》⑥。與本文"其因人緩急,又多概節,有魯連先生之風"語合。

爲婦陳何答黃皆令札子(康熙七年)

　　柔翰遙示,裁復未便。少時聞東漢班惠姬能踵兄成漢史,皇后、諸貴人師事之,以爲事不可再,不意夫人輒蹈踪躋。漸聞昨在長安,貴嬪命婦,爭延車軸;屋嬌閨秀,競捧衣履。幾疑《鍼鏤》一賦,爲夫人作矣。特薄質么眇,往

①　(清)毛奇齡:《西河合集·序十四》,清康熙五十九年刻本。
②　(清)黃運泰、毛奇齡同撰《越郡詩選》卷三,清順治刻本。
③　(清)毛奇齡:《西河合集·填詞三》,清康熙五十九年刻本。
④　(清)毛奇齡:《西河合集·序七》,清康熙五十九年刻本。
⑤　(清)毛奇齡:《西河合集·七言古詩二》,清康熙五十九年刻本。
⑥　(清)毛奇齡:《西河合集·七言絕句四》,清康熙五十九年刻本。

辱齒遇；蓬茅仄陋，幸親偃息。至今暗念，眉拆頤展。乃以分違日久，重藉慰問。罹坎以來，遭此驚惕。夫子天下學士，逃難解散，群小見愠，無所發洩，必欲籍名捕致，延繫家人，出仰大吏，俯薦肺石，東西簿比，躅足無訴。夫子雲中之鵠，已非鶉鷃所羅，而桃僵李瘃，無可私脱。然而天下之知夫子者，每思臧舍，以爲名高。而鄉里小人，素稱交游，陽導而陰擠之，則又何也？則鄉使夫人居吳、越間，賤近貴遠，未必能如長安道上，所在圍接。即或偶借光景，亦口承面奉，一旦遇有緩急，各袖手竊視去。夫人之薄游不返，豈亦鑒于此乎？然而夫人嘉遯，如在一室；許邁同行，梁鴻併迹。名爲道塗，不異衽席，則又鴻飛鳳舉所未逮矣。

　　舊揀得篋中夫人所留《越游草》《梅市倡和集》，把之愁心，欲作一詩，不能達意，貸諸先後，已得四句，并附錄去。因風餉息。

　　附詩：遺稿十年後，開箱二月時。一編方在手，雙淚已如絲。

　　【按】文見毛姓《兼本雜録》卷十四。“婦陳何”即毛奇齡妻陳何（1624—？），蕭山庠生陳于仁長女，頗有文才。無子，性妒悍。以毛奇齡貴，誥封恭人。毛繡亭等續修《大房世系紀》：“（奇齡）配邑庠生陳于仁女，誥封恭人。”①陳錫鈞等續修《蕭山長浜陳氏宗譜》卷四：“于仁，字振乾，號六奇，邑庠生。配張氏。子二：長朝烈，次朝佐。女二，長適博學鴻儒科進士、授翰林院檢討、纂修明史毛西河。”②知陳何爲陳于仁長女。獨孤微生《毛大可暨德配陳夫人七十雙壽序》：“（毛大可）夫人雅善筆墨，爲詩步君，俊得玉臺之體。君之避難於淮徐，夫人獨身楷柱者且十年。其名篇逸句亦時於君集中載之。”③知陳何能詩，頗有文采。陶元藻《全浙詩話》卷四十二“毛奇齡”條：“先生凡作詩、古文，必先羅書滿前，考核精細，才伸紙疾書。其夫人陳氏，以先生有妾曼殊，性妒悍，輒詈於人前曰：‘爾輩以毛大可爲博學耶？渠作七言八句，亦必獺祭乃成。’先生笑曰：‘動筆一次，展卷一回，則典故純熟，終身不忘，日積月累，自然博洽，後生小子幸效予爲之，婦言勿聽也。’”④知陳何性妒悍。“黄皆令”即黄媛介，生平已見本書“送禾中女士黄皆令之山陰”條考證，兹不復贅。

　　文中所及“舊揀得篋中夫人所留《越游草》《梅市倡和集》”，指順治十一年到十三年間，黄媛介往返於蕭山縣、山陰縣，與梅市祁彪佳遺孀商景蘭，以

<hr>

① （清）毛繡亭等續修：《蕭山毛氏宗譜》卷四《大房世系紀》，清道光二十六年爵德堂木活字本。
② （清）陳錫鈞纂修：《蕭山長浜陳氏宗譜》卷四，清同治十一年敬睦堂本。
③ （清）獨孤微生：《泊齋別録》，清鈔本。
④ （清）陶元藻：《全浙詩話》卷四十二，蔣寅點校，浙江古籍出版社2017年版，第1045頁。

及商景蘭兩媳張德蕙、朱德蓉和諸女祁德淵、德瓊、德菡等迭相唱和,見黄媛介《丙申予客山陰雨中承丁夫人玉映過訪居停祁夫人許弱雲即演鮮雲童劇偶賦誌感》《密園唱和同祁夫人商媚生祁修嫣湘君張楚纕朱趙璧詠》《同祁夫人商媚生祁修嫣湘君張楚纕朱趙璧寓山分賦》《春王五日仝媚生祁夫人諸姊姒讌集世經堂觀鮮雲童劇》《同谷虚修嫣湘君趙璧遊密園遇雨集韻牌》《懷居停季貞夫人》《贈祁弢英》《採菱仝祁修嫣湘君趙璧》《別祁太夫人並弢英諸社姊舟中作》①,因成《越游草》和《梅市倡和集》。毛奇齡爲其《越游草》題詞云:"吳門黄皆令以女士來明湖有年,既而入越,有《越游詩》。其外人楊子云:'皆令渡江時,西陵雨來,沙流温汾。顧之不見斜領,乃踟躕于驛亭之間,書奩繡帙,半棄之傍舍中。當斯時,雖欲效扶風豪筆撰述《東征》,不可得矣。迨入越而舉止稍定,始慨然懷悲,去故就新,唱情自達,酌酒弛念,於是有《遣懷》諸詩。顧唱酬贈答,十八九也。'予曰:'予鄉閨秀,梅市其最也。以客居之美,千里比肩,迭相賡颺,此甚盛事。當別録梅市倡和爲一集,而存其所餘,乃爲斯卷。'夫'越游'者,游越者也。越多名山水,雲門、若耶,以皆令當之,應必有異。乃用貧流離,不得已而寄跡于書畫之間。"②毛奇齡《梅市倡和詩抄稿書後》云:"《梅市倡和詩抄稿》者,閨秀黄皆令女君所抄稿也。"③

　　毛奇齡及其妻陳何與黄媛介頗有交往,順治十一年,黄媛介自杭州入越,毛奇齡作詩相贈,見毛奇齡《黄媛介入越感贈》④。黄媛介曾作《除夕詠雪》詩贈陳何,毛奇齡代妻和其韻,見毛奇齡《爲婦和黄皆令吳門閨秀除夕詠雪見貽用東坡原韻》⑤。毛奇齡有代妻和黄媛介詩事,代妻答黄媛介的信札亦在情理之中。

　　據毛奇齡《梅市倡和詩抄稿書後》云:"皆令自梅市還歸明湖,過予室人阿何於城東里居,其外人楊子命予選皆令詩,而別録皆令與梅市所倡和者爲一集,因有斯稿,蓋順治十五年也。"⑥知毛奇齡所録《梅市倡和詩抄稿》在順治十五年(1658)。文末附詩有"遺稿十年後,開箱二月時"句,以順治十五年後推十年爲康熙七年。據拙著《毛奇齡年譜》,康熙六年二月,毛奇齡仍在江西;七月,康熙帝親政大赦天下,毛奇齡潛歸。康熙七年,毛奇齡潛返蕭山、山陰兩地,當於七年二月,代妻答黄媛介札。又毛奇齡《梅市倡和詩抄稿書

① 以上諸詩見黄媛貞、黄媛介:《黄媛貞黄媛介合集》補遺,第265—268頁。
② (清)毛奇齡:《西河合集·題詞》,清康熙五十九年刻本。
③ (清)毛奇齡:《西河合集·書後》,清康熙五十九年刻本。
④ (清)毛奇齡:《西河合集·七言三韻律》,清康熙五十九年刻本。
⑤ (清)毛奇齡:《西河合集·七言律詩十》,清康熙五十九年刻本。
⑥ (清)毛奇齡:《西河合集·書後》,清康熙五十九年刻本。

後》云：“康熙己酉，予暫還城東里居，偶揀廢簏，則斯稿在焉。距向遺此稿時約若干年，皆令女君已亡於京師也，兼汝與梅市祁子奕喜又同時戍塞外，予亦棄家去，不復得至梅市。而其稿中所列如胡夫人已物故，其爲詩最工；若修嫣者，爲王子舍人内君，聞死前歲，以視向序此稿時若何矣！陳何知狀。”①此“己酉”爲康熙八年己酉，毛奇齡自淮西歸里，時黄媛介已卒。亦可證此文作於康熙七年（1668）二月。

《南疑集》題詞（康熙十年）

諸體風流雋永，芳秀襲人。具維、顧之俊骨，發錢、劉之佳調。此固曠世軼才，不止虎跱江左已也。辛亥春日，弟毛甡題於汝南官舍。

【按】文見沈季友《南疑集》卷首。《（雍正）浙江通志》卷二百五十一《經籍》：“《南疑集》，平湖沈季友客子著。”②沈季友（1653—1698），字客子，號南疑，浙江平湖人。西平知縣沈棻子，陸棻婿。康熙二十六年（1687）舉人。少聰穎，精制藝及古文詞，尤工詩。由正黄旗教習考授知縣，未及任而歸，杜門著書。著有《學古堂集》等，輯有《檇李詩繫》。

文末署“辛亥春日，弟毛甡題於汝南官舍”，此“辛亥”即康熙十年辛亥（1671），毛奇齡時客汝寧知府金鎮幕，而沈棻在河南西平縣知縣任上，沈季友侍父沈棻於西平，毛奇齡以同鄉之故，與沈氏父子詩書往還，因於此際爲沈季友《南疑集》題詞。

毛奇齡客汝寧時，應沈棻之請，有詩詠西平舊跡，見毛奇齡《咏西平舊跡八首》③。毛奇齡自汝寧南還，沈棻貽以縑紵，毛奇齡作《沈棻明府治西平有名欲往從之不果值予南還以縑紵見貽因寄並謝一十二韻》詩答謝④。沈棻卒後，毛奇齡對其子季友頗加照拂。康熙二十一年，沈季友入京，毛奇齡時官翰林院檢討，爲其詩集作序⑤，並爲其《春山絲竹圖記年》題詩⑥。沈季友下第南還，毛奇齡作《送沈客子還禾中》詩慰送⑦。

①　（清）毛奇齡：《西河合集·書後》，清康熙五十九年刻本。
②　《（雍正）浙江通志》卷二百五十一，清文淵閣《四庫全書》本。
③　（清）毛奇齡：《西河合集·五言律詩六》，清康熙五十九年刻本。
④　（清）毛奇齡：《西河合集·排律三》，清康熙五十九年刻本。
⑤　（清）毛奇齡：《西河合集·序二十三·沈客子詩集序》，清康熙五十九年刻本。
⑥　（清）毛奇齡：《西河合集·七言絕句八》，清康熙五十九年刻本。
⑦　（清）毛奇齡：《西河合集·七言律詩六》，清康熙五十九年刻本。

與陸藎思(約康熙十年)

不相見者近十年。向在湖西署,屈指友好,以爲當今之時,能讀書談道,擅湖山之勝,獲兄弟朋友之樂,進退古今,爲人倫宗,匪他人,藎思而已。特弟頗久游,亦習知大河東西、大江南北諸佳流,欲過雲亭,與知己一比方人物,意氣勃勃,不可掩也。昨聞下執事登選樓,主持風騷,此甚盛事。拙集先以五卷呈教,明春當有全帙馳上。施愚山,今之少陵也,與我兄舊交,大選中定當首推,若猶未也,幸一搜之。

【按】文見楊賓輯《尺牘新編》"丁集"卷二。"陸藎思"即陸進(1624—?),浙江仁和人。歲貢生,選溫州府學訓導,陞永嘉縣學教諭。生平敦古好友,與"西泠十子"唱酬無虛日,時人以"北門大陸子"呼之。著有《樵海詩鈔》《巢青閣集》《付雪詞》《紅么詞》。選輯《西陵詞選》《東白堂詞選初集》。

文中所及"向在湖西署",指康熙四五年間,毛奇齡客江西參議施閏章幕府事。文中又及"昨聞下執事登選樓,主持風騷,此甚盛事。拙集先以五卷呈教,明春當有全帙馳上",當是陸進執選事,毛奇齡有集呈選。文末"施愚山,今之少陵也,與我兄舊交,大選中定當首推,若猶未也,幸一搜之"語,"施愚山"即施閏章,生平見本書"寄答施比部尚白"條考證。毛奇齡推崇施閏章爲"今之少陵",且施閏章與陸進亦是舊交,故而向陸進推薦施閏章著作入選。

文中有"特弟頗久游",知作此札時,毛奇齡游幕在外。另據文中"不相見者近十年"語,知此札約作於康熙十年(1671)。據拙著《毛奇齡年譜》,毛奇齡自康熙元年秋冬之際離家逃亡,康熙八年至十年,時客汝寧知府金鎮幕。自康熙二年至十年,毛奇齡與陸進不相見"近十年"。另陸進《毛西河論定西廂記跋》:"顧西河在淮西,曾以《西廂》舊本屬予較刻,而逡巡未就。"[1]或可爲證。

寄郡佐羅周師書(約康熙十年)

詔下西清,座分北冀。殢龍箋鳳楮之掌,香染圖書;指龜山鹿洞之庵,光

---

[1] (清)陸進:《毛西河論定西廂記跋》,載郭英德、李志遠纂箋:《明清戲曲序跋纂箋》卷二,人民文學出版社 2021 年版,第 340 頁。

兼昴畢。聞風喜而不寐,鼓掌奮欲難前。不奉寒溫,已逾六載,遙思動定,大抵萬安。會稽之雲樹生妍,椿高萱茂;洛下之棣棠起色,豹變鷹揚。君既慶乎彈冠,我預期夫按轡。山形松蓋,風雨笙簧;溪勢雷鳴,陰晴鼓角。臨溥沱以遡海,關門秋色巉巖;躡星月以穿岑,石罅仙經福地。百花嶼皁,蜂王之香蹟繽紛;八角甃陰,龍母之碑文剝落。漢劉梁倡教於此,儒術風高;晉允濟統郡當年,吏民化洽。迄李瓊著蹟於五代,更知白奏最乎宋廷。斯皆善政之遺規,敢冀新猷之紹武。講學而崇書院,纘郝經之撰文;治圖而摭儀型,修韓琦之繪壁。念慷慨悲歌之習,歲轉而月移;興禮義廉恥之風,上行則下效。卓哉良吏,勉矣故人。他時澤播范陽,何必禱甘霖於姥洞;此際聲澄清苑,還應挈冰魄於蓮池。憑楮神勞,佈音誼亮。

【按】文見黃始輯評《聽嚶堂選翰苑英華》卷二。"羅周師"即羅京(1639—?),字周師,浙江山陰人。以貢生授祕書院內閣中書。康熙九年到十一年,官永平府同知。以外艱去任,服除,補陞直隸順德府知府。二十七年,調江西吉安府知府。

此文未署年月,題下署"毛甡",知此文作於康熙元年至十六年間。文題有"郡佐"字,則此文約作於康熙十年羅京官永平府同知時。

《修竹高仕圖》題辭(康熙十一年)

窮鄉僻境,終日與此君晤對,每一動筆,則山野之氣不連自至。昔人云"讀萬卷書,行萬里路,乃可作畫",三復斯言,不無慚怍,戲用波毫畫法。壬子花朝前二日,西河毛奇齡。

【按】文見《修竹高仕圖》(佳士得 2015 年秋季拍賣會·中國古代書畫專場)。末署"壬子花朝前二日",知此文作於康熙十一年壬子(1672)二月。

修誌五箋(康熙十二年)

一

嚮朱介庵少參檄縣令黃公聘予修府、縣誌,予辭之去。今出游十年,暨歸而續修府、縣誌成,讀之,知嚮之辭之者非無見也。明孝廟時,邑先進何御史有孝子競，以報父讎而復吾邑之湘湖，此在吾邑所當户爲尸祝者，而當時修誌，特删其傳。夫以孝子遺烈，彪炳人耳目間，當修誌時，相距未遠。又修誌者，其薦紳爲田公東源、張公玉亭，諸生爲錢公龍泓，皆名下也，猶且隨俗偃仰。致孝子之子出揭訟之，而御史門下士如翁公玉峰作《縣誌補遺》，其爲文力覶三君，始復其傳，然亦危矣。至御史之傳，則以嘉靖三十六年續修者劃易其父，而孝子之子仍訟之，亦仍得復，而迄今御史之傳無有也。嚮使删御史傳者謂御史以得罪去職，當顯國法，吾猶得以仲舉元禮之例原之，況據其訟詞，則當時易之者，仍計典坐黜者也。今御史傳亡，而是家仍存，徒以後人有嗣貴者耳。嗟乎！勢位所極，致使是非數世，而堅不得動，久且忘其是非，紊石于玉，而無如何者！鄉評之不足恃如此，後之視今，猶今之視昔也。陳明卿先生謂吳中鄉賢祠宜改作諸紳家廟，而盡删言游、季札諸賢之位，禾中魏廓園先生直奉其先人栗出鄉賢祠，而藏之于家，後之鑒此，誌者其思之已！

二

既名縣誌，則縣所受名，其大要也。縣自秦置，即曰餘暨，兩漢因之，故前後漢志、《山海經》《越絶書》皆稱餘暨。至三國始改永興，唐改蕭山，因革瞭然。自隋開皇年，曾省縣入會稽縣，而唐始復置，遂有"蕭山爲諸暨分治"之説，且謂"餘暨者，暨之餘耳"，殊不知"餘暨"之"餘"非"有餘"之"餘"也。《越絶書》云："越人謂'鹽'曰'餘'。"則以地産鹽，故云。且縣未嘗入諸暨也。若蕭山，見漢志《地里》《郡國》，其于"餘暨"下皆云："蕭山，潘水所出。"《三都賦》劉良註云："蕭山，瀒水所出。""瀒""潘"，字形之誤。而縣誌妄據，謂"晉時許詢築室于此，蕭然自放，因以名山"。則是以秦漢分縣以來所久有之名，而僅屬之一區區流寓之名士，辱莫大矣！且蕭山即西山，玄度所居，非西山也。其詩曰"蕭條北幹園"，則其稱"蕭條"者，乃北幹山之"蕭"，非"蕭山"之"蕭"。且陶潛作《孟府君傳》，稱"詢客居永興縣界"。而浦陽江南有玄度巖，唐王勃詩云："曾隱徵君下釣綸。"則居處雜見，不定居西山明矣。且《晉書·列傳》吾邑居二，一夏統，一夏方也。詢雖負高名，而《列傳》不與，則必仲御、文正，其爲名超于玄度懸甚，而近舍土生之二夏，遠附假寓之許公，何以解之？故誌載蕭山直宜删去玄度一節，即不然，亦宜分註云："一作蕭然山，謬。"而取舍不明，渾淪攙列，致令《一統》《廣輿》諸記皆稱"蕭山名始玄度"。而縣令施堯臣爲《築城記》云："蕭山舊未有縣，自唐儀鳳始割地爲永興，而天寶易以今名。"薛方山爲《通志》，亦以縣爲始唐，竟忘前此爲餘暨、爲永興。而劉伯温作《北嶺將軍廟碑》，首曰"餘暨東北百里曰蕭山"，則竟分餘暨、蕭山爲二，而且悮以餘暨爲諸暨，可怪極矣。凡此皆纂時作誌者依回無識，以致有此。而迄今屢修而不之正，且有生長斯土，貿所從來，自署其里曰"蕭然某氏"。嗟乎，吾其如此蕭然何也！

三

《通鑑》漢獻帝興平二年，孫策引兵渡浙江，太守王朗拒之固陵，策數渡水戰，不利。策弟靜曰："朗負阻城守，難可猝拔。查瀆南去此數十里，道之要徑也，宜于彼據其內，所謂攻其無備者也。"策從之，夜燃火爲疑兵，而以全軍投查瀆，襲高遷屯。朗大驚，遣周昕逆戰，策破斬之。又《水經注》云："浙江逕固陵城北，今西陵也，又東經祖塘，謂之祖瀆，孫策破王朗于此。"今《誌》既昧查瀆、祖塘、祖瀆所在，而祖瀆與查瀆又互異其名，且新舊修誌者又誤認"查瀆南去此數十里"爲縣治之南，遂以南鄉高屯里當高遷之名。而以《水經註》所稱"東經祖塘"者爲縣治東北，兩地枝梧，絕無依據。殊不知《通鑑》所云"查瀆南"者，謂查瀆之南，非縣治之南。觀《水經注》但稱"祖瀆去此數十里"，無"南"字可知也。且查瀆即祖瀆，考字書"查"即"柤"字，"柤"之爲"祖"，字形之誤也。其又名"柤塘"者，以瀆有塘焉耳。蓋西陵東北爲浦陽江入海之處，所謂"錢清江下流入海"是也。水獨入海爲瀆，故《水經注》又云："浦陽江東北逕永興東，與浙江合。"而《越絕書》曰："石塘，越所害軍船也。皆去縣數十里。"則其塘、其瀆當即在錢清江入海之處，而今已洇者。故《吳志》曰："孫策入郡，郡人迎于高遷。"《十道志》曰："董襲見孫權于高遷。"今縣東北有高遷橋，正與相合，可驗也。若城山，引夏侯曾先《地志》云"吳王伐越，次查浦。越立城以守查，吳作城浦東以守越"，二語雖周章，要之，查浦即查瀆。以入海而言，則謂之瀆；以隄岸而言，則謂之塘；以遠水相通而言，則謂之浦。"浦""瀆"各見，"查"只一名。其"阻城山而次查浦"，正猶保固陵而投查瀆，古今用兵，原是一轍。城山與固陵相近，則投查與次查，可無疑相遠耳。舊誌昧查瀆，并昧查浦，而近修誌者，至欲以城西白馬湖當之，則全無引據，徒見臆撰。或且引《水經註》浦陽江所逕之查浦，以爲浦陽在南，查浦必在南，則浦陽所逕，《水經註》明云"在剡縣東"，江夏西陵，非江東西陵矣。

四

蕭山戰蹟有限，而既有援引，則宜備考索，乃所在罜漏，他不能具。即據唐史：中和二年，錢鏐襲辛約西陵。既已載入。而三年劉漢宏將十餘萬出西陵，將擊董昌，錢鏐渡江逆戰，大破之。此又不載，何也？且前此懿宗咸通中，有以王式爲浙東觀察使，發諸道兵討裴甫，式軍所至，若無人。至西陵，甫遺使請降。此亦一戰蹟，而又不載。偶舉予所記，猶有如此，其他罣漏無論耳。

五

苧蘿山在縣南二十五里，屬苧蘿鄉。下有西施宅，有紅粉石，外有浴美施閘，言釁施入越也。今苧蘿鄉土穀猶祠施，則施屬蕭山明矣。自唐《十道志》妄云"勾踐索美女以獻吳王，得之諸暨苧蘿山賣薪女曰西施、鄭旦"，後遂以施屬諸暨，而誌竝不一及之。唯《通志》云"蕭山亦有苧蘿，以蕭山爲諸暨分治，故兩屬其地"，則益誤矣。蕭山不曾分治于諸暨，而諸暨、蕭山各有苧蘿，亦非一山而兩屬其地。但吾謂施當屬蕭者，以史考之：《後漢·郡國志》"會稽郡下有餘暨縣"，註云："《越絕》云：'西施之所出。'"而于諸暨不然，則苧蘿雖有二，而施之在蕭山，不在諸暨，則即此可據耳。信書莫如史，越記載稍古，莫如《越絕》古。《吳越春秋》《越絕》凡史傳所引，皆非今本所有，則其書當有先于《十道志》十百者。況今本《吳越春秋》《越絕》亦竝不及諸暨也。西施一美婦，雖不必入"人物""列女"，而于苧蘿鄉、苧蘿山下，則當爲嚴實。且祠廟亦當及施廟，此亦考古一節，初非與諸暨爭此女耳。或曰：施，美婦通稱，猶美男稱子都也，故《孟子》亦云"西子"，而諸子多載西施病心而矉。宋玉《賦》"西施掩面，比之無色"，劉良註云："毛嬙、西施，古之美妓也。"則西施不定屬越，且不定屬蕭，又況屬諸暨耶？

【按】文見毛甡《兼本雜錄》卷十四。文中"嚮朱介庵少參檄縣令黃公聘予修府、縣誌，予辭之去"，"朱介庵"即朱虚，字若虚、邵齋，號介菴、可菴，山東曹州人。順治四年(1647)進士。初知衡水縣，稱循良第一，以最績聞，擢監察御史。旋出爲陝西巡按，兼視學政。後改授浙江參議，升肅州副使。善山水。著有《詩經箋》《古今疏》《于園集》等。《(雍正)浙江通志》卷一百二十一："(分守寧紹台道)朱虚，山東曹州人。進士。順治十三年任。"①據同書同卷，順治十六年李登第任此職。知朱虚於順治十三年至十五年任分守寧紹台道。"縣令黃公"即時任蕭山知縣黃應官，字畏菴，安徽舒城人。據《(乾隆)紹興府志》卷二十七，黃應官自順治十四年至十五年任蕭山知縣②。則知朱虚、黃應官兩人聘毛奇齡修府縣志事，當在順治十四年至十五年間。

文中有"今出游十年，暨歸而續修府、縣誌成"語，據拙著《毛奇齡年譜》，

---

① 《(雍正)浙江通志》卷一百二十一，清文淵閣《四庫全書》本。
② 《(乾隆)紹興府志》卷二十七，清乾隆五十七年刊本。

毛奇齡自康熙元年逃亡，其間於康熙六年、康熙八年兩次潛歸，至十二年始銷案歸里。知此文作於康熙十二年（1673）冬。又康熙年間聶世棠等修《蕭山縣誌》成於康熙十一年（1672），則毛奇齡《修誌五箋》之“誌”，即聶世棠等修《蕭山縣誌》。

聶世棠等修《蕭山縣誌》內有數處蹖駁失考，毛奇齡逐條加以詳辨。第一則論未爲鄉先賢何舜賓立傳爲不可取。第二則論所載縣名沿革之錯謬，認爲蕭山自秦始建縣，名餘暨，兩漢亦稱餘暨，至三國始改永興，唐改稱蕭山。第三則論《蕭山縣誌》中誤將“查瀆”一地名而訛作“查瀆”“祖瀆”“祖塘”三名，且誤載其地所在。第四則指出《蕭山縣誌》中所載蕭山戰蹟有兩處里漏。第五則辨西施故里在蕭山而非諸暨。後毛奇齡在此文的基礎上，增補而成《蕭山縣誌刊誤》三卷，對《蕭山縣誌》中的錯誤逐條釐正，有正本清源之效。

《蕭山汀頭沈氏族譜》序（約康熙十二年）

族譜之作，非獨以係世，凡以立教，蓋必原其祖之所始也，必序其長幼之倫也，必載其言行、爵位與嫁娶、卒葬之詳也。原始而知尊祖，是教以孝也；倫序而知敬長，是教以悌也；言行、爵位、卒葬之具載，而知考其世次，求其世德，同其水木本源之念，是教以睦族也。由是相與以恩，相接以禮，相勸以善，相懲以慝，胥於譜乎是賴！譜之作，其有關於世教不淺。後世自歐、蘇氏外，遠而世系不明，教亦無聞，徒作也。

蕭邑汀頭沈氏，越郡名族，其舊譜多所蠹缺。至順治癸巳歲，有長新公者，乃鴻臚寺序班，益我公喆嗣也。懼先德之潛耀不一，將或至於氓遺，族大而繁，或未免於渙散，遂厥志遍訪各派譜牒，若蕺山、馬隖、東浦、長巷，一一搜羅，彙書成帙，以示永久。若長新公者，可謂沈氏之傑出也。厥後嗣修不乏，迨康熙間，其族弟天聞公，亦深重於斯，間因其舊，增其未備，世系井絡，視舊譜而一新之，俾後之子若孫興孝興悌，益敦所以睦族之道，而與世相爲無窮。家教立而國教寓，他日服官，特舉而措之耳。若天聞公，亦可謂沈氏之克肖子矣。用是徵長新公爲善作，天聞公爲善繼，善作善繼，吾於沈氏譜有取焉，故喜爲之序。邑人西河毛奇齡拜撰。

【按】文見沈世德、沈順根等續修《蕭山汀頭沈氏宗譜》卷一。文中所及“順治癸巳歲，有長新公者，乃鴻臚寺序班，益我公喆嗣也。……遂厥志遍訪各派譜牒，若蕺山、馬隖、東浦、長巷，一一搜羅，彙書成帙”，指順治十年癸

巳,沈之鼎訪戴山、馬鬻、東浦、長巷諸沈氏譜牒,續修宗譜。沈世德、沈順根
等續修《蕭山汀頭沈氏宗譜》卷四《汀頭一世至十三世系圖》:"(三讓公之子)
之鼎,字長新,行銓十,配祝氏。"①知"長新公"即沈之鼎,據文中"長新
公……益我公之哲嗣",知沈三讓,字益我,沈之鼎父。另據《蕭山汀頭沈氏
宗譜》卷七《汀頭十世至十一世行傳》:"(文二房)之鼎公長子功宗,字孚先,
衡十四。"②知沈之鼎爲功宗父。

此文未署年月,文中有"迨康熙間,其族弟天聞公,亦深重於斯,間因其
舊,增其未備,世系井絡,視舊譜而一新之",知康熙間,沈之鼎族弟沈天聞續
修族譜,毛奇齡序當作於康熙年間。文末署"邑人西河毛奇齡",當作於毛奇
齡未授翰林官時。《蕭山長巷沈氏續修宗譜》卷首毛奇齡序作於康熙十二年
癸丑,則此文約作於此際,姑繫於此。

郡文序(約康熙十三年)

竊聞禹書既成,藏之宛委;史乘將作,爰來會稽。盖珪長日月,原產秘
圖;氣滿東南,自生竹箭。菁英所鍾,華采畢發。是故黃絹新辭,著于漢代;
綵舟高唱,榮于《晉書》。芙蓉出水,謝家發始寧之章;修竹臨嚴,王氏倡永和
之句。寶林山下,石駕凌空;夢筆橋頭,花開滿座。自夫范氏帥已成之卒,計
倪爲未然之謀。王宮九乘,危崿江濱;《越絶》一書,孤行海內。是用文采繁
多,風流較著。雖兩晉之季,尚義三康;六代之衰,猶稱五絶。故夫章句始
興,制義斯舉,一時人望,屢推於越。故戴山之學,較勝鵝湖;石匱之文,爭馳
龍馭。登赤標于曲水,集烏衣于蘭亭。華文燦羅壁之藏,響應發雲門之鼓。
無如西京奄亂,江左流亡,橫槊來前,投筆故去。做陳琳之倚馬,從翟公而賣
牛。亦或高擁羊裘,厭聞蛙吹。薔薇洞口,捉鼻而吟;蘭渚山前,掩睚欲遁。
藉陳囂爲卜築,隨賀監以歸來。然而聲華久傳,流風未絶。爰通咕嗶,已經
振興。豈無世南行秘,農師稗官。會稽兆飛翼之符,山陰起發石之詠。雪夜
舟移,載吟剡水;月明樓迴,還憶蕭山。仲翔居舜水,著《易》來東海之稱;王
壬起虞官,衡論入中郎之嗜。放沃洲之兩鶴,溯浣浦于雙流。書開杏篋,鷟
林麓之飛花;畫動梅梁,駕風雲而入水。是用遍搜二酉,彙成一書,爰溯始
源,將光前睹。土風入洛,遂傳八邑之華;霸氣凌秦,再振千嚴之秀。

---

① 沈世德、沈順根等續修:《蕭山汀頭沈氏宗譜》卷四,民國三十六年承肅堂木活字本。
② 沈世德、沈順根等續修:《蕭山汀頭沈氏宗譜》卷七,民國三十六年承肅堂木活字本。

【按】文見黄始輯評《聽嚶堂選翰苑英華》卷四。據文題"郡文"語,知是毛奇齡爲紹興府某文選所作的序。題下署"毛甡",據本書前考證可知,毛甡是康熙元年至十六年間毛奇齡所用名。康熙元年至十二年間,毛奇齡流亡外地,十二年冬始歸里,此文約作於康熙十三年(1674)春夏,姑繫於此。

題雲石山居詩(康熙十四年)

予避人入吴,所至相見,輒投我藝文,藏之巾箱,獨不見乾一,然而得乾一詩,蓋吴中人往往稱《雲石山居詩》云。昔有求弘材于鄧林者,輪囷蟠薄,無籍而當,前以爲已遇,而卒相視爲無用。惟梗楠杞梓,按記而得之,始知弘材之有賴于指名也。若予與乾一,非與?袁生爲乾一介題,因題之。至其詩之工,則其材具在,人有刻杞梓而尚不知其材焉,無是已。

【按】文見毛甡《兼本雜録》卷十一,裴景福輯《壯陶閣書畫録》卷十五"清國初諸老題鄒乾一雲石山房詩集四大册"條内亦載,稍異數字。鄒震謙,字乾一,又字駿侯,江蘇太倉人。學詩於吴偉業。著有《雲石山居詩稿》。汪學金《婁東詩派》卷十四"鄒震謙一首"條:"震謙,字乾一,有《雲石山房詩草》。"[1]葉昌熾於光緒十二年(1886)記載友人"見示鄒乾一詩《題詞》,詩集已亡,惟存《題詞》,共裝四册,皆手跡也"[2]。知光緒年間,鄒震謙《雲石山房詩》已佚,而諸人題詞獨存。

據文中"予避人入吴……袁生爲乾一介題,因題之"語,知此文作於毛奇齡避入蘇州時,袁生倩毛奇齡爲《雲石山居詩》題詞。據拙著《毛奇齡年譜》,張杉於康熙十四年赴汝南尋得毛奇齡,兩人於該年夏六月同至蘇州,與施閏章、丁澎、尤侗、徐釚、郭襄圖、袁駿集宋實穎讀書堂,分韻賦詩,見徐釚《暫歸吴門宋先生招同施愚山大參丁飛濤儀部尤展成司李暨蕭山毛大可會稽張南士平湖郭皋旭同郡袁重其雅集讀書堂分賦》[3]。詩題中"袁生"當即袁駿(1612—?),字重其,江南長洲人。早歲喪父,傭書養母。以貧甚,母節不能旌,乃徵海内詩文,曰《霜哺篇》。凡士大夫過吴門者,多爲題詠。母老不能行,庭前花開時,負母以看,輯有《負母看花圖題詠》。毛奇齡於康熙十四年客

---

① (清)汪學金:《婁東詩派》卷十四,清嘉慶九年詩志齋刻本。
② (民國)葉昌熾:《緣督廬日記抄》卷四丙戌"四月二十日",民國石印本。
③ (清)徐釚:《南州草堂集》卷五,清康熙三十四年刻本。

蘇州,與袁駿等雅集,當於此時袁駿倩毛奇齡爲鄒震謙《雲石山房詩》題詞。

《西廂記》考實(康熙十四年)

"西廂記"三字,目標也。元曲末必有"正名題目"四句,而標取末句,如雜劇有《城南柳》,因"題目"末句曰"呂洞賓三度城南柳"也。此名"西廂記",因"題目"末句曰"崔鶯鶯待月西廂記"也。推此,則明曲之謬,如徐天池《漁陽三弄》,而"題目"末句曰"曹丞相神仙入洞"者,不知凡幾矣。特目列卷末,今誤列卷首,如南曲開演例,非是。

原本不列作者姓氏,今妄列若著、若續,皆非也,説見左。

或稱《西廂》爲王實甫作,此本涵虛子《太和正音譜》也。涵虛子爲明寧王臞仙,其《譜》又本之元時大梁鍾嗣成《錄鬼簿》。故王元美《卮言》亦云:"《西廂》久傳爲關漢卿作,邇來乃有以爲王實甫者。"

明隆、萬以前,刻《西廂》者,皆稱《西廂》爲關漢卿作,雖不明列所著名,然序語悉歸漢卿。如金陵富樂院妓劉麗華刻《口授古本西廂》,在嘉靖辛丑,尚云:"董解元、關漢卿爲《西廂》傳奇。"而海陽黃嘉惠刻《董西廂》,在嘉、隆後,尚云:"《董西廂》爲關漢卿本所從出。"且引"竹索纜浮橋"等語,爲漢卿襲句。則久以今本屬關矣。但《正音譜》載元曲名目,其於漢卿名下,凡載六十本,而不及《西廂》,不可解也。

或稱"《西廂》是關漢卿作,王實甫續",他不可考。嘗見元人詠《西廂》詞,其【滿庭芳】有云:"王家好忙,沽名吊(釣)譽,續短添長,別人肉貼在你腮頰上。"又【煞尾】云:"董解元古詞章,關漢卿新腔韻。參訂《西廂》有的本,晚進王生多議論,把《圍棋》增。"則是在元時已有稱"王續關"者。但今按《西廂》二十折,照董解元本填演,其在由歷,不容增《圍棋》一關目;而在套數,又不容于五本之外特多此一折也。且《圍棋》一折,久傳人間,亦殊與實甫所傳雜劇手筆不類。則意漢卿亦曾爲《西廂記》,有何人王生者,增《圍棋》一折,故有此嘲。實則漢卿《西廂》非今所傳本,王生非實甫,增一折亦非續四折也。故詞隱生云:"向之所謂'王續關'者,則據元詞王增關之説而傅會之者也。今之所謂'關續王'者,則即向時王續關之説而顛倒之者也。"此確論也。

或稱"《西廂》爲王實甫作,後四折爲關漢卿續",此見明周憲王所傳本。又《點鬼簿》目標王實甫名,則云:"張君瑞鬧道場,崔鶯鶯夜聽琴。張君瑞害相思,草橋店夢鶯鶯。"標關漢卿名,則云:"張君瑞慶團圞。"故徐士範《重刻西廂》,則云:"人皆以爲關漢卿,而不知有王實甫。蓋自'草橋'以前,作于實甫，而其後則漢卿續成之者也。”且《卮言》亦云：“或言實甫作至‘草橋夢’止，或言至‘碧雲天’止。”于是向以爲王續關者，今又以爲關續王，真不可解。

《西廂》作法，斷不得止“碧雲天”者。元曲有院本、有雜劇。雜劇限四折，院本則合雜劇爲之，或四劇，或五劇，無所不可。故四折稱一劇，亦稱一本。“碧雲天”者，第四本之第三折也，而謂劇與本有止于三折者乎？若其不得止“草橋”者，《西廂》關目，皆本董解元《西廂》，“草橋”以後；原有“寄贈”“爭婚”，以至“團圞”，此董詞藍本也。元例傳演，皆有由歷，由歷一定，即“李白嚇蠻”，本傳所無；“張儀激秦”，與史乖反，亦不得不照由歷。所謂“主司授題”者，授此耳。今由歷在董，董未止，何敢輒止焉？且院本雖合雜劇，然仍分爲劇，如《西廂》仍作五本是也。但每本之末，必作【絡絲娘】【煞尾】二語，繳前啓後，以爲關鎖，此作法也。今《西廂》第一本【煞尾】已亡，第二、第三、第四本猶在也。第四本【煞尾】云：“都則爲一官半職，阻隔得千山萬水。”此正起末劇得官報喜之意，而謂“夢覺”即止，作者閣筆耶？且《西廂》閨詞也，亦離合詞也。不特董詞由歷不可更易，即元詞十二科中有所謂“悲歡離合”者，雖《白司馬青衫淚》劇，亦必至完配而後已，公然院本而離而不合，科例謂何？

《西廂》果屬王作，則必非關續。按：關與王皆大都人，而關最有名，嘗仕金，金亡，不肯仕元。雖與王同時，而關爲先進。關向曾爲《西廂》矣，惡晚進者增一折，而紛紛有詞，豈肯復爲後進續四折乎？且今之據爲王作者，以《正音譜》也。若據《正音譜》，則併無可爲續者。按《譜》所列，每一劇必注曰“一本”，“一本”者，四折也。今實甫《西廂記》下明註曰“五本”，則明明實甫已全有二十折矣。且兩人成一本，元嘗有之，如馬東籬《岳陽樓》劇，第三折花李郎，第四折紅字李二；范冰壺《鶗鴂裘》劇，第二折施君美，第三折黃德潤，第四折沈拱之類。然皆有明註，此未嘗註曰後一本爲何人也。凡此皆所當存疑，以俟世之淹雅有卓識者。今不深考古，而妄肆褒彈，任情刪抹，且曰若編若續、若佳若惡、若是若否。嗟乎，吾不知之矣。

參釋曰：“董解元《西廂》爲搊彈家詞，其人仕金章宗朝爲學士，去關、王百有餘年，而時之爲《西廂》者宗之。今董本俱在也。碧筠齋、徐天池輩不經見董詞，初指今所傳本爲《董西廂》，則尤謬誤之甚者。古之不易考，每如此。”

【按】文見毛甡《毛西河論定西廂記》卷一。原無題，據伏滌修、伏濛濛輯校《西廂記資料彙編》上册第五編《西廂記清刊本序跋凡例等資料》①補。毛

---

① 伏滌修、伏濛濛輯校：《西廂記資料彙編》上册，黃山書社 2012 年版，第 244 頁。

牲《毛西河論定西廂記》共六卷,其中前五卷爲毛奇齡論釋《西廂記》文,卷末
(即第六卷)附載宋至清初各人所作與《西廂記》相關的詩、詞、文等24篇。

據毛牲《論定西廂記緣起》"已而之吳,寓邵明府署,又凡二十晝,合四十
二晝"語,知《毛西河論定西廂記》最後成書爲四十二晝,時毛氏寓吳縣邵明
府署。據《(民國)吳縣志》卷三:"(知縣)邵懷棠待庵,會稽人。進士。十三
年十二月任,十四年降調。"①同書同卷:"(知縣)吳愚公覺庵,天津人。舉
人。十四年十月任。"②知邵懷棠於康熙十三年十二月至十四年九月任吳縣
知縣。綜上可知,毛奇齡《論定西廂記》成於康熙十四年秋。而此文載《毛西
河論定西廂記》卷一正文前,當作於康熙十四年(1675)。

《崔鄭合祔》辨(康熙十四年)

予據世傳秦貫所譔《鄭恒崔夫人合祔墓銘》,以爲董《西廂》入恒之由。
後從家稚黃許見秦貫銘揭,稱府君諱遇不諱恒,末有眉山黃恪《辨証》,而稚
黃亦遂筆之入《詩辨坻》中,且以駁陳仲醇《品外録》所載之謬。及余考王本
所載《墅談》,稱内黃野中掘得墓誌,其中是諱恒。後又傳汲縣令治地得誌石
地中,亦是諱恒,與《品外録》所載皆同。但瘞止一處,不宜各地掘出。而東
平宋十河又稱全椒張貞甫爲磁州守,磁屬武安,治西有民瘞塚,得崔鄭誌石,
亦是諱恒。臨川陳大士曾載跋語,在崇禎甲戌歲。則誌石所出,不惟地殊,
抑且時異,尤屬可怪。

暨余過秣陵,親見周雪客所藏誌揭,與稚黃所藏同,而中亦稱"諱恒"。
是必諸揭所傳,原欲實恒名而故爲贗誌,以示有由。若稚黃所藏本,則又改
"恒"爲"遇",故作疑案。實則皆贗物也。豈有一誌石而瘞無定地、發無定
時、文無定名之理? 此公然可知耳。稚黃、雪客皆博雅好古,而雪客家藏書
尤富,猶彼此難據如此,況逞臆解斷,全無考索,其不至于狂惑者鮮矣!

【按】文見諸匡鼎輯《今文短篇》卷三,毛牲《毛西河論定西廂記》卷五末
"附辨"亦載,但"附辨"於文首"予據"上,有"第十九折内'鄭恒白'下"九字;
文末"鮮矣"下,有"金陵富樂院妓劉麗華作《西廂記題辭》,有云:'長君嘗示
予崔氏墓文,始知崔氏卒屈爲鄭婦。'又不書鄭諱氏,其題在嘉靖辛丑,則知

---

① 《(民國)吳縣志》卷三,民國二十二年鉛印本。
② 《(民國)吳縣志》卷三,民國二十二年鉛印本。

是時又有僞爲崔氏墓誌,與諸本崔鄭合誌書諱氏者又異。第其所稱'長君',不知何人,即誌文亦不傳。又臨安汪然明于崇禎甲申歲刻《西廂記》,其'發凡'有云:'崔、鄭元配墓誌,崇禎壬申方發于古塚。'則知僞本疊出,復有在前所稱數本之外者,考古之宜慎如此"諸句。

"崔鄭合祔",即唐代秦貫所撰《唐故滎陽鄭府君夫人博陵崔氏合祔墓誌銘》的簡稱。"家稚黄"即毛先舒(1620—1688),原名騤,字馳黄,後更名先舒,字稚黄,浙江錢塘人。六歲能辨四聲,八歲能詩,十歲屬文,十八著《白榆堂集》。曾拜陳子龍爲師,又曾問性命之學於劉宗周。善詩詞,爲"西泠十子"之一。精音韻訓詁。著有《韻學指歸》《東苑文鈔》《東苑詩鈔》《思古堂集》《匡林》《潠書》《詩辨坻》等。"陳仲醇《品外録》",即明陳繼儒選評的《古文品外録》。陳繼儒(1558—1639),字仲醇,號眉公、麋公,江南華亭人。諸生。隱居小昆山,後居東佘山,杜門著述。工詩善文;書法蘇、米,兼能繪事,屢奉詔徵用,皆以疾辭。擅墨梅、山水。著有《陳眉公全集》。另有《梅花册》《雲山卷》等傳世。"王本"指王驥德《校注古本西廂記》。王驥德(?—1623),字伯良,原名驥才,字伯駿,號方諸生、玉陽生,又號方諸仙史、秦樓外史,浙江紹興人。明代戲曲理論家。著有《方諸館集》《曲律》《南調正韻》等。"臨川陳大士"即明人陳際泰(1567—1641),號方城,江西臨川人。崇禎三年中舉,七年成進士。官行人司行人。"臨川四大才子"之一。著有《四書讀》《五經讀》《易正義》《周易翼簡捷解》《太乙山房集》等。"周雪客"即周在浚(1640—1697),號梨莊,又號耐龕,河南祥符人,後客居南京。周亮工長子。貢入京師,考充國子監教習。康熙二十四年(1685),官太原參軍。著有《雲煙過眼録》《南唐書注》等。

毛奇齡歷考諸書,認爲各書所記誌石的出土時間與出土地點不一,毛先舒、周在浚等家藏搨本皆爲贗本。據上文考證,《毛西河論定西廂記》成於康熙十四年秋,刻於康熙十五年春,而卷五末"附辨"當成於康熙十四年(1675)秋。

《論定西廂記》識語(康熙十四年)

從來賦《西廂》辭,自唐人數詩後,宋有詞,金、元有曲。金爲董解元《西廂》,元即是本也。《董西廂》爲是本由歷,本宜竝觀,今卷繁,不能載矣。且其中相同處,亦約略引證入《論定》內,無可贅者。特舊刻卷末有無名氏詩,凡百餘首,從夫人自敘借居寄柩,以至張生衣錦,皆紀一律,其詞最俚淺,明係俗子譜入。且徒費梨棗，無裨考覈，概從删去，祇附唐、宋迄今詩詞二十四首，以備餘覽。尚有唐伯虎題像一首，并徐文長和題一首，以本闕二句，不便補録。西河氏識。

【按】文見毛甡《毛西河論定西廂記》卷末（即卷六）之“卷首”。原無題，據意擬補。文中所及“特舊刻卷末有無名氏詩，凡百餘首……概從删去，祇附唐、宋迄今詩詞二十四首，以備餘覽。尚有唐伯虎題像一首，并徐文長和題一首，以本闕二句，不便補録”，知《西廂記》舊刻卷末有唐、宋、元、明諸人所作詩、詞等甚多，毛奇齡此本有删除，只保留了唐、宋至清初詩、詞、文二十四篇，唐寅題像詩一首及徐渭和題一首因“闕二句，不便補録”，亦未録。

據上兩文考證，《毛西河論定西廂記》成於康熙十四年秋，則此文亦當作於康熙十四年（1675）。

《論定西廂記》緣起（康熙十五年）

《西廂記》者，填詞家領要也。夫元詞亦多矣，獨《西廂》以院本爲北詞之宗，且傳其事者，似乎有異數存其間焉。昔元稹爲《會真記》，彼偶有託耳，杜牧、李紳輩即爲詩傳之。逮宋而秦觀、毛澤民即又創爲詞，作“調笑令”焉。暨乎趙安定郡王撰成【商調】鼓子詞，凡一十二章，俾謳師唱演，謂之“傳奇”。至金章宗朝，有所爲董解元者，不傳其名氏，實始爲填北曲，名曰“西廂記”，然猶是搊彈家唱本也。嗣後元人作《西廂》院本，凡幾本而後，乃是本以傳。繼此則又有陸天池、李日華輩復疊演南詞，導揚未備。天下有演之博、傳之通如《西廂》者哉？

或曰：“《西廂》艷體詞。其詞比之《經》之《風》，《騷》之《九歌》，賦之《高唐》《美人》，詩之《同聲》《定情》《董嬌嬈》。宋子侯以下，其在詞則《江南》《龍笛》此是樂府，然實詞所始。等也。”雖不必盡然，然絶妙詞也。特刻繁板溓，魚魯溫媼。舊時得古本《西廂記》，爲元末明初所刻，曲真而白清，爲何人攫去久矣。萬曆中，會稽王伯良作《較註古本西廂記》，音釋、考據，尚稱通覈，然義多拘薏，解饒傅會。揆厥所由，以其所據本爲碧筠齋、朱石津、金在衡諸譌本，而謬加新訂，反乖舊文。雖妄題曰“古”，實鼠璞耳，然猶孔陽、丑頃之間也。今則家爲改竄，户起删抹，拗曲成伸，彊就己臆，漫不知作者爲何意、詞曲爲何物、宮調爲何等，換形吠聲，一唱百和，數年後是書獨遭秦炬矣！

予薄游臨江，客有語及者，似生憂患。因就臨江藏書家遍搜，得周憲王、大觀堂本，凡二本，他無有矣。既而返臨安，又得碧筠齋、日新堂、即空觀、徐天池、顧玄緯諸本，凡八本。然而猶是魯衞也。且擬爲論列，以未遑，卒舍之去。既後則驟得善本于蘭溪方記室家，與向所藏本頗相似，特不署所序名，鐫字委刓而幅窄，稱爲"元至正舊本"，而重授刊于初明永樂之一十三年。較之碧筠諸本刻于嘉靖以後者，頗爲可信。且曲白皦㘈，與元詞準，比諸傳譜與《雍熙樂府》諸所載曲，尤稱明晳。遂丐實之篋而攜之歸。

越二年，復以避人故，假居山陰白魚潭，乃始與張氏兄弟約爲論列。出篋所實本，并友人所藏王伯良本并他本，竟以蘭溪本爲準，矢不更一字，寧爲曲解，定無參易。凡論一折，限一晝，凡二十二晝不足。已而之吳，寓邵明府署，又凡二十晝，合四十二晝。蓋既悲時曲之漫填，而又懼是書之將終昧于世也，於是論序之，以存填詞一綫焉。

【按】文見毛甡《兼本雜録》卷十一，亦見於毛甡《毛西河論定西廂記》（清康熙十五年浙江學者堂刊本）卷首，但學者堂刊本卷首此序自"漫不知"後全缺，可據此文補。

文中所及"因就臨江藏書家遍搜，得周憲王、大觀堂本，凡二本"，指康熙四五年間，毛奇齡客江西參議施閏章幕，搜得周憲王本和大觀堂本《西廂記》。周憲王即朱有燉（1379—1439），是明太祖朱元璋第五子周定王朱橚長子。據金在衡、臧懋循、陸采三人言，朱有燉刊行《西廂記》時，"加《西廂》【賞花時】"。凌濛初在《西廂記》"凡例十則"中提到此本。不過學界對周憲王本的真僞尚有爭論，詳參黃季鴻《明清〈西廂記〉研究》附録《論周憲王本〈西廂記〉之真僞》。①大觀堂本，俟考。文中又及"既而返臨安，又得碧筠齋、日新堂、即空觀、徐天池、顧玄緯諸本"，指康熙六年毛奇齡自江西潛歸故里，續得碧筠齋本、日新堂本、即空觀本、徐天池本、顧玄緯本五種《西廂記》批點本。碧筠齋本，原名《碧筠齋古本北西廂》，據楊緒容《碧筠齋本：今知最早的〈西廂記〉批點本》，知刻於嘉靖二十二年（1543），被徐渭稱作"真正古本"，被王驥德歸入"前元舊文"。②日新堂本，即萬曆間日新堂刻本，凌濛初本《西廂記舊目》載有日新堂本目録：第一本，《焚香拜月》；第二本，《冰弦寫恨》；第三本，《詩句傳情》；第四本，《雨雲幽會》；第五本，《天賜團圓》。即空觀本，即天啓間凌濛初校刻本，此本在體例、校注、批評等方面都有自己的特色，在《西廂記》諸版本中占有重要的位置，詳參黃季鴻《明清〈西廂記〉研究》附録《論

① 黃季鴻：《明清〈西廂記〉研究》，東北師范大學出版社 2006 年版，第 171—177 頁。
② 楊緒容：《碧筠齋本：今知最早的〈西廂記〉批點本》，《文獻》2018 年第 2 期，第 3 頁。

凌濛初刻本〈西廂記〉"。①徐天池本,即徐渭虛受齋《重刻訂正元本批點畫意北西廂》評點本。顧玄緯本,即萬曆間顧玄緯《增補會真記雜録》本。文中又及"較之碧筠諸本刻于嘉靖以後者,頗爲可信",指碧筠齋本、日新堂本、即空觀本、徐天池本、顧玄緯本均刻於嘉靖以後,毛奇齡認爲沒有"蘭溪方記室家"的"元至正舊本"可信。文中又及"既後則驟得善本于蘭溪方記室家……稱爲'元至正舊本',而重授刊于初明永樂之一十三年",指毛奇齡續得元至正年間初刻、永樂十三年重刊本《西廂記》於蘭溪方記室家。方記室,生平不詳。文中又及"復以避人故,假居山陰白魚潭,乃始與張氏兄弟約爲論列。出篋所實本,并友人所藏王伯良本并他本,竟以蘭溪本爲準,矢不更一字,寧爲曲解,定無參易。凡論一折,限一畫,凡二十二畫",指康熙七年,毛奇齡避居山陰白魚潭,與張杉、張梧兄弟相約論釋《西廂記》,以蘭溪方記室家藏本爲準,參以王驥德(字伯良)《較註古本西廂記》及他本,共二十二折。文中又及"已而之吳,寓邵明府署,又凡二十畫,合四十二畫",指康熙十四年,毛奇齡客吳縣知縣邵懷棠署,論釋《西廂記》,成二十折。合之前所論釋之二十二折,共四十二折。可見毛奇齡論釋《西廂記》,自康熙五年搜輯各本及十五年刻成,前後歷時十一年。

　　此文記述了毛奇齡論釋《西廂記》創作緣起與成書過程,重點在於強調對《西廂記》各種版本的搜討、比較和鑒別,以及創作此書的目的。毛奇齡"少善詞賦,兼工度曲",從序中可以看出,他不滿意以王驥德爲代表的《西廂記》校注本的拘謹淺陋和以金聖嘆爲代表的《西廂記》批點本的刪改竄易,從文獻考據的角度出發,採用校注和參釋相結合的方式,探求院本《西廂記》的本來面目。

　　此文未署年月,卷首吳興祚序云:"今南曲興而北音衰,院本雜劇又亡矣。舊傳院本祇《西廂記》耳,雖不能歌,猶幸宮譜未滅……而今則僞本盛行,竄易任意,朱紫混列,淄繩莫辨。宜西河之奮而起,起而爲之論也。顧西河善音律,嘗欲考定樂章,編輯宮徵而蹉跎,有待洪鐘之響發于寸莛,豈其志與!……然欲如《西廂》之經文緯質,出風入雅,粹然一歸于美善,仍亦罕有。蓋一代之文所傳有幾,而今俗人以竄易亡之,可乎? 世有以《西廂》爲艷曲者,吾不得知。若以謂才子之書唯才子能解之,則世不乏才,毋亦慎爲其真者而已矣。時康熙丙辰仲春,延陵興祚伯成氏清泉主人題。"②"康熙丙辰仲春"即康熙十五年二月,書當刻成於此年,此文亦當作於是年。

---

① 黃季鴻:《明清〈西廂記〉研究》,第192—206頁。
② (清)毛甡:《毛西河論定西廂記》卷首,清康熙十五年浙江學者堂刊本。

題鶯像（康熙十五年）

鶯像前不可考。宋畫苑陳居中爲《唐崔麗人圖》，則始事也。然詳其圖跋，大抵泰和中，有趙愚軒者，宦經蒲東，得崔氏遺照于蒲之僧舍，因購摹之，則居中實摹舊者。其後陶九成又得居中畫于臨安，而趙待制雖倩禾中畫師盛懋重臨，即今所傳刻本耳。若明唐六如改爲之像，見吳趨坊本《西廂》。而近年吾越陳老蓮又改爲之，則皆非舊矣。

予《論西廂》成，客有攜居中刻畫强予臨此。予曰："花鮮成艷，蝶無定影。取滕王所圖爲東園之蝶，得楊子華所爲畫以當謝監堦前之藥，亦何不可？"特尤物難擬，每趣愈下，予恐今兹所傳，欲比之"爲郎憔悴"之後，而猶未得焉。僧開跋。

【按】文見毛甡《兼本雜録》卷十一，毛甡《毛西河論定西廂記》卷末重臨陳居中摹本《崔孃遺照》後亦載，小異數字。《崔孃遺照》末毛奇齡跋署"丙辰上巳，齊于氏跋"[1]，丙辰即康熙十五年（1676），知此文作於康熙十五年三月三日。

夏文彥《圖繪寶鑒》卷四："陳居中，嘉泰年畫院待詔，專工人物、蕃馬，布景著色，可亞黄宗道。"[2]"陶九成"即陶宗儀。陶宗儀《南村輟耕録》詳述其事云："余向在武林日，於一友人處見陳居中所畫《唐崔麗人圖》，其上有題云：'並燕鶯爲字，聯徽氏姓崔。非煙宜采畫，秀玉勝江梅。薄命千年恨，芳心一寸灰。西廂舊紅樹，曾與月徘徊。余丁卯春三月，銜命陝右，道出于蒲東普救之僧舍，所謂西廂者，有唐麗人崔氏女遺照在焉。因命畫師陳居中繪模真像，意非登徒子之用心，迨將勉情鍾始終之戒。仍拾四十言，使好事者知百勞之歌以記云。泰和丁卯林鍾吉日，十洲種玉大誌宜之題。延祐庚申春二月，余傳命至東平，顧市鬻《雙鷹圖》，觀久之，弗見主人而歸。夜宿府治西軒，夢一麗人，綃裳玉質，逡巡而前曰："君玩《雙鷹圖》，雖佳，非君几席間物。妾流落久矣，有雙鷹名冠古今，願託君爲重。"覺而怪之，未卜其何祥。遲明欲行，忽主人攜鷹圖來，且四軸，余意麗人雙鷹符此數耳。繼出一小軸，乃夢所見，有詩四十字，跋語九十八，識曰"泰和丁

---

① （清）毛甡：《毛西河論定西廂記》卷末，清康熙十五年浙江學者堂刊本。

② （元末明初）夏文彥：《圖繪寶鑒》，元至正刻本。

卯,出蒲東普救僧舍,繪唐崔氏鶯鶯真,十洲種玉大誌宜之題"。畫、詩、書,皆絕神品也,余驚詫良久。時有司群官吏環視,應縮不回,託以跋語佳勝贖之,吁,物理相感,果何如耶!豈法書名畫自有靈耶?抑名不朽者隨神耶?遇合有定数耶?余嘗謂《關雎》《碩人》姿德兼備,君子之配也;琴心雪句,才艷聯芳,文士之偶也。自詩書道廢,丈夫弗學,況女流乎?故近世非無秀色,往往脂粉腥穢,鴉鳳莫辨。求其仿佛,待月章之萬一,絕代無聞焉,此亦慨世降之一端也。因歸于我,義弗辭已。宜之者,蓋前金趙愚軒之字,曾爲鞏西簿。遺山謂泰和有詩名,五言平淡,他人未易造,信然。泰和丁卯,迨今百十四年云。其月三日,壁水見士思容題。'右共五百九字,雖不知壁水見士爲何如人,然二君之風韻可想見矣。因俾嘉禾繪工盛懋臨寫一軸,適舅氏趙公待制離見而愛之,就爲錄文於上。按,唐元微之傳奇鶯鶯事,以爲張生寓蒲之普救寺,適有崔氏孀婦亦止兹寺。崔氏婦,鄭氏也。生出於鄭,視鄭則異派之從母。因丁文雅軍擾掠蒲人,鄭惶駭不知所措。生與將之黨善,請吏護之,不及於難。鄭厚生德,謂曰:'姨之弱子幼女,當以仁兄之禮奉承。'命鶯鶯出拜,顏色艷異,光輝動人。生問其年紀。鄭曰:'十七歲矣。'生自是惓之,私禮鶯鶯之侍婢紅娘,間道其衷。既而詩章往復,遂酬所願。中間離合多故,然不能終諧伉儷。説者以爲生即張子野。宋王性之著《傳奇辨正》,按微之作《姨母鄭氏墓銘》云:'其既喪夫,遭軍乱,微之爲保護其家。'又作《陸氏誌》云:'余外祖睦州刺史鄭濟。'白樂天作微之母鄭氏誌,亦言'鄭濟女'。而唐《崔氏譜》:'永寧尉鵬,娶鄭濟女。'則鶯鶯者,乃崔鵬之女,於微之爲中表。傳奇言'生年二十二',樂天作《微之墓誌》,以'大和五年薨,年五十三',即當以大曆十四年己未生,至貞元庚辰,正二十二歲。凡此数端,決爲微之無疑,特託他姓以避就耳。事具《侯鯖録》中。"①陶氏所述與毛奇齡跋語所記相符。

　　文中所及"若明唐六如改爲之像,見吳趨坊本《西廂》。而近年吾越陳老蓮又改爲之",指明代唐寅、清初陳洪綬畫崔鶯鶯像事,詳參蔣星煜《明刊西廂記插圖與作者考録》②。文中又及"予《論西廂》成,客有攜居中刻畫强予臨此",指康熙十五年(1676)春,《論定西廂記》成書,友人攜陳居中所畫崔鶯鶯像請毛奇齡臨摹,毛奇齡遂臨摹崔像並作跋語。

---

① (元末明初)陶宗儀:《南村輟耕録》卷十七,載徐永明、楊光輝整理《陶宗儀集》,浙江人民出版社 2014 年版,第 481—483 頁。
② 蔣星煜:《〈西廂記〉的文獻學研究》,上海古籍出版社 1997 年版,第 565 頁。

《朱道人播痘禁方》緣起（康熙十五年）

古方書無治痘法。《黄·素》以下，自鴻術、醫緩、程高、淳于意輩，善爲知物，有治按可考驗者，皆不及痘。近瘍醫家率以意醫，竊臆諸陰陽水火互相抵攻，號爲專門，究之已在死法中，必不能生，生者反聽之死，名爲治之，實任之矣。家嬰甾于痘久矣。曾游淮陰，漕使君林君、司法俞君各以甾嬰迎瑞州朱道人播神痘法。其法以瘡苗少許薰衣炙被，或布吁噏，用氣道氣，發之有神，因名"神痘"。林君昔曾著《痘經》三卷，闢近代瘍醫家，既已鏤板行世。見道人法，悉剗所鏤板，榜示淮服十一邑暨維揚上下，使各迎播，全活者不啻十萬。時予謁道人，勾其術，道人奇予，許之，凡三至，而語以祕。淮陰薦紳學士勾者若干人，不得也。既而予挾其術歷游梁、宋、楚、豫間，不敢試。越五年，俞君薦道人于朝，凡掖庭内外、諸親王大臣以下，悉試其術，報驗，稱爲"朱仙"。

今朱仙死三年矣。東南行其法者，多竊取遺意，未經指授，雖稍效，予懼其未盡，思以驗之。適姜生公望從都門來，亦親受道人法，與証之，大喜，特恐世之未能信也。夫世之未信者，亦親見布之有效，而惟慮百效之中，或失其一，是故猶豫。而吾以爲百效而百不失者，何也？夫痘之所發，雖兆胚胎，然因之者，五府也。五府有偏沴，而痘實因之。因肝、腎者，十不一生；因心、脾、肺者，百不一死。夫人而知之矣。今播之者，亦惟心與脾與肺之是因焉耳。曾有痘因于心與脾、肺，而猶謂有一失者乎？即或所受有淺深，所發有疏隙，要其禁方自在也。故神痘始楚。楚有夢神持誥者，亟謂之云："上帝授敕，經無五花，汝知之乎？"時不能解，疑爲制舉，有變經也。及湖劉道人以播痘，至有云"世之爲痘，出自五經；吾之爲痘，出自三經"，然後解之。"花"者，痘也；"三經"，心、脾、肺也；"無五花"，無死法也。且《周禮》不云乎："醫師，掌醫之政令，歲終稽事，十全爲上，十失一次之，十失四爲下。"今自行之痘，其爲十四者幸矣。播痘百全，即或失一，較之醫政，猶然在十全以上。其宜尊信，尚當百倍于今之瘍醫，況萬無一失乎？若謂播之將復行，則尤非也。夫播痘，痘也。使播痘而非痘也耶，則復行宜也；播痘而痘，則痘不二行矣。三古無痘症，漢始有之，然發不至再。相傳漢武時樓船將軍征西南夷，故流中國。或曰：建武中，伏波南征，染之入。"漢武"者，"建武"之誤也。然惟漢後入中國耳，今朔方無此，此可驗矣。信然，則痘以氣接，彼薰此染，因之流行，故用氣道氣，薰染之，理也。染之復有染，非理也。夫自行之痘，氣也；神行之痘,亦氣也。同一氣也,自行祇一氣,而謂神行有二氣,可乎？然而播痘,理也,而必籍(藉)神以行者,則又何與？

《禮》曰："竈者,老婦之祭也。"今之播痘者,基之萬曆己丑,有楚彭節婦虔事竈神三年,遂有客至家,問其所爲,則治痘者也。婦款之謹,客類巫覡,傳以誑辭,夜夢天姥者授祕訣,及覺而客遺影去,孤賴之存,自此遞傳以爲常。湖有劉文宇道人,能張其教,行楚邵陽、祁陽間。江右吉安進士劉君故游楚,奇之,遂躬迎至吉。有太常朱君、太僕曾君發帑申請,首挈其子于上城率衆禱祀,彌五旬,全活萬餘。今所受法,以是矣。太常有言"天姥有神禱之,繁者踈,險者平",蓋神道亦固有然者。古者疾不廢禱。況法有攸始,先痘之祭,抑亦先竈、先嗇之遺意也夫？

【按】文見毛甡《兼本雜録》卷十一,乃毛奇齡爲朱兹受《播痘禁方》所作序。"朱道人",從文中知爲江西"瑞州"人。另據毛奇齡《坡山朱氏族譜序》："朱兹受先生客游淮陰,往以種嬰男秘痘得禁方書,自漕部使下及于令丞,皆迎而師之,且將赴内廷親王、諸大臣召。而予以家嬰之厄于痘而思救之也,謂先生以秘術生天下嬰,當蕃其族姓,以饗其報。而先生坡山宗也,出《坡山族譜》,屬予爲敘。"①與文中"曾游淮陰……時予謁道人,匄其術,道人奇予,許之,凡三至,而語以祕"語合,知朱道人名或字爲兹受。毛奇齡康熙二三年間流亡淮安,交朱兹受,得其所傳《播痘禁方》,並爲其族譜作序。《播痘禁方》未見文獻記載,據書名,知是治痘的醫方。"漕使君林君"即林起龍,字北海,順天大興人。順治二年中舉,三年聯捷成進士。康熙元年至五年任漕運總督。"司法俞君",未詳何人。"姜生公望",亦未詳何人。

文中所及"今朱仙死三年矣",知此文作於朱兹受卒後三年。此文排在《兼本雜録》卷十一《論定西廂記緣起》後,當作於其後。據上文考證,《論定西廂記緣起》作於康熙十五年,而《兼本雜録》刻成於康熙十七年春,康熙十六年毛奇齡客上海知縣任辰旦署,則此文當作於康熙十五年(1676),姑繫於此。

與某書(約康熙十五年)

去冬諸凡簡褻,殊切弗安,蓬使遠來,乃蒙齒及,益增顏甲矣。所幸于歲暮時疊奉兩院暨各憲行文注銷,已牌不銷訖,產業交算,不妨憑中公議,所謂

① (清)毛奇齡:《西河合集·序四》,清康熙五十九年刻本。

親者無失其爲親也,何必多此一番嫌釁乎? 未審高明以爲然否。甡以公事滯跡武林,聞尊駕辱臨,地主故避,如何如何! 惟台照盛儀屢頒,受之滋愧。因將命者諄切言之,勉登字爵,醉心之感,何日忘之也? 冗中佈復,不盡神依。愚兄甡頓首。

【按】文見故宮博物院書畫部藏“毛奇齡札”(新 00152038-20/45)。此札所寄之人不詳。據文末“愚兄甡”,約作於康熙十五年(1676)。

題贈對聯(約康熙十五年)

名閥紹姬封功德,遠垂千載後。
宗宮環聖澤衣冠,長聚一堂間。(西河毛奇齡題並書)

又

畿內舊王官,自中牟分派,已閱數朝。所藉祖功宗德,肇造明禋,水木本源延世享。

殿前都侍御,由南渡來遷,更踰十世。猶有孝子順孫,重新椽桷,春秋霜露繫人思。(西河毛奇齡題,水亭陸生濂書)

【按】文見單世基等續修《蕭山單氏家譜》卷十六“祠宇”。單世基等續修《蕭山單氏家譜》卷十六:“吾族自立廟以來,先世考定禮儀,一切已爲詳備。春秋霜露,足展孝思,歷循弗失。廟計正屋五間,照廳五間,廚房一間,而內藏神位之室,懂中三間,所謂‘大夫三’之意也,創自康熙丙辰。”①知康熙十五年丙辰(1676),蕭山單氏新修家廟,毛奇齡爲其家廟題對聯。毛奇齡與單隆周同里同學,並稱“神童”,毛奇齡《雪園集序》云:“予與昌其比鄰居,兒時同學於塾師沈四先生之門。”②兩副對聯當是毛奇齡應單隆周所請而作。

齊相叔牙公像贊(約康熙十五年)

春秋之際,聲名奕奕。爲國薦賢,匡扶社稷。事桓之廷,鞠躬盡職。百

---

① 單世基等續修:《蕭山單氏家譜》卷十六,民國十一年燕詒堂續修木活字本。
② (清)毛奇齡:《西河合集·序二十五》,清康熙五十九年刻本。

世之下，懷君之德。後學毛姓拜撰。

【按】文見鮑憲陶等續修《蕭山長潭鮑氏宗譜》卷三。"齊相叔牙公"即鮑叔牙（約公元前723—前644年），安徽潁上人。春秋時期齊國賢大夫，輔佐公子小白。以知人善任聞名於世，曾向齊桓公舉薦管仲爲相。爲政重教化，竭力輔佐齊桓公成就霸業。

鮑憲陶等續修《蕭山長潭鮑氏宗譜》卷首《鮑氏四修宗譜序》："舊譜已失，始於乾隆三十五年瑾瑜公創立新譜，嗣於嘉慶十二年喆嗣式陶公繼志再修，又於道光二十三年間，其族長法等三修之。"[1]知鮑氏清初所修舊譜已失，不可考。

文末署"毛姓"，知此文約作於康熙十五年（1676）。毛奇齡名、字、號甚多，其順治十一年所刻《越郡詩選》署名"毛奇齡"，順治十五春成書的《天問補注》署名"僧開"，知順治年間毛奇齡未用"毛姓"爲名。而其刻於康熙三年的《當樓集》，刻於康熙六年的《瀬中集》，刻於康熙十五年的《毛西河論定西廂記》、刻於康熙十七年的《兼本雜録》，皆署名"毛姓"，可知毛姓是毛奇齡康熙初年至十六年間所用名。而康熙十七年毛奇齡應博學鴻儒科試，即以原名奇齡應徵，康熙二十三年所刻《康熙甲子史館新刊古今通韻》卷端署"毛奇齡"，可爲證，後著書皆署原名奇齡。據拙著《毛奇齡年譜》，康熙元年至十二年，毛奇齡逃亡在外，十三年到十四年，輾轉無錫、汝南、蘇州等地，十五年，奔波稍息，暫還蕭山。十六年到十七年，客上海知縣任辰旦署。蓋康熙十五年（1676）毛奇齡暫返蕭山時，蕭山鮑氏重修宗譜，倩毛奇齡爲其遠祖鮑叔牙像作贊。

思親堂記（康熙十六年）

嘗讀《蓼莪》《南陔》諸詩，而知古孝子之思親也至矣。予友玉環劉君欣慕遺風，終身以父母爲念，因名其堂曰"思親"，囑余作文以記之。余不揣固陋，據事直陳。按其先世，溯厥淵源，出自唐堯之後。傳至明初，謙益公筮仕爲鹽課提舉司，奉命至浙，愛蕭邑山川之秀、風俗之淳，遂卜居於城南之犁頭金。子孫繁衍，耕讀傳家，瓜瓞綿綿，方興未艾。玉環身列成均，彬彬儒雅，不失爲一鄉之善士。當其優游桑梓，有耕鑿之娛，無饑寒之慮。推其所自，

---

[1] 鮑憲陶等續修：《蕭山長潭鮑氏宗譜》卷首《鮑氏四修宗譜序》，民國六年承啓堂木活字本。

實因祖、父積德所致,此"思親堂"所由作也。

今夫世之爲人子者,少則慕親,長則遞變,誰克終身慕父母乎?玉環嘗謂余曰:"受人推解,尚未敢忘,況親恩罔極者哉?然吾之事親,雖欲立身行道,裕後光前,特有志未逮,奈何?"余繹其言而嘆美之,因樂爲是記,令後嗣子孫覩斯堂即想見其爲人,有能率祖攸行者,何莫非玉環之彝訓也乎?時康熙十六年歲次丁巳暮春之吉,翰林院博士、年家眷弟毛奇齡頓首拜撰。

【按】文見劉瑞高等續修《蕭山崇化劉氏宗譜》卷一。文中所及"予友玉環劉君"指劉有奇(1624—1687),據劉瑞高等續修《蕭山崇化劉氏宗譜》卷五"行傳":"(第十世)有奇,字玉寰,行梧十七。國學生。生天啓甲子四月廿五日丑時,卒康熙丁卯七月初二日未時。配姚氏,生天啓乙丑四月廿五日子時,卒康熙己巳七月初七日午時,合葬賀家園。"[1]文中所及"謙益公"即劉恭(1367—1436),同書卷五"行傳":"(第一世)恭,字謙益,行青三。任鹽課提舉司。居蕭山犛頭金,爲第一世始祖。生元至正丁未三月初一日午時,卒明宣德乙卯十二月初七日申時。"[2]與文中"傳至明初,謙益公筮仕爲鹽課提舉司,奉命至浙,愛蕭邑山川之秀、風俗之淳,遂卜居於城南之犛頭金"語合。

文末署"康熙十六年歲次丁巳暮春之吉",知此文作於康熙十六年丁巳(1677)。但毛奇齡參加博學鴻儒科試在康熙十八年己未(1679)春,此"翰林院博士"署名當屬後來修譜時所加。

《嫽城陸生三絃譜》記(康熙十六年)

予游邗關,飲祁兵憲寓亭,座客援三絃而彈,其聲動心,詢之,則嫽城陸生也。當是時,吳門有徐生者,以南曲擅于人,與陸齊名。三絃故北曲,人嘗稱之曰"南徐北陸"云。或曰:陸生絃索雖有名,然知之者少。幼嘗學吳絃於吳門范生崑白,盡得其技,已而盡棄不用,以爲三絃者北音,自金、元以降,曲分北、南,今即北音浸蔑矣,然而三絃猶飆羊耳。然而自吳人歌之,而祇爲南曲之出調之半。吾將返於北,使撩掭之曼引而離迤者盡歸激決。故其爲學,嘗有忤於今之爲三絃者,而今之爲三絃者非之。生嘗譜金詞"董解元曲",又自譜所爲《兩鴿姻緣》新曲,變其故宮,獨爲刺蹙偪剝之音,名"幽州吟",駴然

① 劉瑞高等續修:《蕭山崇化劉氏宗譜》卷五,民國壬戌年德馨堂木活字本。
② 劉瑞高等續修:《蕭山崇化劉氏宗譜》卷五,民國壬戌年德馨堂木活字本。

於人。然其時故有知者。初宜興相公請與游，累致千金散去。後涿州相公、吳橋相公皆前後相善，每稱"陸先生"。陸先生終自以不知於時，嘗著《三絃譜》，欲傳後，而其書或見或没。

予嘗聞其說：以爲自古有六宮而無九宮，有十二調而無十一調。六宮者，黃鐘、泰簇諸律是也。陽律合陰律而得十二，然統名爲"六"，故《譜》傳仙吕、中吕、南吕、黃鐘、正宫、道宫爲六宮，而道宫已闕。今取金詞"董解元曲"有"道宫"名者，爲之輯補，而以黃鐘宫爲黃鐘、大吕，時屬子、丑；仙吕宫爲泰簇、夾鐘，時屬寅、卯；中吕宫爲姑洗、中吕，時屬辰、巳；道宫爲蕤賓、林鐘，時屬午、未；南吕宫爲夷則、南吕，時屬申、酉；正宫爲無射、應鐘，時屬戌、亥。若十二調，則不特元詞所存合六宮共爲十二者，半屬殘闕，即相傳軒轅造律，創爲一十有一之說，亦并非是。今第從元後所傳，若所稱"雙調"，宫調、商調當隸宫音角調，商角調當隸商音大石調，小石調當隸角音高平調，般涉調當隸徵音越調，歇指調當隸羽音，且復增一調，名"抉調"，當宫、徵之半，而引他詞之有名者實之。

《譜》凡若干卷，卷若干章，章若干曲。又雜定五音高下清濁之次爲按歌之法：宫音圓滿春宏，動靜融徹；商音端雅清勁，吁納皦潔；角音駿發鮮妍，前後搖曳；徵音乾禿尖拗，遠近散越；羽音損濕斷續，長短沈咽。金、木、水、火、土，倚五音而相生；脣、舌、牙、齒、脣（喉），隨五行而成節。故音不正則韻不清，韻不清則調不叶，調不叶則筦絃不入。古歌之最上者唱神，中唱律，下者唱聲。神有悲歡合離，律有宫調正變，聲有開閉出入。故其入神也，分宫則欲其正，入調則欲其清，發音中充，出字外激，轉使其穩，收使其平，韻分句讀，交卸和淶，拍按馳奏，頓放狎烈，其用揹無跡，而換調有情，是謂"入神"。故絲肉相接，而彈滾分掃，轉喉下指，本立道生，可通神明，此非藝事之偶然也。

至其分別一十九韻之微，則以"東""鐘""江""陽"爲木，其位在東；"先""天""蕭""豪"爲炁，位在東北；"支""思""齊""微"爲火，其位在南；"歌""戈""家""麻"爲羅，位在東南；"魚""模"爲土，位在中央之陽；"車""遮"爲計，位在中央之陰；"皆""來""真""文"爲金，其位在西；"庚""青""尤""侯"，位在西北，然而無麗者。《洪範》五行云金無定位，寄生於土，故金星獨無餘者。人之不足於金也，惟天亦然。"寒""山""桓""歡"爲水，其位在北；"侵""尋""監""咸""廉""纖"爲孛，位在西南。乃於十九韻之中先分別九韻本聲，出音定法，如"齊""微"之音"衣"，"歌""戈"之音"阿"，"魚""模"之音"於""烏"，此音之有字者也；"支""思"之斥齒，"庚""青"之穿鼻，"車""遮"之揭舌，"家""麻"之展輔，"真""文"之舐齶，"侵""尋"之闔脣，此音之無字者也。而以其餘十韻爲淺深歸音之數，如"東""鐘""江""陽"爲"庚""青"之歸，"皆""來"爲"齊""微"之歸，"桓""歡""寒""山""先""天"爲"真""文"之歸，"蕭""豪"爲"歌""戈"之歸，"尤""侯"爲"魚""模"之歸，"監""咸""廉""纖"爲"侵""尋"之歸，而淺深分於其間焉。且更定《中原音韻》，增其義類之未備者，改其翻切音注之訛謬者，別爲書若干卷。

乃又較字韻反等之法，從三十六母中分析由繹，剖其母音，而準以字韻，凡次清次濁及伸脣縮脣、平牙平齒、齒尖齒根、舌穎舌笨、上舌下舌、深喉淺喉、半徵半商之屬，悉加釐析。而又以"孃"與"泥"複，"分"與"非"複，"照"與"知"複，"穿"與"徹"複，"牀"與"澄"複，"喻"與"疑"複，遂於三十六母之中删去六母，而其法始定。至若考覈絃靴，根本株橛，則知三絃十八音即六宮十二調之餘義也。"老"爲天絃，其音有四；"披"爲地絃，其音有十；"中"爲人絃，音數同天。緊人絃爲陰中之陽，寬人絃爲陽中之陰，故凡絲之數，成於三而終於六。故《譜》三彈一拍，以至六彈一拍者，分掃各應，句讀節奏，非徒爲也。故《技録》有張女四絃、蜀國四絃，唐樂有趙璧五絃，皆以類相增，漸遠古義。故嘗製三絃之法，有分音帶節、飛掛簪搵，總訣曰："三陰三陽，旋相爲宮。尋宮訪調，清濁自通。絲度影響，肉倩靈空。變無有盡，化有無窮。"其説如此。

後清師入吳，遯於三江之間者若干年。世祖皇帝聞生名，御書紅紙曰："召清客陸君暘來。"既入，御便殿，賜坐令彈。生乃彈元詞《龍虎風雲會》曲，稱旨，賜之金。會松江提督馬君以鯀首下獄，人不敢問。馬故善生，生任俠，直入獄具餉。臺臣聞者乃大駭，各起謀劾生。華亭張法曹急告之，生怳恍曰："吾何難，仍遯之三江間耶！至尊若問我，道我病死。"言畢遂行。後上果問及，如其言，上爲嘆息。當是時，陸生名藉甚。生本名曜，字君暘，至是，以召君暘故，遂用字行，凡長安門刺、往來奏記，皆得直書"陸君暘"，以爲榮云。

後復不得志，嘗過上海，上海名家子張均渌慕其技，生亦獨奇均渌，謂均渌知己，盡授其技，作《傳絃序》一篇。然均渌年與生等，既傳其技，人之知與不知者半生死，均渌亦頹然老。予過上海，與均渌飲，嘗惜均渌技未有傳後，而均渌亦惟恐其技之或蔑没，因索爲《譜記》，以志其概。

其餘亦有得生授者，皆不及均渌。予赴張中憲弘軒褉集，聽婺源楊生彈，疑其有異。傍一女妓謂予曰："此故王稚卿弟子也。吳中有三王生絃索，稚卿其一。後師陸生君暘，頗有所授。"然以視座客，客無稱焉。其後有雲先生。雲先生者，盲女，有色。時妓之以盲擅名者，長洲顧桂、上海雲先生，皆以能三絃著聲於人。雲先生聞予至，願得一見予，奏其技，主於朱貢士服萬家，邀予。自辰迄申，座客張中翰以遲久舍去，遇予於途，語之，予始馳赴，而雲先生不即出,曰:"適攜絃子歸,今取去矣。取至,整容而前。"雲先生年三十,長於顧桂,然其絃索則大略相似,獨一曲有異。予曰:"此曲何人授耶?"曰:"陸先生也。"生嘗來雲間,值雲先生少艾,愛之,爲授此曲去。時座客有與予曾聽顧桂彈者,予問:"何似?"曰:"惟是曲不及耳。"夫以陸生所授,而反謂"不及",此陸生之所以終難知也。

【按】文見毛甡《兼本雜録》卷四,毛奇齡《西河文選》卷三、黃承增輯《廣虞初新志》卷三、《清朝野史大觀》卷十一亦載,但毛奇齡《西河文選》卷三、《廣虞初新志》卷三、《清朝野史大觀》卷十一所載脱文甚多,自"而其書或見或没"至"其説如此",全脱。另有異文數處。

陸君暘,本名曜,後以字行,江蘇嘉定人。爲清初三絃高手。清初諸名士聽君暘彈奏,驚嘆其技藝,紛紛以詩詞相贈。宋琬《贈陸君暘》題下注曰:"陸善三絃子,坐客賦詩,便能歌之,真絶技也。"①董俞《春從天上來·贈陸君暘》有"當年禁廷寵召,喜子夜瀛臺,天語崢嶸"句。②陳維崧《湖海樓詩稿》卷四《贈陸君暘》:"先皇全盛十七年,江東琵琶誰第一?嫠城陸生最有名,高手能傳教坊術。……陸生老大更嗚邑,酒間笑著黃皮褶。鴛鴦湖上彈一聲,紅袖青衫盡沾濕。"③錢芳標《湘瑟詞》卷一載《滿江紅·與陸君暘》。④

文中所及"予游邗關,飲祁兵憲寓亭,座客援三絃而彈,其聲動心,詢之,則嫠城陸生也",指順治十二年毛奇齡游揚州,飲祁鴻孫宅,聽陸君暘彈三絃。祁鴻孫(1611—1656),字奕遠,浙江山陰人。彪佳從子,理孫從兄。清軍南下,起兵山陰,與黃宗羲世忠營相結,共同抗清。魯王監國授兵部職方,監江上軍。精音律,曾參閲《南詞新譜》。"初宜興相公請與游,累致千金散去。後涿州相公、吳橋相公皆前後相善",宜興相公指周延儒,涿州相公指馮銓,吳橋相公指范景文,三人前後與陸君暘相善。文中又及"予赴張中憲弘軒褉集",指康熙十六年三月三日,毛奇齡在上海赴張錫懌褉集。張錫懌(1622—1691),字越九,號弘軒,江南上海人。好義,工詩文。順治十二年(1655)進士,官泰安知州。著有《樹滋堂近稿》《嘯閣餘聲》。另文末所及"婺源楊生""雲先生",皆陸君暘三絃傳人。

文中有"予過上海,與均渌飲,嘗惜均渌技未有傳後,而均渌亦惟恐其技之或蓂没,因索爲《譜記》,以志其概",知此文作於康熙十六年(1677)。是年

---

① (清)徐釚:《本事詩》卷八,清乾隆二十二年半松書屋刻本。
② (清)董俞:《玉鳧詞》,載《清名家詞》第三卷,上海書店1982年版,第35頁。
③ (清)陳維崧:《湖海樓詩稿》卷四,清刻本。
④ (清)錢芳標:《湘瑟詞》,清康熙刻本。

毛奇齡客上海，與張均禄飲，張均禄乃陸君暘三絃傳人，索毛奇齡作文記之，毛奇齡因作此文。

《上海朱氏九世圖》記（康熙十六年）

自商臣審象，而漢、唐以後，凡敘功報德，多用繪畫爲惇宗之典。況影堂廟貌，尤爲孝子順孫所不能自已者哉！獨《朱氏九世圖》較有異者。先是，朱氏所傳止《六世圖》，按其所自，有邦憲公者，當世廟之季，索長洲文君五峰畫始祖以下，逮己而七，而甬上沈君嘉則則爲之記。五峰畫人伐罕有，而嘉則與邦憲公俱與予郡徐文長游，今文長集中所稱邦憲、嘉則是也。特五峰所畫，其數有七，而爲世則六，曰靜庵，曰壽梅，曰葵軒，曰玉洲，曰青岡，曰竹谿，曰醉石。竹谿者，青岡之弟，而醉石即邦憲公也。故嘉則題曰“七景”，景固非義。而其後續畫者有顧君侶仙，題曰“七世”，則於統系又不合。蓋朱氏世數顯矣。惟是繪象俾形，總名爲貌，故孫卿曰“貌而不功”。今不貌其貌而貌其字，夫名爲形表，而字又爲名表，貌以字，則表之至矣，然而孝子之用心若有見似如見是者。

乃邦憲公後，其曾孫周望補其王父、伯王父與父嗣醉石後者，凡三圖，命同年生檇李錢君仲芳圖之，曰半石，曰九石，曰廉石。半石者，九石之兄，而己則又遣族人之善繪者爲一圖，曰拜石，凡世三而圖四。先是，嗣醉石後，早有華漕、婁江二圖，即顧君所畫者。蓋醉石多子，華漕與半石、九石皆兄弟行，而婁江、廉石實爲群從，則是圖凡十三，而其爲世者實惟九也。

予忝與周望游，暨來上海，館其家。出十三圖觀之。見有所爲縛廬而辭謼者，靜庵也。有樊圃以梅，而老榦披離，壽梅也。若夫藝葵於軒，雖雜植頗賾，而葵挺然，曰葵軒。嘉則《記》曰：“公已就選人，擬註御史，而有抑之者，不大用，故慷愾植葵，以誌不盡之忠云。”至玉洲者，故授清江市舶司提舉，不之官，而以山水自間，是以所圖一洲，如拭有民居而無市舶，雅似乎公。乃若青岡，則秋林變衰，見崛然一岡，負崖青青，儼然爲御史時坎壈（壇），而昂藏有不可犯之光，猗歟偉哉！於是有緣溪而種竹者，竹溪是也。竹溪，御史介弟，所謂“第五之名，不減驃騎”者也。有石穹然，中臥醉人齁齁然，則爲醉石。夫以公之文章與其意氣，固爲衆醉之獨醒，而顏以“醉石”，嘉則曰“此其寄云”。

乃自是以後，則悉以“石”著，若有感乎醉石之爲人者。繼之者爲九石，九石者，有如九峰。而其兄以水部郎居石之半，巉嵓獨上，旁無倚藉，曰半石。其子亦以水部郎當石之廉，鋒稜岈崿，卒以官死，曰廉石。至於今廉石之子周望，每念公死忠，咨嗟涕洟，故號拜石者，以爲志也。乃拜石以順天名魁領袖群彥者數十年，終就信州司刑，作廉隅繼，可謂能孝。若夫華漕之就隱於花源，婁江之放情於江浦，皆以意象之，而即得焉耳。

夫人居平好古，即偶然卷軸，古筆良墨，致足把翫。加以先人所收拾，則家珍相嬗，自非狂惑，鮮不保護拂拭，以爲世守，又況乎先人之字號所髣髴而傳焉者乎？然則《記》所稱"無形之視，無聲之聽"，真孝思之極，而不可已也。至若世不限九，則自此以往，仍以俟之後之繼之者。乃爲讚，讚曰：

於惟沛國，代踵偉人。居成良士，出爲名臣。肇自洪永，迄啓禎年。列朝登籍，九世以親。方其啓基，文傳麒麟。壽梅之集，久爲世珍。雖繼此者，將冠惠文。不既厥用，老於葵根。況當甫仕，即營洲田。新生舊吏，多半在門。嗣此侍御，都亭埋輪。鄉名宦蹟，國史未湮。公子何爲，自署酒民？雄文罘氣，世莫與倫。有子鳳毛，冬官是尊。孫復繼起，爲司空鄰。今其孫子，刑法肇詢。與時不合，言歸江村。斯圖有竟，禪世未慇。亦曰後來，似此振振。

【按】文見毛甡《兼本雜録》卷四，乃毛奇齡爲上海朱在鎬家藏《九世圖》所作記。據文中"予忝與周望游，暨來上海，館其家"語，知文作於毛奇齡客上海朱在鎬家時。毛奇齡《桂枝香‧即事》序曰："馬丹谷伎席，有小鬟後至，病不能作伎，坐侑間，詢何名，曰：'未也。'弘軒張先生以其氏李，且病中遲至，取'翩何珊珊'之句，贈名'翩來'。同席者各爲詞記之。予與張南士、朱拜石、丁殿生、徐西崖、莫蕙先並作《桂枝香》詞。時康熙十六年二月三日。"[1]毛奇齡《詞話二》："康熙丁巳，上海多游客，馬丹谷廣文伎席……此《桂枝香》調也。時小鬟得詞，歡然謝去。"[2]所述爲同一事，知康熙十六年丁巳(1677)春，毛奇齡客上海，文當作於本年。《(同治)上海縣志》卷二十："朱在鎬，字周望，自號拜石老人。長世子。在鎬，明崇禎十五年舉人，國朝任廣西推官，有賢聲。曾以三千金贈貧友。歸田後，宦橐蕭然，日與曹垂璨、張錫懌輩酬唱。"[3]此外，毛奇齡客上海時，又爲朱在鎬《記年圖》題詩。[4]

朱鶴齡評其文曰："圖例固奇，文更摩畫曲至，使筆墨之間躍躍飛動，真

---

① （清）毛奇齡：《西河合集‧填詞六》，清康熙五十九年刻本。

② （清）毛奇齡：《西河合集‧詞話二》，清康熙五十九年刻本。

③ 《(同治)上海縣志》，清同治十一年刊本。

④ （清）毛奇齡：《西河合集‧五言絕句三》，清康熙五十九年刻本。

寫生作也。"曾燦評其文曰："譜系所屬，不止繪事，故考辯世數，歸本孝思，皆行文地步。至若畫不一時，時不一人，能瞭然目睫，讀退之《畫記》可不見畫，豈非至文？"①

《三絃譜記》詞話（康熙十六年）

予爲鄮城陸君暘作《三絃譜記》，略載君暘所定宮譜諸說，皆屬私臆，但爲一家存其說則可耳，其實不可爲訓。如辯九宮爲六宮、十一調爲十二調，似矣。第古人六宮之說，原非陰律、陽律合而爲六，祇以太簇、姑洗、蕤賓、南呂、應鐘五律不另列調，僅以中管別之。而大呂一律，則又同黃鐘之調，僅以高字別之，故四十八調減而爲二十八宮調，二十八宮調又減而爲二十四宮調。蓋以律之所存，祇得黃鐘、夾鐘、仲呂、林鐘、夷則、無射之六律，而每律之中則又祇得宮、商、角、羽四調，合之爲四六二十四，故云耳。

然則其所爲黃鐘宮者，反不屬黃鐘而屬無射；所爲南呂宮者，反不屬南呂而屬林鐘。今君暘直以黃鐘宮爲黃鐘、大呂，中呂宮爲姑洗、中呂，南呂宮爲夷則、南呂，誤矣。且其所爲"二十四宮調"者，一律之中雖有宮、商、角、羽四調，而宮調與羽調同用，商調與角調同用，實計祇得六宮六調，總名之曰"十二宮調"。金、元之北曲，元、明之南曲，均隸之。而君暘竟於六宮之外復列十一調，且自增一調，名"抉調"。則不特調不宜妄增，即據列十一調中，亦曾知正宮調之別出而名"般涉"，道宮調之別出而名"正平"，南呂調之別出而名"高平"，否耶？故涵虛子《北曲譜》載十七宮調，其間別有宮調、角調、商角調。蔣維忠載陳氏、白氏《南曲九宮十三調譜》，其間有商黃調仙呂，入雙調，俱于六宮六調之外別爲攙入，尚稱不合，豈有任意開列、公然增損如是？此何據也？且諸調皆分宮、商、角、羽四聲，而君暘必爲專屬，皆繫（係）偏見。

予郡王伯良稍識聲律，而近則姜子肩吾竟直探原本，晰入絲髮。予嘗擬請授蘊奧，而肩吾頗祕，將以俟之知音者。要之，陸生非其倫也。四十八宮調黃鐘律宮曰正宮，羽曰正宮調，即般涉調，商曰大石調，角曰大石角調。而大呂同之，加高字；太簇又同之，加中管字。范祖生曰："今所用祇正宮大石調，則宮又兼羽，商又兼角，故云止六律、六宮、六調。餘律倣此。"夾鐘律宮曰中呂宮，羽曰中呂調，商曰雙調，角曰雙角調。姑洗同之，加中管字。仲呂律宮曰道宮，羽曰道調，即正平調，商曰小石調，角曰小石角調。蕤賓同之，加中管字。林鐘律宮曰

---

① （清）毛甡：《兼本雜録》卷四，清康熙十七年刻本。

南呂宫,羽曰南呂調,即高平調,商曰歇指調,角曰歇指角調。夷則律宫曰仙呂宫,羽曰仙呂調,商曰商調,角曰商角調。南呂同之,加中管字。無射律宫曰黄鐘宫,羽曰黄鐘調,商曰越調,角曰越角調。應鐘同之,加中管字。

【按】文見毛甡《兼本雜録》卷十六"詞話"條末。原無題,據意擬補。文中所及"予爲暳城陸君暘作《三絃譜記》,略載君暘所定宫譜諸説",指毛奇齡爲陸君暘所作《暳城陸生三絃譜記》,内載陸氏宫譜之説,詳參前文。"王伯良"即王驥德,生平詳本書"崔鄭合袝辨"條考證語。"姜子肩吾"即姜兆禎,字行先,浙江會稽人。希轍侄。姜錫桓纂修《姜氏世譜·贈承德郎行先公》:"公諱兆禎,調菴公長子。……所刻《蕴真堂先正小品》,有裨後學。發爲詩古文,才氣横溢。壯歲游京師,康親王慕其品,延課世子。"①錢霍《望舒樓詩集》有《暮秋山中寄姜行先肩吾》②,毛奇齡《西河合集》有《姜肩吾傚金元樂府題詞》③,此"肩吾"當是姜兆禎的號。《蕴真堂先正小品》疑即毛奇齡題詞所言"傚金元樂府"。"范祖生"即范礽,號熊巖,浙江山陰人。順治三年(1646)舉人。初授南康府推官,興復白鹿書院,有惠政。秩滿,遷廣信同知,修茸鵝湖書院。

此文乃毛奇齡爲陸君暘作《三絃譜記》後,旋對陸君暘所定宫譜諸説有所修正,亦作於康熙十六年(1677)。

《白鷹賦》跋(康熙十六年)

魏晉賦物,大抵倣《梁園》諸體,略見大意,全失攄情,通諷美物讚事之旨。待庵以《赭馬》《舞鶴》之遺,兼《鸚鵡》《鷦鷯》之技,倘所稱"遠追舊式,近布流美",非耶? 若其摩寫機警,刻劃盡致,能使"青天片雲""萬里秋毫"之句當之失色,則青蓮、少陵徒以詩句較短長,固有所未逮也。毛奇齡謹跋。

【按】文見任辰旦《介和堂集·白鷹賦》末。《(乾隆)紹興府志》卷五十四:"任辰旦,字千之,蕭山人。……著有《介和堂集》。"④毛奇齡《介和堂詩鈔序》:"及試仕海上,而後于蟠錯之暇而偶一爲之。若所稱'介和堂'者,則

① (民國)姜錫桓纂修:《姜氏世譜》卯集,民國六年刻本
② (清)錢霍:《望舒樓詩集》卷三,清康熙二十一年刻本。
③ (清)毛奇齡:《西河合集·題詞》,清康熙五十九年刻本。
④ 《(乾隆)紹興府志》卷五十四,清乾隆五十七年刊本。

官舍名也。"①知介和堂是任辰旦官上海知縣時的官舍名。《(乾隆)江南通志》卷一百七:"(上海縣知縣)任辰旦,蕭山人,進士,康熙十四年任。"②另據毛奇齡《觀音庵送子記》:"丁巳三月十三日,予過上海。"③"丁巳"即康熙十六年(1677),此年毛奇齡客上海知縣任辰旦幕,跋《白鷹賦》,當在此際。

《纕芷閣遺稿》序(康熙十七年)

余與吳子應辰、何子卓人、吳子征吉、陳子山堂皆以文字受知於非菴夫子。夫子亦不惜傾心下之,余數人益復峻潔自持,絕不以私事走謁公庭,蓋三載如一日也。鳴琴之暇,嘗以詩酒晨夕唱和,劇論今古,興酣時,往往稱述夫人閨訓,幾至嗚咽,不能自勝。

若夫《纕芷閣集》,固向所什襲,不屑為一二俗人道者耳。一夕,忽手是編,囑余數人序跋,并謀得良劂工付梓。豈非以夫人之賢,不以詩詞重?而夫子重夫人之賢,未始不以詩詞見耶?余因持稿以歸,亟呼童子燒燭竟讀,如遙山吐月,如秋水流雲,如煙波泛艇,如蘿薜裁衣類,以淡遠處,使人把玩不盡。微論乍離乍合,或泣或歌,絕似鬚眉男子;搦管濡毫,曲曲寫出,并能舉鬚眉男子之所欲言與不能言者,一經夫人之口與手,無不豁然躍然,婾暢於心。目其才情筆致,擬自班姬、文姬而外,無能與夫人比肩頡頏者。真閨秀之絕技也!

戊午秋,會有博學弘詞之舉,促余赴召,余亦匆匆公車北上,每以不及竣事為憾。若夫黼黻瑤章,裒輯成帙,以垂不朽,則應辰諸君,諒亦與余有仝志云。時康熙戊午歲桂月望日,題於北山草堂,門人毛奇齡大可氏頓首拜撰。

【按】文見左如芬《纕芷閣遺稿》卷首。《清史稿》志一百三十《藝文》四:"《纕芷閣遺稿》一卷,左如芬撰。"《(道光)續修桐城縣志》卷二十一:"《纕芷閣詩稿》一卷,姚室左氏如芬撰。"④左如芬,字信芳,號龍眠女史,安徽桐城人。左光斗孫女,左國林仲女,姚文熊妻。左如芬與姚文熊伉儷情深,隨丈夫學詩。所寫詩歌以描寫婚姻愛情生活為主。纕芷閣為其書齋名,因以名書。

① (清)毛奇齡:《西河合集·序十一》,清康熙五十九年刻本。
② 《(乾隆)江南通志》卷一百七,清文淵閣《四庫全書》本。
③ (清)毛奇齡:《西河合集·碑記四》,清康熙五十九年刻本。
④ 《(道光)續修桐城縣志》卷二十一,清道光七年修十四年刻本。

　　文中所及"余與吳子應辰、何子卓人、吳子征吉、陳子山堂皆以文字受知於非菴夫子",指毛奇齡與吳沐、何倬炎、吳升、陳至言皆以詩文受知於蕭山知縣姚文熊事。"吳子應辰"即吳沐(1635—1698),字應辰,號茗柯,浙江蕭山人。著有《北松吟槀附詞》。"何子卓人"即何倬炎,字卓人,號甫田,浙江蕭山人。之杰仲子。著有《晚香堂詩草》。"吳子征吉"即吳升(1650—1709),字征吉,號幹園,浙江蕭山人。諸生。著有《聽松樓集》。"陳子山堂"即陳至言(1655—?),字青崖,一字德宣,號山堂,浙江蕭山人。康熙三十二年(1693)舉人,三十六年(1697)成進士,選庶吉士,授編修。四十八年(1709),督學河南。工詩,與同鄉張遠齊名。著有《菀青集》。"非菴夫子"即姚文熊(1640—1690),字望侯,號非庵,安徽桐城人。孫槃子。順治十七年(1660)中舉,康熙六年(1667)成進士。初授浙江江山縣知縣。十五年(1676),調蕭山縣知縣。二十二年(1683),遷陝西階州知州。後降調歸。

　　康熙十五年(1676),姚文熊調任蕭山縣知縣,毛奇齡得從之游。康熙十七年秋,毛奇齡應博學鴻儒之召,行將赴都,有詩贈姚文熊,見《介丘吟爲姚明府作》①。二十二年,姚文熊重修蕭山縣儒學文廟,毛奇齡作《重修蕭山縣儒學文廟碑記》,云:"桐城姚侯涖吾蕭有年……蓋十年以來,凡數修矣。今遷官在即,而瀕行之頃,猶不無徘徊而警未雨者,乃首捐月奉,經營載事……予乃於餕奠之後……因爲記其事而復爲之詞。"②

　　文末署"時康熙戊午歲桂月望日","康熙戊午"即康熙十七年,"桂月"即八月。則此文作於康熙十七年(1678)八月。詩題稱"遺稿",知左如芬於康熙十七年已卒,與文中"往往稱述夫人閨訓,幾至嗚咽,不能自勝"語合。《纕芷閣遺稿》卷首除毛奇齡序外,另有徐允定序、左國楝序、姚文熊序。南京圖書館有藏。

《孟次微集》序(康熙十七年)

　　吾郡自文長後,得才子四人,張秀才用賓、駱明府叔夜、姜國子武孫,其一則次微也。用賓死於兵久矣。叔夜兩爲縣,不得志,去。而武孫與次微則但栖遲人間世,兩人皆非盛年,而意氣豪邁。落筆爲文章,動輒萬言,筆不假點綴,脘不停輟,雖馳良駟、跨駿馬,走平原如電,不足以喻其疾也;洪波浩

---

① (清)毛奇齡:《西河合集·七言古詩十三》,清康熙五十九年刻本。
② (清)毛奇齡:《西河合集·碑記九》,清康熙五十九年刻本。

沆，包百川之絡，灌洅澘漐，不足以象其景之長而幅之廣也；微風之起於青蘋之末，颮颭於長荒，迴薄於廣林，縱袪塵裂葉，不足與之爭扐直而課後先也。宋人惟蘇子子瞻能以其技爲策、爲論、爲書記箋奏，當時比之萬斛之泉，隨地澄涌，而皆曲折以成勢。而兩君亦朕。朕則欲不名兩君爲才子，不得矣。文章有定形，亙古不蔑，而習俗圜轉，往往以方幅正變比之髺髻之高低、衣裏之廣狹。以爲嘉、隆後爲詩，不宜爲三唐，宜爲宋、元；王、李後爲文，宜爲唐、宋，不宜爲漢、晉。而近且降唐爲宋，降宋爲明，降明爲明之宋學士、歸太僕兩人，而兩人以前之文章皆不足法。其語起於常熟錢氏，而舉世奉之爲科律，而詩文之道爲之頓衰，是安知天地間亦固有自朕之文，不隨俗圜轉、偕世升降，浩浩潏潏，自足與運會相終始，如吾武孫、次微之爲文者乎？

或曰：武孫、次微爲文皆長於論説，曹植譏建安諸子不能持論，二子則固已過之。假使詘其筆爲敘事、爲記誌、爲方幅有限之作，輒如展吳王舞袖，局脊跼彎，雖長沙、雲夢，猶未足以迴其身，而趁其手足之所以舉也。此如子瞻乏記事之文，人各有短，而吾謂不朕，子瞻小記劄，工于大文。今次微集中，如傳、記、序者，猶在也。第用賓詩文以早死俱不得成，叔夜爲詩勝於文，武孫詩與文皆足上掩古人，非文長可比。而次微舊爲詩，雖已成家，朕未能超今人而上之，而苟其不隨習俗、矯矯獨行于天地之間，有如此文者，而猶謂山陰才子之尚有文長，吾不信矣！康熙戊午十月，西河同學弟毛奇齡撰。

【按】文見孟遠《孟次微集》（華東師范大學圖書館藏）卷首，孟遠《傭菴北游集》（復旦大學圖書館藏）卷首亦載，文小異。孟遠《孟次微集》《傭菴北游集》，各書目中罕載，唯平步青《霞外攟屑》卷四"孟次微監州"條有云："癸酉秋，從坊肆得《傭菴集》一册、《傭菴北游集》一册，版心魚尾，刻'孟次微集'。……可知次微名遠，會稽人。……傭菴抱才不遇，畢生游歷，集中可考者，順治辛丑爲學使谷應泰所識，拔入國子監，客李良棟家。……丁巳，入都。戊午，客廣平張思恭署，秋試被落。"[1]知"傭菴"即孟遠（1629—1693後），字次微，號傭庵，浙江會稽人。稱舜仲子。諸生。少與朱士稚、張宗觀結交，久困場屋。順治十八年（1661），爲學使谷應泰賞識，拔入國子監，後考授州判。著有《傭庵北游集》《孟次微集》。

文中所及"吾郡自文長後，得才子四人，張秀才用賓、駱明府叔夜、姜國子武孫，其一則次微也"，言毛奇齡認爲紹興府自徐渭（字文長）後，有才子四人：張宗觀、駱復旦、姜承烈、孟遠。"張秀才用賓"即張宗觀，一名近道，字用

---

① （清）平步青：《霞外攟屑》卷四，民國六年刻《香雪崦叢書》本。

賓,又字朗屋,浙江山陰人。與朱士稚齊名,二人咸以管、樂自命,時號"山陰二朗"。生平負大志,與魏耕、錢纘曾、陳三島爲莫逆交,聚衆通海上,破家結客。"駱明府叔夜"即駱復旦(1622—1685),字叔夜,一字曼生,浙江諸暨人。順治八年(1651)拔貢生。十二年(1655),授陝西三原縣知縣。康熙三年(1664),調江西崇仁縣知縣。後以逋賦入獄,八年(1669),遇恩詔赦免。著有《桐蔭堂詩鈔》《山雨樓詩鈔》《至樂堂詩鈔》等。"姜國子武孫"即姜承烈(1618—1702),字武孫,號迨庵,浙江餘姚人。康熙二十年(1681)舉人。著有《樂志堂文鈔》。

文末署"康熙戊午十月",知此文作於康熙十七年(1678)十月,時孟遠北闈報罷,毛奇齡適以應鴻博之試至京,因於此時序其集。孟遠與毛奇齡爲同鄉好友,頗有交往。孟遠之京,毛奇齡作《送孟遠之京》詩送行①。孟遠訪友吳下,毛奇齡作《孟遠訪友吳下》詩②。

孟遠《孟次微集》卷首除毛奇齡序外,另有康熙五年姜承烈序、康熙五年謝良琦序、康熙二十一年張彦之序、康熙二十九年胡大定序、康熙三十一年何絜序。《傭庵北游集》多康熙十九年陳僖序。

送邵子湘之登州(康熙十八年)

商風吹蘿裳,朝服青兒裘。有友聞雞號,仗劍之東牟。前行望海水,瀁瀁日夜浮。中有蓬萊山,南下接祖洲。高丘試一登,軮輿波濤流。趙咨東海相,慷慨吾舊游。計日受官俸,幕下如清秋。多君策馬去,珠篋不暗投。第憐神芝生,雜入菰草稠。暇時得過採,移櫂君房舟。歸來獻天子,厥頌雲油油。遂將紀功德,勒石寧海頭。司馬進掌故,發册臨之罘。橫筆埽石閒,顧盼凌九州。

【按】詩見邵長蘅《青門旅稿》卷一《將之登州留別阮亭愚山兩先生冰修其年耦長諸子》後。《清文獻通考》卷二百三十二《經籍考》:"《青門簏稿》十六卷、《青門旅稿》六卷、《青門賸稿》八卷,邵長蘅撰。"③原無題,據意擬補。"邵子湘"即邵長蘅(1637—1704),一名衡,號青門山人,江蘇武進人。諸生。

---

① (清)毛奇齡:《西河合集・五言律詩二》,清康熙五十九年刻本。
② (清)毛奇齡:《西河合集・七言律詩一》,清康熙五十九年刻本。
③ 《清文獻通考》卷二百三十二,清文淵閣《四庫全書》本。

奏銷案起,以逋欠被黜。旋入太學。試得第一,例授州同,入貲即得選,不應,遂淹蹇以終。擅詩文,尤以古文名一時,宋犖以其與侯方域、魏禧爲三大家。嘗與馮景同客江蘇巡撫宋犖幕。工詩,尤致力古文辭。著有《青門簏稿》《青門旅稿》《青門賸稿》,彙爲《邵子湘全集》。

　　毛奇齡與邵長蘅於康熙十四年已結識,此年秋毛奇齡客吳,爲邵長蘅《青門五真圖》題詩①。不久,又爲其《青門文稿》作序,云:"向從《蘭陵文選》中讀邵青門文,嘆其豪上雋永。……今年秋,避人吳市,則遥題其所寄像。所稱《青門五真圖》者,其貌有五,其人蓋可得而見也。既則吕子弦續攜其稿來,曰:'此青門君之文也,盍序之?'"②康熙十八年春,邵長蘅攜其文至京,名動京師。同年五月十七日,毛奇齡等舉博學鴻儒,同授翰林官,邵長蘅聞訊,喜而作詩祝賀諸友。邵長蘅《青門旅稿》卷一《五月十七日喜聞諸公同官翰林賦贈五十韻》序云:"康熙十八年,詔舉博學鴻詞,海内之士應詔集闕下者百餘人。上親試之,得五十人,悉命官翰林,纂修明史,蓋異數也。與余雅故者,施愚山閏章、汪鈍翁琬、秦對巖松齡、錢宫聲中諧、曹峩嵋禾、喬石林萊、李子德因篤、陳其年維崧、毛大可奇齡、朱竹垞彝尊、汪舟次楫、嚴蓀友繩孫、徐勝力嘉炎、潘次耕耒、李渭清澄中、方渭仁象瑛、周雅楫清原暨家戒三遠平。"③同年九月初,邵長蘅自京赴登州,毛奇齡、王士禎、施閏章、陳維崧、陸嘉淑、潘耒等在京好友俱以詩送行,邵長蘅因有詩留别諸友。邵長蘅《青門旅稿》卷首自序:"予自己未春入都,涉秋,東之海上。"④陸嘉淑跋云:"重陽前一日,將送青門友兄之登州。"⑤知邵長蘅自康熙十八年春入都,九月初自京赴登州,毛奇齡詩當作於康熙十八年(1679)九月。

題《武康韓侯德政録》(康熙十八年)

　　聖代康山長,循良越漢京。三年新赤子,十室舊蒼生。隴麥春禽雛,庭松夜鶴鳴。還從簿書暇,堂畔聽琴聲。

　　【按】詩見《(道光)武康縣志》卷二十三《雜志三·藝文補下》。原無題,

①　(清)毛奇齡:《西河合集·五言絶句三》,清康熙五十九年刻本。
②　(清)毛奇齡:《西河合集·序九》,清康熙五十九年刻本。
③　(清)邵長蘅:《青門旅稿》卷一,清康熙三十九年毗陵邵氏青門草堂刻本。
④　(清)邵長蘅:《青門旅稿》卷首,清康熙三十九年毗陵邵氏青門草堂刻本。
⑤　(清)邵長蘅:《青門旅稿》卷末,清康熙三十九年毗陵邵氏青門草堂刻本。

只有"又"字,下署"毛奇齡"。按,此詩前一首乃胡會恩《題武康韓侯德政録》,云:"海岱芳聲舊不群,石渠蘭省播清芬。風高臺閣傳家學,花滿山城待使君。飛蓋三秋車帶雨,褰帷萬井稼同雲。故園咫尺棠陰下,願效吹豳一獻芹。"①"又"字,言承上一首胡會恩詩而來,因據胡會恩詩題而補。

"武康韓侯"指浙江武康縣知縣韓逢庥(1655—1738),字樾依,山東青城人。歷官武康知縣、新寧州知州、灤州知州、直隸定州知州等。《(道光)武康縣志》卷十七:"韓逢庥,號樾依,青城貢生。康熙十六年知縣事,剔蠹除奸,境内蕭然。值歲歉,邑有逋亡者,逢庥出數千金爲之代完。又設法賑濟,存活無算。時崔苻告警,匹馬先驅,擒盜於五龍菴,盡殺乃返。學宮隳圮,捐金修之。復射圃,設義學。邑人紀其美績,爲《德政録》。"②知《德政録》乃武康士民紀知縣韓逢庥政績而作。

《(道光)武康縣志》卷十二:"韓逢庥,字樾依,山東青城縣人。貢生。十六年任,陞新寧知州。"③據同書同卷,康熙二十二年武康知縣爲華文薰。知韓逢庥於康熙十六年至二十二年官武康知縣。詩中有"三年新赤子"句,則此詩當作於康熙十八年(1679)。

《雷琴歌》爲張晴峰水部賦(康熙十九年)

斫木作清角,歲久得四善。置之玉匵間,上有白雲見。水部妙識聲,操縵遵古製。面張越客絲,臟刻大曆字。誰謂琴材良,取之必巇閬。誰謂琴價高,必賣東陽田。蜀桐已千年,郢曲凡數變。有客懷春江,莫鼓白魚嘆。

【按】詩見張衡《聽雲閣雷琴篇》卷一"五言古詩"内。原無題,據意擬補。張衡(1628—1701),字友石,又字義文,號晴峰,河北景州人。順治十八年(1661)進士。康熙六年(1667),授内閣中書舍人。十二年(1673),遷户部浙江司主事。十三年,陞本部山西司員外郎。十五年,監督寶泉局。十六年,陞工部虞衡司郎中。十九年,補工部都水司郎中。二十一年,陞浙江學政。二十七年,補陝西榆林東路道。博貫經史,通曉音律,工詩,精書法。著有《聽雲閣集》《聽雲閣雷琴篇》。

---

① 《(道光)武康縣志》卷二十三,清道光九年刊本。
② 《(道光)武康縣志》卷十七,清道光九年刊本。
③ 《(道光)武康縣志》卷十二,清道光九年刊本。

　　康熙十五年，張衡得唐時雷琴於燕市中，琴面膠漆欲脱，因囑張亮輔修補。張衡自爲詩詠之。其詩云："十載金門容吏隱，一卷南華伴瑤軫。行廚幾日冷晨炊，古懷幽賞還無窘。爲郎白髮將如何，樽前放眼仍高歌。愛客尚能蔬筍供，瓣香篆裊茶煙和。姚家平頭頗解事，囊底金石富文字。恥隨負販走市門，時攜緣綺來蕭寺。五月五日淩晨起，高槐疏藤鬬青紫。呼僮灑埽静垂簾，玉案拂拭如秋水。此琴適來真堂中，倉皇屐折蓬窗底。梅紋蛇蚹連朓胐，宣和養正印宛然。一彈再鼓發逸響，脆冷輕鬆音獨全。急趣奚囊脱相贈，古桐歸我成因緣。金徽半落無顔色，龍齦剥蝕窳且仄。非無焦尾承冰絃，膠漆支離苦縮瑟。吴門有客雅擅能，咄咄欲逼威霄名。許我重整手持去，郢人之斤何縱横。大唐雷氏有記註，隱約乃在偪側處。借非樸斲諦際久，真款祕藏那得遇？吁嗟念爾歷千秋，浩劫茫茫誰復收？護持自是鬼神力，興亡閲盡如浮漚。狂呼欲學怪石拜，摩挲珍重逾琳璆。昔聞半壁開新胐，方杖蝶帖同一棄。我今縣渻將無同，神物寄託良有意。此舉一解從前嘲，還爾元來混沌氣。"①詩後張衡自識云："丙辰，客燕，購得雷氏古琴，修而銘之，一時名流詩盈卷軸。因述得琴之由，俚言續貂，堪發一噱也。景州張衡晴峰稿。"②梁佩蘭《六瑩堂集・二集》卷三《大唐雷氏琴歌》序云："張晴峰水部從燕市上得古琴，斷紋斑然，膠漆解散欲脱。屬吴門張生亮輔修之。開腹見'大唐雷氏斫'五字，驚爲雷琴。遍徵海内諸名士爲詩，請予作歌。"③

　　《聽雲閣雷琴篇》除毛詩外，另有王士禛、王垿、耿願魯、曹國柄、沈旭初、賀宿、葉封、邵延齡、李念慈、白眉、吴雯、曹廣端、魏憲、田需、王又旦、李鴻霔、袁佑、郭棻、何之杰、徐鴻圖、章潤奇、張尹鐸、王澤宏、傅宸、馮爾持、許維楫、龔翰、謝重輝、王岱、李良年、成光、田雯、于覺世、衛既齊、周宏、宋實穎、詹惟聖、金德嘉、王曰高、孫蕙、馮廷櫆、梁佩蘭、佟世南、翁天游、周在浚、顔光猷、查詩繼、莊冏生、王隲、李台鼎、張榕端、陳光綍、陸棻、汪懋麟、黄宗羲、丁澎、毛際可、徐允定、陳至言、金侃、胡爾桂、黄正體、周禹吉、章藻功、何任炎、高鳳翼、陳愚、林堯英、高層雲、趙文煛、張貞、林麟焻、沈荃、宋犖、曹貞吉、顧嗣曾、張烈、尤侗、陳維崧、朱彝尊、袁佑等人的詩、詞、文、賦題咏。張衡將諸人題詠編輯爲《聽雲閣雷琴篇》十卷，卷一至卷七爲各體詩，卷八爲詩餘，卷九爲張衡自撰《雷琴篇》，卷十爲雜文。

　　除此詩外，毛奇齡另有《張水部雷琴記》一文，述其得琴經過云："琴者，

①　(清)張衡：《聽雲閣雷琴篇》卷九，清光緒二十年景州李氏刻本。

②　(清)張衡：《聽雲閣雷琴篇》卷九，清光緒二十年景州李氏刻本。

③　(清)梁佩蘭：《六瑩堂集・二集》卷三，吕永光校點補輯，中山大學出版社1992年版，第171—172頁。

樂器之一也。特琴德甚尊，其器不盡列于樂官。故自三絃至九絃，大樂雖備，而師延拊一絃之琴，京房製十三絃琴以定七均，則但藏内府，而考擊之數不及焉。幼時謁明代諸王于杭州，見潞王北徙，出莊烈皇帝所賜琴，付北使去。其衣琴爛然，有若雷錦，潞王泣指曰：‘是雷琴，故宫人以雷文刺衣，而惜當時之未及啓視之也。’水部張君得琴燕市中，其上暉下準、齦齶長短，悉中古法。池有宣和印，嘗疑爲汴京故物。及膠敗木黢，姑蘇琴工爲析其肌理而窺其中，則鏤款于臟，曰‘大唐雷氏製’，而其下即附以‘宣和養正’之記。然後知水部所得，實唐時雷琴，而宣和之印，則收藏家所爲款也。夫神物顯晦，亦各有數，顧非其人勿歸。水部古情，則古器歸之，風雲之從蟉，抑又何怪？獨是雷氏爲琴時，覓琴材于蜀山松雪之中，經營心苦，而後斲之以成器，而傳之宣和。五六百年間，其中什襲珍重，不知何等，乃或存或殁，迄于今又五六百年。一爲天子之所不能私、諸王之所不能保者，而一爲水部有之。此其遇合，豈細故與？古以琴倚歌，如絃靴然，《虞書》所謂‘搏拊琴瑟以詠’是也。雖學士操縵，不用唱嘆，然皆自爲歌，如舜歌《南風》、仲尼歌《龜山》《猗蘭》，皆無若近代尊師，端坐揮手，但以有聲無字爲絶調者。水部《雷琴詩》已遍人間，浸假取其詩而播之琴，一人長歌，一人揮絃，並如絃靴之倚曲，而有聲有詞，彼此相應，則斯琴有神，焉知不能發古音如堂上器者？則雖謂雷氏琴即樂官琴，亦可也。琴者，樂也。”①此文亦載張衡《聽雲閣集》卷首，作爲序文之一篇。

毛奇齡《張水部雷琴記》以“水部”稱張衡，知作於張衡官工部都水司郎中時。張衡《聽雲閣集》卷首張澧《行狀》云：“庚申，年五十三，假滿，補工部都水司郎中。”②此詩當作於康熙十九年張衡假滿入都補工部都水司郎中時。

寄王丹麓（康熙十九年）

僕應召時，辭疾之久，倉猝就道，便不得過草堂一別。嗣後在都，寓李容齋師宅，容齋日夕話我丹麓不置，祇以足下在艱中，不能薦，且後此薦亦不及，故遂止。不謂翰音之愧，甚于鼓妖，想靜觀人，當笑此等濫冒也。老年無端，遂入軟塵車子，不能遽歸，與故人話舊，可爲浩嘆！

吾鄉藏書家少，然尊齋百城，當亦不歉，有可爲《明史》事藍本者否？邸舍無片紙，而史戒所存，祇《實録》一部耳，他無有矣。傾（頃），但龜分得弘、

① （清）毛奇齡：《西河合集·碑記七》，清康熙五十九年刻本。
② （清）張衡：《聽雲閣雷琴篇》卷首，清光緒二十年景州李氏刻本。

正以前記(紀)傳,尚有舊籍可以稽考;他如嘉、隆以後,愈近愈難,不知高卧名山者何以教我?

近聞著《今世説》,真是妙事,百日不相見,定有新書一部傳于人間,丹麓是也。所詢諸姓氏、爵里,謹一一開覆,其中謬荷齒煩,且愧且感,便鴻藉候,不具不具。

【按】文見王晫《蘭言集》卷二十。"王丹麓"即王晫,生平見本書"贈王丹麓"條考證。文中所及"僕應召時,辭疾之久,倉猝就道,便不得過草堂一别"句,指康熙十七年毛奇齡赴京應博學鴻儒試,未過王晫宅相别。文中又及"嗣後在都,寓李容齋師宅,容齋日夕話我丹麓不置,秖以足下在艱中,不能薦",李容齋即李天馥(1635—1699),字湘北,號容齋,籍隸河南永城,安徽合肥人。順治十四年(1657)舉人,十五年(1658)成進士,改庶吉士,散館,授檢討,遷國子監司業。歷侍講、侍讀學士,充日講起居注官、詹事府少詹事、内閣學士。充經筵講官、户部左侍郎,轉吏部。晉工、刑、兵、吏四部尚書,遷武英殿大學士。著有《容齋千首詩》。毛奇齡入京後,初寓李天馥宅,李天馥多次提及王晫,欲薦舉王晫參加博學鴻儒試,而王晫因父喪在身,不能應舉。文中"吾鄉藏書家少,然尊齋百城,當亦不歉,有可爲《明史》事藍本者否",知毛奇齡應博學鴻儒試後,授官檢討,纂修《明史》,因修史可資底本太少,故寫信向藏書較富的好友王晫求助。"近聞著《今世説》,真是妙事",指王晫開始撰《今世説》事。

毛奇齡與王晫爲浙東同鄉,相識較早,相交頗厚。毛奇齡赴杭州,必過王晫湖墅,見毛奇齡《慶清朝慢·湖墅高會同王丹麓陸蓋思諸公即席》[①]。王晫《峽流詞》《霞舉堂集》成,毛奇齡俱爲作序。毛奇齡《峽流詞序》:"王子丹麓擅掞天之才,華文四發,自著記撰述外,多爲詩歌雅騷。……乃復以餘者溢而爲詞。予受讀之,一何情之厚而辭之綺如是也!"[②]毛奇齡《霞舉堂集序》:"王子木庵自第其所爲集,自辭、賦、記、傳、銘、誄、書、疏,以及雜志、野乘、偶體、諸説,與夫論辨、記述之自爲義者,合三十五卷,名《霞舉堂集》,以屬予序。……予與木庵游約四十年,每歲過湖墅,必詣木庵。……予歸田五年,自視舊文,如三伏之綿,提起輒置,而木庵《霞舉堂集》,軒軒如也,然則傳固有數矣。"[③]

---

① (清)毛奇齡:《西河合集·填詞六》,清康熙五十九年刻本。
② (清)毛奇齡:《西河合集·序六》,清康熙五十九年刻本。
③ (清)毛奇齡:《西河合集·序十六》,清康熙五十九年刻本。

據文中"傾（頃），但齟分得弘、正以前記（紀）傳"，指此札作於毛奇齡初修《明史》時。諸鴻博於康熙十八年入館，十九年始開始修史，故繫於此。

國朝安遠將軍美公像贊（康熙二十二年）

聞之姚少伯，云公之爲將也，忠以立身，仁以撫衆，智以察微，料敵多中。故能弼輔平臺，膚奏其功，渥荷酬庸令典，而晉爵專閫。同邑西河毛奇齡謹識。

【按】文見施世堂等續修《蕭山新田施氏宗譜》第三本"歷朝像贊"内。"國朝安遠將軍美公"即施美，據施世堂等續修《蕭山新田施氏宗譜》第九本"行傳"："（第十二世）美，字公美，又字俊升。順治十八年辛丑科武甲進士，由福建福州營守備歷陞遊擊。容貌魁梧，膂力過人。法令嚴肅，果斷有謀，佐海澄侯施琅、姚少保啓聖征臺灣。康熙二十二年，平定有功，擢任參將，誥封安遠將軍，追封二代。同邑毛西河先生有贊。配諸暨田氏，續王氏，並誥封淑人，合葬十字江口父塋之東。生一子天嗣，早世。繼弟英公子洪祚爲嗣。"①

"姚少伯"即姚啓聖（1624—1683），字熙止，別號憂庵，浙江會稽人，籍於旗。康熙二年（1663）舉人，授廣東香山縣知縣。十三年，耿精忠於閩叛，募健卒數百，赴親王幕下效力，署諸暨知縣。十四年，超擢浙江温處道僉事。十七年，遷福建總督。二十二年，臺灣平，晉尚書，加太子少保。

此文當作於康熙二十二年（1683），施美因隨姚啓聖、施琅平定臺灣有功，誥封安遠將軍，與文中"故能弼輔平臺，膚奏其功，渥荷酬庸令典，而晉爵專閫"語合。

《錦官集》序（康熙二十三年）

渭仁以詩文名於人，所稱《健松齋集》是也。夫"健松齋"者，本誌其先臣遺業傷於風雨，賴是公健在，以示安石有後，能庇其甘棠勿衰之意。而其詩其文亦即因之以嶄絶倫表，予嘗誦其集而嘅焉思之。

---

① （清）施世堂等續修：《蕭山新田施氏宗譜》第九本，清光緒二十六年敦睦堂木活字本。

今幸與渭仁同受筆札，抽文擷史，將以窺其所學，且得進驗其太平丹臆之具，乃渭仁當此，矯矯然若有以自異者。會西南初闢，天子念巴蜀材藪，既幸湔滌，將大興文教，與斯民更始，於是特敕詞臣搜文其地，而渭仁首銜命往。夫爲國升賢，豈非盛事？顧是行則有趑趄不欲前者，蓋萬里之行，古所難也。七盤九隴，望若青天，且習俗相嬗，每以輜車徵逐爲名高，地僻則逢迎不前，民困瘝則王臣覬覦，餼享往來之節，不足以勝任而愉快。是固今之所相顧而避焉者也。渭仁出都時，病怔忡尚未愈，馳驅崇山深箐中五千餘里，荒城古驛，僕馬瘏痡，然且登臨憑弔，題詩滿壁。即撤棘以還，山川名勝，必歌詠以盡其致。

讀《錦官》一集，其襟懷所寄，豈猶然分廳聚草、惇惇自得者所能幾與？古無詞臣親貢士者。郡國解士，門下無車騎之勞，鎖廳寬，然不限以月日，無燈燭促迫、箭檗朴擊之苦，故得與參詳小試官倡和咏嘆，以紀盛美。今則計日就道，晝時竣事，其得爲韻語自娛者何有？而渭仁處之優然，一如其居健松時者。則是公健在，其爲磊砢以節目，固未艾也。

若夫入蜀有二事，俱不足爲渭仁比。宋祁知成都，攜所修唐史以往，夜堂燃燭，必出媵和墨伸紙，而大坐其間，使望者知太守修史以爲榮。渭仁亦方修《明史》，顧不攜之行。張方平在蜀得蘇軾兄弟，不敢自試，必獻之詞臣歐陽修者，而後足以升其人。今渭仁受使，親試之，而親升之。嗟乎，其加於古人何等哉？若其升賢之書，自具別録，兹集勿及也。康熙甲子冬月，西河弟毛奇齡僧開氏拜題。

【按】文見方象瑛《健松齋集》卷二十《錦官集》卷首。《清文獻通考》卷二百三十二《經籍考》："《健松齋集》二十四卷、《續集》十卷，方象瑛撰。"[1]

文中所及"渭仁以詩文名於人，所稱《健松齋集》是也"，"渭仁"即方象瑛，"健松齋集"指方象瑛所著《健松齋集》。方象瑛（1632—？），字渭仁，號霞莊，又號艮山、金門大隱，浙江遂安人。方逢年孫。天資穎異，九歲能詩，十歲作《遠山淨賦》。與毛際可同里，同有文名，東南士人以"方毛"並稱。康熙二年（1663）中舉，六年（1667）成進士。十八年（1679）舉博學鴻儒科二等，授翰林院編修，與修《明史》。著有《健松齋集》《健松齋續集》《明史分稿殘本》《方氏先賢考》《松窗筆乘》等。參修《（康熙）遂安縣志》。文中又及"今幸與渭仁同受筆札，抽文擷史"，指毛奇齡與方象瑛同中康熙十八年博學鴻儒科二等，且同授館職修《明史》事。文中又及"會西南初闢，天子念巴蜀材藪，既

---

① 《清文獻通考》卷二百三十二，清文淵閣《四庫全書》本。

幸湔滌,將大興文教,與斯民更始,於是特敕詞臣搜文其地,而渭仁首銜命往",指康熙二十二年閏六月,四川平定後補行二十年鄉試,方象瑛受命任四川鄉試主考官事。方象瑛《使蜀日記》:"康熙二十二年癸亥閏六月,奉命典試四川。初八日宣旨。先是十九年春,四川平。明年辛酉,例當舉秋試。撫臣杭君愛以新經底定,議於亥秋補行。"①法式善《清秘述聞》卷二:"(康熙二十年辛酉科鄉試)四川考官編修方象瑛,字渭仁,浙江遂安人,己未鴻博。"②方象瑛典試四川,作爲同鄉同年的毛奇齡,欣然賦《方編修典試四川》詩相贈:"七盤再見五丁開,便識文星益部來。程品自高麟鳳目,名都豈乏馬楊才。夔門賦逐巫雲轉,劍外文從巴字迴。不信十年榛莽後,秋花錦里一時栽。"③文中又及"然且登臨憑弔,題詩滿壁。即撤棘以還,山川名勝,必歌詠以盡其致。讀《錦官》一集,其襟懷所寄,豈猶然分廳聚草、怦怦自得者所能幾與",指方象瑛典試四川往返途中,歌景詠物,感時憑弔,成《錦官集》兩卷事。方象瑛《錦官集》卷首朱彝尊序云:"遂安方君渭仁以宰輔之孫早成進士,既而用薦召試入翰林。歲在癸亥,四川既定,詔補省試,於是君奉命遄往,歸而雕刻其詩二卷。凡山川之樞塞,風土之同異,友朋之離合,撫今弔古,悉見於詩。"④知方象瑛試竣返京,即雕刻其詩,成《錦官集》二卷。方象瑛《使蜀日記》:"特命象瑛及吏部員外郎王君材任往,蓋異數也。七月初一日出都門……九月……初二日,抵成都府。……二十三年……三月……初六日,遇同年倪檢討燦,遂別去。從維揚入都。"⑤則方象瑛當於康熙二十三年春末夏初返京,冬即刻成《錦官集》。

文末署"康熙甲子冬月","康熙甲子"即康熙二十三年,知此文作於康熙二十三年(1684)冬。

《梅花賦》跋(康熙二十三年)

昔人謂"賦爲古詩之流",而舊論賦體,惟以"體物瀏亮"爲能事。故凡草、木、蟲、魚詠嘆不足,或托之小賦,如夏侯湛《浮萍》、蕭穎士《庭莎》,抒寫形狀,不過取其相肖而止,終未有開闔變化,連類引伸,廣譬曲喻,博大而閎

---

① (清)方象瑛:《健松齋集》卷七,清康熙間世美堂刻康熙四十年續刻本。
② (清)法式善《清秘述聞》卷二,清嘉慶四年刻本。
③ (清)毛奇齡:《西河合集·七言律詩九》,清康熙五十九年刻本。
④ (清)方象瑛《健松齋集》卷二十《錦官集》卷首,清康熙間世美堂刻康熙四十年續刻本。
⑤ (清)方象瑛:《健松齋集》卷七,清康熙間世美堂刻康熙四十年續刻本。

肆,如此賦者也!

廣寧先生學富等山,才大如海,每着筆歌咏,輒筆餘於物。生平嗜素懷樸,酷愛此君,因縱其如椽,偶作是賦。舉凡研京練都,經營十年,車騎羽獵,排比多類者,而僅僅以一物之微、頃刻之速,一掃夫子雲、孟堅、平子、太冲諸大賦,而翩然爲此,何此君之有幸一至此也!從來羅浮龍公、渭川户侯多用寓言,如梓人毛穎類,而先生是賦,皆驪而有之。杜牧之"十萬丈夫",黄庭堅之"三河少年",皆不足專美在前矣。學博而才大如此,欲不稱之爲文章之淵藪、賦詠之林囿,豈可得耶? 西河弟毛奇齡頓首謹識。

【按】文見李興祖《課慎堂文集》卷一《梅花賦》末。文中所及"廣寧先生"即李興祖(1646—?),字廣寧,號慎齋,奉天鐵嶺人,隸漢軍正黄旗。蔭生。康熙十三年(1674),任直隸慶雲縣知縣。二十四年,任沂郯海贛同知。升直隸河間府知府。三十一年(1692),任山東鹽運使。著有《課慎堂詩集》《課慎堂文集》。

此文未署年月,據李興祖《寄毛大可太史》:"客歲拙作呈教,刻畫無鹽,顧乃自羞辱,蒙不棄,慨賜郢削,檢閱至再,如坐春風化雨中,感謝不盡。聞台臺有告假之舉,某寂處郯境,攀仰無從,倘肯迂道過荒署,開我茆塞,俾頑石點頭,亦達摩一揮塵之力耳。峕此恭候,不勝翹切。"① "聞台臺有告假之舉,某寂處郯境,攀仰無從,倘肯迂道過荒署",指康熙二十四年冬,李興祖聞毛奇齡乞假,作書請毛奇齡南歸時,迂道山東郯境一見。"客歲拙作呈教",當是康熙二十三年(1684)李興祖在京時,以所作詩文呈毛奇齡指正事,則毛奇齡爲李興祖跋《梅花賦》,當在此際。李興祖《課慎堂文集》卷七《寄毛大可太史書》:"都門渥領塵教,耿然在懷,兼獲清商,不啻十部從事。興祖曷以報國士哉?"② "都門渥領塵教",亦可證兩人在京時,毛奇齡於李興祖頗多指教。李興祖《復嘯草自序》:"余自乙丑菊月,量移東阿。"③ 知李興祖於康熙二十四年乙丑九月赴山東沂郯海贛同知任。據拙著《毛奇齡年譜》,毛奇齡於康熙二十四年冬乞假,二十五年夏離京返里。則兩人在京之交往,必在康熙二十四年九月前。

康熙二十四年秋,李興祖遷山東沂郯海贛同知,毛奇齡作《贈襄平李廣寧司馬赴兗州》詩贈行④。李興祖赴山東前,毛奇齡爲其詩集作序,毛奇齡

①　(清)李興祖:《課慎堂文集》卷八,清康熙三十二年江樓閣刻本。
②　(清)李興祖:《課慎堂文集》卷七,清康熙三十二年江樓閣刻本。
③　(清)李興祖:《課慎堂詩集》卷首,清康熙三十二年江樓閣刻本。
④　(清)毛奇齡:《西河合集·七言古詩十三》,清康熙五十九年刻本。

《李廣寧司馬詩集序》:"予讀廣寧詩,目之所接,口之所誦,皆豁達於心……今將以魯國司馬特遣開牙於淮沂之間,褰帷而行。"①李興祖官山東後,毛奇齡亦於次年歸居杭州,兩人仍不時以詩文酬答,見李興祖《寄大可毛太史》②、毛奇齡《奉答兗州司馬李廣寧原韻》③。康熙二十九年春,李興祖《課慎堂初集》成,毛奇齡復爲作序云:"往予在京師,序廣寧所爲詩。……今先生以'課慎'名集,已極卑牧,乃復由渤海專城東方千騎,不憚越數千里惠示兼本,索一言以題其篇,何善下也!"④李興祖《與毛大可太史書》:"先生爲文壇宗匠,海内濡毫染翰之士,莫不拜奉矩度。某何人斯,猥以蚓竅蠅聲,泅瀆雷門,迺蒙盛心曲譽,既錫以鴻章,又重以高詠。此誠接引下士婆心,某敢不以牟尼珠引照五内耶? ……今先生成我之誼,視玄暉更加殷勤,有生之幸,敢忘展效哉! 陶友旋里,附候景禧,一芹將意,並望笑茹。外拙稿一帙,殊昧體裁,仍求大匠郢削。文詞數册,竢繕完時,續呈塗抹。附驥行遠,實厪鄙懷,諒先生樂育啓蒙,必不厭煩瀆也。"⑤

《康熙甲子史館新刊古今通韻》緣起(康熙二十三年)

伏睹古經,多有韻之文,自六書有諧聲、轉注二義,而韻學生焉。凡字之偏傍有諧聲者,即爲韻部之分限所始。轉注者,一字數音,必展轉註釋而後可知,即轉叶字也。故《毛詩》《周易》,最重協音,官韻、部韻,唐試韻名官韻,宋試韻名禮部韻。頗嚴出入,而惜其書之多失傳也。今通行韻書竝非沈韻,而有指爲沈韻者;元黃公紹《韻會舉要》、周德清《中原音韻》、明《洪武正韻》皆稱"沈約韻"。亦竝非《唐韻》,而有指爲《唐韻》者;近刻韻家如嘉興陳氏、吳門顧氏皆稱"唐韻"。且唐無《禮部韻》,而有稱是書爲《唐禮部韻》者。明吳綬《詩壇叢韻》、郭正域《韻經序》、錢唐柴氏《古韻通》皆稱"唐禮部韻"。古韻不可考矣! 齊中書郎周顒著《四聲切韻》,《周顒傳》曰:"顒始著《四聲切韻》,行于時。"《高氏小史》曰:"齊中書郎周顒作《四聲切韻》。"而梁沈約倣之,因之有《四聲類譜》之作。然當時著韻尚多,不必盡行約書也。韻書始於魏李登《聲類》,一曰北魏李啓,未知孰是。其後吕靜、段弘俱有《韻集》,陽休之、杜臺卿(一作素卿)俱有《韻略》,張諒、劉善經、夏侯詠(一作詼)俱有《四聲》。他如李概《音譜》、周研《聲韻》、趙氏《韻篇》、釋靜洪《韻英》、李奉節(一

---

① (清)毛奇齡:《西河合集·序二十二》,清康熙五十九年刻本。
② (清)李興祖:《課慎堂詩集》卷七,清康熙三十二年江樓閣刻本。
③ (清)毛奇齡:《西河合集·七言律詩八》,清康熙五十九年刻本。
④ (清)毛奇齡:《西河合集·序十九》,清康熙五十九年刻本。
⑤ (清)李興祖:《課慎堂文集》卷七,清康熙三十二年江樓閣刻本。

作季節）《音譜》，所著不一，然皆不傳。至隋開皇間，有陸詞者即陸法言實始作《切韻》五卷。法言同劉臻等八人所作。雖其名與周顒同，而實多創始，且更名《聲律》，又名《律韻》，以爲時取士之準。故唐時律文如律詩、律賦類。皆用其書。至天寶間，陳州司法（一作司馬）孫愐稍爲增訂，改作《唐韻》，然仍名《切韻》。唐李揆疏稱“切韻”，《五音集韻序》稱“孫愐《切韻》”。逮宋祥符間，又改作《大宋重修廣韻》，宋景佑（德）四年，曾進校定《切韻》五卷，至大中祥符元年，改名《廣韻》。而《切韻》遂亡。

今之《廣韻》，則全非《切韻》舊本，即在宋亦未嘗以《廣韻》試士也。其所行者，則別有《禮部韻略》，與《廣韻》差別。第其所分部，則尚相等，大約分四聲爲二百六部，如一東、二冬、三鍾、四江、五支、六脂、七之、八微類，雖爲律詩，亦必合數部爲之。如冬合鍾、支合脂之類。故試律詩者于冬韻下必註曰“與鍾同用”，于支韻下必註曰“與脂、之同用”，《禮韻》《廣韻》《集韻》俱有此註，今坊刻詩韻偶有仍存是註者，此係宋本，未經刪去，而世以爲冬韻僅通“鍾”一字，支韻僅通“脂”“之”二字，誤矣。雖諸韻未併，然其可併者自在也。未併二冬、三鍾爲二冬，然三鍾之部即接列二冬部，中不另提部目，以明示併用之跡。至理宗朝有平水劉淵者，實始併冬、鍾、支、脂諸部爲一百七部，平、上、去皆三十部，入十七部，合得一百七部。且盡刪去三鍾、六脂數目，而易以今目。如今所列一東、二冬、三江、四支類。其書頒于淳祐壬子，名《壬子新刊禮部韻略》。自元、明迄今，皆遵用之，而于是唐韻、宋韻俱不可考矣。然其書猶不去“同用”之註，故元時陰氏爲《韻府群玉》，則猶存其目在前，中照平水韻，前冠以《禮部》舊目。且其中列字仍照舊本。至金時韓道昭《五音集韻》，元時熊子中作《韻會舉要》，祖司馬光字母之説，竟以意顛倒，以見、溪、群、疑諸字母爲先後。致使列字先後展轉移易。今韻雖不依二書先後，然亦多有顛倒處，見各部註。則今之所傳，并非《壬子禮部》原本，而舉世指爲沈韻，或指爲唐韻，則何終日餐飯而不得名之爲黍與稻也？且其指爲沈韻者，必有自矣。間嘗客淮西，得平水舊本，始知今韻爲南渡後書，其先今而知之者，則見之明萬曆間江夏郭正域所僞造《韻經》之例，有云今世所傳詩韻非約韻也，乃平水劉淵即《禮部韻略》而併其通用者也。實則元熊忠《舉要》已明載韻目註中，註云“舊韻上平二十八韻，下平二十九韻，上聲五十五韻，去聲六十韻，入聲三十四韻。近平水劉淵始併通用之例，以省重複，今因之”。世特未考耳。若其指之爲約書，則自元迄今，皆未曉也。

往從先教諭許兄萬齡，爲仁和教諭。觀韓氏《篇》《韻》諸序，稱沈韻爲《四聲切韻類譜》，恍然悟休文四聲原稱“切韻”，因得與法言《切韻》名目相溷，則指詞爲約，應在此此。然終不曉古韻以後其分二百八部者爲何人，其人何代，何以一韻中有東、冬、支、脂諸部，一部中有中、終諸紐？每一音切爲一紐。其所以分之者，何所從始？而既而讀唐國子祭酒李涪《刊誤》一書，中有論及《切韻》者，則盛訾《切韻》所分上、去之謬，謂以上作去，以去作上，如上辨去弁、上舅去舊、上皓去號類,皆屬謬誤。及東冬、中終分別聲律之誤。謂東不與崇分而與農分,董不與勳分而與勇分。又曰"何必東冬、中終妄別聲律"。今中、終不分二韻,其云"妄別"者,以中、終作二紐,分兩音切也。是四聲所分雖不始于詞,而四聲所分隸之字如今韻者,則皆詞所爲。至于東、冬之分部與中、終之分切,則純乎詞之爲之。且《切韻》原序爲唐儀鳳間郭知玄撰,刻于宋時《廣韻》卷首者,其述詞所言,亦以支脂、魚虞、先仙、尤侯在前,此未知分別。有云支脂、魚虞舊共一韻,先仙、尤侯俱論是切。則明明《切韻》未行之前,支與脂爲一韻,先與仙爲同切。同切爲同一音切共作一紐,所云"俱論是切"是也。而法言始從而分之。且《刊誤》極訴吳聲,有云"吳聲乖舛,每啓口如病瘖,而噤淚隨聲下"。其訴詞者,一如後人之訴約,《韻會》《中原韻》皆謂沈爲吳音、爲江左偏音。正以約、詞皆吳人,而以訴張吳者移訴李吳。是古韻之後,其分二百八部者爲隋陸詞一人,其併爲一百七部者爲南宋劉淵一人。其他韻間行,則皆從此參變焉,而世莫知也。

或曰:休文之韻,已見之楊慎《韻經》。慎家藏有約《四聲》本,而慎著爲《經》,即沈本也。向疑升菴所註祇有《轉注古音略》一書,而未見《韻經》,及得其本,則正郭正域所爲也。正域是書,雖矯詐無理,不足置喙,然正域亦惟以今韻非休文所著,而相沿無故,深文吳興,盲訴瞎諍,因造爲此書,思雪其說。今復以正域所造《韻經》誤指楊慎,盲訴瞎諍,一猶之劉韻之指沈韻,《韻經》者,郭正域所造,凡一百十六部,卷首註曰"沈約撰《類》,吳棫補叶,楊慎轉注",而前冠以吳棫《韻補序》、楊慎《轉註古音略序》,此正域僞書也。近錢唐柴氏誤以爲楊慎之書,極口訴慎,甚屬冤抑!則驢辜馬坐,難以施辨矣。且夫諧聲者,律韻之始;轉注者,古韻之始。今律韻分合,既行劉韻,而古韻曾無成書,遂使宋儒註經但取泉州通判吳棫《補音》《韻補》二書爲之依憑,全失考覈。而明初作《正韻》者,實不審《三百》以來暨漢、晉、隋、唐遺韻爲何物,而但據棫書,妄訾《平水》本爲沈本,其序有曰:"韻學起于江左,殊失正音。"別爲併法。《平水》併律韻,而《正韻》直併古韻,洪武詔有曰:"有獨用當併作通用者,有一韻當析作二韻者,皆是古韻。"其諸誕妄,何可勝道!而詞賦用韻,遵爲科律,在舊韻所未經註明者,而今直註之,《禮部韻》《廣韻》諸書皆無古韻通轉之註,今韻本有之。以致有宋迄今七八百年間,文人學士其以詞賦名家者,皆不免有沿誤。則律韻亂于劉淵,古韻亂于吳棫,世皆貿貿焉而不之察也。

今天子啓闢文教,詔丞相、御史、諸卿大夫及內外郡國,舉天下有學之士試之殿前,一如古制科用人遺法,古制科必天子親試之,所以待非常之才,故不常舉。唐時稱制科,宋稱大科。俗以禮部試爲制科,以時義爲制義,誤。親覽舉文,較嚴于禮部、南省諸試,即會試、廷試類。俗以鄉試爲省試,誤。其中詩賦軼韻者,睿鑒略及,便爲摘發,較其輕重,以定等第。進士科分甲科、乙科,制科分三等、五等,此故例也。時但分二等,而以涉嫌韻者降等有差，竟出韻者黜去。凡嫌韻、奸韻，研辨精析，嫌韻如四支之旗與旂、五微之幃與闈；奸韻者，則以東奸冬、以清奸青，所謂犯韻也。雖帝歌"爛熳"，舜叶"明康"，亦豈有過？

乃昭代同文，未經頒輯，册書典韻，闕焉有待。因于奉命修史之暇，退乘餘暑，據平時胸臆所記，審別揚扢。仍就宋代相傳禮韻，參訂諸本，録其字之可準用者，嚴加刊定。即古音通轉，亦復逐韻考覈，編入各部，使詞賦家有所繩檢。雖其書成自簡陋，而踵事增華，不廢草昧。因敢飾陋就簡，與同館史官徐嘉炎、李澄中等互相質難，僥倖無誤。然後匄本院學士恭呈御覽，并于齋宿捧呈之頃，敘諸委折，以爲是書撰述所由始，庶後之君子可覽觀焉。

【按】文見毛奇齡《康熙甲子史館新刊古今通韻》卷首。毛奇齡《呈進康熙甲子史館新刊古今通韻疏》云："因於奉命修史之暇，纂成韻書壹册，悉仍平水舊本而參訂之，擬名'康熙甲子史館新刊古今通韻'。其曰'康熙'者，尊朝廷也，猶之明韻冠'洪武'也。曰'甲子'者，記時也，與宋韻之稱'壬子'無異也。曰'新刊'，新正也。宋韻稱'禮部新刊'，金韻稱'泰和重刊'，皆是也。其曰'古今'，則謂律韻與古韻也，亦猶元之稱《古今韻會》者也。"①

"康熙甲子"即康熙二十三年甲子(1684)，則《康熙甲子史館新刊古今通韻》成於康熙二十三年，文當作於此年。

呈進《康熙甲子史館新刊古今通韻》表(康熙二十四年)

翰林院檢討臣毛奇齡敬纂《康熙甲子史館新刊古今通韻》書成，謹齋沐編摘，奉表呈進。臣奇齡誠惶誠恐，稽首頓首。

伏以天子考文，一統大車書之盛；聖人立極，千秋隆著作之權。惟三重之則，肇自開天；斯庶典之垂，明如皦日。一王有制，四海同書。臣竊惟聲音與政相通，而律度因時乃備。在昔虞廷拜命，重在賡歌；繼之冑子稱詩，神于典樂。蓋保氏設轉諸之法，原其始，祗爲文章；而行人謹書命之司，究其成，實關教化。自《五莖》不作，七均鮮歸押之音；《九夏》云亡，三頌失按歌之節。房中傳廟樂，但藉夫人；堂下補《陔》詩，誰思門子？致使金石四廂，字訛蜻蝶；清平三調，韻失烏生。梁少傅之八體，厥有由來；齊中郎之四聲，因之以起。律分六季，鄉音創自吳儂；書註《三蒼》，官韻頒于唐代。天寶用法曹所

---

① (清)毛奇齡：《西河合集·奏疏》，清康熙五十九年刻本。

製，祥符標禮部之名。泉州通轉，誤協經文；涑水翻和，妄扳字母。在金世合古今爲一，併作七音；曁元人審南北之分，配爲三部。于是窮經白首，皆群稱江左爲偏；即當合樂黄門，猶暗奉中原作準。以致《鳳韶》撰類，洪武編年；虎觀垂條，舉文是式。殊不知四萬餘言之本，行始儀同；一百八部之書，刊由平水。乃以楊隋一人之作，而遵爲古音；宋明千載之訛，而視如故事。大魏同夢，有誰傳警檅之聲；漆室重昏，何處覓燃犀之照？

兹幸伏遇皇帝陛下，體應三辰，智藏二酉。宣聰作后，時聞虞舜揮絃；宣哲惟人，不藉包犧畫字。聲爲律而身爲度，禮樂在躬；言中矩而行中規，典謨被世。當此繼往開來之候，播以經天緯地之文。詩擬柏梁，帝詠出星辰之上；書迴松棟，宸光在雲漢之間。然猶河海不擇流，每懷伏處；山川多間氣，有意旁招。方殷商撻伐之年，倣唐、宋制科之典，臨軒試士，詢以機衡；行禁觀文，親爲甲乙。紹興教授，未能增《禮韻》之遺；漢室賢良，竟莫辨逸《詩》之用。切音通嗛檻，豈有明條？刊誤併中終，同邀顯斥。賈邊寒士，猶詮景德。書題宋濟名場，遽落元和試韻。則是九重宵旰，尚自校含元閣下之文；庶士顓蒙，究難逃仁壽殿前之鏡。縱天度未嘗深譴，顧日省寧無自慚。是用仰藉籖疏，俯裁管見。求通一字，長搜五典三墳；閱盡群書，始識雙聲疊韻。覈四十八調分宫之謬，袪三十六母等韻之非。辨類果多端，不憚門分而牖別；審音能職要，何難即始以見終？乃遠追三代，而知古調之有歸；近考六朝，以驗律文之所自。書仍舊部，通以四門；字有新增，析成十卷。

臣奇齡幼讀父書，晚窺聖學。十年竹笑，虚懷負曝之誠；一睹菁華，遽起望洋之嘆。釋章縫于建禮，濫廁承明；給筆札于尚書，謬膺編纂。乃欲以頌德銘功之具，借之佐高文典册之觀。非敢謂漫陳一得，庶幾有當宸衷；亦自思良會千秋，豈易遭逢聖鑒？因援四始，思贊皇猷；謹致三齋，恭呈御覽。臨裝增忐惕，慮纖悉之有遺；欲獻反踟躕，恐高深之無補。伏望鴻綱丕振，攬一時善建之機；善聽恒開，發千古未聞之響。則《周官》合樂，三能與五止齊臻；虞氏登歌，八羽共九簫竝奏。齋房生瑞草，詠比三花；阿閣有祥雲，賦成五色。行見莋都，入侍明堂，來僜休之音；從兹版宇，長寧薄海，進昇平之頌。

臣奇齡無任瞻天仰聖激切屏營之至，謹以所纂《古今通韻》十卷，表文、緣起、論例、表、目合一卷，共四册，謹隨表上進以聞。康熙貳拾四年叁月日，翰林院檢討臣毛奇齡上。

【按】文見毛奇齡《康熙甲子史館新刊古今通韻》卷首。原無題，據卷首呈進此書的奏疏補題。《西河合集》卷首總目録有"表一卷，缺"字樣，此文當是《西河合集》所缺"表一卷"中之一篇。

文中所及"謹以所纂《古今通韻》十卷,表文、緣起、論例、表、目合一卷",知《康熙甲子史館新刊古今通韻》又名《古今通韻》,除卷首表文、緣起、論例、表、目合爲一卷外,正文爲十卷。而現存《古今通韻》包括卷首一卷、正文十二卷。其中卷首有《進韻書疏》《進韻書表》,又有馮溥、金鋐、李天馥、徐乾學、高士奇、周清原序及自撰緣起。後附論例二十三條,韻表、韻圖、韻目各一篇。正文包括上平聲四卷,下平聲及上聲、去聲、入聲各二卷,共十二卷。每字下標有音、義,每韻後有説,並附載古音。創爲五部、三聲、兩界、兩合之説。五部者,東、冬、江、陽、庚、青、蒸爲一部,支、微、齊、佳、灰爲一部,魚、虞、歌、麻、蕭、肴、豪、尤爲一部,真、文、元、寒、删、先爲一部,侵、覃、鹽、咸爲一部。三聲者,平、上、去三聲相通,而不與入通。其與入通者謂之叶。兩界者,以有入聲之東、冬、江、陽、庚、青、蒸、真、文、元、寒、删、先、侵、覃、鹽、咸十七韻爲一部,無入聲之支、微、齊、佳、灰、魚、虞、歌、麻、蕭、肴、豪、尤十三韻爲一部,兩不相通。其相通者謂之叶。兩合者,以無入十三韻之去聲與有入十七韻之入聲通用,而不與平、上通。其與平、上通者謂之叶。是書爲毛奇齡斥顧炎武《音學五書》而作,于康熙二十三年單獨刊刻,未收入《西河合集》。

文末署"康熙貳拾四年叁月日",指此表寫定並呈進時間爲康熙二十四年乙丑(1685)三月。此書進呈御覽後,康熙帝降旨宣付史館,留書皇史宬。

與渭翁書(約康熙二十四年)

早間頻過,不盡暢談爲歉。令弟年先生處有公祭之局,祈年兄指示,得一與少□道之,懇□之甚,刑部同衙門不便附。或貴同鄉與舊中朝諸年翁,當有舉動,弟據指示之,懇囑懇囑,□而不盡。弟奇齡頓首。

【按】文見故宮博物院書畫部藏"清康熙鴻博尺牘册•毛奇齡早間致渭翁札上"(新 00177951-4/15)。原無題,據意擬補。"渭翁"即李澄中(1630—1700),字渭清,號雷田,又號漁村,山東諸城人。康熙十八年(1679),舉博學鴻儒科二等,授翰林院檢討,與修《明史》。二十九年(1690),充雲南鄉試正考官。尋遷翰林院侍讀學士,告老歸。著有《卧象山房集》《白雲村文集》等。

此札位於"又與渭翁書"前,作年不詳。據下文"又與渭翁書"條考證,約作於康熙二十四年乙丑(1685),姑繫於此。

又與渭翁書（康熙二十四年）

年兄面許爲曼殊作文，其人一生辛苦，所盼出頭者，在此一文矣。《傳》將呈覽，不限時日，五日後先領者將以待珠玉，容面專謝。弟奇齡頓首渭翁年長兄□□。

【按】文見故宮博物院書畫部藏“清康熙鴻博尺牘册·毛奇齡早間致渭翁札下”（新 00177951-3/15）。原無題，據意擬補。“渭翁”即李澄中，詳參本書上文考證。

文中所及“曼殊”即張曼殊（1662—1685），小字阿錢，京師豐臺賣花翁女，乃毛奇齡在京師所娶妾。文中又及“傳將呈覽”，指張曼殊死後，毛奇齡爲作小傳，並將此傳呈李澄中，乞其作文。孟遠《孟次微集》第三册《曼殊傳序》云“嗚呼，曼殊死矣！……乙丑七月，余復北上，執大可手，未寒煖，先問如君安否，而大可欷歔低語曰：‘曼殊于今年五月日死矣。’及飯，余嫂夫人立屏後，不敢言，惟手執一編示余，則《曼殊傳》也。”知《曼殊傳》乃毛奇齡於張曼殊卒後不久而作，當作於康熙二十四年乙丑（1685）五月。則此札亦當作於本年夏間，故繫於此。

和題阿錢《留視圖》（康熙二十四年）

假別留金釧，他生記玉環。五年千萬恨，總在畫圖間。

【按】詩見聶先纂輯《名家詩鈔》所載毛奇齡《西河前後集》。“阿錢”即張曼殊，詳參本書上文考證。毛奇齡《曼殊別誌書磚》云：“曼殊，豐臺賣花翁女。生時，母夢鄰嫗以白花一當寄使賣。其前鄰奶奶廟也，後鄰錢氏，疑昔者乃錢氏嫗，因名阿錢。……及娶，檢討陳君就予飲，更名曼殊。曼殊者，佛花也。”①知張曼殊小名阿錢。陳維崧《賀毛大可新納姬人序》題下小注云：“姬性好佛，因字曼殊，予所命也。”②知“曼殊”乃陳維崧爲更名。毛奇齡《曼

---

① （清）毛奇齡：《西河合集·墓誌銘六》，清康熙五十九年刻本。
② （清）陳維崧：《陳檢討四六》卷十二，清文淵閣《四庫全書》本。

殊葬銘》："曼殊小妻,張姓,京師豐臺人。十八歸予……康熙二十四年五月二日,病發卒,年二十四。"①知張曼殊卒於康熙二十四年五月,年二十四,則其生年爲康熙元年。

此詩末附毛奇齡《詩話》云:"阿錢,小字曼殊。病中嘗夢奶奶喚之去。奶奶者,北人呼觀音通稱也。北人每發願捨身,以他兒代之,有替僧替尼之例。阿錢仿其意,飾偶人如己像,被以衣,手捧一花,侍奶奶傍以代之。臨行自作詩送之曰:'一病纏綿不肯休,捧心日日在床頭。可憐阿母來相喚,欲別東君恐泪流。'又曰:'百計延醫病轉深,暫歸阿母案傍身。此身久已魂離殼,莫道含顰又一人。'臨歿寫照,名《留視圖》,伏枕函自題詩曰:'爲送還家去,雙螺綰百環。且將粧鏡影,留視在人間。'"②知《留視圖》是張曼殊臨歿前寫照,張曼殊有自題詩。吳闌思《北游草·毛太史如君曼殊挽詩》中有"撚花微笑悟前因,解脫今朝夢裏身。留視圖中人獨立,何妨百且喚真真",題下注曰:"寫真名《留視圖》。"徐昭華《徐都講詩·悼曼殊張夫人詩》有"苧蘿休恨夷光去,只看西河《留視圖》"句,句末注曰:"夫人病中圖像名《留視圖》,自有詩。"張曼殊卒後,毛奇齡諸友張闓然、梁清標、張英、曹禾、方象瑛、張鴻烈、蔡升元、朱彝尊、田需、馮勖、陸弘定、任辰旦、張廷瓚、姜啓、鄭勳、王三杰、趙執信、張睿、李澄中紛紛題贈哀之,諸人贈語載《毛西河先生曼殊留視圖册遺蹟》,書藏上海圖書館。

此詩乃和題張曼殊《留視圖》而作,成於康熙二十四年(1685)四五月間。

《吳道賢樂府》小序(康熙二十四年)

詩即樂也,自漢後立"樂府"名,而樂與詩二。其隸諸樂者,大抵自郊廟、朝會、鼓吹、吟嘆、四廂、三調以下,琴歌、舞曲皆有題目,而贈送、游覽諸作不與焉。雖其所分者限於律呂,如近代九宮、六調之類。而詩人爲詞,亦若有宮徵正變、句曲轉應者存乎其間,故《伊》《凉》商調,詞之爲也。而貞元以玉宸所奏,更名"正宮",則樂之爲也。水調俱七絶,而前名"按歌",後名"入破",此樂調也,則樂之爲也。乃以七絶之中,而間以五絶,如白樂天所云"五言一遍最慇懃"者,此詞調也,則又詞之爲也。故《渭城三疊》即王維送使安西詩也,而其詞則有較異於送諸使者。《桂花》《楊柳枝》詞,本白傅詠吳閶桂

---

① (清)毛奇齡:《西河合集·墓誌銘六》,清康熙五十九年刻本。
② (清)毛奇齡:《西河前後集》,清康熙刻《名家詩鈔》本。

樹與永豐坊柳詩也，而其詞則與薛能詠陶、元稹賦李有各見者。今人不識樂，因不識詞。惟不識樂，妄謂詞有樂音。第恐平陂、短長偶與樂近，而依詞填字，全無捉搦。而因不識詞，則遂雜出於詩與詩餘、曲子，而漫於繩檢，芒然不知夏和引唱爲何物，斯道之亡也久矣！

吳子道賢爲樂府，夫人而知之也；其爲樂府，而有異於今之爲樂府，則人不得而知之。嘗曰：世無桓譚，誰爲子雲知己者？無已其在西河、新城之間乎？西河，余郡名。新城者，司成也。時王阮亭先生爲大司成，新城人。乃道賢示余兼本，會余病，未觀。既而閣中有悼逝者，取其集詠吟，當悲歌之泣，諷而驚，驚而嘆，嘆而感。且思天下有如是之爲樂詞者，清平相和，吳聲西曲，各具音節。即俳歌、散樂，亦似有領會錄要見之詞句。此真荀勖、張華以來一絕事也！歷下不識樂，北地知之而不精，近則無知之者。自此樂府出，而皮氏之所謂“正樂府”，元結之所爲“系樂府”“補樂府”，白樂天、元稹之所爲“新樂府”“新題樂府”，亦瞠乎後焉，而況其他矣！

【按】文見吳闌思《秋影園詩》卷首。《（光緒）武進陽湖縣志》卷二十八：“吳闌思《秋影園詩》七卷、《二集》五卷。”①“吳道賢”即吳闌思（1648—1709），號澹齋，江蘇武進人。襄子。能詩善畫，著有《秋影園詩》《北游草》《南游草》《匡廬紀游》等。“樂府”即吳闌思《秋影園詩》中所載“樂府”詩。

毛奇齡爲吳闌思樂府詩作序後，吳闌思作《毛太史大可先生爲我作樂府序賦古風六章奉賀且志感云》，其一云：“雅頌竟已矣，楚騷商調存。逮及劫火後，此亦不復論。漢武定郊祀，今人欺後昆。芝芳與寶鼎，祥瑞何紛紛。其聲多淫厲，大化何由敦。”其二云：“柔翰發清思，嘉賓集金谷。世無知音者，誰爲被絲竹？新聲且不存，元音那可復。雖作明君辭，恐非舊時曲。”其三云：“東晉都建業，誦安嗟一隅。神州盡陸沉，揮塵談玄虛。元氣日已漓，藻麗群相超。瘰痍困征求，民志難敷愉。”其四云：“五代國運促，干戈日相循。貞觀至天寶，風氣稍一新。其矜旗亭唱，猶是梨園人。渭城雖可歌，音節非天真。桂花與楊柳，豈得稱陽春。”其五云：“遒勁喜明遠，逸宕愛太白。勁草凌疾風，洪波峙危石。遙遙二千載，展卷慰良覿。浮沉無定見，與世相汨没。誰爲窮正變，俯仰感今昔。”其六云：“當世作者誰？新城與西河。焦桐吐清響，知音何必多。讀我樂府辭，窮巷高軒過。文章遡源流，風雅相砥礪。寶之重南金，籍（藉）以維頹波。”②此詩作於《毛太史如君曼殊挽詩》與

---

① 《（光緒）武進陽湖縣志》卷二十八，清光緒五年刻本。

② （清）吳闌思：《北游草》，清康熙刻本。

《乙丑季冬訪李大令於萊蕪,遂留余署齋度歲……》之間,據本書"和題阿錢留視圖"條考證,張曼殊卒於康熙二十四年乙丑五月二日。而此年季冬,吳闌思已至山東萊蕪,則毛奇齡爲吳闌思樂府作序及吳闌思作詩志謝,當在康熙二十四年乙丑(1685)夏秋。

《礪巖續文部二集》序(康熙二十四年)

古者試文與詞業爲一,猶是賦問、雜文,而在應舉者謂之"試文",在平時則謂之"詞業",其實一也。今即不然。試文用八股,而其平時之所爲,則不拘何文,往往與應舉者絕不相涉,故惟試文以官顯,而他文則否。

今天下稱善文者,誰不推周子廣菴? 顧吾之讀廣菴文在二十年前,彼其時,亦何嘗豫擬一官,得廁身禁近如今日者哉? 雖然,高文典冊在廟堂之上,端必藉絕大手筆爲黼黻憑藉,文不以官顯,而官以文顯。故廣菴所著,大抵多應制代言及館課之作,其視舊所爲文,未知孰勝? 然而體亦稍異矣。今夫試文之移人也,幼而習之,積久而安之,生平耳目心志惟是之從。凡賦問、雜文所與試文絕不相涉者,而一當把筆,即欲稍推遠試文,而必不可得。而一二無學者又倡爲宋明大家,擇一二工試文如震川、鹿門輩,奉爲章程,以自便其苟且,而于是他文面目不盡似試文不止。廣菴落筆春容,不務詭激,而淳麗之氣,轉爲博大,高竝董、賈,卑亦不失匡衡、劉向之屬,其視世之所爲大家者何翅尋丈? 則是廣菴之文異於平時者其體,而其大異於試文者,則不止其體也。

夫神蠱曳尾,殊於文犧;簠簋之華,不襲瓦缶。今人於學問所在,漫然不省,秖守其空疏以爲體要,而至于大文煌煌,舉明堂辟雍、天禄石渠之作而下,反襲夫經生齷齪、三條燭盡之所爲以爲得意,而廣菴悉有以正之。則廣菴爲文,即使續集未行,予偶得前集讀之,其歡欣讚嘆,徘徊感激,必無以過乎今所爲文。何則? 以其有異乎世之所爲大家者也,而況乎續之者之未有已也。西河弟毛奇齡頓首謹題。

【按】文見周金然《礪巖續文部二集》卷首。《(同治)上海縣志》卷二十七:"《礪巖文部》……周金然撰。"① 文中所及"周子廣菴"即周金然(1641—1706),字礪巖,號廣庵,又號越雪,別號七十二峰主人,江南華亭人。康熙十一年(1672)中舉,二十一年(1682)成進士,榜姓名金然。改庶吉士,散館,授

① 《(同治)上海縣志》卷二十七,清同治十一年刊本。

編修。官至洗馬。與修《一統志》。奉旨校輯古文《戴禮》，旋嬰疾告歸。書法尤爲世所傳。著有《周廣庵全集》《南華經傳釋》等。文中所及“則廣菴爲文，即使續集未行，予偶得前集讀之”，“續集”指周金然《礪嚴續文部二集》；“前集”指周金然《礪嚴續文部》。顯然毛奇齡爲周金然《礪嚴續文部二集》作序時，其《礪嚴續文部二集》尚未行世。據周金然《礪嚴續文部》卷首黃與堅序末署“康熙丙寅十一月既望，年家眷弟黃與堅譔”，知其《礪嚴續文部》刻成於康熙二十五年丙寅（1686）。

此文未署年月，據文中“顧吾之讀廣菴文在二十年前，彼其時，亦何嘗豫擬一官，得廁身禁近如今日者哉”，知毛奇齡爲周金然文集作序時，時兩人同在京爲翰林官。據毛奇齡《奉史館總裁劄子》：“獨是先贈公柩舍，曾爲亡伯兄教諭仁和時障土江滸，未返東浙，遂於康熙乙丑冬，援遷葬之例，乞假在籍。”①知毛奇齡於康熙二十四年乙丑（1685）冬乞假。其年秋，周金然曾召毛奇齡等集張氏園，分韻賦詩，毛奇齡《秋夕周金然編修招諸名士集張氏園分賦得銀漢》：“顥氣經秋肅，衡潢入夜新。周天雲作埒，倒地水無垠。風逐蟾車度，波從鵲路堙。低垂千尺練，斜嵌一條銀。輦下星辰合，筵前瓜菓陳。南皮高會去，何減汎槎人。”②綜上可知，康熙二十四年（1685）秋末，毛奇齡爲周金然《礪嚴續文部二集》作序。

近山公傳（康熙二十五年）

塗川孫氏近山公諱文孝。其先君金山公樂處林泉，不求聞達，綽有賢士風。元配俞孺人，德不減於少君。生子四，而近山公則其塚嗣也。近山公配姚孺人艱於子嗣，雖屢得而亦屢失焉。後得潘氏，連舉五子。其初家業頗艱，至此而家計亦漸饒矣。至其長君諱維仁者，爲郡庠生。其三子諱維禮者，得入成均。而諸子亦各豐裕，要皆公之教訓所成，亦先人積德所至也。總之公之生平，雖不事詩書，而膽略過人，每遇不平事，輒（輒）挺身向前，至費千金不惜也，故遠近至今鹹（咸）稱頌之。時康熙十八年己未中博學鴻儒科進士、授翰林院撿（檢）討、纂修明史、乙丑科會試同考官毛奇齡拜撰。

【按】文見孫虞聖等續修《山陰天樂孫氏宗譜》卷一。“近山公”即孫文孝

---

① （清）毛奇齡：《西河合集·劄子》，清康熙五十九年刻本。
② （清）毛奇齡：《西河合集·排律五》，清康熙五十九年刻本。

(1595—1664),孫虞聖等續修《山陰天樂孫氏宗譜》卷九:"文孝,字近山,生萬曆二十三年乙未四月十二日酉時,卒康熙三年甲辰三月初五日。"①文中所及"其先君金山公……元配俞孺人……生子四,而近山公則其塚嗣也",指孫萬全(1543—1605)及其妻俞氏(1572—1644)生四子,文孝乃長子,同書卷八:"萬全,字金山,生嘉靖廿二年癸卯七月廿二日,卒萬曆三十三年乙巳四月十七日。葬張婆後山。配俞氏,生隆慶六年壬申三月十三日,卒順治元年甲申五月初七日。葬呂母頭嘴中。生四子:文孝、文悌、文忠、文信。"②文中又及"近山公配姚孺人艱於子嗣,雖屢得而亦屢失焉。後得潘氏,連舉五子……至其長君諱維仁者,爲郡庠生。其三子諱維禮者,得入成均",指孫文孝與元配姚氏無子嗣,納潘氏爲妾,潘氏生五子,其長子維仁爲郡庠生,三子維禮爲國學生。同書卷九:"文孝……配姚氏,生萬曆廿一年癸巳十月十六日,卒順治十六年己亥十一月十八日。生一女,適暨陽邑庠生何聖先。側潘氏,生萬曆三十四年丙午九月十七日,卒康熙廿一年壬戌九月廿九日。……生五子:維仁、維義、維禮、維智、維信。"③

文末署"乙丑科會試同考官毛奇齡",知作於康熙二十四年乙丑後。據孫虞聖等續修《山陰天樂孫氏宗譜》卷九:"維仁,字子長。郡庠生。生崇禎元年戊辰六月廿二日,卒康熙廿五年丙寅八月十九日。"④蓋本文作於康熙二十五年孫維仁卒時。

水仙廟土穀神倪三相公事蹟(約康熙二十五年)

公諱求,字德宣,越之諸暨人也。父諱仲孺,字長卿,苦志力學,終身不仕。公兄弟三人,長諱章,字尚文;仲諱良,字功宣。俱以孝友稱。公生於吳赤烏二年。年甫十六歲,母陳夫人患病,冬日思食魚。會大冰,無鬻魚者。公兄弟詣市遍相之,不可得。乃緣江直下,越百里外,至蕭山城南蔡灣板橋,冰猶未解,因思王祥臥冰卒得魚,我輩亦人子也,遂同入水。有頃,獲得二鯉,喜不自勝,冀以稍慰親意,乃大笑行。不數里,□以中寒懍體顫俱死。是夜,里人夢公長兄即爲蔡灣土穀神,迄今崇祀下水仙廟;仲兄爲山棲趙塢土穀神兼山棲崇教寺伽藍;公爲來蘇等處土穀神,崇祀上水仙廟。至南唐時,

① 孫虞聖等續修:《山陰天樂孫氏宗譜》卷九,民國十八年續修木活字本。
② 孫虞聖等續修:《山陰天樂孫氏宗譜》卷八,民國十八年續修木活字本。
③ 孫虞聖等續修:《山陰天樂孫氏宗譜》卷九,民國十八年續修木活字本。
④ 孫虞聖等續修:《山陰天樂孫氏宗譜》卷九,民國十八年續修木活字本。

封公爲江浙潮神，吳越之民賴之。每遇旱暵，里人禱之，公能興雲致雨，甘霖立沛。值明季兵亂，四方大恐。公見形救護所陷他境鄰邑，而公所轄境獨能保全。先是萬曆間，里人周書之祖徙居杭城，偶失火，延燎甚衆，勢莫能遏。驟有青衣幅巾負黄袱雨蓋，登樓入室，火遂滅。一市大駭，詢之，乃云吾蕭山倪姓也，言訖不見。其加恩鄉人，而神靈赫奕如此。

太史氏曰：古祀死溺者稱水仙，楚靈均與吳伍相，是舊吾邑祀水仙五聖，相傳上湘湖孝子五人事，與此同。"五"與"伍"字音之轉。今以觀倪，則三而非五，何不素車白馬屬鴟夷公乎？事關里□，雖誕不誣，況兼神變，非可臆測，吾記水仙神與東坡之詠水仙王一而已矣。

【按】文見《（民國）蕭山縣志稿》卷七"上水仙廟"條。文末云："案，此文錄自廟額。額之左方題'毛奇齡敬書'，相傳爲奇齡作，而集中不載。"據《（民國）蕭山縣志稿》卷七，上水仙廟，在來蘇鄉張龍橋之東。

文中所及"祀水仙五聖，相傳上湘湖孝子五人事"，即毛奇齡《九懷詞》之《水仙五郎》，其序云："蕭山俗祠水仙神，每歲秋節，上湘湖水仙花開，湖邊人家家祠之。其神有五，一名'水仙五聖人'，又名'水仙五郎'。相傳是鄉有五兄弟，事母孝，傍湖而居。當水仙花時，其母思魚餐，戒勿擾水中花。五人念滿湖面皆花，定無可取魚者，乃各衣鵜鶘之衣，入江水取魚，以潮至，並漂去，因爲潮神。嘗乘白馬，于水仙花開時還故鄉望母，故上湘湖傍有白馬湖，是其蹟也。杭俗祠三郎神，其祠在候潮門外江塘邊。一日，神巫于祠時大怖，言霍霍，五郎當來看三郎矣。須臾潮至，壞廟一角。問是何五郎，莫欲奪其廟否？曰：'蕭人嘗祠我，無廟。吾廟在江中，不須也。'按：伍相，杭人，亦稱伍郎。此'五'字當是'伍'字之誤。伍相爲吳主所殺，煮之于鑊，盛之以鵜鶘之衣而游于江。伍相大恚，乃倪去鵜鶘衣，當潮上時，改乘白馬，坐于潮頭。吳人望而認之曰：'此伍郎也，今爲仙矣。'故《紐書》曰：'伍胥死，吳人呼爲水仙。'或曰：'靈平死，楚人亦呼爲水仙。'蓋水神之稱云。"①

據文末"太史氏"語，知此文作於毛奇齡官翰林院檢討之後。毛氏於康熙二十五年自京歸里，則此文終作於此際，姑繫於此。

過高士徐明德墓志感（約康熙二十六年）

石羊山下葬徐凝，誰識詩禪瘂代興？慚愧史臣搜不到，青田一鶴失傳燈。

---

① （清）毛奇齡：《西河合集·九懷詞》，清康熙五十九年刻本。

【按】詩見張坤、朱岫雲、蔣祖勳、夏家鼐選注《歷代詩人詠富陽》①。“徐明德”，字德卿，號石羊，元末明初浙江新城人。《（民國）杭州府志》卷一百四十八：“徐明德，字德卿，新城人。父元世，通經學，敦孝行。明德世其業，從任叔實游，知天文，擅經濟，然不肯應進士科。負奇客游，嘗過嚴陵灘，爲文以祭。……青田劉基與語，日夜不寐，徵其名，不告，但稱爲石羊先生。基著《郁離子》，多述之。參政周伯琦欲薦爲館職，亦不應。”②

此詩應是毛奇齡游富春時，過徐明德墓而作。詩中有“史臣”字，知約作於康熙二十六年(1687)。據拙著《毛奇齡年譜》，毛奇齡自康熙二十五年夏歸儆杭州後，只有康熙二十六年春夏間游福建，蓋於此時過徐明德墓，作詩志感。

毅菴王公七旬壽文（康熙二十六年）

少與毅菴先生爲笔研交，維時授講者，先教諭也。教諭每課文，必易書判甲乙，榜於堂，而旌之罰之。其有甲而不一乙者，毅菴也；甲饒而乙寡者，孝廉韓燕克也；甲、乙半者，今廷尉任待菴也；予則日殿居乙中。其不敢與毅菴齒有年矣。

鼎革以來，里社尚古學，毅菴與蔡徵君、包二先生、沈七輩，鍵關課讀十三經、二十一史，及董、賈以下，迄韓、歐、蘇、王諸大家文集，間爲詩歌、雜文。予追陪其間，嘗謂自今以後，可絕意舉文。而不謂毅菴與孝廉與廷尉之究以舉文顯也。夫嘉禾不先登，名材多晚成，夫人而知之矣。方毅菴爲舉文時，一時應舉者皆已辟易，而毅菴蹉跎年歲。暨其嗣君繼起，與毅菴同持卷叩簾下，而毅菴始登賢書。故當時謂跖跎之駕，子寔先之。今毅菴登進士久矣，天子於觀政之餘，試之書，命賜宰相判官，使掌綸綍，一時詞人共推爲禁笔之傑。而毅菴亦膂力正強，足以有爲。乃從容歸里，迨其嗣君已徐赴公車，教習諸官庶，授之大邑，而毅菴尚未出也。

夫人銳意逞志，務爲所欲爲，凡諸經紀，第取利便，舍百年之謀，而爲是不終日之計，其才之所持，力之所捄，初未嘗不足以集事，故有措之於身，施之於家，以漸而推之邦國，皆羨其神敏而驚其給捷。而夏潦方盛，及秋而涸，

---

① 張堃、朱岫雲、蔣祖勳、夏家鼐選注：《歷代詩人詠富陽》，政協富陽縣文史資料委員會、富陽縣文聯、富陽縣文物館編印，內部發行，1990年，第81頁。

② 《（民國）杭州府志》卷一百四十八，民國十一年刊本。

其成之也早而敗之也速，理固然也。乃若安徐靜重，初若不經意爲之，而既而有得，然且退若無能，嗛嗛若不足，必不肯以先人志意自取夸大，而遲之遲之，挹之愈深而取之不竭，夫然後知其有待矣。毅菴於承先裕後兩無所憾，乃未經授職，即以尊大人之錫贈爲兢兢，覃恩誕敷，爭先恐後。暨五花之下，辟門除道，出郭迎數里，獻軸於堂而焚黃於墓，欲如也。然且累先人之德，請之學使，得崇祀邦賢，爲俎豆光，月吉與望，必肅衣冠而拜之，人以爲榮。

至其教子有方，雖晚年所得子亦蜚聲黌序，且蘭芽桂苗，彪炳相繼，乃躬行楷模，型仁講讓，爲創垂之計。若夫身之所膺，則雖銓人抱牒，需次已及，而仍然掉其臂而不之顧，其澹於一身而汲汲於先後之間如是也。且夫閥閱顯族，多以功名爲要事，而毅菴家有卿貳，科名方接踵，獨以恬然繼其後。嘗自謂遭時多故，功名不早振，所爲文章又不足以嬗世。因選古今詩，自漢、魏、唐、宋迄於元、明，凡若干卷，各有論列，已哀然成書，猶宵晝討究弗休，期剞劂以問世。

蔡澤曰："富貴，吾所自有。所不知者，壽耳。"夫壽固難必，然而《中庸》曰"必得其壽"，蓋修短之數，視乎所爲，往往操之若券而不爽。蓋所爲近乎短則短可必，所爲近乎修則修可必。故當其寬裕不迫，澉然若忘，坎然若無，餘宜無所冀乎久長，而世之言久長者必歸之，以吾觀乎毅菴，其所爲非旦夕事也。歲之嘉平，爲毅菴七十辰，同人咸捧觴爲尚齒之祝，予聞貳膳之歲舊名"古稀"，故耆英諸會，高年所預不過七十餘，而曩時交游稀焉。今笲研之交雖不盡存，而予以歸田之暇，尚得與待菴廷尉隨諸親串後次第而進，是雖毅菴之可必者，不惟是乎，然亦稀有矣！時康熙二十六年丁卯嘉平月穀旦，翰林院檢討、充史館纂修官編撰明史、乙丑分校會闈領十八房同考、年通家眷同學弟毛奇齡頓首拜撰。

【按】文見王洪源纂修《蕭山王氏家譜》卷七。詩題"毅菴王公"即王先吉（1619—1689），字枚臣，號毅菴，浙江蕭山人。康熙八年（1669）中舉，九年（1670）成進士，候補內閣中書舍人。著有《容安軒詩鈔》。詩題"七旬壽文"，即王先吉七十生日時，毛奇齡作文祝壽。毛奇齡《吏部進士候補內閣中書王君墓誌銘》："君以康熙己西舉于鄉，庚戌成進士，是年即考授內閣中書舍人。不即補，歸而家居。越二十年死。……卒時康熙二十七年十一月十二日，距生萬曆四十六年十二月八日，享年七十有一。以康熙二十年覃恩敕授文林郎內閣中書舍人。……君諱先吉，字枚臣，別字毅庵。王，其姓也。"①知王

---

① （清）毛奇齡：《西河合集·墓誌銘八》，清康熙五十九年刻本。

先吉生於萬曆四十六年十二月八日,推知康熙二十六年(1687)十二月八日,王先吉七十,毛奇齡作此文祝壽,與文中"歲之嘉平,爲毅庵七十壽辰……時康熙二十六年丁卯嘉平月穀旦"合。

　　文中所及"少與毅庵先生爲笔研交,維時授講者,先教諭也。教諭每課文,必易書判甲乙,榜於堂,而旌之罰之。其有甲而不一乙者,毅菴也;甲饒而乙寡者,孝廉韓燕克也;甲、乙半者,今廷尉任待菴也;予則日殿居乙中","先教諭"指毛奇齡伯兄毛萬齡(1605—1681),字大千,號東壺。蕭山拔貢生,官仁和教諭。著有《采衣堂集》。萬齡官仁和縣教諭,故稱"先教諭"。"孝廉韓燕克"即韓日昌,浙江蕭山人。諸生。康熙十一年(1672)中舉,未幾卒。"今廷尉任待菴"即任辰旦(1623—1692),字千之,號待庵,浙江蕭山人。康熙六年(1667)進士,榜名韓燦。十四年(1675),任上海縣知縣。二十二年(1683),考選工科給事中。二十三年(1684),任湖廣鄉試正主考。旋遷兵科掌印給事中,轉大理寺寺丞。著有《介和堂集》。毛奇齡與王先吉、韓日昌、任辰旦少時同受學於毛萬齡,毛奇齡《大理寺寺丞前兵科掌印給事中任君行狀》云:"中書舍人王先吉、舉人韓日昌嘗偕君與予同受書於予伯兄仁和教諭東壺公,公每坐講,必左右視曰:'此四傑也。'"[1]毛奇齡《昔日篇送任令南還上海兼示王十六舍人》有"昔者結髮共文硯,王韓及君成一龍題"句,其下注曰:"王舍人先吉、韓孝廉日昌、任上海辰旦與予同學于先教諭門下。"[2]文中"毅菴與蔡徵君、包二先生、沈七輩","蔡徵君"即蔡仲光,"包二先生"即包秉德,"沈七"即沈禹錫,三人生平見本書"慕歌"條考證。文中又及"因選古今詩,自漢、魏、唐、宋迄於元、明,凡若干卷,各有論列,已裒然成書",指王先吉選刻宋元詩事。毛奇齡《王舍人選刻宋元詩序》:"舍人王君惟恐以今之爲宋、元者如昔之爲唐,而仍蹈其弊,於是搜討遴録,遍輯宋、金、元之詩,而以揀以料,揚其粃而汰其礫,取夫宋、金、元之近唐者而存之。"[3]

廣博辭(康熙二十七年)

　　《廣博辭》者,《珠》《露》之互體也。古云:"文比《連珠》,辭如《繁露》。"而要皆始于寓言。故傅毅作《連珠》,董仲舒作《繁露》,葛洪作《博

---

①　(清)毛奇齡:《西河合集·事狀二》,清康熙五十九年刻本。
②　(清)毛奇齡:《西河合集·七言古詩十一》,清康熙五十九年刻本。
③　(清)毛奇齡:《西河合集·序二十二》,清康熙五十九年刻本。

喻《廣譬》,以爲廣博所至,珠露生焉。我皇上孝並天地。"廣博"者,天地之名也。然而浙河以西,甘露屢降,草木之華,皆成蕊珠,因有比于《連珠》《繁露》之義,合《博喻》《廣譬》,而著爲體,曰"廣博辭"。《河圖》所云"天子孝則瑞應至"者,於辭有之。

在昔北宮電掣,則軒母開基;總之大渚星流,則女樞嗣曆。帝王乍起,必有母德爲之先;家國相承,所藉后(後)宮大其述。則夫鵲唧朱菓,有駘封長白山前;天錫黃衣,大駕從濯龍門出。(右一)

蓋肇造王跡,以開天而作之極,有善成之助焉;相總創業,以儲器而篤其烈,有克配之祜焉。其撫真人而御宇,比之踐祚,則出《震》也,而《坤》母繫焉。及乎護神孫而嗣服,仍兼保育,則祖幄也,而慈闈備焉。(右二)

當夫寢門問竪,一日三朝,停鸞籥宿,湔龍灞橋。戀金根于長樂,擔玉座之非遙。方謂遊像絮海濆,歲月延嵩喬,無如兩闔初通,六駬中阻。冀向霜晨,桂逢(逢)月午。既已統持陰教,躬帥九御,作大宅光;況復暗捧靈圖,力贊四世,爲天下母?(右三)

則凡肆求國醫,漱術以進者,孝子之誠也;親行禱祀,徒跣而請者,久憂危之情也。今夫祠官升殷,禮逾節者難以行;太祝告虔,詞過切即不可道。何則?詘體之禮,非制所宜;急切之詞,難以明告。爾乃年祈王母,非龔明而具焚頂之誠;禱並元孫,不姬旦而有《金縢》之告。(右四)

爰申孝思,錫于不匱。因推聖恩,務極其類。夫德綏翔鳳,當知鳳可唧書;孝感棲烏,並道烏啼有赦。故合原廟而議恤獄,則當年誦興國之惠矣;太后病而議省刑,則天下無及親之罪矣。(右五)

謂三年之喪爲心喪者,鄭玄之文也;謂三年之喪非喪服者,杜預之言也。以日易月,漢文始之;以恩掩義,魏文理之。皇上申縞素之情,變紅纖之制,望原陵而哀號,過慶善而流涕。枯苦疑歠粥之容,掩幕作居廬之次。雖復體之臣民之所爭,察之後儒之所議,酌古準今,緣情起例。寧釋千非,必求一是,而聖人之志,固有所不能已也。(右六)

然且臨者勿踐,詔無其文;祖則必跣,《記》有其說。山陵徒步,人思周武之哀;匶室扳號,道掩崔倫之血。(右七)

今夫承天順地,德教有加,天子之所爲孝也;流祚錫福,衍之無窮,天地之所以爲報也。蓋誠能動物,斯甘泉生于庭;孝可感神,則嘉穀播於地。雖士庶而有然,況維皇之有異。不見軒圖所載,神龜生禱蓍之間;聖孝無涯,甘露降浙河之涘。彼水波之不揚者,咸曰聖人之徵;斯草木之湛湛者,豈非孝子之瑞?(右八)

【按】文見毛奇齡《西河文選》（康熙三十五年刻本）卷一。毛奇齡《西河合集》卷首總目錄“擬廣博詞連珠詞”下標“缺”，此文當是《擬廣博詞連珠詞》之《擬廣博詞》。

文末附記云：“康熙二十七年春，甘露降于浙河大環山南，爲聖孝格天所致。西河爲開府言之，彙詞人製詞百章，合一册。將以上聞，以陳者阻之中止，而其詞遂亡。西河此首略見大概。尚存《聖孝辭》萬言、《易服議》一首存集中。”①知此文作於康熙二十七年（1688）春。

康熙二十六年十二月，康熙帝祖母太皇太后卒，清廷就太皇太后喪儀下諸官集議，毛奇齡因成《擬喪制以日易月議》，其題下注曰：“康熙二十六年十二月，恭逢太皇太后上賓，皇上特諭行三年喪，持服二十七月，且獨行宫中，不令臣民持服。下諸王大臣各官集議。”②後毛奇齡有感於康熙帝的至孝之情，成《廣博辭》及《聖孝辭》。毛奇齡《聖孝辭》云：“臣自通籍爲侍從，叨處禁近，稔見皇上事兩宫至孝……倏於康熙二十六年滄冬之仲，太皇太后神躬違豫，皇上親侍寢疾……乃于臘月朔日，步詣圜壇，請損聖算，以禆慈壽。是時一聞祝告，左右驚怛。臣民于焉震動，天地爲之變色。……而賓馭有數，宫車晚及。……皇上哀毁踰制，孺泣無候，三日以内，水漿溢米俱不入口。……今復爲此文，妄名《抵諢》。蓋不藉主客，恐無以發抒所由；導揚未備，因往復假借，以附於《解嘲》《抵疑》之末，使後之觀者，庶以知起居記注之外，猶有史官存信焉如是者爾。……且子不觀浙河之間乎？方春之時，水波不揚，叢壇里樹，甘露以降。在昔羲、軒之世，王者行孝，則蓲蒲生于庖，甘露溢于塘。暨乎三代，援神著契，則龜龍達河，流水無恙。今兹之瑞，亦正相彷。夫二鳩之巢，一魚之躍，皆關孝行。”③《廣博辭》序亦云：“我皇上孝並天地。‘廣博’者，天地之名也。然而浙河以西，甘露屢降，草木之華，皆成蕊珠，因有比于《連珠》《繁露》之義，合《博喻》《廣譬》，而著爲體，曰‘廣博辭’。”知三文所詠爲同一事。

《蕭山長浜陳氏宗譜》序（康熙二十七年）

余自丁卯歸里後，杜門謝客，内叔大生持家譜問余敘，余曰“諾”。然家

① （清）毛奇齡：《西河文選》卷一，清康熙三十五年刻本。
② （清）毛奇齡：《西河合集·議二》，清康熙五十九年刻本。
③ （清）毛奇齡：《西河合集·主客辭二》，清康熙五十九年刻本。

之有譜,猶國之有史。作史易,修史難;作譜易,修譜難。何言之?作史者,載一朝人物、政事,大書特書,大都得之歷朝實録,而斟酌損益之。獨修史則世遠年湮,事跡隱晦,而稗官、野乘又皆雜出不經,非有高古今之識、擅論斷之才者,不能訂訛正僞,垂爲信史。余向在館,與同列諸君言之詳矣!彼作譜之與修譜,何獨不然?譜之作,由身而上,則爲高、曾、祖、考;由身而下,則爲子、孫、曾、玄;由身而左右之,則爲昆、功、緦、免。因而纂其世系,遞其行列,詳其生、娶、卒、葬,耳目見聞之際,班班可考。若修譜不時舉,歷數十百年之後,子孫不能道其一二,欲假手於賢豪者粉餙而潤澤之,恐不足以道揚祖德,傳信將來,爲宗黨光,則修與不修等耳。矧陳氏譜之作與修爲俱難者乎?幸克祥公草創於前,濟吾公慎修於後,其苦心無容余贅,細閱之,而知其用意。潁川後,綿綿瓜瓞,彪炳史册,不可勝紀。而概從略者,夫亦欲傳信將來,不敢以耳目不逮者憑虚臆斷也。

　　孔子删《書》,斷自唐、虞,未嘗謂帝王世系自唐、虞始。此《陳氏宗譜》所以斷自居蕭之福一公始,而不及文範公也,難之,故慎之,慎之,故略之也。陳氏子孫由所尊而益敬其所尊,則不特文範公爲居杭之祖。追而遠之,周武王封舜〔後〕胡公滿於陳,實爲得姓受氏之祖也。木有本而水有源,何獨陳氏爲然哉!則是譜之父子昭穆、生卒配偶,井乎其有條,秩乎其不紊,考核精當,世系瞭然,誠信譜也。敢以是爲陳氏重,并爲後之修譜者望云爾!康熙二十七年冬十月吉旦,賜博學鴻儒科進士、授翰林院檢討、國史館纂修編撰明史、乙丑會試同考官、門婿毛奇齡拜撰。

　　【按】文見陳錫鈞等續修《蕭山長浜陳氏宗譜》卷首。文中所及"内叔大生"即陳弘祖(1630—1722),號岳瞻。"克祥公"即陳慶(1450—1531),據陳錫鈞等續修《蕭山長浜陳氏宗譜》卷四:"慶,字克祥,號居素,生明景泰元年十一月二十四日卯時。配周氏,諱妙清,謚貞素。……公卒明嘉靖十年八月初九日未時,年八十二。"①乃蕭山長浜五房本支之祖。"濟吾公"即陳津(1537—1619),據同書同卷:"津字濟吾,生明嘉靖丁酉三月二十六日辰時,邑庠生。……配童氏……公卒萬曆己未正月初二日卯時,年八十有三。"②文末署"門婿毛奇齡",據毛齡亭等續修《蕭山毛氏宗譜》卷四《大房世系紀》:"(奇齡)配邑庠生陳于仁女,誥封恭人。"③陳錫鈞等續修《蕭山長浜陳氏宗

---

① (清)陳錫鈞等續修:《蕭山長浜陳氏宗譜》卷四,清同治十一年敬睦堂木活字本。
② (清)陳錫鈞等續修:《蕭山長浜陳氏宗譜》卷四,清同治十一年敬睦堂木活字本。
③ (清)毛齡亭等續修:《蕭山毛氏宗譜》卷四,清道光二十六年爵德堂木活字本。

譜》卷四：“于仁，字振乾，號六奇，邑庠生。配張氏。子二：長朝烈，次朝佐。女二，長適博學鴻儒科進士授翰林院檢討纂修明史毛西河。”①知毛奇齡爲蕭山長浜陳于仁婿。

文末署“康熙二十七年冬十月吉旦”，明此文作於康熙二十七年（1688）十月。蓋此年蕭山長浜陳氏重修族譜，毛奇齡是陳氏婿，遂爲之作序。

《客越近詠》序（康熙二十七年）

學山詩鮮妍婉約，一往雅雋，行墨之外，尚有餘清者，常、劉一流人也。近代詩人善變，自李、杜以下，凡韓、盧、元、白、梅、黃、蘇、陸，無所不極，所歸然靈光，惟雲間一區而已。

學山既不狃習，復不趨流，使觀者坦坦白白，皆有以知其爲得，始信同時嬋嬰所稱繢膩隨車後者，真恒人事耳。西河同學弟毛奇齡頓首識。

【按】文見張以恒《客越近詠》卷首。張以恒，據《客越近詠》卷端署“雲間張以恒學山氏草”，知張以恒字學山，松江人。《客越近詠》現存稿本一卷，公私書目均未著録，藏國家圖書館。

張以恒《客越近詠·記異》詩有“戊辰六月月二日，湖上招提聊寄跡”句②，知其康熙二十七年戊辰（1688）六月客杭州西湖。集中詩乃張以恒此年客杭州、紹興、嘉興時所作，集成於是年，毛序亦當作於是年。

《東渚詩集》題詞（康熙二十七年）

宛陵自梅都官後，名爲“詩鄉”，然未有如今日之盛者。東渚，都官裔，一門群從，自相唱和，各裒然成集。人嘗謂東渚詩如諸王之有元長、諸謝之有宣遠，其語甚信。予滯京邑，曾和其所寄詩，思效其體，不可得。今讀《東渚集》，如望北崎湖，使我游神在瀟瀰之際矣。西河同學弟毛奇齡題。

【按】文見梅枝鳳《東渚詩集》卷首。梅枝鳳（1615—1689），字子翔，號東

---

① （清）陳錫鈞等續修：《蕭山長浜陳氏宗譜》卷四，清同治十一年敬睦堂木活字本。
② （清）張以恒：《客越近詠》，清稿本。

渚,安徽宣城人。著有《東渚詩集》《慎墨堂詩品》。吳肅公《梅東渚先生墓誌銘》:"先生梅氏,諱枝鳳,字子翔,號東渚。蓋宋都官聖俞公之裔。父諱有振,母趙孺人,先生其第三子也。少事畊嵓先生,從金沙周儀部鹿溪游。……所著《石軒詩選》《東遊艸》《慎墨堂詩》,總爲《東渚集》若干卷。生萬曆乙卯年九月晦日,卒康熙己巳年某月某日,年七十有五。"①

文中所及"宛陵自梅都官後,名爲'詩鄉'","宛陵"乃安徽宣城之古稱。"梅都官"指梅堯臣(1002—1060),字聖俞,安徽宣城人。世稱宛陵先生。初官桐城主簿,歷鎮安軍節度判官。皇祐三年(1051),賜同進士出身,爲太常博士。以歐陽修薦,爲國子監直講,累遷尚書都官員外郎,故世稱"梅直講""梅都官"。梅堯臣少即能詩,與蘇舜欽齊名,時號"蘇梅",又與歐陽修並稱"歐梅"。爲詩主張寫實,被譽爲宋詩的"開山祖師"。著有《宛陵先生集》《毛詩小傳》。文中又及"東渚,都官裔",指梅枝鳳爲梅堯臣之後裔。"予滯京邑,曾和其所寄詩",指康熙二十三年(1684),梅枝鳳有樓築成,施閏章題曰"滿聽",梅清繪爲圖并首倡二詩,毛奇齡和其詩事。毛奇齡《梅東渚築樓於草堂之北施侍讀題曰滿聽其群從淵公孝廉首倡二詩書卷命和遂依韻率成續原卷後》,其一曰:"下直出中禁,懷人在東溪。豈無逢時交,願與靜者期。如何鬱儀彎,日薄還相羈。環山如春曰,入路透以迤。傳聞嚴墉上,重屋方臨卑。虛似撓千空,泛若坐百陂。所喜朝日麗,有鶯啼修楣。樓成時,有鶯啼于梁。以此屬清聽,能使神志怡。君子畜嘉告,同聲寄遥題。何當攜雙柑,倚此雲外梯。"其二曰:"披圖鮮周游,蠟展用幾兩。惟此林間人,于焉萃清賞。逝將與晨夕,浩然學長往。詎無臨淵思,徒抱結網想。一旦玄暢成,噫氣激疏爽。崒嵂森似雲,長林坦如掌。遂令萬籟鳴,雜作衆山響。有時秋風生,南還重相訪。比之剡川賓,乘雪鼓兩槳。于斯理高吟,憑欄且俯仰。"②除和詩外,毛奇齡另有《滿聽樓記》,其文曰:"既而先生築樓于草堂之傍,顏曰'滿聽'。相傳樓成時,有鶯黃栖于梁,緜蠻而啼。同里施侍讀爲之題之,而其家舉人淵公復爲之繪圖,傳來京師,京師好事者且爲之歌詠其事。"③梅枝鳳復詩爲謝,梅枝鳳《酬毛西河太史寄余七十弁言併滿聽樓記》:"層累陟岱巔,歸然諸嶽宗。天門入杳冥,三觀闢鴻濛。婆娑一珠樹,乃在越觀峰。仙靈群棲託,一氣盤虛空。高標插霄漢,垂蔭無春冬。蘭茝茁其旁,蕭蒿亦蒙茸。大化一無私,遂使與蚌蠔。終焉依蔓草,無力承春風。徒然眷明德,搖動夕陽中。"④

①　(清)吳肅公:《街南續集》卷六,清康熙程士琦等刻本。
②　(清)毛奇齡:《西河合集·五言格詩一》,清康熙五十九年刻本。
③　(清)毛奇齡:《西河合集·碑記五》,清康熙五十九年刻本。
④　(清)梅枝鳳:《東渚詩集》卷四,清嘉慶滿聽樓刻本。

知毛奇齡作《滿聽樓記》時，梅枝鳳七十，時爲康熙二十三年。

毛奇齡與梅枝鳳於康熙四年已相識，時毛奇齡至宣城，訪梅枝鳳，毛奇齡《滿聽樓記》云："予至宣城，偕張公荀仲訪東渚先生。"①後毛奇齡流亡至湖西道參議施閏章幕，二人互有詩酬贈，見梅枝鳳《答毛大可湖西見寄》②。

據文中"予滯京邑，曾和其所寄詩……今讀《東渚集》"語，知此文作於康熙二十五年毛奇齡歸居杭州之後。梅東渚《東渚詩集》卷十六末有《丁卯長至用兒曆韻》詩，"丁卯長至"即康熙二十六年冬至，而梅枝鳳卒於康熙二十八年己巳，則《東渚詩集》當刻成於康熙二十七年，毛奇齡題辭亦當作於此年。

恢七公像贊（約康熙二十七年）

一腹珠璣載滿車，經綸時吐展盈餘。醉將兔穎臨秦帖，夢挽牙籤讀《漢書》。古道宜人敦藹吉，蒼顏率性享安舒。掣鯨有志波猶頹，伏驥還愁櫪不虛。絳下一門多立雪，堦前三樹豈同樗？向家志就人垂老，梁氏風清意自如。孝友文章驚海内，琴棋樂事隱山居。生平誰是我身事，竹杖常攜渡石渠。邑人毛奇齡。

【按】文見丁樂山等續修《古越蕭南丁氏宗譜》卷二。恢七公，生平不詳。此文未署年月，據卷首《古越蕭南丁氏宗譜》序③，知清康熙二十七年戊辰（1688），丁氏續修宗譜。蓋於此年，毛奇齡爲丁恢七作像贊。

《樂志堂文鈔》敘（康熙二十八年）

才難，兼才尤難。天之生才不偶，數百里如比肩，數十年如接踵，此才之難也。董仲舒、劉向之徒以文傳，不以詩傳。王維、孟浩然之徒以詩著，不以文著。馬、班、李、杜之徒以詩、文名，不以經濟名。此兼才之難也。吾友姜子武孫，少負無雙之譽，弱冠受知陳黃門臥子先生，亟賞其文，嘆曰奇才。一

① （清）毛奇齡：《西河合集・碑記五》，清康熙五十九年刻本。
② （清）梅枝鳳：《東渚詩集》卷三，清嘉慶滿聽樓刻本。
③ 丁樂山等續修：《古越蕭南丁氏宗譜》卷首，清宣統三年思本堂木活字本。

再不遇，遂肆力詩、古文詞，博洽藝文，貫穿經史，窮年矻矻，手批口哦無停晷。既而徧游名山川，日與名賢偉人往來酬酢，故識日益高，氣日益古。其文雅健雄深，閎中彪外，滔滔汨汨，無不神明，變化於法；賦則體物瀏亮，攬潘、庾之英；詩則爾雅菁華，振初、盛之響。尤練達時務，經術湛通，諸所論著，洞中機宜，非經生家語。若武孫者，不謂之兼才不可也。

辛酉，魁北闈，藉甚聲名，長安紙貴。同人竊竊焉，喜謂坐致青雲，再見平津事業。乃累躓公車，戊辰南返，若有不豫色者。余慰之曰："以子之才，上之鸞臺鳳閣，次之金馬玉堂，何之不可？顧遲久始與賢書，戊之役，幾入彀，以'次經'二字見擯，此亦似有天意焉。然子之文多，藉以取羔雁，風行海內已久，雖未柄用當世，嘉謨碩畫陰受其福者良多，子亦可以無憾。且士莫貴乎知己，櫟園周先生、健庵徐先生，皆當代巨公，交相推服，世咸以流譽。撫軍悚存金公晨夕素心，數十年如一日，子更可以自慰。長公幼韓，文章經術，酷似乃公。既成進士，旋登仕版，且晚齛齞皇猷，竟子未竟之志。況子著作甚富，已足藏名山而垂不朽，子亦可以優游自娛矣！"姜子曰："唯唯。"於是發篋中所存詩文，屬余評次，分爲若干卷，皆可傳者。顧篇帙繁重，未遑盡登梨棗，先以吉光片羽付梓問世。

天下雖知武孫，不若余知之爲最深，姑次其大概，以竢世之論定焉。時康熙己巳季春，西河同學弟毛奇齡撰。

【按】文見姜承烈《樂志堂文鈔》卷首。阮元《兩浙輶軒錄》卷八："姜承烈，字武孫，號迨菴，餘姚人。康熙辛酉舉人。著《樂志堂集》。"①此"樂志堂集"即《樂志堂文鈔》。"姜子武孫"即姜承烈，生平見本書"傭庵北遊集序"條考證。

文中所及"弱冠受知陳黃門卧子先生"，指姜承烈二十歲時受知於紹興府司理陳子龍事。崇禎十三年，陳子龍官紹興府司理，在任上"折節下士，與諸生多敍盟社之交"②。姜承烈得於此時受知於陳子龍。文中又及"辛酉，魁北闈"，指姜承烈於康熙二十年辛酉（1681）中舉事。文中又及"乃累躓公車，戊辰南返，若有不豫色者"，指姜承烈自康熙二十年中舉後，蹭蹬場屋數年，於康熙二十七年戊辰（1688）因年事已高不得不放棄科舉返里事。文中又及"天下雖知武孫，不若余知之爲最深"，言毛奇齡與姜承烈相知甚深。毛

---

① （清）阮元、楊秉初輯：《兩浙輶軒錄》卷八，夏勇等整理，浙江古籍出版社 2012 年版，第 607 頁。
② （清）溫睿臨：《南疆逸史》卷十四，清傅氏長恩閣鈔本。

奇齡與姜承烈兩人自弱冠即相交相知，《（光緒）餘姚縣志》卷十七：“承烈弱冠即有聲雞壇，與周櫟園、毛西河、倪闇公諸君交善。”①毛奇齡《姜武孫七十壽序》：“予弱冠與武孫先生爲文友。”②順治七年，兩人同爲杭州登樓社成員，赴嘉興南湖“十郡大社”，毛奇齡《駱明府倪孺人合葬墓誌銘》：“嘗同會稽姜承烈、徐允定、蕭山毛姓赴十郡大社，連舟數百艘，集於嘉興南湖。”③姜承烈赴從叔姜廷樾上元官署，毛奇齡作《贈姜二承烈赴從叔上元官署》詩贈行④。康熙二十一年，姜承烈會試未第返里，毛奇齡作《送姜二承烈舉京闈未第南歸》詩送之⑤。康熙二十六年，姜承烈七十壽辰，毛奇齡作《姜武孫七十壽序》賀壽⑥。毛奇齡文集成，姜承烈爲作序，言“余也不材，與大可生同時，居同里，臭味同心”，足見兩人友情之篤⑦。

文末署“時康熙己巳季春”，“康熙己巳”即康熙二十八年（1689），知此文作於康熙二十八年（1689）三月。

《完玉堂詩集》題辭（康熙二十九年）

《高僧傳》中能詩文者無幾。《弘秀集》皆詩僧也，妙於語句，未能通禪。三支、二朗，講師也，唯有支那撰述。法門尊宿如洪覺範、明教嵩、中峰本、天如則、石屋珙、楚石琦、見心復，至本朝弘覺忞、天嶽晝公，舉悟空心地，得拈花之旨，博通內外典籍，爲人天師，詩文其餘事焉。錢牧齋重《憨山集》，閱《從軍》作，尚多火氣，欠醇雅。至於近時方外號名通而著述者，蒿塵滿目，難以入作者之室。

借公徧參名宿，得天童之法印，曠懷逸韻，託諸吟詠。有體製，有風骨，開闔有力，變化自在。其《蘭亭》《曹娥廟》等什，書之屏，書之扇頭，喜不釋手。法海藝林，疇能與抗。

【按】文見釋元璟《完玉堂詩集》卷首“題辭”。丁仁《八千卷樓書目》卷十

---

① 《（光緒）餘姚縣志》卷十七，清光緒二十五年刻本。
② （清）毛奇齡：《西河合集·序二十一》，清康熙五十九年刻本。
③ （清）毛奇齡：《西河合集·墓誌銘八》，清康熙五十九年刻本。
④ （清）毛奇齡：《西河合集·七言律詩一》，清康熙五十九年刻本。
⑤ （清）毛奇齡：《西河合集·五言格詩三》，清康熙五十九年刻本。
⑥ （清）毛奇齡：《西河合集·序二十一》，清康熙五十九年刻本。
⑦ （清）姜承烈：《樂志堂文鈔》卷二，清康熙刻本。

七:"《完玉堂詩集》十卷,國朝釋元璟撰,抄本。"①《清文獻通考》卷二百三十四:"《完玉堂詩集》十卷,釋元璟撰。元璟字借山,浙江天童寺僧。"②

"借公"即釋元璟(1655—約1735),字借山,又字紅椒,初名通圓,字以中,號晚香老人,俗姓蕭,浙江平湖人。髫齡入平湖化成庵爲僧,成年後受法於會稽平陽寺天岳本晝門下。生平儒釋互參,既立志於學佛,又苦學詩藝。居杭州時,曾結西溪吟社,與諸名流相唱和,成《乙丑倡和集》。康熙四十二年,以詩受知於康熙,居京師十餘年。後放歸,卒於平湖化成庵。著有《完玉堂詩集》。

《完玉堂詩集》卷首吳騏題辭云:"己巳,過余荒江草舍,暢談連夕。"此"己巳"即康熙二十八年己巳,此年釋元璟游華亭,寓華亭超果寺數月,吳騏爲其詩集題辭,應在此年。毛奇齡題辭排在吳騏、董俞、陸堃之後。據周小春《元璟年表》"康熙二十九年庚午"條:"元璟北游入都。"另據卷首王士禎題辭:"借公從儒入釋,勇猛精進……自會稽入都,以詩來贄。"釋元璟於康熙二十九年自會稽入都,蓋於此際,毛奇齡爲其詩題辭,以壯其行。

釋元璟居會稽平陽寺期間,已與毛奇齡相識,彼時毛奇齡曾爲其詩集作序,毛奇齡《借山詩序》云:"乃既交借山,嘆借山聞道之早,二十而卻染,不十年間,即已受大鑒大法於平陽門下。……予序釋氏詩二人,一蛤庵,一借山也。蛤庵與借山,皆出自平陽之門,雖蛤庵聞道較借山稍晚,而其爲詩則一也。"③此序《完玉堂詩集》未載。

《越州臨民録》序(康熙三十年)

古者以京朝爲右,凡内舉不得,皆謂之一麾之出。而其後位重親民,往往擇京朝偉仕爲名都主,因有以相國之尊乞居外郡者。世所謂千里之師,一州之表,任綦重也。

三韓李公以從龍世胄,暫紆邦綬。其在先朝,以寧遠臣鎮作萬里長城,彪炳史册,而奕葉以後,其以元勳受帶礪之盟者,亦復不少。今公以三省儀同之子,束髮入仕,即以尚書郎受知天子,簡畀斯任。公自下車以來,飲冰齕蔘,晨蓋而晦轍,程石計簿,瞬息而斷。惟日以小民疾苦經營胸臆,雖世濟之

---

① 丁仁:《八千卷樓書目》卷十七,民國本。
② 《清文獻通考》卷二百三十四,清文淵閣《四庫全書》本。
③ (清)毛奇齡:《西河合集·序二十》,清康熙五十九年刻本。

裔，原有中外治譜，相嬗勿替，然非公之神明智計，實有以周知之。扶柔用慈，抑强用厲，摘伏鉤隱，理煩割劇，用耳目明察，以洞析其幾括何以致此。夫郡事之攰廢久矣，自居官者以所歷爲傳舍，而一二因循之長，又復市名餙貌，動不關心，誰則利是求而弊是去？而公則懇懇諮詢，孰者當舉，孰者當廢，迄于今，其爲振興而可紀者，比比也。

夫妥神祇，祠賢哲，恤災患，謹候望，興學砥材，平庭息獄，以至觀雲察物，立防通堰，此皆爲政所尤重，而公皆有以舉之。其爲抒之詞而勒之石，賢聲顯蹟，班班如也。至其誌記之詳明，情文之闇切，懋於行者粹於言，又無論已。今夫賈父治洛，刻石伊闕，記其事也；羊公之碑，過峴而泣，則又思其恩也。公之治行，實不勝書，而愛民之情，每有超于記之外者。然則以公之蹟而奏于廷，付于史官，恐有汗會稽之青而不能載者，況斯集矣！康熙三十年夏，治年家弟太史毛奇齡頓首拜譔。

【按】文見李鐸《越州臨民録》卷首。文中所及"三韓李公"即李鐸，據蕭惟豫《武林太守李公傳》，李鐸，字天民，號長白，遼寧鐵嶺人。李成梁裔孫。康熙二十八年至三十一年七月任紹興府知府，三十一年秋八月至三十五年春調任杭州府知府。[1]《(雍正)浙江通志》卷一百二十二："(紹興府知府)李鐸，奉天鐵嶺人，康熙二十八年任。"[2]據同書同卷，王吉武康熙三十一年任紹興府知府。《(雍正)浙江通志》與蕭惟豫《武林太守李公傳》所記李鐸仕履吻合，可知李鐸於康熙二十八年至三十一年七月任紹興府知府。"越州"爲紹興之古稱，知此書乃李鐸任紹興府知府期間所作。

文末署"康熙三十年夏"，知此文作於康熙三十年辛未(1691)夏，時李鐸在紹興府知府任上。是書公私書目罕載，共四卷，另有卷首一卷。卷一爲文記，卷二爲祭文，卷三爲信牌，卷四爲告示。卷首除毛奇齡序外，另有薦李鐸書三篇、傳記一篇。今中國科學院圖書館、中國社會科學院法學所圖書館有藏。

壽柴士容七十序（約康熙三十年）

余與柴士容交垂五十年矣。曩於故明崇禎之季，先獲交其仲父虎臣先

---

① （清）李鐸：《武林臨民録》卷首，清康熙三十四年杭州府刻本。
② 《(雍正)浙江通志》卷一百二十二，清文淵閣《四庫全書》本。

生,因得遍識其群從,如蓮生、式榖、雲倩諸昆季,先後成進士。時士容齒最少,肩隨諸兄從虎臣先生游,烏衣玉樹,一門甚盛,正不第如嗣宗、始平稱"二阮"也。未幾,余避人江淮間,而士容亦以抱才不遇,挾策四方,計去今已四十年。及余乞假歸里,訪士容于吳山里第,而髮已皤皤白矣。

今年春,爲其七十懸弧之辰。先是策蹇走汴梁,游靈源、廣武之勝,爲邑令所挽留,至是不果歸。其二三同好咸謀所以寄祝者,而屬余擇言。余惟士容以名家子承尊人仲朗公後,出其才具,何遽不與諸兄連翩鵲起,而顧老其才于羈旅游覽中,夫豈其志歟?不知人世惟文章之壽不窮,而詩書傳家之業爲久而可恃,向令士容置身通顯,王事鞅掌,吾知縱有所作,必不能如窮愁著述自名一家。今者岸幘風幕,所至之地,臺司百城交禮爲上客,而短吟醉墨,爭相傳寫,已與金石俱永。而令子若孫,文采氣誼,俱足光大前猷,龍騰豹變,正未測其所至。他日倦遊歸里,投老西湖,杖履優游,使余得追隨于兩峰三竺間,其樂固未有艾。較之名位聲勢,其所得於天者孰多?獨是迴思與虎臣先生及諸昆季訂交時,忽忽如昨日事,曾幾何時,君則垂老,而余固已衰髦也,此則所當各浮大白也。是爲序。

【按】文見陳枚輯《留青采珍集》卷一。"柴士容"即柴世疆,浙江仁和人。柴紹炳姪。潘衍桐《兩浙輶軒續錄》卷四:"柴世疆,字士容,仁和諸生。著《先月樓詩集》。"①詩題"七十",知爲祝柴世疆七十生日而作。

文中所及"仲父虎臣",指柴紹炳(1616—1670),字虎臣,號省軒,又號翼望山人,浙江仁和人。工詩文,稱"西陵體",於"西泠十子"中名最著。明亡後,棄諸生,隱居西湖南屏山,以教授著述爲事,尤究心於音韻學。著有《柴省軒先生文鈔》《柴氏古韻通》《省軒考古類編》等。"蓮生、式榖、雲倩諸昆季",指柴世埏、柴世基、柴世堯。《(乾隆)杭州府志》卷八十八:"柴世埏,字蓮生,仁和人。天啓甲子舉人,知崇安縣。"②《(乾隆)杭州府志》卷九十一:"柴世基,字式榖。祥曾孫。天啓辛酉入北雍,中式,謁選得合肥教諭,以勸學興賢、獎勵寒畯爲事。後移平湖,俸入,必以奉父。"③《(乾隆)杭州府志》卷九十一:"柴世堯,字雲倩,仁和人。"④

據文中"余與柴士容交垂五十年矣。曩於故明崇禎之季……時士容齒最少,肩隨諸兄從虎臣先生游",以"明崇禎之季"毛奇齡結識柴世疆推算,兩

---

① (清)潘衍桐:《兩浙輶軒續錄》卷四,清光緒十七年浙江書局刻本。
② 《(乾隆)杭州府志》卷八十八,清乾隆刻本。
③ 《(乾隆)杭州府志》卷九十一,清乾隆刻本。
④ 《(乾隆)杭州府志》卷九十一,清乾隆刻本。

人相交"垂五十年",知此文約作於康熙三十年。文中有"今年春,爲其七十懸弧之辰",知柴世疆生日在春天,則此文約作於康熙三十年辛未(1691)春。

題《汪柯庭瓻鵪圖》(康熙三十一年)

烏羊渾脫帽欄斜,才子帬披鞹輪賒。怪道如花人滿座,鮮卑婢在阮郎家。

生平道坦腹番番,萬斛何如一粒多!但使將兵如二鼠,不教子弟鬭雙鵪。

高才與世任浮沉,誰使娥媌起妒心? 姣好侍來三婦艷,等閒看作兩微禽。

【按】詩見汪文柏輯《汪柯庭彙刻賓朋詩·題照集》。"汪柯庭"即汪文柏(1660—1730),字季青,號柯庭,安徽休寧人,占籍浙江桐鄉。康熙間官北城兵馬司正指揮。著有《柯庭餘習》《古香樓吟稿》等。

汪文柏有《題鮑公受爲予寫瓻鵪圖四首》,其一曰:"敢誇悟後入牢關,酒肆淫坊不避嫌。好似阿難遭幻術,世間贏得有楞嚴。"其二曰:"粒米難均起殺機,苦爭酣鬭轉堪悲。英雄也墮分桃計,聽取佳人語侍兒。"其三曰:"一粒粟中藏世界,可憐卧榻不容人。誰能離此形骸外,貌得虛空是我真。"其四曰:"形體虛空總不真,驀然一覺現全身。要知爭奪皆餘粒,處處原來是鬭鵪。"①從詩題知《瓻鵪圖》爲鮑公受所繪。鮑公受,生平不詳。除毛奇齡題詩外,另有陸之垓、許箕、釋元荷、吳景旭、張方起、錢珏、項玉筍、潘耒、王晫、薛熙、黃玢、劉玉樹、鮑駿、俞瑝、顧文淵、釋原志、俞嶔奇、郭元貞、徐垓、湯得初、釋歸元、張之松、馬葤、張光曙等諸人題詠。

《題照集》前有汪文柏自序,署"康熙三十一年壬申竹醉日",集當刻成於康熙三十一年(1692),毛奇齡題詩亦當作於此年。

贈劉明府(康熙三十二年)

廉名不虛得,古道今難傳。明庭本人傑,出宰當盛年。高懷擬冰雪,雅

---

① (清)汪文柏:《柯庭餘習》卷十,清康熙刻本。

操如清錢。責簿但一覽，折獄惟片言。平情秉衡量，燭照同犀燃。催科中緩急，撫物無過偏。供楗備江築，溉稻清湖堰。明絕請謁盛，暗謝苞苴牽。春桑滿平楚，細雨隨車旋。登堂了無事，五指揮素絃。一彈復再鼓，四顧心悠然。寄言秉鈞者，爲我書屏間。

蕭丘美竹箭，湘沚餘蘭若。良材鮮時澤，遺棄在遠郊。明庭蘊冰鑑，比士非一朝。拔十必得五，所刈唯楚翹。譬之大匠斲，運斧如揮毫。披襟對白水，軼氣凌青霄。所嗟丁劇邑，户口猶蕭條。東陽井區八，唯此爲疲勞。三年見生聚，十載成恩膏。版甲畫轉益，編審法最饒。直如琴中絃，清過益上醪。有時息灾祲，野火無延燒。間或清畜牧，軍士亡驛騷。祥鸞暫經棲，丹鳳真來巢。誠懷起民情，神眷在聖朝。近者當敷奏，行見鶯遷喬。採風及微言，聊以代咏謠。

【按】詩見《西陵詠》。原無題，據意擬補。此詩是詠蕭山知縣劉儼政績而作，詳參下文考證。

《西陵詠》序（康熙三十二年）

間嘗讀《詩》至《召南》，嘆公在當日祇以聽訟行民間，而至今雀角之篇、□芰之什，一何流連太息而不能已也！降此而申伯營謝、山甫城齊，率朝士贈答之作，與民間歌詠無異。而流及後世，兩漢謠諺已播之《樂録》，然鄙而不文。至若風雅繁會，莫如有唐。顧南國如淮南、襄陽、西川、嶺表以及吾浙諸道，何一非能言之鄧林？往往邦賢大夫餞送獻賀，多膾炙人口，而謳吟誦述，求其可傳者，寥寥也。蓋言爲心聲，非可名市，非可跡徼，德至而風斯起焉。

吾邑自明府劉公涖治以來，十餘年矣。邑介山海，地确而渠渫，民氣瘠薄。公至而與爲休息，綱紀未布，先之以精勵；冰蘖其操，而後翕張以次第。墜者緪，扡者直，濫者滌。市能言之，野能誦之，比户能歌之詠之。雖疾徐、繁瘠不一，而纍纍乎各中其竅，非所稱"言爲心聲"發於不自已者。與夫袴襦瓠脯，言雖俚而可以歌也；朱絲玉壺，詞雖文而非所以爲飾也。今邑之頌公者，既採其謠諺以當簧鼓，復擷其藻采以播鐘石，製不一體，彙不一集，如山清谷澄，氣静景蕭，而後流泉之聲相爲鞬韃而響答也。抑若春韶鮮林，雲日蕩沃，而後好鳥和鳴，其中不知氣之自動也。自非公之善政，實有以及民，何以至此？雖世鮮輶軒，而假使太史之職尚可陳詩，則予居然一采風人也，獻諸當宁,而播之詠歌,一如《召南》之列《風》詩而嬗後世,豈有倖焉!康熙癸酉,翰林院檢討、史館纂修官、治年家弟毛奇齡頓首拜題。

【按】文見《西陵詠》卷首。寧波天一閣博物院藏《西陵詠》,署名"劉尹蕭",誤。"劉尹蕭"非人名,當是康熙三十二年前後姓劉的蕭山知縣。文中所及"吾邑自明府劉公涖治以來,十餘年矣","吾邑"即蕭山縣。"明府劉公",即康熙間的蕭山劉姓知縣。據《(乾隆)紹興府志》卷二十七,康熙間蕭山知縣只有劉儼一人。《(乾隆)紹興府志》卷二十七:"(蕭山知縣)劉儼,直隸景州人,康熙二十二年任。"①據同書同卷,金以培康熙三十六年任蕭山知縣,則劉儼自康熙二十二年至三十五年任蕭山知縣。康熙二十二年,劉儼將卜筮蕭山知縣,以毛奇齡籍蕭山,故以縣中利害相詢,毛奇齡《敕封邑大夫劉侯德配葛孺人墓誌銘》:"邑大夫劉侯將之官,別予京師,詢邑中利害事……且言先王父曾以尚書郎榷使北新,浙,舊游地也。"②

《西陵詠》卷首載張遠《題辭》云:"《西陵詠》者,詠邑侯劉君之所爲作也。蕭山舊稱西陵,故以'西陵詠'名。劉君尹蕭十餘載,百政脩舉,民之沐膏澤而詠勤苦,固其宜矣。"③知《西陵詠》乃劉儼任蕭山知縣十餘年間,屢有善政惠民,故蕭山士民紛紛作詩詠之。

文末署"康熙癸酉",指此文作於康熙三十二年癸酉(1693)。劉儼自康熙二十二年任蕭山知縣,至康熙三十二年,已十一年,與文中"十餘年"語合。

與某(康熙三十二年)

馮三世兄游晉安,曾以一劑附候興居,嗣此藉藉,聞觀察風概不減李司隸,而友朋相居,亦復如是。故健松方年兄不俟暖席,即候思過從,益傷老敗之不能前也。弟交杭好友,前後逮遍,而最親切者,莫如沛甄周年兄,高才多學,而家四壁立,不能爲情,早□爲年兄所知,苦未能達。今東川年兄資之前來,真足稱賓主東南之美,其磁鐵水乳□□,弟□然,如此亦深幸緇衣之有同好也。數行附候,并爲稱慶,老病草草,統惟亮原,弟憑穎望切。七十一弟奇齡又頓首敬叩。

---

① 《(乾隆)紹興府志》卷二十七,清乾隆五十七年刊本。

② (清)毛奇齡:《西河合集·墓誌銘八》,清康熙五十九年刻本。

③ 《西陵詠》卷首,清康熙刻本。

【按】文見故宮博物院書畫部藏"毛奇齡札"（新00152038-19/45）。原無題，據意擬補。此札不知與何人。

文中所及"馮三世兄"即馮協一（1661—1737），字躬暨，號退庵，山東益都人。馮溥第三子。蔭生。歷官浙江紹興府同知、江西廣信府知府、廣東廣州府知府、福建汀州府知府、臺灣府知府。著有《友柏堂遺詩》。文中又及"故健松方年兄不俟暖席，即倏思過從"，"健松方年兄"即方象瑛，詳參本書"錦官集序"條考證語。此言方象瑛於康熙三十年赴江西，與時任廣信府知府的馮協一歡聚事。方象瑛《健松齋續集》卷九"辛未稿"有《重過信州馮躬暨使君留飲》[1]、徐釚《南州草堂集》卷十四"辛未稿"有《躬暨招同方渭仁同年暨李頌將吳志上花前觀小伶演劇即席成四絕句》[2]，可證。文中又及"沛甄周年兄"即周世傑，字沛甄。原籍常州，隨父宦遊，遂卜居錢塘。十四補諸生。爲文縱橫排宕，與王修玉齊名，修玉以學勝，而傑以才勝。歷試不售，貧甚，詩益工。年七十七卒。著有《觀雛草堂集》。文中又及"東川年兄"指汪霦，初名王霖，字昭泉，又字朝采，號東川，一號亦齋，浙江錢塘人。康熙十五年（1676）進士，官行人司行人。十八年（1679），舉博學鴻儒科一等，授翰林院編修，與修《明史》。二十年（1681），典試陝西。遷春坊贊善，擢國子監祭酒。陞内閣學士兼禮部侍郎。編纂《佩文韻府》成，陞戶部右侍郎。輯有《西泠唱和集》。

文末署"七十一弟奇齡"，知此札作於康熙三十二年癸酉（1693）毛奇齡七十一歲時。

臨汾三賈傳（約康熙三十二年）

臨汾三賈者，賈仲子從淮、叔子從哲、季子從誼也。

從淮字南明，其先平陽臨汾人。父得全，明萬曆中以家難徙居京師，生四子，從淮其仲也。事後母以孝聞，嘗以父命，與伯兄從儒往省墳墓臨汾。家貧，祇一馬，共乘之。去京師數舍，而流寇卒至，伯兄驚堕地，體肥甚，不任騎，從淮手扶掖使上，而步行隨之。時寇來，有二道，不知所出，伯兄將分道往，欲別，不忍發。從淮曰："寇來既不可知，與分道以希幸萬一，不若同往死，猶得相枕藉卒。"並由間道得免。從淮性友愛，伯兄既隸籍關東，所有二

---

① （清）方象瑛：《健松齋續集》卷九，清康熙間世美堂刻康熙四十年續刻本。
② （清）徐釚：《南州草堂集》卷十四，清康熙三十四年刻本。

弟教之如子,弟亦謹事之如父。兄弟凡四人,父在時家已分析,至是,或以故耗其財,亦勿惜也。又嘗刲股愈其後母梁病,有司上其事於大吏,請旌於朝,格於成例,不果,而至今臨汾人稱爲"賈孝子"。

從哲字既明,從淮弟也。少孤,育於仲兄從淮。年十九,尚不知書,喜飲酒蒲博,而善騎射。先是,家故貧,後以父兄故,家稍稍起,遂雄於財。從哲居京師,常與諸惡少爲狹邪,遊沉飲累,晝夜不解。縱博所負累千餘金,與約來日折券,至則悉散償之,不餘一錢。性故豪縱,少拘檢。嘗馳馬與諸少年會獵城南郊,雙雉格格起草間,從哲自百步外引弓左右射,連中之。兩矢交墜馬前,觀者驚歎稱善。從哲手擲弓矢,左右顧笑自喜也。而仲兄從淮不善其所爲,召切責之。從哲涕泣謝過,遂折節讀書。其明年,舉武殿試第三人,事世祖,累官至副總兵。

從誼字子明,從哲弟也。少孤,仲兄從淮育之。幼英敏通書,既長,尤精《大戴禮》。所著禮義數十篇,俱典核,得先儒論討所不逮者。方是時,國家初定鼎,而賈氏以財雄於鄉,或流寓京師,俱以豪逸聞,而從誼獨否。所居一室,置圖史鉛槧,手自披錄不輟,於聲色狗馬之戲,泊如也,故士論稱之。早卒,無子。初,從誼之大父生三子,其父季也。兩世父皆早卒,無後。至是,從誼兄弟凡四人。伯兄從儒亦無子,而從誼亦早卒,以仲兄從淮之第三子爲嗣。

平陽郡城東數里,席老師之廟在焉,陶唐時所稱"擊壤而歌者"是也。其祠圮矣,新之者則賈仲子云。其鄉人爲余言:仲子通經術,好施與,嘗舉鄉塾,教邑子之貧不能學者。今其址在泰伯祠之東,俗所稱伯王廟者是矣。叔子少任俠,後卒改節有成。季子早慧,秀而不實,可悼也。其兄弟友愛,均足風世云。

【按】文見《(乾隆)臨汾縣志》卷十之一,《(民國)臨汾縣志》卷五亦載。"臨汾三賈",指清初山西臨汾人賈從淮、賈從哲、賈從誼三兄弟。

文中所及"又嘗刲股愈其後母梁病,有司上其事於大吏,請旌於朝,格於成例,不果",指康熙三十二年,山西巡撫葉穆濟疏請旌表割股療母的賈從淮,朝廷未準。王士禛《居易錄》卷十九:"山西巡撫僉都御史葉穆濟疏請旌表臨汾縣割股孝子賈從淮。奉旨:割股不准旌表,久有定例,葉某并不詳查,具題請旌,嚴飭行。"[1]此條位於《居易錄》卷十九"十五日巳刻,東宮出閣會講。內閣九卿、詹事府官侍班如儀。東宮講官漢禮部尚書兼詹

---

① (清)王士禛:《居易錄》卷十九,清康熙四十年刻雍正年間印本。

事府詹事張英、滿刑部右侍郎兼詹事府詹事尹泰講'志於道'一章。……講畢，賜茶文華殿門"條後，據張體雲《張英年譜》第五卷"康熙三十二年"條，知張英講"志於道"章在康熙三十二年二月十五日①。另據《(光緒)山西通志》卷十三，康熙二十七年五月至三十二年四月，葉穆濟任山西巡撫。則葉穆濟疏請旌表賈從淮事，不早於康熙二十七年五月，不晚於康熙三十二年四月。綜上，知葉穆濟疏請旌表賈從淮事在康熙三十二年二月至四月間。

文中有"嘗"字，知毛奇齡爲三賈作傳，必在康熙三十二年（1693）四月後，姑繫於此。另據文中"其鄉人爲余言"語，知是三賈的鄉人倩毛奇齡爲三賈作傳。

《湖上雜詠》跋（康熙三十三年）

春隄水漲，湖樓晚晴。佳日頻添，衰年興減。小郊以閒懷妙緒，徘徊領略。每吟諸詠，便覺山籃、竹拄皆移我情。甲戌花朝，西河奇齡春遲氏。

【按】文見金埴《鬱門吟帶》卷八《湖上雜詠》末。丁仁《八千卷樓書目》卷十七："《鬱門吟帶》，國朝金埴撰，稿本。"②

文中"小郊"即金埴（1663—1740），字苑孫、小郊，號鰥鰥子、聾翁、淺人、鬱門，浙江山陰人。金煜子。諸生。著有《鬱門吟帶》《不下帶編》《巾箱説》。金埴字"小郊"，乃與其出生地山東郯城縣有關，金埴父煜，康熙二年授郯城縣知縣，金埴出生在郯城，故以爲字。毛奇齡《敕授文林郎沂州郯城縣知縣金君墓誌銘》："君諱煜，字子藏，金姓，山陰人。……康熙二年，除山東兗州府沂州郯城縣知縣。……卒於康熙甲戌十二月二十一日，享年五十七。……子埴，能文，又善繼志。乙亥春，徒跣走天津，負櫬南歸，葬山陰之土井山，而屬予爲銘。"③金埴《郯城感舊》序云："康熙二年癸卯夏四月，先君子作令郯城，是年九月產埴于署。"④

文末署"甲戌花朝"，知作於康熙三十三年甲戌（1694）二月十五日。

---

①　張體雲：《張英年譜》卷五，安徽人民出版社 2017 年版，第 198 頁。
②　丁仁：《八千卷樓書目》卷十七，民國本。
③　（清）毛奇齡：《西河合集·墓誌銘十二》，清康熙五十九年刻本。
④　（清）金埴：《鬱門吟帶》卷八，清稿本。

題《納涼圖》（康熙三十三年）

　　讀王、周、二吳《納涼詩》，並紗絶，致足嬗。復加之鑒公畫其前，建平書其後，雅集能事，盡此矣。予老禁作詩，且自忖必不能續，續亦必不清，故爾輟筆。近方好中、晚唐詩，昨讀皮、陸《北禪院避暑聯句》，窮極裝綴，各不下二十韻，而讀訖生厭。及閲唐人李咸用《游寺》，作"涼（秋）覺暑衣薄，老知塵世空"，只十字，憬然動心，詩人妙地，豈在多耶？甲戌夏五，偕同人集志上書室，書此，時年七十二。

　　【按】文見朱文藻輯《鑒公精舍納涼圖題詠》。原無題，據意擬補。丁仁《八千卷樓書目》卷十九："《鑒公精舍納涼圖題詠》一卷，國朝朱文藻編，刊本。"[1]

　　文中所及"王、周、二吳《納涼詩》"，指王晫、周京、吳儀一、吳允嘉四人所作《夏日同人過鑒公精舍納涼分賦》詩。王晫，生平見本書"贈王丹麓"條考證。周京，字白山，號敷文。生平不詳。吳儀一（1647—？），字璨符，號舒鳧，又號吳山，浙江錢塘人。鬡年入太學，名滿都下。奉天府丞姜希轍重其才，延之幕中。遍歷邊塞，詩文益工。尤長於詞。著有《吳山草堂集》。吳允嘉（1657—？），字志上，號石倉，浙江仁和人。著有《石甋山房詩》。文中又及"鑒公畫其前"，指元暉所繪畫載於卷首。"鑒公"即元暉，字鑒微，蓮花精舍僧。文中又及"建平書其後"，指毛宗文所作序載卷首元暉畫後。"建平"即毛宗文，字建平，號半山，更號皋亭，浙江錢塘人。著有《雅扶堂詩集》。

　　阮元《兩浙輶軒錄》卷十一"毛宗文"條："《碧谿詩話》：予昔嘗從梁山舟侍講處，見有鑒微上人畫《竹深荷淨圖》卷子，首有《癸酉夏日同人過鑒公精舍納涼分賦》五人之詩，毛建平一人手書。五人者，王晫丹麓、周京白山、吳儀一舒鳧、吳允嘉石倉及建平自作也。楷法精整，詩格渾樸。鑒公精舍，今名王家庵，距余居僅一牛鳴地。《雅扶集》中有《自題北郭草堂》，曰'結廬在北郭，開門見西山'，又自號曰半山，曰皋亭，則先生之居，當亦在武林、艮山兩門之間。"[2]阮元《兩浙輶軒錄》卷三十九"元暉"條："《雲蠖齋詩話》：上人住城東蘭若，康熙癸酉夏日，作《納涼圖》長卷，繫以斷句。顧丈月田題'竹深

---

① 丁仁：《八千卷樓書目》卷十九，民國本。

② （清）阮元、楊秉初輯：《兩浙輶軒錄》卷十一，第814頁。

荷淨'四字于卷端。復乞其友王晫丹麓、周京敷文、吳儀一舒鳧、毛宗文建平、吳允嘉石倉賦詩于後。上人筆墨流麗,在麓臺、元照之間,尋歸家。石倉翁攜之行笈中,出示陳恭尹元孝、毛奇齡西河、宋犖漫堂、吳之振孟舉、沈涵度汪、沈三曾尹斌、韓純玉子蘧、徐倬蘋村、馮景山公、吳陳炎(琰)寶崖、徐志葦商農、沈樹本厚餘,共相鑒賞,前後題咏,名跡燦然。歷今七十餘年,輾轉流傳,麝煤珠網,狼藉滿幅。今爲梁山舟侍講所得,重加裝潢,前哲文獻,藉以考徵,鄙人摩娑不忍釋手。"①

文末署"甲戌夏五",知作於康熙三十三年甲戌(1694)五月,時毛奇齡七十二歲。

《東城紀勝》題辭(康熙三十三年)

近年多集詩者,顧最異人事。泗州施助教集詩百卷,高郵孫孝廉無鐔以半日集險韻排律百韻投學使者,余同館朱竹垞集詩作詩餘,其中長短句悉詩原文,即一字二字句,皆本詩如是讀,無所割裂,此爲最異。若其他則及格已難矣。

景舒有家學,少便工詩,即餘技狡獪,復能有氣有調,且推挽盡致如此。橫河本勝地,得諸詩一唱三嘆,恍三唐諸名士盡集此地,固異事,亦快事也。七十二老人初晴毛奇齡大可漫識。

【按】文見錢㲄《東勝紀勝》卷首。《東勝紀勝》未見於公私書目,現藏上海圖書館。錢㲄(1687—?),字景舒,號錦山,浙江錢塘人。康熙四十四年(1705)舉人。

文中所及"泗州施助教"即施端教,喜集唐詩,有《古詩韻匯》《唐詩韻匯》。生平見本書"復何自銘札子"條考證。文中又及"高郵孫孝廉無鐔"即孫弓安,工集唐詩,《(嘉慶)高郵州志》卷之十:"孫弓安,字無燀,吏部郎中宗彝冢子。順治丁酉舉人。……工集唐詩,所至皆有遊草。"②"鐔"蓋"燀"之誤。文中又及"余同館朱竹垞集詩作詩餘","朱竹垞"指朱彝尊,生平見本書"朱文恪公誥命跋"條考證。他采融大量唐詩名句入詞,成集句詞集《蕃錦集》一卷。施端教、孫弓安、朱彝尊三人皆工集唐詩,毛奇齡將錢㲄與三人相

---

① (清)阮元、楊秉初輯:《兩浙輶軒錄》卷三十九,第2804頁。

② 《(嘉慶)高郵州志》卷之十,清道光二十五年范鳳諧等重校刊本。

較而論，意在肯定錢泉的集唐詩著作《東城紀勝》。

　　錢泉《東勝紀勝》自識云：“郡城之勝，吳山而外，獨推東城。其間尤著者，有十景焉，名賢題咏多矣。余遊覽之暇，偶集唐人數語，以攬其概，非敢自附於作者也。”①據《東城紀勝》，東城十景爲橫河夜月、新塲潺湲、土橋烟靄、太湖垂釣、慈雲遠巘、蓮居晚磬、報國丹楓、女墻夕照、慶春曉角、潮鳴午鐘。

　　文末署“七十二老人初晴毛奇齡”，知此文作於康熙三十三年甲戌（1694），時毛奇齡七十二歲。

題門人徐昭華仿李公麟《抱子圖》（康熙三十三年）

　　大兒孔文舉，小兒楊德祖。芒芒到世間，有誰堪步武？所喜嗣子賢，相依共甘苦。老翁亦何求，扶杖視朝晡。如何愛我者，謂我當再舉。辛勤繪斯圖，且以代祝碬。我觀是乳嬰，英俊發眉瞧。試與張閒堂，相看見栩栩。七十二老人初晴氏漫書於竹竿巷。

　　【按】詩見徐昭華仿李公麟《抱子圖》（杭州市文物考古所藏）。徐昭華，字伊璧，號蘭癡，又號楓溪女史，浙江上虞人。徐咸清女，駱襄錦妻。工詩，亦精書畫，尤工畫蝶。著有《浣香閣遺稿》一卷。徐昭華爲毛奇齡女弟子，有“徐都講”之目。毛奇齡《傳是齋受業記》云：“今齋與閣皆爲仲山著書處，而予過是齋，昭華出受業，謁予爲師。”②《抱子圖》徐昭華自識云“仿李公麟《抱子圖》呈初晴老夫子教鑒，會稽門人徐昭華”，“初晴老夫子”即毛奇齡晚年所用字。

　　末署“七十二老人初晴氏”，知此詩作於康熙三十三年甲戌（1693），時毛奇齡七十二歲。

和王子丹麓《六十初度作》即次原韻（康熙三十四年）

　　年年湖墅暮春時，長望南塘勝九疑。藜杖秪應扶向朗，楊花何處送丘爲？每耽佳句橫開簡，爲傍閑門此借枝。時予借居會城。莫道蹉跎花甲候，從

---

①　（清）錢泉：《東勝紀勝》，清康熙刻本。
②　（清）毛奇齡：《西河合集·碑記三》，清康熙五十九年刻本。

來高臥是男兒。

【按】詩見王晫《千秋雅調》卷六《九老詩》第五首,署"毛奇齡大可,蕭山,七十三歲"。詩題"王子丹麓"即王晫,生平已見前,兹不復贅。詩題"六十初度",指此詩乃毛奇齡爲慶祝王晫六十生日而作。王晫《千秋歲·初度感懷》:"乙丑三月十日,爲僕五十誕辰,學《易》未能知非,自愧繁華之不再,徒老大之堪悲,偶述小詞,聊復寄慨。覽者或惜其志,依韻賜以和言,則僕一日猶千秋也。"此"乙丑"爲康熙二十四年乙丑(1685)。此年三月十日,爲王晫五十生日,推知其生於崇禎九年丙子(1636)三月十日。則康熙三十四年乙亥三月十日,爲其六十生日。毛詩當作於此年。

王晫《六十初度作》原倡云:"春風每記少年時,攬鏡形容秖自疑。白髮花前已如此,浮名世上亦奚爲?隱居原合衣蘿薜,老去誰能舞柘枝?莫笑無人堪指使,柳陰攜杖得孫兒。"①王晫詩成後,有九位老人和其詩,分別爲孫應龍海門(餘杭,八十八歲)、錢肅潤礵日(無錫,七十八歲)、沈珩昭子(海寧,七十七歲)、洪若皋虞鄰(臨海,七十三歲)、毛奇齡大可(蕭山,七十三歲)、楊雍建以齋(海寧,六十九歲)、林雲銘西仲(閩縣,六十八歲)、方象瑛渭仁(遂安,六十四歲)、毛際可會侯(遂安,六十三歲)。王晫按九人年齒排序,彙爲《九老詩》。

卷末有王嗣槐跋,云:"予與丹麓居北門,一時以'二王'呼之。予老而歸里,杜門十年,始得取生平所欲述作而論定之。丹麓弱冠知名,不以干時爲汲汲,漁獵書林,尚論百世。歲以知交所投贈,置尺量之,以多爲快。荏苒光陰,春秋六十,予固疾侵髦,及丹麓亦雪刺滿頭,出入北門,頹然二老翁矣。憑軒把酒,憶往撫今,看木槿之朝榮,歎浮雲之過眼。今懸弧之夕,自爲寓懷一章,先輩高年,見者莫不欣然,從而和之。予披誦之下,笑語丹麓:'爾從香山洛社中扶杖而來耶?亦可謂賢也已。'因書以貽之。時康熙乙亥春三月,桂山堂七十六老人嗣槐謹跋。"②亦可證九老和詩作於康熙三十四年乙亥(1695)春三月。

與蔣蘿村、蔣梅中昆仲書(康熙三十四年)

久在老世兄清樾之中,比之長離在天,雖未面覿,然攬其德輝久矣。嚮

---

① (清)王晫:《千秋雅調》卷六,清康熙刻本。
② (清)王晫:《千秋雅調》卷六,清康熙刻本。

以韻學榛晦，曾作《通韻》一書，謬呈御覽，其書雖久刻，而卷繁不適於用。頃以唐人律詩有平無仄，且取字不多，與今韻別，因有《唐律詩韻》之訂，舊冬已成書，今始付刻。但以承兩世兄當代重望，思仰藉清名，以資行遠。因辱在親切，擅就剞劂，自知冒昧僭越，不先上聞，但借光心迫，自徼見諒。第其書有百張，想端陽稍後可以竣工，請教正耳。

茲附啓者：敝邑縣父母不理於衆，比戶湯火者已十餘年，今幸士民以里戶一事，撫軍嚴批，此番萬姓喁喁，專以得見天日爲慶。昨蒙尊人大祖臺轉發值季、理事兩廳，而官簿因循，反祖蠹役，械不及足而駕言刑訊，溥天呼籲，將成子虛。今招詳甫上，正值老祖臺親斷之際，覆盆昭雪，全在此時。雖蒙太陽之照，爝火不熄，且中流砥砫，不煩諄諄，然辰告所不廢也。伏乞兩世兄婉辭槖致，巋然定案，一邑萬户，其仰芘功德有既耶！弟杜門不敢預聞，然切膚之籲，瑣瑣并及，統惟慈宥，臨啓懇切。弟名專具，叩。

【按】文見故宮博物院書畫部藏“明清名人手札詩翰册·毛奇齡”（新00177735-32/47）。原無題，據意擬補。

文中所及“曾作《通韻》一書，謬呈御覽”，指康熙二十三年，毛奇齡在史館作《古今通韻》進呈，康熙帝覽之稱善，令宣付史館，且留書皇史宬。毛奇齡《韻學要指》卷首李天馥述其事云：“聖天子洞析古學，通貫鍾吕，每課詞業，輒爲遍指諸誤，以示考押。會檢討爲史館官，於纂修之暇，曾著《古今通韻》一書，呈進御前，蒙睿鑒獎悅，特出其書，使敇知禮部，宣付史館，然後貯之中秘，以備乙覽，有日矣。”①詳參本書“《康熙甲子史館新刊古今通韻》緣起”和“呈進《康熙甲子史館新刊古今通韻》表”兩文考證，兹不復贅。

文中又及“因有《唐律詩韻》之刻，舊冬已成書，今始付刻”，指蔣國祥、蔣國祚昆仲因唐人律詩有平無仄，且取字不多，與今韻有別，遂作《唐律詩韻》一書，於康熙三十三年冬已成書，次年夏始刻成。馮蒸《趙蔭棠音韻學藏書臺北目睹記——兼論現存的等韻學古籍》：“《唐律詩韻》四卷二册，清蔣國祥、蔣國祚同訂，清康熙三十四年刊本。”②既可知《唐律詩韻》刻成於康熙三十四年，亦可證“兩世兄”即蔣國祥、國祚兄弟。蔣國祥，字蘿村，號嵩臣，順天寶坻人，祖籍遼陽。隸漢軍鑲藍旗。蔣毓英子。歲貢生。康熙四十三年（1704）任南康府同知。五十年（1711）署理知府。五十七年調黃州府知府，

---

① （清）毛奇齡：《西河合集·韻學要指》，清康熙五十九年刻本。
② 馮蒸：《趙蔭棠音韻學藏書臺北目睹記——兼論現存的等韻學古籍》，載氏著《漢語音韻學論文集》，首都師範大學出版社1997年版，第411頁。

雍正十一年(1733)調汝寧府知府。十二年(1734)任長蘆鹽運使。蔣國祚(?—1716),字梅中。蔣毓英第三子。國祥弟。康熙四十一年(1702)官婺源縣知縣,五十五年卒於任。著有《蔣梅中詩存》。文中又及"尊人大祖臺"即蔣氏兄弟之父蔣毓英,時官浙江布政使。據《(雍正)浙江通志》卷一百二十一,(承宣布政使)蔣毓英,奉天錦州人,康熙三十一年至三十四年任。

文中有"第其書有百張,想端陽稍後可以竣工"語,知《唐律詩韻》刻成於康熙三十四年乙亥(1695)五月,則毛奇齡此札當作於是年春夏間。

《續表忠記》敘(康熙三十四年)

自古忠臣義士,原與日星河嶽相昭垂,非得大手筆如馬、班鉅公,未易傳述其梗概也。公翁盧夫子秉性忠孝,又忼愾多氣節,是以通籍未幾,急流勇退。乃以杜門之頃,有懷先烈,舉生平所聞見,加以頻年游宦往來道途所考索,輯前朝忠藎,表其事而記述之,合若干卷。以忠孝之性,而重之以馬、班之筆,宜其文之流傳也。夫忠藎在天,精爽莨蕘,一若莙蒿,悽愴不可名狀,而其鬚眉儼然,則往往見之想像之間。夫子以精爽相迪,舉其旦明而盡繪之,面目肺腸,瀝瀝如睹,昔人所云"萇弘碧血""文山顯氣",皆于是乎見。

惜予方在籍,未能舉其文而布之史館間也。雖然,河嶽日星,亙古不易,柱下有人,其爲啓名山而胈石匱者,豈鮮遘已!康熙乙亥仲冬月,蕭山門人毛奇齡謹頓首書。

【按】文見盧宜彙輯《續表忠記》(康熙三十四年趙氏寄園刻本)卷首。《(雍正)浙江通志》卷二百四十四:"《續表忠記》八卷、《再續表忠記》八卷,定海盧宜著。"[1]丁仁《八千卷樓書目》卷五:"《續表忠記》八卷,國朝趙吉士撰,刊本。"[2]兩書所著録《續表忠記》八卷撰者不一。現存《續表忠記》卷端有"寄園藏版"字樣,據徐世昌《晚晴簃詩匯》卷二十七:"……趙吉士給諫繼居之,號曰'寄園',爲一時城南觴詠之地。"[3]知寄園乃趙吉士京都寓所。《續表忠記》乃盧宜彙輯,趙吉士所刻。

文中"公翁盧夫子"即盧宜(1629—1708),字公弼,又字弗庵,號函赤,浙

---

① 《(雍正)浙江通志》卷二百四十四,清文淵閣《四庫全書》本。
② 丁仁:《八千卷樓書目》卷五,民國本。
③ (清末民初)徐世昌:《晚晴簃詩匯》卷二十七,民國退耕堂刻本。

江鄞縣人。康熙五年(1666)舉人。歷任蕭山縣教諭、嘉善縣教諭,遷鎮遠縣知縣。著有《鴻逵堂集》。文中又及"乃以杜門之頃,有懷先烈,舉生平所聞見,加以頻年游宦往來道途所考索,輯前朝忠藎,表其事而記述之,合若干卷",指盧宜輯成《續表忠記》事。毛奇齡《皇清敕封文林郎弗庵盧公墓誌銘》:"生平譜國史,并多識明代事。……乃就嘉善錢塞庵所作《表忠記》而爲之續之,徧搜明代名臣諸列傳,取其有預于致身者,或生或死,或分或合,既勿誣,而又勿軼,鉅節不得遺,而纖細畢備。初成八卷,名《續表忠記》,刻之寄園。而既而再續,復得八卷,刻之江右藩轄署中,假予爲序言。乃更以搜討餘力,網羅未盡,遂成三續,則未刻而卒。"①知盧宜以錢士升《表忠記》爲基礎,三次續輯《表忠記》,而《三續表忠記》未刻而卒。

盧宜官蕭山縣儒學教諭期間,毛奇齡執贄問學,兩人有師生之誼,故文末署"蕭山門人毛奇齡"。《續表忠記》成書,毛奇齡爲作序,自在情理之中。而康熙五十年(1711)十月,戴名世《南山集》案發,毛奇齡畏文禍,拒不承認前作《續表忠記序》,并作《辨忠臣不徒死文》自辨。毛奇齡《辨忠臣不徒死文》云:"……乃今作《表忠記》者,多載此等,且更以用兵所在,不幸冒刃者,皆稱忠臣,如此,則長平之卒盡國殤矣。顧作《表忠》者,假冠予序,恐觀者不諒,謂顛倒名義自我輩始,則冤抑尤甚!故予于通辨之末,一併及之。"②全祖望對毛奇齡拒不承認曾爲《續表忠記》作序并其《辨忠臣不徒死文》極爲不滿,作《書毛檢討忠臣不死節辨後》辨曰:"世知檢討之文,由於盧鎮遠宜所作《續表忠記》,而不知其所以然。鎮遠,予同里先輩也,初任蕭山教官,其時檢討以亡命之餘歸里,得復諸生名籍,怨家不能忘情,多相齮齕,而又以制舉荒落,連試下等。鎮遠獨奇其才,拂拭之備至,檢討亦感之甚,其所謂師弟,非尋常學舍中人比也。鎮遠所作《續表忠記》,其初集爲趙給事吉士所雕,二集爲程上舍某所雕,皆與檢討論定而出者,即令檢討爲之序。今所雕乃檢討手書本,字畫甚拙,可覆審也。鎮遠遷官而卒,檢討志墓,亦載其事。已而京師有戴名世之禍,檢討懼甚,以手札屬鎮遠之子曰:'吾師所表章諸忠臣有干犯令甲者,急收其書,弗出也。'……乃檢討懼未止,急作此辨,而終之曰:近有作《續表忠記》者,猥以長平之卒濫充國殤,而假託予序,恐世之人不知,將謂不識名義自我輩始,故不可無辨。又改其志墓之文曰:'公之《續表忠記》,假予爲序。'嗚呼!何其悖歟!"③現存《續表忠記》卷首載毛奇齡序,確係手稿,

① (清)毛奇齡:《西河合集·墓誌銘十六》,清康熙五十九年刻本。
② (清)毛奇齡:《西河合集·辨忠臣不徒死文》,清康熙五十九年刻本。
③ (清)全祖望:《鮚埼亭集外編》卷三十三,清嘉慶十六年刻本。

文末鈐"毛奇齡印"(白文方印)、"文學侍從之臣"(朱文方印),確如全祖望所言"其《序》文則直用西河手書雕入册中,其字畫皆可驗"①。

文末署"康熙乙亥仲冬月",知此文作於康熙三十四年乙亥(1695)十一月。卷首除毛奇齡序外,另有汪灝序。書藏哈佛大學哈佛燕京圖書館。

《武林臨民録》序(康熙三十四年)

自《書》列殷盤,《史》陳漢令,凡與斯民相訓迪者,率舉而布之篇帙,以爲章程,以故有明憲府如王公文成、項公襄毅、張公楓丘輩,無不輯其文簿,勒其移告,載其讞詰,以垂之爲經術之學。蓋教國以言,未必非身先之治所見端也。

長翁李公祖由越郡二千石調繁武林,其治越政蹟,江右中丞馬公已勒爲成書,播之民間,傳之遠邇,一時與硯山碑碣互相暉映者,非一日矣。今以武林省會重郡,聖天子廑念民瘼,特調移守,下車之後,未幾而政化流行,武林大治。由此觀之,公之爲政,一何神耶!蓋由公之才大,無所不可,故地愈繁劇而神愈安閒。公之誠心無往不格,故風土雖殊,而向化不殊。是以讀公之記、序,則精詳愷摯,直抒意所欲言而已,不啻先哲之相對於同堂也;讀公文告,則勸善懲惡,易俗移風,興利除弊,不啻若慈父慈母之訓誨其子孫,而俾之易遵易守也;讀公之信檄,則飭吏撫民,弭災救患,凡厥庶民所思慕而不得者,輒先爲之擘畫而預籌之也;讀公之爰書,則伸民之冤,理民之枉,得情弗喜,寓以哀矜,政事以和,而刑無冤濫也。是皆公之至誠,披心瀝血,故奮筆直書之下,能使讀之者感、聞之者泣,此非文成之撫贛、項公之治猛、張公之督三關,文籍煌煌,播太常而紀成績,何以至此?夫周誥、殷盤,漢令、晉制,從來相嬗,爲文章之規,至今傳爲國華,宗爲模楷,皆由其一心之誠,發爲議論,著爲事功,故可傳之後人,貽爲家乘。今公之是書也,亦惟公之誠,立於不言之先,故一一見之於立言之際。觀公之政,即有以知公之心,知公之心,而後可以讀公之文。昔日涖紹之公,即今日涖杭之公,今日涖杭之政,可卜他日端揆之政。公他日登朝宁而對揚敷奏,其爲史册之昭垂而太常所記誌者,吾必以是録爲獻納之先資也矣。時康熙乙亥歲冬日,翰林院檢討、史館纂修官、治年家弟毛奇齡頓首拜撰。

---

① (清)全祖望:《鮚埼亭集外編》卷十二,清嘉慶十六年刻本。

【按】文見李鐸《武林臨民録》卷首。李鐸生平，詳本書"越州臨民録"條考證。《（民國）杭州府志》卷一百二十二："李鐸……奉天鐵嶺人。康熙三十一年知杭州府，廉介自守……捐募振饑，修築江塘，訟簡刑清。"[①]

文中又及"其治越政蹟，江右中丞馬公已勒爲成書"語，指李鐸官紹興府知府時的政績，由江西巡撫馬如龍刻爲《越州臨民録》事。《（光緒）江西通志》卷一百二十八："馬如龍，字見五，陝西綏德州舉人。康熙三十一年由浙江布政使擢江西巡撫。"[②]文中又及"長翁李公祖由越郡二千石調繁武林……今以武林省會重郡，聖天子廑念民瘼，特調移守"，指康熙三十一年秋八月，李鐸由紹興府知府調任杭州府知府。《（雍正）浙江通志》卷一百二十二："（杭州府知府）李鐸，奉天鐵嶺人。廕生。康熙三十一年任。"[③]據同書同卷，石文彬於康熙三十五年任杭州府知府。"武林"乃杭州之古稱，知此書乃李鐸任杭州府知府時所作。

文末署"康熙乙亥歲冬日"，知此文作於康熙三十四年乙亥（1695）冬，時李鐸在杭州府知府任上。《武林臨民録》公私書目罕載，共四卷，卷一爲文記，卷二爲信牌，卷三爲告示，卷四爲詳讞。國家圖書館有藏。卷首除毛奇齡序外，另有康熙三十四年冬杜臻序、徐潮序、顧祖榮序、王風采序。

忠宣公像贊（康熙三十四年）

休休雅度，斷斷儀容。學契醇儒，道脉之宗。引裾泣諫，剛直之風。當日稱爲真宰相，後人景仰忠宣公。西河毛奇齡拜撰。

【按】文見田廷耀等續修《蕭山道源田氏宗譜》卷一。"忠宣公"即留正（1129—1206），字仲至，福建泉州人。紹興三十年進士。南宋孝宗時拜右丞相，曾引裾泣諫。孝宗以"真宰相"稱之。光宗元年，進左丞相。宋理宗寶慶三年，賜謚號"忠宣"。據田廷耀等續修《蕭山道源田氏宗譜》卷首田道隆序，云留正裔孫梁（號伯成）去"卯"留"田"，改姓田。田梁原配李氏無出，以其外甥孫順（字德芳）爲繼子。後娶史氏，生一子，名德秀。孫順欲歸宗，田梁以德秀孤立無助，不許其歸宗。因此，田梁後裔有"孫田""留田"之分。道源田

---

① 《（民國）杭州府志》卷一百二十二，民國十一年刊本。
② 《（光緒）江西通志》卷一百二十八，清光緒七年刻本。
③ 《（雍正）浙江通志》卷一百二十二，清文淵閣《四庫全書》本。

氏尊留正爲始祖,以田梁孫田士賢爲一世祖。田廷耀等續修《蕭山道源田氏宗譜》卷一《始祖忠宣公暨支祖士賢公祭文》:"維我始祖,有宋平章。簪投越嶠,冠掛嚴廊。"①所言與留正生平相符。

毛奇齡《道源田氏族譜序》:"道源田氏稱蕭山右族……姊子三上係中憲公嫡派,凡數傳,而服屬未絕,慨然以因睦合族爲己任……于是倣有宋諸譜,勒爲一書。……東源先生即中憲公也,中憲在前朝以文章顯。"②"中憲公"即田惟祜(1477—?),字裕夫,號東源。爲"孫田"孫順的孫子。明弘治辛酉科解元,正德戊辰進士。累官廣西潯州府知府。著有《東源讀史錄》《滄螺集》。毛奇齡爲道源田氏族譜所作序,顯係"孫田",而非"留田"。據毛翮亭等續修《蕭山毛氏宗譜》卷四《大房世系紀》:"(秉鏡)女一,適田東源解元元孫。"③知毛奇齡姐或妹嫁於田惟祜之玄孫,毛氏與"孫田"之田氏實爲姻親。

此文未署年月,據毛奇齡《道源田氏族譜序》:"及啓、禎之末,予方垂髫,尚得見中憲諸孫,衣冠方幅,若所稱楚府典儀、上林監正、內殿中書以及明經歲薦、司教司訓者,不絕于時。曰'此田氏聞人也'。無何,轉瞬間已相距五十年,老成典型,並杳然無一存者。而姊子以諸生繼起,率能繼志述事,以承先人所未逮如此。嗟乎!吾見田氏之嗣興矣。"④序中"啓、禎之末"即明末。"已相距五十年",以明末後推至少五十年,約爲康熙三十四年左右。《道源田氏族譜序》在《西河合集》中位於《長生殿院本序》後,《長生殿院本序》作於康熙三十四年,則《道源田氏族譜序》亦當作於康熙三十四年。蓋康熙三十四年乙亥(1695),蕭山道源田氏續修族譜,毛奇齡爲其始祖留正作像贊。

《嘯竹堂集》序(康熙三十五年)

古之言詩者,動稱八體,不知八體者,以典雅居一,而精約次之。若新奇與輕靡,則降居七、八之間。今以草野而言,典挾俚鄙,而妄稱雅音,則坐乖體則。而祖之者尚曰韓、盧新奇,溫、李輕艷,夫新奇、輕艷,已自蹈卑貶之列,而況諛詖本非奇縵,胡并失艷乎?

予嘗與百朋論詩,喜其卓犖大雅,不因時習爲詭隨。曾敘其所爲《梅花詩》百首,以見大意。今復輯其諸體詩,出以問世。夫詩有體裁,尋枝摘葉,

---

① (清)田廷耀等續修:《蕭山道源田氏宗譜》卷一,清道光十七年紫荆堂木活字本。
② (清)毛奇齡:《西河合集·序二十四》,清康熙五十九年刻本。
③ (清)毛翮亭等續修:《蕭山毛氏宗譜》卷四《大房世系紀》,清道光二十六年爵德堂木活字本。
④ (清)毛奇齡:《西河合集·序二十四》,清康熙五十九年刻本。

固爲作者所不道。然而前後往來，左右軒輊，此在齊梁爲古詩者，尚斤斤比儗，惟恐或戾。而況隋、唐以後，儼著聲律，則夫輪寫便利，動無留礙。雖未嘗爭新競艷，而其爲新與艷，仍莫之過。何則？蓋神聽和平，平之極，未嘗不奇而溫柔敦厚。柔與厚，則非恌凉與鏃角所能到也。予讀百朋詩，而有感於世之爲詩者也，因舉其大概而并題其端。康熙丙子春王月，西河毛奇齡初晴氏題。

【按】文見王錫《嘯竹堂集》卷首。《清續文獻通考》卷二百七十六：“《嘯竹堂集》十六卷，王錫撰。”①

文中所及“予嘗與百朋論詩”，“百朋”即王錫（1660—?），浙江仁和人。諸生。著有《嘯竹堂集》《嘯竹堂二集》《北游草》等。阮元《兩浙輶軒録》卷十：“王錫，字百朋，仁和諸生，著《嘯竹堂集》。”②王錫爲毛奇齡晚年所收弟子，曾參與《西河合集》的編輯工作，《西河合集》篇内多見“王錫（百朋）較”字樣。王錫《嘯竹堂集》成，毛奇齡爲删定，集内每篇題下皆署“蕭山毛奇齡大可父選”，王錫有《謝毛西河夫子删定拙集》詩③。

文末署“康熙丙子春王月”，知此文作於康熙三十五年丙子（1696）正月，時毛奇齡七十四歲。

郡庠生楚材林先生暨配任太安人像贊（康熙三十五年）

林公諱楠，粹美中含。楚材其字，華咀英餐。茂材少舉，聲噪文壇。青年天嗇，二十有五。中谷摧蘭，胸奇莫吐。

思齊太任，德貞才斂。三八春風，瑟琴中斷。逢上之嚴，截髮謝讉。從一而終，九死勿變。旌比柏舟，揚輝彤管。

大清康熙三十五年丙子仲春，欽取博學宏詞、翰林院檢討、年家眷弟毛奇齡頓首拜題。

【按】文見林鳳岐等續修《蕭山東門林氏宗譜》卷二。林鳳岐等續修《蕭山東門林氏宗譜》卷四：“（第五世）楠，字楚材，行和三。郡庠生。生明萬曆

① 《清續文獻通考》卷二百七十六，民國景《十通》本。
② （清）阮元、楊秉初輯：《兩浙輶軒録》卷十，第729頁。
③ （清）王錫：《嘯竹堂集》卷六，清康熙三十五年刻本。

二十年壬辰月日時,卒明萬曆四十五年丁巳八月十九日卯時。鄉謚醇敏。配任氏,生明萬曆二十年壬辰四月廿八日酉時,卒國朝順治十一年甲午八月廿七日戌時。旌獎入節孝祠。……生子一,鳴珮。"①

文末署"大清康熙三十五年丙子仲春",知此文作於康熙三十五年丙子(1696)二月。蓋此年蕭山東門林氏續修族譜,毛奇齡爲林楠及其妻任氏作像贊。

獻和林公暨配陸太孺人像贊(康熙三十五年)

君諱鳴珮,字曰獻和。幼而失怙,熊誨是磨。縱飲寄慨,經史胸羅。鬱居三襄,當運之坷。竚看後起,高掇巍科。

淑媛陸母,貞而知禮。孝事媤姑,敬將吉士。中路忽分,兩媤誰倚?母氏劬勞,桂芳蘭斐。世篤坤貞,嗣音青史。

大清康熙三十五年丙子仲春,欽取博學宏詞、翰林院檢討、年家眷侍生毛奇齡頓首拜題。

【按】文見林鳳岐等續修《蕭山東門林氏宗譜》卷二。林鳳岐等續修《蕭山東門林氏宗譜》卷四:"(第六世)鳴珮,字獻和,行鳴四。生明萬曆四十一年癸丑十月十五日卯時,卒國朝順治三年丙戌七月十三日申時。配陸氏,生明萬曆四十二年甲寅五月廿七日辰時,卒國朝康熙十三年甲寅九月十三日丑時。與姑任太君同欽旌節孝入祠。……生子一,正萃。公氏合葬西山黃閣河。二代共域。"②

文末署"大清康熙三十五年丙子仲春",知此文作於康熙三十五年丙子(1696)二月。蓋此年蕭山東門林氏續修族譜,毛奇齡爲林鳴珮及其妻陸氏作像贊。

又與蔣蘿邨、梅中昆仲書(康熙三十五年)

昨拜領新鎸陸書,行款甚精,刻樣亦善,千秋之業,務觀含笑地下矣。但

---

① (清)林鳳岐等續修:《蕭山東門林氏宗譜》卷四,清光緒二十三年友慶堂木活字本。
② (清)林鳳岐等續修:《蕭山東門林氏宗譜》卷四,清光緒二十三年友慶堂木活字本。

老世兄既費較雕，當冠以大序。若馬、陸合一刻，則合作一序似不可少。若其封面，則分之曰"重刻南唐書"，傍注曰一刻陸氏本，右上署兩世兄字，馬本亦然。若合之，或曰"重訂《南唐》二書合刻"，右署尊字，何如？惟裁之。

兹有瀆者，安吉州僧雲生係弟舊識，舍親韓孝廉家護法僧也。因與鄰房僧德化爭墻路出入，致雲生以罘罳强佔等事生德化、德輝等，蒙發值季審復，而值季詳看友砌舊事左祖德化，且亦未能確查，仍請批州再勘，則又生支節矣。昨聞老祖臺虛公，照所看詳批勘，極無偏曲，但雲生本控之意本避偏祖，思以呼籲出湯火中也，今被重勘，則陷阱所在，其能當乎？今幸批未印行，揮戈未晚，敢祈老祖臺俯推薄分，恩賜轉移判路歸雲生一邊，則弟可拜嘉惠，飢時一斗，厭飫無量，即不然，援歲終銷案之例，竟改銷釋，免其拖累，則在老祖臺發菩提之心，而在弟亦得叨恩波之溢，公私虛實，皆有沾溉。惟藉承老世兄爲弟力持，多與稟致，以曲全其事，喞戴豈□道耶？事在急切，呵凍干瀆，幸勿膜視，囑切候切，囑切候切。臨啓惶□。少頃，即送卷入，即祈□□。弟名專具。敬叩。

若照詳判路如第一擬批，則乞留卷數日，再得弟奉聞以發，若止銷案，則任其行止可耳。又懇。

【按】文見故宮博物院書畫部藏"毛奇齡等書劄册"（新00133284-1/34）。原無題，據意擬補。文中所及"昨拜領新鑴陸書……若馬、陸合一刻，則合作一序似不可少。若其封面，則分之曰'重刻南唐書'……右上署兩世兄字"，"兩世兄"即蔣國祥、國祚兄弟，康熙本《合刻南唐書》目錄下署"襄平蔣國祥、蔣國祚校"，可證。蔣國祥、國祚兄弟生平已見前。此言康熙間蔣國祥、蔣國祚兄弟合刻陸游、馬令二種《南唐書》，送與毛奇齡，毛奇齡建議蔣氏兄弟作《合刻南唐書序》冠於卷端。文中又及"安吉州僧雲生"，生平無考。文中又及"昨聞老祖臺虛公，照所看詳批勘，極無偏曲……敢祈老祖臺俯推薄分"，"老祖臺"亦即蔣氏兄弟之父蔣毓英，時官浙江布政使。此札乃毛奇齡借與蔣氏兄弟言《合刻南唐書》事，委婉請托蔣氏兄弟稟告其父蔣毓英轉移判路歸其舊識僧雲生一邊。

康熙本《合刻南唐書》卷首蔣國祥序云："暇日，與許子又文、家季一臣取二家書閱之，皆有可採，未可竟詆馬令書作酒後談資也。第舊刻多訛，因求善本，共加參訂，重付剞劂。適大梁周雪客來湖上，出箋注《南唐書》相質，得廣所未見。……襄平蔣國祥書。"[1]"周雪客"即周在浚，生平詳本書"崔鄭合

---

[1] （清）蔣國祥、蔣國祚：《合刻南唐書》卷首，清康熙刻本。

祔辨"條考證。據吳農祥《梧園詩選》五言律《丙子人日毛奇齡招陪祥符周在浚泛舟湖中殘雪分得南字簾字》,知周在浚於康熙三十五年丙子正月初七日客杭州,與蔣國祥序中"適大梁周雪客來湖上,出箋注《南唐書》相質"語合,知蔣氏兄弟《合刻南唐書》在康熙三十五年丙子。文中有"昨拜領新鐫陸書"語,知毛奇齡此札亦作於康熙三十五年。此年,蔣氏兄弟除合刻《南唐書》外,又另重刻荀悦《漢紀》、袁宏《後漢紀》,毛奇齡爲作序,毛奇齡《重刻荀悦漢紀袁宏後漢紀序》云:"襄平蔣蘿邨、梅中兄弟,嗟史學之闕……因之先梓馬令、陸遊二《南唐書》行世,而以爲未足,復溯自二《漢紀》……起自乙亥冬十一月,訖於丙子夏六月。會其尊大人由兩浙行省左移參知,從杭州寄居吳門,中間多曠月,凡八閱月工竣。"①知蔣氏兄弟合刻《南唐書》在重刻二《漢紀》前,當在康熙三十五年丙子春間,毛奇齡此札亦當作於此際。

和博問亭《簡遊人十二韵》(康熙三十五年)

　　自别宗藩久,經今歲月賒。聞君新築苑,買地近村家。背郭千門遠,沿城一徑斜。桂山原有樹,蘭坂自生花。客至抽金簡,仙來養玉芽。遥山藍染嶂,縐水碧沉紗。几列先王鼎,門停貴主車。曠如容廣莫,澹可洗鉛華。五里收重霧,三年望落霞。梁王歸雪苑,賈誼去長沙。託愛逾前此,相知唤上耶。願隨春色到,馬上寄新茶。和原韻。

　　【按】詩見愛新覺羅·博爾都《東皋唱和詩·簡遊人十二韵》後。原無題,據博爾都原題擬補。博爾都(1655—1707),字問亭,又字大文,號東皋漁父。清太祖努爾哈赤曾孫,輔國愨厚公塔拜孫,拔都海第三子。順治十七年(1660)十月封三等輔國將軍,康熙八年(1669)五月,因受伯父班布爾善之禍牽連,被革去輔國將軍。十九年(1680)三月,復授三等輔國將軍。著有《問亭詩集》《東皋唱和詩》等。

　　詩首句"自别宗藩久,經今歲月賒",言毛奇齡自康熙二十五年離京返浙後,與博爾都别已十年。毛奇齡官京師期間,與博爾都多所唱和。毛奇齡《東皋詩集序》云:"嘗從施侍讀愚山、汪編修鈍翁、陳檢討其年輩,與東皋主人唱和,每唱輒自愧不及。"②楊鍾羲《雪橋詩話》卷三:"博問亭,别號東皋漁

① (清)毛奇齡:《西河合集·序二十五》,清康熙五十九年刻本。
② (清)毛奇齡:《西河合集·序三十二》,清康熙五十九年刻本。

父,輔國恪僖公拔都海子,有《問亭詩集》《白燕棲草》。所居東皋,有楓莊、爽園,剡竹引泉,結亭種樹,與大可、阮亭、鈍翁、愚山、其年、梁汾、耦長攤書繞座,具體留詩。"①康熙十八年(1679),博爾都招毛奇齡等飲爽園,分韻賦詩,見博爾都《雨後招毛大可梅偶(耦)長邵培風集爽園分得時字》②。十九年(1680),博爾都與毛奇齡互有詩唱和,見博爾都《雨中寄毛十九大可》③、毛奇齡《奉和宗藩博爾都雨中見懷原韻》④和《春詞四首和覺羅博公所貽原韻》⑤。二十年(1681)春,博爾都送祖母櫬歸遼陽,有詩留別毛奇齡,毛奇齡作《奉送覺羅博問亭歸滿洲和其留別原韻》詩送行⑥。二十五年(1686),毛奇齡還里,博爾都作《送毛大可南歸王咸中北游》詩送行⑦。

博爾都《簡遊人十二韻》:"欲訪東皋去,青門路未賒。出城四五里,背郭兩三家。嫩草緣堤翠,垂楊拂檻斜。籬疏不礙水,土潤最宜花。種竹纔抽筍,移蘭半吐芽。海鷗來几席,漁唱入窗紗。橫石常驚馬,危橋時度車。蕊泉澄濁慮,香界冷紛華。徑白栖晨霧,林紅帶晚霞。炊烟浮遠樹,鶴跡印平沙。自愧非梁苑,人將擬若耶。停橈如過問,一獻雨前茶。"⑧除毛奇齡和詩外,另有吳沐、任己任、吳升等和詩。

此詩未署年月,據《東皋唱和詩》卷首吳農祥序末署"康熙三十五年歲次丙子秋日,曲江吳農祥頓首拜題",集當刻成於康熙三十五年秋。詩末句"願隨春色到,馬上寄新茶",則諸人唱和詩當作於康熙三十五年(1696)春。

和索太僕《無題》原韻(康熙三十五年)

雲母牕高度日遲,相逢剛值攏頭時。梁泥不貼雙飛燕,園樹空栽連理枝。繡被覆床安綠綺,銀餅墜井絓青絲。曉屏殘蠟無多淚,一任東風顛倒吹。

但銜梅實嚥芳津,羞向平康取告身。收盡瓔玫仍是夢,畫成蛺蝶豈當真?焚香不記前生事,對鏡難看背面人。莫扯壞簾釘上絮,當年曾把粉來勻。

慢疊江螺綰髻鬟,飲牛河畔隔前灣。來時祇覺日復日,去後劇憐山上山。

---

① (民國)楊鍾羲:《雪橋詩話》卷三,民國《求恕齋叢刻》本。
② (清)博爾都:《問亭詩集》卷二,清康熙三十五年刻本。
③ (清)博爾都:《問亭詩集》卷二,清康熙三十五年刻本。
④ (清)毛奇齡:《西河合集·七言律詩六》,清康熙五十九年刻本。
⑤ (清)毛奇齡:《西河合集·七言絕句五》,清康熙五十九年刻本。
⑥ (清)毛奇齡:《西河合集·七言律詩八》,清康熙五十九年刻本。
⑦ (清)博爾都:《問亭詩集》卷三,清康熙三十五年刻本。
⑧ (清)博爾都:《東皋唱和詩》卷首,清康熙刻本。

天外飛鴻容易斷，月中種樹好難攀。仙丸九轉無停待，誰道丹砂可住顏？

西行烏兔又東生，時聽鳴禽有變更。枉結同心垂鳳帶，誰銜雙舌炙鵝笙？巷深祇覺車輪遠，廊響翻疑步屜輕。怪底金梭成嬾度，兩頭拋擲總牽情。

深憐才子病中軀，滅燭粧樓影漸無。歌入怨時憑宛轉，志當決處且踟躕。環垂碧玉何人解，梯滑黃金有婢扶。不爲識聲頻喚去，夜深無事慢嗟呼。

金箱不刷暗塵昏，夙昔相期總勿論。年到蘇家方是小，才如主簿詎嫌繁？看銷幾載懷中字，望斷三生石上魂。嫁得相如猶白首，有錢安用買《長門》？

纔見春來又復秋，布帆開去有時收。舞場舊到看垂手，樂府新翻《嬾卸頭》。仙子洞中皆閬石，美人花下即羅浮。何年重返蓬山去，長貯金銀十二樓？

但向金房戀舊恩，何須倩女又離魂。鴛鴦枕在寧無意，桃李蹊成豈待言？石住口邊含北闕，花生足下任東昏。莬絲只向長松抱，萬葉千條總一根。和原韻。

【按】詩見愛新覺羅·索芬《晴雲書屋唱和詩·無題》後。原無題，據意擬補。索芬，字素庵，號蓼園，別號晴雲主人。著有《晴雲集》。據楊鍾羲《雪橋詩話三集》卷三："素庵太僕索芬性愛竹，其友黃尊古自江南買竹數千竿，以船載入京師。王石谷爲作《載竹圖》卷。時爲康熙戊寅四月。"[1]

索芬《晴雲書屋唱和詩》卷首載其《無題》原倡，其一云："一春幽恨嘆飄零，黯黯新愁酒未醒。細草侵堦簾半捲，閒花滿徑户常扃。楓茅老去爲紅葉，柳絮飛來化綠萍。不信無方能縮地，枉教咫尺暗消形。"其二云："分明重省洛神圖，怪底春風病欲蘇。粧閣繡屏金翡翠，畫堂鋪地紫氍毹。徘徊望斷三更月，婉轉歌聞一串珠。笑拽青衣偷問道，羅敷得似此人無。"其三云："小玉呼來笑倚肩，輕風吹下大羅天。錦屏贏得經……"[2]除毛奇齡和詩外，另有邵錫榮、項溶、姜垚、俞廷櫬、王錫、張遠、吳沐、任己任、吳升、陳至言、毛遠公等和詩。

此詩未署年月，據索芬《晴雲書屋倡和詩》卷首毛遠公序："晴雲書屋，索太僕讀書別業也。太僕當髫齡有詩名，嘗自比香山、義山。……予當癸酉入都門，謁東皋先生，授予輩下新編，獲見太僕諸詩。……後遂緣東皋先生館于晴雲書屋。……甲戌三冬，與太僕同選古今艷詩，自兩漢、六季、唐、宋、元、明迄本朝，得若干首，有抄本。乙亥，辭行南歸，太僕手授《晴雲集》一本，計三百餘章，皆《無題》詩，有小序附載。時枉遊江南，爲友人乞選持去。及今持其集未成也，先以舊所刻詩斗乞同人和，家阮大可見之，以爲徐、庾、溫、

① （民國）楊鍾羲：《雪橋詩話三集》卷三，民國《求恕齋叢刻》本。
② （清）索芬：《晴雲書屋唱和詩》，清康熙刻本。

李復生。陽春白雪,由來寡和,然不可以不和也,和原韻八章,以爲先聲。一時同郡諸子暨海內名宿後先郵寄,得萬餘言,付梓爲《晴雲唱和集》,將以廣緝斯編,幸同人勿吝珠玉焉。康熙三十五年丙子冬至後九日,西陵毛遠公撰。"①知《晴雲書屋倡和詩》刻成於康熙三十五年冬抄,毛奇齡等人和詩當作於康熙三十五年(1696)。

索芬《晴雲集》刻成,毛奇齡又爲作序,其《索太僕晴雲集序》云:"猶子季蓮以偕計赴都,與太僕索君飲酒賦詩,把臂金臺間。攜其所著《無題》詩若干篇,歸以示人。……猶子爲集其見存者若干人,人若干篇,彙作一卷,將以質之長安之言詩者,既已付之梓而載板以行,予因于是時附一詩焉。……今予傲錢湖,而太僕乃遠貽以詩,緘其所藏稿而屬題其端。予乃發其册,再三讀之,益嘆太僕之不可及也。"②

贈蔣憲臺(康熙三十五年)

雄名長岳牧,異績鞏金湯。萬石糧儲足,千屯兵氣揚。狂瀾恬浙水,保障靖邊方。咫尺榮台袞,聲華動建章。

【按】詩見張嘉楨輯《兩浙名藩蔣憲臺輿頌編》。原無題,據意擬補。"蔣憲臺"即蔣毓英(?—1707),字集公,奉天錦州人。初以官生任浙江溫州府同知。康熙十八年,陞泉州府知府。二十三年,任臺灣府知府。二十九年,遷江西按察使。康熙三十一年六月,由江西按察使遷浙江布政使。

康熙三十四年冬,蔣毓英左遷去任,毛奇齡作《兩浙布政使司布政使蔣君左遷去任碑記》:"襄平蔣君,由西江觀察開藩杭州者越五年,亦已綱舉而目張。官不即於袠,户口生齒,已溢於圖版。……而偶以庶司關移檢校稍疏之故,卷纍而去。民之聞者,男廢耕耒,女罷蠶績,商估闔市門,士子撤學,損課讀,百計思所以留之,不得。乃相率爲畫像,爲俛屨,爲立祀版,爲謳吟哀思,而終之勒石以紀其事。……吾是以應民請而樂爲之記。"③《(雍正)浙江通志》卷一百二十一:"(承宣布政使)蔣毓英,奉天錦州人,鑲黃旗官生,康熙三十一年任。"④據同書同卷,康熙三十五年浙江布政使爲趙良璧。則蔣毓英去任浙

---

① (清)索芬:《晴雲書屋唱和詩》卷首,清康熙刻本。

② (清)毛奇齡:《西河合集·序二十六》,清康熙五十九年刻本。

③ (清)毛奇齡:《西河合集·碑記九》,清康熙五十九年刻本。

④ 《(雍正)浙江通志》卷一百二十一,清文淵閣《四庫全書》本。

江巡撫在康熙三十五年，與上文"由西江觀察開藩杭州者越五年"語合。

毛奇齡《兩浙布政司使蔣使君民懷集序》云："今行省蔣公之將去浙也，士子叩幕府，慷慨陳辭，農輟耕于野，商人罷市三日，咸裹糒躡草屩，將叫呼闕下，願還我公。會皇上親統六師征遠塞之不庭者，無暇啓九關以延清問。然後民之懷思者，相率爲詩歌，以志其不忘之意。……吾聞公以從龍起家，由官閣名員出佐嚴郡，卒之以行軍司馬竭蹶效力于東甌再闢之際，亦已多年。……暨公以西江觀察分路揚鑣，賜朱旗繡袋以榮其身，遂得以參知政事行省此邦。然而承流宣化，不過兼總大綱，與斯民相倚賴。……題曰'民懷'，紀其實也。"①據文首"今行省蔣公之將去浙也"，知此文亦作於蔣毓英離任浙江布政使之時。張嘉楨輯《兩浙名藩蔣憲臺輿頌編》卷首載毛奇齡《兩浙布政司使蔣使君民懷集序》，末署"康熙三十五年丙子夏六月，翰林院檢討、史館纂修官、治年家弟毛奇齡頓首拜譔"，知蔣毓英離任左遷在康熙三十五年丙子夏。張嘉楨輯《兩浙名藩蔣憲臺輿頌編》刻成於康熙三十五年丙子(1696)六月，此詩亦當作於康熙三十五年夏。

《署全浙提憲藍公德政留愛編》序(康熙三十五年)

蛟關爲兩浙之重地，而定海山者，又處蛟關之上游，南環閩粵，西帶東甌，北控吳松，東襟絕域，凡暹羅、日本、琉球諸國之來貢享、請獻見者，莫不道經東洋，而東南六路舟楫往返，雲馳鳥駛，爲一大水會，肰則是瀚州者，雖四明之屬邑，而實全浙咽喉，東南要害也。國初海氛未靖，盡遷沿海居民于內地，而瀚州亦在所徙，蓋此山之棄置于荒烟蔓草間者幾三十年。自義山藍公同靖海侯以王命討逆藩，彭湖戰捷，遂平臺灣，由是四海澄清，而瀚州遂得設官建邑，移定軍五千而鎮之。

方是時，民初展復，田不可耕，居無廬舍，軍吏相與伐木圍城，蜂屯而處，麋鹿塞道，荒涼接目，海中餘孽時復竊發，民之航海、捕魚、採薪者多噬鯨牙，于是天子憫焉，爰命公出鎮是邦。七稔之間，民殷戶息，吏輯兵恬，絃歌之聲，溢于庠序。檄置汛卒戈船，三省會哨有警，則風奔霆擊，勢如攝指，暴民膽落，海遂帖肰。于是洋帆番舶，海賈鮫師，出沒于波濤浩渺，烟雲杳靄，如履坦道，而驟康莊矣。肰則是公之坐鎮，寧獨四明？兩浙之所賴以安，而亦東南六路之人之所恃以無恐者也，功不既偉哉！

---

①　(清)毛奇齡：《西河合集·序二十六》，清康熙五十九年刻本。

我皇上神聖文武，御宇以來，劍閣陳師，則滇、黔霧捲；仙霞鞠旅，則浙、閩風清；舟抵金門，則諸羅獻籍；羽馳雲夢，則湖北投戈。德威遠播，雖海外重譯，莫不延領稽首，奉朔稱臣。自生民以來，未有一統若斯之盛者也。此固皇上智勇天縱，將將之功，而亦師武臣前驅敵愾之力居多焉。太史氏方採駿功鴻烈，書之汗簡，以垂彝鼎，用軼美于雲臺烟閣，永爲奕世之光，豈徒誇一時之興頌而已哉！雖肰，興頌者固不足爲公寵，而興人之情又何能以自已耶？今夫人當困迫，如身陷阱，非必有所贈給也，得一援手者，輒終身銘于心不敢忘。況如公之鎮定也，挈數百萬流離播越之民，而登之衽席；舉遥睇無極危濤沸浪之舟，而置之安瀾。其有功德于東南者何如，而謂能已于歌頌也乎？且歌頌亦何可已也！封疆大臣，功德在民，而百姓爲之抑而不宣，則爲善者無所勸，而爲不善者無所慕，甚非所以答聖主、廣獎屬也。肰則是編之集，固將使世之寄干城腹心者，讀其詩，想見其爲人，因而取則焉，則天下無不輯之兵民，而海内無不安之社稷，雖《天保》《采薇》之什，何以過此？其有功于王事，豈少補哉！

四明風雅，首推張子翠峰，既哀肰成集，將以行世，而徵言于余。余既多公之保釐新土，能使民愛慕不忘也，爲朝廷慶得人，而兼喜浙之人士與夫東南六路之人，被其德而知所感，莫不各爲歌詩，以道其諄諄愛慕之心，爲并足以獎善而式來也，因爲之序。翰林院檢討、治年家弟毛奇齡頓首拜撰。

【按】文見《署全浙提憲藍公德政留愛編》卷十六"續至諸敘"第八篇。文中所及"義山藍公"即藍理（1649—1720），字義甫，號義山，福建漳浦人。少桀驁，膂力絶人。康熙十五年，從師入閩，授建寧遊擊。十七年，從都統賚塔敗海寇於蜈蚣山。十八年，遷灌口營參將。二十二年，從靖海將軍施琅征臺灣，戰於澎湖，身被十餘創，腹破腸出，以匹練裹腹力戰，卒破賊。二十六年，服闋詣京師，迎駕趙北口，康熙召問澎湖戰狀，命解衣視其創，慰勞甚至，稱"破肚將軍"，擢宣化鎮總兵，掛鎮朔將軍印。二十九年，調任浙江定海鎮總兵，署理浙江水師提督。四十二年，調任天津總兵。四十五年，陞福建陸路提督。後被劾免官。

此文未署年月，《（雍正）浙江通志》卷一百二十二："（鎮海定海總兵官）藍理，康熙二十九年任。"①知藍理康熙二十九年任浙江鎮海定海總兵官。據文中"于是天子憫焉，爰命公出鎮是邦。七稔之間，民殷户息"，知此文作於藍理任職七年時，則此文作於康熙三十五年（1696）。

---

① 《（雍正）浙江通志》卷一百二十二，清文淵閣《四庫全書》本。

贈兩浙提憲義甫藍公（康熙三十五年）

白髮山深曳，扶藜亦出門。惟因遙慕好，不必盡沾恩。憩路棠陰接，看雲旆影翻。蕭然方杜集，誰不以公言？

【按】詩見《署全浙提憲藍公德政留愛編》卷十二"紹郡紳衿"內。原無題，據意擬補。其中毛奇齡詩標"七言律"，誤，據本詩，知是五言律。藍公即藍理，生平已見上文考證，茲不復贅。

據上文考證，序作於康熙三十五年，則贈詩亦當作於此年。

題《荷花圖》（康熙三十六年）

予郡田水月善潑墨，長于荷芰，而獨怯于牡丹。猶子驥聯一雪其言，嘗被酒畫長安市，償酒錢，酒家難之。傍一人解衣貰之去，曰："天池生不及也。"其鑒賞如此，然自謂"吾畫不易得"。此幀尤有生趣。昔人以"天機活潑"評趙昌畫，吾欲以是當之。康熙丁丑黃鐘月，西河毛奇齡并識。

【按】文見故宮博物院書畫部藏《荷花圖》軸（新 00146165）。原無題，據意擬補。文中所及"予郡田水月"即徐渭，字文長，別號天池生，浙江山陰人。工書善畫，其畫花卉爲多，落款往往署"田水月"。文中又及"猶子驥聯"即毛奇齡姪毛遠公，生平詳本書"復何自銘札子"條考證。

毛奇齡《西河合集》中，有爲毛遠公《瓊枝集》《就正篇》所作序。其《就正篇序》云："猶子遠公，偕計車行者十七年，兩爲南省首拔士，而詭得復失，遂操筆爲歌曲，游於酒人，出入王門間，幾不得歸。"①索芬《晴雲倡和集》卷首毛遠公序："晴雲書屋，索太僕讀書別業也。……予當癸酉入都門，謁東皋先生，授予輩下新編，獲見太僕諸詩。……後遂緣東皋先生館於晴雲書屋。……甲戌三冬，與太僕同選古今艷詩，自兩漢、六季、唐、宋、元、明迄本朝，得若干首，有抄本。乙亥，辭行南歸。太僕手授《晴雲集》一本。……康

---

① （清）毛奇齡：《西河合集·序二十七》，清康熙五十九年刻本。

熙三十五年丙子冬至後九日，西陵毛遠公撰。"①可窺毛遠公生平行跡。

文末署"康熙丁丑黃鐘月"，知此文作於康熙三十六年丁丑（1697）十一月。馮金伯《國朝畫識》卷五："毛遠公，字驪聯，蕭山人。孝廉。下筆清新俊逸，著有《菽畹集》。喜繪設色及水墨牡丹。"②與文中"予郡田水月善潑墨，長于荷芰，而獨怯于牡丹。猶子驪聯一雪其言"語合。此《荷花圖》當爲毛遠公所繪，毛奇齡爲之題辭。

新安汪烈女徵詩啓（康熙三十七年）

蓋聞星名婺女，並日月以經天；竹號湘妃，凜冰霜而照地。黃鵠孤飛之曲，直寫貞心；青鸞獨舞之篇，尚存樂府。永惟慕義，人以文傳；藉是揚徽，言爲德旨。恭惟汪烈女者，候補州司馬秦伯年翁之女也。英鍾江左，秀毓婺源。質本端莊，不待母儀之教；性成婉娩，無煩女訓之頒。親色笑于堂前，因心孝友；辨聲音于弦上，絕世明聰。語彼幼穉之年，便異尋常之志。丈夫自命，絕嫌巾幗之粃；名節素矜，大有鬚眉之氣。盈盈十五，不事花鈿；粲粲玄黃，唯嫻機杼。此其概也，抑又難焉。假若勿罹顛危，其孰見殉親之孝子？不遭板蕩，未由彰許國之忠臣。爾其早遭鞫凶，酷遭慘罰。甫經許字，俄傷玉樹之摧；未迨結褵，遽悼藥砧之逝。仰天一慟，城欲全崩；指日長號，玉思立碎。惟時慈親洒淚，幼弟牽衣。爰飲血而躊躕，終旌心而慷慨。身既爲女，色養之誼無關；人曰未亡，殉夫之志已決。遂乃長辭炫服，屏棄鉛華，暫設像形，禮瞻朝夕。江郎遺筆，空生夢裏之花；許配江姓。季女懷人，羞化望中之石。溯三生之有訂，未綰同心；誓九死而不移，願成比翼。桃花水暖，門前之泛漲方深；柳絮風輕，閣內之吟聲遂絕。于是衣裳密縫，抱石深沉；髻髮堅盤，望波一躍。雖復蒼梧返旆，誰回湘水之深深？即令華表鶴歸，莫救佳人之汎汎。節烈罕聞于往古，清貞可厲夫風聲。更可異者，遺屍拱立，迅湍渟壑而不流；香霧氤氳，居舍經旬而未散。是則鬼神于焉呵護，天地爲之感愴者矣。

其尊人秦伯，來我浙右，術效陶朱；寄籍武林，行同高士。有茲令女，想見家風。行見廟貌祠宮，緘蠟丸而上請；金書錄字，偕鳳詔以來旌。夫被服詩書，猶有近名之念；深居閨閣，孰非至性所爲？劉子敬執策而書，重編列

---

① （清）索芬：《晴雲倡和集》卷首，清康熙刻本。
② （清）馮金伯：《國朝畫識》卷五，清道光刻本。

女;張茂先殺青以誌,應補史箴。欲垂不朽篇章,敢懇立言君子:被諸金石,允堪砥俗之型;協彼宮商,用俟采風之獻。謹啓。

【按】文見陳枚輯《留青采珍集》卷一。《(民國)杭州府志》卷九十五:"《憑山閣彙輯留青采珍前集》十二卷、《後集》十卷,錢塘陳枚簡侯輯。"①知《留青采珍集》又名《憑山閣彙輯留青采珍集》。此書以彙輯清人的詩文書牘爲主,尤以書牘爲最詳,四六文較多。在清修《四庫全書》時,此書因內收錢謙益、屈大均、方以智等人的尺牘被禁,故流傳甚少。

"新安"乃徽州府之古稱。汪烈女(1662—1680),據朱樟《鹿野詩草·吊新安汪烈女》詩題下注曰:"烈女年十九,許江氏,未字而寡,赴水死,時戊寅二月。"②知汪烈女許配江氏,未婚而寡,於康熙三十七年戊寅二月赴水死。與此文小注"許配江姓"合,知毛奇齡與朱樟兩文所詠汪烈女是同一人。

汪烈女卒後,毛奇齡作此徵詩啓,弟子朱樟應徵而作詩,則此文作於康熙三十七年戊寅(1698)。

與陳山堂(康熙三十七年)

老先生入館以來,又逾一稔,聲名愈播,華國之文,又不知凡幾矣。衡門久寂寂,仰藉生色。即弟在籍久,亦復與有榮矣,每念及,便爲手額。祇弟杜門會城,日老一日,桑榆無幾。今春又臥病,幾謝人世,餘無可戀。但傳《春秋》未成,不知彼蒼肯假我數年否耳。

何毅庵先生老景倍於弟,卓人在粵西,今先民又出門,膝下何人,弟急留之,而已束裝返杭矣。念長安無可語,不得不仰藉故交,想老先生關切,應倍於弟,不煩諄囑,但時易蹉跎,祇求早爲之所,樂得就近即出爲幸事耳。弟舊交已盡,並無可爲經畫之地,且事有機會,難以預料,總維左右善全之。臨啓不盡欲言。弟名專具。□後。

【按】文見故宮博物院書畫部藏"清毛奇齡等尺牘册"(新00178060-1/6)。原無題,據意擬補。陳至言,生平詳本書"纕芷閣遺稿序"條考證。

文中所及"傳《春秋》未成",指毛奇齡所撰《春秋毛氏傳》還未成書。文

---

① 《(民國)杭州府志》卷九十五,民國十一年刊本。
② (清)朱樟:《鹿野詩草》,清康熙三十八年刻本。

中又及"何毅庵先生老景倍於弟,卓人在粵西,今先民又出門","何毅庵"即何之杰(1621—1699),字伯興,號毅庵,晚號天甦,浙江蕭山人。諸生。劉宗周弟子。工詩,與徐緘、毛奇齡稱"越中三子"。"卓人"即何倬炎,生平已見前。"先民"即何任炎,字莘民,又字先民。之杰季子。此言何之杰晚景寂寥,長子倬炎游幕粵西,季子任炎亦出門覓生。此札當是毛奇齡念及老友何之杰晚況不佳,乞陳至言爲何之杰子任炎覓生計。

文中有"老先生入館以來,又逾一稔"語,此"入館",當指陳至言於康熙三十六年中進士後入庶常館,非庶吉士散館後授翰林院編修事。據拙著《毛奇齡年譜》,陳至言於康熙三十六年中進士,選庶吉士,散館當在康熙三十九年會試前,而何之杰卒於康熙三十八年,故此"入館"乃入庶常館。據"又逾一稔"語,知此札作於康熙三十七年。文中又有"今春又臥病",知此札作於康熙三十七年春後。

《念佛鏡》序(康熙三十七年)

智朗師少年跳出火炕,苦行焚脩,久之,心境了徹,悟透無上妙果,住持鳳山聖果禪寺,口受千人禮拜。朗師苦之,脱去衣鉢,丘靜東皋天華院,暮鼓晨鐘,不入世法。偶覽《念佛鏡》一卷,矍然起曰:"衆生沉淪孽海久矣,非此,不足普度迷津。"乃急募金重梓,而乞余數言弁首。

余惟阿彌陀佛聲遍十方,晝夜捧持,尋聲救苦,假而信受奉行,便是當頭棒喝,任他説法開壇,不免野狐夢囈。雖或口稱名號,僅識五種、四種法門,而信心弗退。即不往生極樂國,亦可不墮諸惡趣,而無如世人皆習焉不覺也。雖然念從心,心即是佛,苟能念念存佛,即能時時見佛。若是佛口蛇心,毋論一日七日,縱千日萬日,舌敝耳聾,口頭禪耳,終無用處。朗師破除色相者,倘首肯余言,余更爲朗師普勸大衆,曰:"真實起信,一心念佛。"己未召試博學宏詞、纂修明史實録、乙丑會試同考官分領十八房考、翰林院檢討毛奇齡撰。

【按】文見釋道鏡、釋善道輯《念佛鏡》(康熙重刻本)卷首。周叔迦《釋家藝文提要》:"《念佛鏡》二卷,唐釋道鏡、善道共集。二人事蹟不詳。卷端有宋楊傑序,末附善道臨終正念文,明釋如賢序及蓮池大師《竹窗二筆》評語一則。文凡十一門。"①

---

① 周叔迦:《釋家藝文提要》,北京古籍出版社 2004 年版,第 594 頁。

文中所及"智朗師"即智朗明淳,清初杭州鳳凰山聖果寺僧。《念佛鏡》卷首智朗明淳自序云:"明淳淨因不昧,幸遇指南,覽《佛鏡》書……第惜時遙刊廢,罕見流通,牟尼寶王靡由顯達,是以重校付梓,以廣其傳。……古杭鳳山聖果寺沙門智朗淳述。"與文中"偶覽《念佛鏡》一卷……乃急募金重梓"語合。

《念佛鏡》卷首在止德序末署"戊寅季夏,法弟在止德敬題",退讓然序末署"戊寅仲夏,法弟退讓然敬題",知康熙三十七年戊寅(1698),智朗明淳重刻《念佛鏡》。毛奇齡序亦當作於此年。《念佛鏡》除康熙三十七年重刻本外,另有道光二十七年重刻本、光緒十年重刻本,卷首均載毛奇齡序。

金太君七十壽文(康熙三十七年)

吾蕭有賢母者,系出山陰著姓,歸於來蘇之周公。余年未四十,而母之賢名已藉藉人口。暨余避人淮徐,宦遊都市,即僦屋(居)會城,杜門謝客,而吾蕭人物臧否,昔所過者多惘然,不可追憶,獨夫人之令名久而彌光也。

夫人賦性順柔婉娩,樂施與,能急人之困厄,動止有則,和而不弛,嚴而不怒。三十而嫠,專屋閒居。以其子出就外傅,雖課竣,旦暮歸省,不廢繩笈。幼儀姍嫻閫内,故皆克自成立,以饒其資、儒其業。或挾桑弧蓬矢之志,蜚聲壇坫,攬海宇之英俊,猶以爲未足。而力于家者,課工蔬其圃,稻黍其畎區,收息倍入。晦則與酒爲朋,陶然物外,各尚一門以相助。如製錦然,我曳而爾織也;如綴裘然,集腋而成章也。其友愛倍篤,孝于其母,年高愈摯。推其孝友所蘊,雖昆季有五,心惟一也。最難者泉刀入握,無絲毫染指,併力同心,化成妯娌。故自鄉閭姻朋以及疏逖,稱慕其孝友,靡有間言。凡此皆母夫人之教也。夫余自早歲出游,長違膝下,至丁年而椎牛不逮親存矣。

若士千、漢雯諸昆季,愉中婉容,捧觴雁侍,犓腴鱻膾,諸物備至,家庭之樂,迥異尋常。而兹年屆稀齡,尚童其顏、碧其髮,以迓休于桂蘭叢馥之下,非其子之賢,有以致其母之難老耶?則不必憑延歷之衛,啖續命之膏,而如山之壽方興其未有艾已,此余心所皇皇。其先者一旦遇之,非止慕悦,感慨生焉已。今夏季,予及門朱生以夫人之壽來告,且悉其優裕之德如此。噫,余四十前所聞猶髣髴可記也,故特敘其孝之所由來以爲之祝!

附詩:

於越朱門錦帨開,萸花初發嫠光迴。東堂雲繞鸞書下,西母觴傳駿馬來。女史青菱留竹簡，仙人丹棗飲金罍。蓬瀛萬里剛歸省，彩袖真看五色裁。

時康熙三十七年歲次戊寅七月穀旦，己未博學鴻儒科御試保和殿中、翰林院檢討、充史館纂修官編撰明史、賜宴瀛臺、賜綵緞三表裏、乙丑會試領十八房同考、年家眷弟毛奇齡頓首拜撰。

【按】文見周家楨等續修《蕭山來蘇周氏宗譜》卷三。"金太君"即蕭山周至信妻金氏，周宸、周宜之母，陳至言《節孝金太孺人傳》："金孺人者，處士周公諱至信天實公之德配，而予友士千、漢雯之賢母也。父録承公種學勵行，不求聞達，鄉邑稱其賢。孺人稟公之教，即以教其家。初歸時年方十七，家人方謀進華飾以悅孺人，孺人卻弗顧，而自安布素。處士公亦素甘澹薄，得孺人，稱同志焉。十有七年，而處士公疾作，孺人則泣告於祖，夜則焚香告於天，曰：'是未可以死。'倉皇療治，脫簪珥以佐參藥，而處士公竟不起。彌留之際，向孺人泣曰：'事父不終，教子未立，而促我以死，吾其以是累汝矣。'孺人嚙指含酸不忍言。處士公既葬，孺人則告於其主曰：'吾所不死稱未亡人者，將以終君託也。'自是飭紀綱，嚴內外，崇節儉，課農桑，上娱其翁如孺子，下範其子如嚴師。士千、漢雯兄弟五人既長，喬然為鄉國之望，敦孝友以克家，型仁讓以善俗。諸孫亦蘭芬玉潔，鵁崎鸑停。人方羡孺人之有賢子孫，而孺人已幡然模楷者三十年矣。予始至孺人之家，謁孺人於堂，孺人正容而出，如有道之儒。予肅揖而退問興居外，不敢增一言……洎予之女弟適孺人之第四子漢章，予之女字漢雯之次子炎，兩家之好日篤，而予之嚴孺人則常如一日。太史西河毛公為孺人七十壽言，而綴之以詩，稱士千、漢雯兄弟孝友之摯，而歸本其教於孺人，其知孺人者深也。孺人生於崇禎己巳年七月二日，卒於康熙庚辰年七月廿八日，葬於山陰之席家山。賜進士出身、翰林院編修、賜食三品俸、乙未丙戌兩次會試同考試官、提督河南全省學政事、年家眷姪陳至言頓首拜撰。"①題言"七十壽"，則作於金氏七十生日時。據"孺人生於崇禎己巳年七月二日"，推知康熙三十七年戊寅（1698）七月二日，金氏七十，則本文作於康熙三十七年戊寅（1698）七月，與文末"時康熙三十七年歲次戊寅七月穀旦"合。

"若士千、漢雯諸昆季"指金氏子周宸、周宜，兩人皆為毛奇齡友人。來嘉佑《士千公傳》："公諱宸，字士千，生順治丁亥，卒康熙丙申。公卒於今強十年矣，每聞人之口次余族醇治行者，為奮色于公……父天實公早卒，卒時

---

① （清）周家楨等續修：《蕭山來蘇周氏宗譜》卷五，清光緒十五年木活字本。

公十六耳，母金孺人，祖定宇公嗽嗽就衰落，諸弟弱以孩，公上侍定宇公，不以失父短朝昏重之憾，中贊嫠母平欹彌缺，下則和諸弟食衣嬉笑，懇懇藹藹，年進而逾摯。雖異居，耕讀嫁娶，諸賓姻之交遺，往來通鈞若共食，如製錦然，爾曳我織，如綴裘然，集腋成章，善乎西河言之也。公伯氏悦山公無子，以公後，公協諸弱弟居數十年……今上初有詔褒潛德，而公得以孝義祀忠孝祠，金孺人以貞節祀節孝祠。公十六失父，死七十，服五三年喪。天實公三年，伯悦山公三年，伯母曹孺人三年。定宇公，公以家孫承重三年。金孺人卒，公曰：‘吾不忍以出後失服。’亦三年。西河先生爲金孺人壽文，備次公兄弟氏治行……公仲子宗王曰：定宇公嘗指府君及吾母示金孺人曰：‘吾有若孫，吾家可無憂；有若媳，而汝之爲姑者無慮。’……嘉慶乙丑仲秋，後學來嘉佑頓首拜述。”①周炎《漢雯公行述》：“府君諱宜，字漢雯，號逸堂。先祖考天實公第三子也。曾祖考定宇公、高祖考曲江公，皆以年高德劭爲鄉邑所推重。而祖考早世，彌留之際，伯、叔五人長未丁，季在抱，念付託之無人，向曾祖考而泣曰：‘兒不孝，不能終事吾父，又以是幼而孤者遺吾父憂。’曾祖曰：‘汝之子，吾之孫也，吾年雖老，猶能撫翼以待其長。且長孫賢，其能成汝志矣。’長謂伯氏士千公也。府君鬊亂有奇志……及就外傅，誦《孝經》、四子書，目無留覽。稍長，受業於族叔飛熊先生。先生故名宿，其門下士如聖書王公、素亭金公，皆以能文樹赤幟。府君與之分疊不相下。既冠，爲諸生，桐城姚公諱文熊以名進士宰蕭山，心賞府君，誠其子弟與府君遊，其一時賓客過從，皆名下士，見府君輒契合，與訂交去。久之，曾祖考謝世，祖母金孺人亦年老……而祖母竟以是不起。府君哀毀欲絕，骨立柴瘦，見者無不動容太息。時不肖生已七齡，皆目見而心識之者也。自祖母殁後，家益落，諸伯叔乃謀異居，府君灑涕從之。……山堂陳公諱至言，不肖外舅也，與府君爲微時交，以翰編奉簡視學河南，走書招府君，府君不往。俄而陳公疾，知不可爲，膝下惟五歲兒，非府君無可托者，書再至，府君行，比至而陳公疾且劇，執府君之手顧五歲兒而言曰：‘即不起者，如是何？’府君曰：‘君自愛，脱有不諱，吾在，君無憂。’陳公卒，府君經紀其庶務，挈其遺孤自河南扶櫬以歸。……府君治家嚴整有法，與大伯父尺寸相守，延師教子弟，先行誼而後文章，暇則取塾課自爲評騭，有當意者，爲好言以示獎勵，以故吾同祖兄弟十五人，皆能循謹著於鄉，而半遊庠序。即迷謬如不肖，亦未敢恣意妄行，其孝于親、友于兄弟、信于朋友蓋出于天性，無所勉強也。府君生于順治丙申二月初九日，卒于康熙丁酉六月初九日，年六十二。與先妣黃孺人合葬于檠山

---

① （清）周家楨等續修：《蕭山來蘇周氏宗譜》卷二，清光緒十五年木活字本。

之陳氏田。女一人，男二人，長兄琬，次不肖炎也。兄早逝，不肖馬齒亦五十有奇，既不能砥節礪行，紹前人休……府君之懿行恐遂汩没，以重不肖之罪，故略述其梗概如左，而府君之潛德幽貞，則非不肖之所能殫述者矣。乾隆甲子冬十月，不肖炎識。"①

張孺人像贊（康熙三十七年）

賢哉孺人，賦質温良。咸和妯娌，善事姑嫜。相厥夫子，俾嘉俾臧。雞鳴克誠，蠶績有筐。豐於饋食，潔爾烝嘗。屻及閭里，恩施梓桑。嗣徽纘緒，比之周姜。承前嬗後，庶冀永昌。覯兹遺幛，千載難忘。姪奇齡拜題。

【按】文見毛齹亭等續修《蕭山毛氏宗譜》卷一。文末署"姪奇齡"，知是毛奇齡爲其嬸母張氏遺像所作贊。

毛齹亭等續修《蕭山毛氏宗譜》卷首載毛奇齡《重修族譜序》，末署"康熙三十七年秋七月，裔孫奇齡謹書"②，知康熙三十七年（1698）秋，蕭山毛氏重修族譜。蓋於此時，毛奇齡爲其嬸母遺像作贊語。

《朱文恪公誥命》跋（康熙三十七年）

康熙戊寅冬至日，過竹垞年兄，得拜觀其曾王考文恪公進階柱國錫命之軸，起而慨然。此軸于今七十有七年矣。予生于天啓癸亥，正值公致政之年，距此錫命時裁一年耳。繼此不數年，而國事大壞。少嘗侍父兄，聞竊竊嘆息，謂門户紛紜，初不過起一時國本之爭，而遽貽斯世以元（玄）黄之禍。當是時，苟有君子其人者中立不倚，爲鎮定而銷弭之，則猶未必無補救。公非其人耶？

夫公以楚、趙爭重之身，進膺保衡，原欲藉六階之平銷其依附，而乃勢不可爲，旋以引去。夫公爭國本，多於衆人，疏七十餘上，而不以爲名；先衆定冠、婚之議，斥外戚鄭氏，而不以立異。夫乃所謂中矣！《泰》之九二，正君子

① （清）周家楨等續修：《蕭山來蘇周氏宗譜》卷二，清光緒十五年木活字本。
② （清）毛齹亭等續修：《蕭山毛氏宗譜》卷一，清道光二十六年爵德堂木活字本。

道長之時也,然而其辭曰:"朋亡,得尚乎中行。"夫以三陽聯比,鄰于朋黨,而九二居群陽之中,位君子之首,乃獨尚中行,以銷朋黨,夫然後日進光大。而三陰之五,亦且願中行,以爲君子之報,而惜乎"日中則昃"。曾幾何時,而九三之陂漸臻乎"傾否"而不之覺也。予鄉姜宗伯兄弟初出身時,其父太僕公戒其子勿爲黨人,後以脩典要不安其身,而小人即題以"呈身門户",勒令去職。而公則爭國本,斥外戚,儼然在門户中矣。予故觀斯軸而慨然作"日中則昃"之慮焉。

竹垞故史官,見先世寵命即寶之。若夫國事得失,關公進退,竹垞雖不言,其知之矣。西河後學毛奇齡謹記。

【按】文見《小長蘆館集帖》第八册,亦見朱榮等續修《乾隆秀水朱氏家乘》卷一"恩綸",文小異。原無題,據意擬補。

"竹垞年兄"即朱彝尊(1629—1709),字錫鬯,號竹垞,又號驅芳、金風亭長,晚號小長蘆釣魚師,浙江秀水人。康熙十八年(1679),舉博學鴻儒科二等,授檢討,充《明史》纂修官。二十二年(1683),入直南書房供奉,賜禁中騎馬,旋賜居禁垣。後罷歸。著有《曝書亭集》《經義考》《日下舊聞》《靜志居詩話》等。文中所及"其曾王考文恪公",即朱彝尊曾祖父朱國祚(1559—1624),字兆隆,號養淳,浙江秀水人。萬曆十一年癸未(1583)廷試一甲第一名,授翰林院修撰。歷官司經局洗馬、吏部右侍郎、禮部尚書、户部尚書、武英殿大學士,晉授光禄大夫、勛柱國。尋加少傅,兼太子太傅。卒,贈太傅,諡文恪。著有《孝宗大紀》《册立儀注》《介石齋集》等。

文中所及"此軸于今七十有七年矣",知朱國祚晉階柱國時爲天啓二年壬戌(1622)。朱榮等續修《乾隆秀水朱氏家譜·世系表五·朱國祚》:"天啓……壬戌,充會試主考、廷試讀卷官,誥授光禄大夫,勛柱國。"[1]文中"予生天啓癸亥,正值公致政之年,距此錫命時裁一年爾",知毛奇齡所生之天啓三年癸亥(1623),乃朱國祚致政之年,距其晉階柱國之命纔一年。朱榮等續修《乾隆秀水朱氏家譜·世系表五·朱國祚》:"天啓……癸亥,加少保,兼太子太保、户部尚書、武英殿大學士,晉授光禄大夫,勛柱國。尋加少傅,兼太子太傅。予告賜坐……馳驛回籍,遷居北門内鍾秀坊,曰有容堂。著有《孝宗大紀》一卷、《册立儀注》一卷、《介石齋集》。"[2]

文中有"康熙戊寅冬至日"語,知此文作於康熙三十七年戊寅冬至日。

---

[1]　(清)朱榮等續修:《乾隆秀水朱氏家譜》,清咸豐三年刻本。
[2]　(清)朱榮等續修:《乾隆秀水朱氏家譜》,清咸豐三年刻本。

時毛奇齡拜訪同年朱彝尊，得觀朱彝尊曾祖父朱國祚天啓二年晉階柱國時被錫誥命，遂爲跋語。

《野香亭集》序（康熙三十七年）

自古才不易生，遇亦罕覯。金、張嗣世，未有文章；王、謝傳家，半虚官閥。是以武威堪繼，所嫌張奐無文；梁苑相仍，常恨枚皋未仕。惟李編修丹壑，家有賜書，才堪獻賦。擅蘭成之異彩，不愧肩吾；假衞騎以敷華，輒如希逸。斯固龍門之繼起，居然虎觀之先資。顧或器貴晚成，官嫌早達。高常侍五十爲詩，公孫弘六旬應詔。壯歲學《春秋》，豈難諳練？老年趨幕府，未負平生。而乃夙具聰明，少成頭角。楊惲六歲，便通史藏遺書；黄琬兒時，能説天文大意。舉經筵于殿上，謁帝知名；正朋字於膝前，入官有效。猶且束髮授校書，恥因父任；孩提爲少監，不藉門功。薦鄉書于志學之時，唱臚句在算丁之候。比之元稹之舉進士，正復同年；仿諸陸贄之授翰林，尚虚一歲。妙齡登秘省，彌存若谷之懷；弱冠入綸閣，原有凌雲之氣。然而端居一室，惟事斯文；考鑒千秋，不嫻雜弄。趨庭受《詩》《禮》，父即嚴師；同館被絲綸，子如後進。追燕、許兩家之盛，成獻、羲一代之奇。論人物則必推典午以前，語詞章不使在永貞而下。當廳授簡，蔚爲天上雲霞；對客揮毫，疾若秋來風雨。偶下東吳而鼓棹，感送江神；譬登西華以聯吟，勢凌山嶽。藉此苕華之簡，勒爲琬琰之詞。文閑六甲，李白何殊？筆著五花，江淹斯在。乃以薰蕕之異臭，謬從鷄鶴以同群。通門託庇，訝曾分荀令之香；芸館追隨，愧數倚夏侯之玉。誦羊孚之佳句，軼思穿雲；讀孫綽之新辭，金聲擲地。但藉校讎之末，因而揚厲其間。庭前吟芍藥，請觀端尹之詩；天上有麒麟，倍憶春坊之作。蕭山毛奇齡撰。

【按】文見李孚青《野香亭集》卷首。官修《清文獻通考》卷二百三十四《經籍考》：“《野香亭集》十三卷，李孚青撰。”①

文中所及“李編修丹壑”即李孚青（1664—1715），安徽合肥人。天馥子。康熙十七年（1678）中舉，十八年（1679）成進士，選庶吉士。散館，授編修。人呼爲“黑頭公”。著有《野香亭集》《道旁散人集》等。毛奇齡與李孚青爲同年，故常有詩文酬唱往來。康熙十七年，李孚青鄉舉入試，毛奇齡作《奉贈李

---

① 《清文獻通考》卷二百三十四，清文淵閣《四庫全書》本。

公子鄉舉入試長句》爲贈①。十八年,李孚青年十六成進士,旋選翰林院庶吉士,毛奇齡作《李丹壑進士館選庶吉士賀屏序》云:"早齡通籍,代不乏人,而求其十六成進士者,則自明三百年來,所傳祇王庶子一人,而他無聞焉。……而學士李公,其令嗣丹壑以十五歲舉於鄉,十六成進士,時康熙己未。春官列名,赴殿廷對策,擢高等,遂得召問,改翰林院庶吉士,使讀書中秘,以補館學生三十人之列。一時聞之者,無不嘖嘖稱嘆,以爲極盛。……予故於彈冠之頃,不爲頌而爲勉如此。"②二十二年秋,兩人同直起居注,互有聯句詩。二十九年,毛奇齡已歸田五年,李孚青有《寄懷毛十九大可》詩③。二人交情之深,於此可窺一斑。

《野香亭集》分卷編年,所收詩起康熙二十五年丙寅,迄康熙三十七年戊寅,集當成於康熙三十七年(1698),毛奇齡序亦當作於此年。

《家塾教學法》序(康熙三十八年)

古者教子弟之法,師以"三行",保以"六藝",未嘗專主咕嗶課誦及授簡橐筆之事。惟天子、諸侯及鄉大夫、元士之適子,則有六書、九數、典、文、簡策諸務行於虎門,令其嫻習之,以爲他日用世之藉也。今世則不然。學校之造士,文衡之選士,全以是物之優劣爲進退,則又無分貴賤少長,皆爲最急之務矣。

瀫溪唐先生獻策天(長)安,出爲師氏者若干年,歷東西兩淛人文會萃之所,皆坐擁皋比,令館下諸生執經北面。其爲三物、六德,興起後學者,既已習之有素,且藝文燦然,見諸法則。所至省課諸生,皆視傚之,此真見諸行事,未嘗僅託之空言者爾。乃睥睨之間,拂衣歸里,復取平時所爲《讀書作文譜》《父師善誘法》二書梓以行世。其間講求之切,擇取之精,一字一註皆有繩檢。所謂哲匠稽器,非法不行者,非與? 夫弓冶之後,必有箕裘,世家子弟,皆有承授。先生席累世勳賢之裔,守其青箱,傳之不壞。今即以其所世嬗者公諸海內,蓋不自私其美,而教化乃廣大焉。或疑先生以師保之尊,久歷庠序,興德興行,歸田而復取咕嗶課誦之法,諄諄留意,似非要務。嘗讀伏生《大傳》及班掾《食貨志》,知卿大夫歸田,每出而爲閭黨師,謂之"上老",終

---

① (清)毛奇齡:《西河合集·七言古詩九》,清康熙五十九年刻本。
② (清)毛奇齡:《西河合集·序二十一》,清康熙五十九年刻本。
③ (清)李孚青:《野香亭集》卷五,清康熙三十七年刻本。

日居里門右塾,以掌誥誡。先生之著二書,抑亦鄉大夫居塾之遺情也乎?

故其書舊名《家塾教學法》,吾願受其書而求其法者,由此漸進於誠、正、修、齊,以爲治、平之本,安見二書不爲《大學》之先資也乎?時康熙己卯季春月,年家眷弟毛奇齡頓首拜譔。

【按】文見唐彪《家塾教學法》卷首。《家塾教學法》是《讀書作文譜》和《父師善誘法》兩書的合刻本。丁仁《八千卷樓書目》卷十:"《讀書作文譜》十二卷,國朝唐彪翼撰,原刊本。《父師善誘法》二卷,國朝唐彪翼撰,原刊本。"①

"瀫溪唐先生"即唐彪(1640—1713),字翼修,浙江蘭溪人。順治十八年歲貢。嘗問學於黃宗羲、毛奇齡之門。胸羅萬卷,而原本於道,仇兆鰲稱其爲"金華名宿"。解職後,益力於學,著有《身易》《讀書作文譜》《父師善誘法》等書。文中所及"出爲師氏者若干年,歷東西兩瀬人文會萃之所,皆坐擁皋比,令館下諸生執經北面",指唐彪歷官會稽、長興、仁和等縣儒學訓導。據《(嘉慶)蘭谿縣志》卷十三:"唐彪,字翼修,以明經任會稽、長興、仁和訓導,課授生徒,皆有條緒。"②文中又及"故其書舊名《家塾教學法》",指唐彪初以"家塾教學法"名其書,是《父師善誘法》《讀書作文譜》兩書的合刻。合刻本的扉頁,右上首署"毛西河、韓慕廬、仇滄柱三太史鑒定",正中大字爲"父師善誘法、讀書作文譜合刻",左上方署"清瀫水唐翼修先生輯著"。其中《父師善誘法》以論教法爲主,《讀書作文譜》以論學法爲主,系統闡述了兒童教育的理論及方法。詳參唐彪輯著《家塾教學法》,趙伯英、萬恒德選注,華東師範大學出版社1992年版。

文末署"時康熙己卯季春月",知此文作於康熙三十八年(1699)三月,時毛奇齡七十七歲。

贈張敬止中丞(康熙三十八年)

大澤被平楚,清風滿江皋。嗟公本人英,門閥建世耗。少小席華冑,奕葉開金貂。驊騮踔冀野,鷟鷟翻鳳巢。聞詩接鯉庭,作賦輕劉曹。八體展餘墨,三倉任揮毫。通籍治已浹,歷仕名更超。太常紀新勛,聖意選舊勞。天

---

① 丁仁:《八千卷樓書目》卷十,民國本。
② 《(嘉慶)蘭谿縣志》卷十三,清嘉慶五年刊本。

南半壁間，一柱擎青霄。開府領大鎮，儀同寇諸寮。披襟納山月，雅度涵海潮。下車蚤剔歷，半載成恩膏。直如琴中絃，醇比盎上醪。冰清與玉潔，不足方其操。以此民感受，隟地栽禾苗。蠲刑簡獄訟，薄賦平征徭。興賢禔芷蘭，去暴絕獍梟。招商能通關，抑儈還裕漕。有時驅墨吏，望風解垂縧。有時挽頹俗，重使節義標。軍市或陵轢，開轅正規條。萑苻偶竊發，燎火先撲燋。惟是佐國幣，四境流泉刀。鑄山與煮海，於此藏鬼魁。犀燭并霜刃，么魔總潛銷。翠華東南巡，將築宣房坳。因之省方俗，兼以觀浙濤。我公謹儲偫，夙夜先群僚。除道儆斥堠，闢垢清塵囂。割俸賃徒役，質衣貿蒭茭。鉅細庇供億，不費民一毫。以茲宮城閒，嵞壘忻逍遙。帷御五玉貢，方岳六服朝。里禾與鄙黍，比櫛猶繭繅。皇心大悅豫，謂公澤瀌瀌。比之郇伯來，名德著遠郊。合此德與澤，四布同絣幬。賴公旬宣之，宸翰于以褒。于是全浙民，德澤均相叨。蠲租沛窮欄，加額獎俊髦。漸（浙）江七十縣，滂霈真幸遭。清平好世界，樂此暮與朝。疇昔聞公名，六幕思迢迢。今幸戴公恩，八口無傲傲。勒碑如襄陽，白石有時磽。畫像如益州，丹青豈能描？獨是輿人口，千載不可搖。予欣託宇下，作此清平謠。

【按】詩見浙江士民輯《布澤編》卷二，爲毛奇齡詠浙江巡撫張敏而作。原無題，據意擬補。張敏（1651—？），字敬止，奉天遼陽人。歷官湖廣下荊南道、福建按察使、山東按察使、湖南布政使、山東布政使、浙江巡撫。

據下文考證，《布澤編》毛奇齡序作於康熙三十八年己卯（1699）七月，詩亦當作於此年。

《布澤編》序（康熙三十八年）

自昔子產治鄭，輿誦肇興，而漢、晉以還，若漁陽、魏郡、潁川、廣漢，率皆以塗歌巷諺流播史冊。故王祥太保，而海康之謠蚤著徐泗，姚元之爲開元賢相，而當時吳陵之所誦悉勒于石。誠以民情至公，感則籲而悅則嗥，非有誣也。

大中丞張公由從龍世家紀功太常，累以勳伐傳于時。而太翁從門下省爲章皇帝諫官，析圭分獄于章江之間，其詒謀之績可謂隆矣！乃方其揚鑣八閩時，公即以七州名刺爲尊者避路，補昭代陵園之長，識者早占其世濟之美，遠過前哲。暨乎江漢波揚，南荒重服，假襄樊節度以鎮壓之，遂至觀察八閩，重爲種丹陽之柳，歷全齊行省。當是時，廷臣上功者僉謂五都伯長，專弓矢、鈇鉞之權，非公不能勝此任。重以兩浙介在甌粵，爲神州奧區，天南半壁，尤不可無名材碩德以揩拄其際，因以雄藩使相進開府儀同，建牙江介，是公之歷歷固已閱中外、備艱大，以迄有是也。乃公方勵治，與斯民更始。值聖天子觀河南巡，翠華將幸吳越間，公先期齋宿，大會諸僚屬而諮諏之，築城郭，修橋道，設亭障、斥堠，加以鈴樏。然後儲偫供億，校量芻秣，自舟車樓櫓、颿檣桴栝，以及宮城之遠邇、扈甼之廣狹，早夜經營，不皇暇食，而四民怡然，一似不知有萬乘之將涖止者。凡夫田野之耕犂，關市之往來，仍如故也。予嘗于迎鑾之頃，隨豹尾後，竊觀輦道遍張行幔于通衢之間，自北關警蹕以至行在，其間南北相望，東西旁達，約不下三十餘里，而丹檻綵柱，捧龍馭而移之雲幄之中，雖聖天子節儉爲懷，漠不爲喜，然而天德黄道，于斯備焉。

此固三古巡狩之典所稱"東魚西鳥"，里禾郫黍之盛，亦未有過于是也。而乃紳士不預聞，小民不費絲粟，徒安坐優游，以濫被皇上錫賚之厚，此固方州大臣早有以經畫其際，而公實爲之。夫事上敬者，其御下必慈，以之治民，抑何宣布德澤如聖人所云也？從來爲政之要，必先去其害民者，而治可以興。公整躬率屬，激揚風紀，斥其不任者數人，凡害羊害馬，皆令遠去，而然後賦税獄訟，務爲寬簡，以與民休息。夫民惡貪，而公砥以清；民不樂惰窳，而公礪以勤。民所急輸，公故緩之；民苦于侵蝕，而公則譴之。民田有時乾，公則潤之；民之室不戒于火，公爲之灑之熄。夫民患惟盜，而公是餙；民所畏者兵，而惟公是戢。是民好惟好，民惡惟惡，而猶謂民之不能歌思而讙謼，非人情也。

公長于文章，惜予老去，不能爲紀績之文讚頌百一，獨是懿德之好，猶在人心，因聆諸輿誦而敬誌之若此。康熙己卯孟秋之吉，翰林院檢討、充史館纂修官、治年家弟毛奇齡頓首拜撰。

【按】文見浙江士民輯《布澤編》卷首。"大中丞張公"指浙江巡撫張敏，其生平見本書上詩考證。王先謙《東華録》"康熙六十"：康熙三十六年十一月，"辛丑，以張敏爲浙江巡撫，由山東布政使遷"。①《(民國)杭州府志》卷十八："張敏，遼海人，康熙三十七年四月任。"②蓋張敏任命在康熙三十六年十一月，三十七年四月始到任。王先謙《東華録》"康熙六十六"：康熙三十九年冬十月，"辛巳，張敏原品休致"。③知張敏於康熙三十六年十一月至三十九

① 王先謙：《東華録》"康熙六十"，清光緒十年長沙王氏刻本。
② 《(民國)杭州府志》卷十八，民國十一年刊本。
③ 王先謙：《東華録》"康熙六十六"，清光緒十年長沙王氏刻本。

年九月任浙江巡撫。

文中"暨乎江漢波揚，南荒重服，假襄樊節度以鎮壓之，遂至觀察八閩，重爲種丹陽之柳，歷全齊行省"，指張敏歷官湖廣下荆南道、福建按察使、山東按察使、湖南布政使、山東布政使事。王先謙《東華錄》"康熙四十五"：康熙二十九年秋七月壬辰，"張敏爲福建按察使，由湖廣下荆南道遷"。①同書"康熙五十二"：康熙三十二年冬十月，"以張敏爲山東按察使，原任福建按察使"。②同書"康熙五十六"：康熙三十四年"八月庚寅朔，以張敏爲湖南布政使，由山東按察使遷。……（冬十月）丁巳，調張敏爲山東布政使"。③張敏官浙江巡撫期間，毛奇齡與其有交往。康熙三十九年二月，張敏五十生日，毛奇齡作《兩浙開府中丞張公生日賀屏序》賀壽，其文曰："平州張公由行省儀同開府兩浙，東南十道往往倚毗爲長城者，方五千里。……相公之蒞吾土者，穀已三稔……致予以近耄之年，猶不能預真率之會以追陪一觴，此又時勢之無可如何者也。"④

文末署"康熙己卯孟秋之吉"，指此文作於康熙三十八年己卯（1699）七月，時毛奇齡七十七歲。

位侯公傳（康熙三十八年）

公諱俊生，字位侯，行宗九十六。四歲失怙，家酷貧。稍長，精悍有勇力，善養母。母患末疾，奔走醫師門，視湯藥惟謹。母問："兒安所得錢？乃奉我如許。"跪對曰："兒自有錢。"母乃喜，實未嘗蓄一錢也。族人以爲孝，稍稍給之，卻不受。晝力耕，夜侍疾，不離左右者七年。居母喪，能自致也。

公爲人沉毅而有謀，性慷慨，可屬大事，族人倚以爲重。大橋故有團練之舉，章初公總之，歲久寖弛。會諸暨民朱德敷據紫閬以掠近村，大橋恐，而章初公老，不任事，公曰："吾遂不爲鄉里計耶？"天策者，章初公子也，與公議召諸丁壯復團練，若守若禦，若瞭視，若出粟米、薪芻、木材，毋有不給。樹栅隘口，夜擊柝更番守，有警人持梃立栅下，倦或匿者罰。德敷聞之，不敢犯也。既大兵勦紫閬，公乞隨軍行，先入賊廬，手殺賊無算。軍中欲授以官，叩首謝不受，退而力耕，恂恂如也。承平久，諸丁壯咸老且死，公亦就衰，而精

---

① 王先謙：《東華錄》"康熙四十五"，清光緒十年長沙王氏刻本。
② 王先謙：《東華錄》"康熙五十二"，清光緒十年長沙王氏刻本。
③ 王先謙：《東華錄》"康熙五十六"，清光緒十年長沙王氏刻本。
④ （清）毛奇齡：《西河合集·序三十四》，清康熙五十九年刻本。

神矍鑠，目睒睒射人。里中兒閧，公往爲解，不應且罶，公俯而笑，知者曰："此故統團練以殺賊者也，鼠輩敢無禮耶？"始駭散去。公卒不稱伐，力耕終其身。同邑毛奇齡拜撰。

【按】文見瞿無疆等續修《蕭山大橋瞿氏宗譜》第二本。"位侯公"即瞿俊生（1636—1699），《蕭山大橋瞿氏宗譜》第八本："（第十九世）宗九十六諱俊生，字位侯。鄉大賓。公四歲失怙，事母以孝聞。康熙十三年，草寇朱德敷聚衆劫掠，鄰邑震恐。公練里中鄉勇，爲守禦計。及官兵至，先驅殺賊，載邑乘《人物傳》。生崇禎丙子十二月十九日。配沈氏。繼毛氏，子一：志貢。繼孫氏，子一：志求。女一，適城中太學生蔡日仁。公卒康熙己卯十月十一日七。"①知瞿俊生卒於康熙三十八年己卯（1699）十月十一日，則此文當作於本年初冬。

《鹿野詩草》序（康熙三十八年）

自請假以來，故鄉無舊遊老成可共話言，而以醫痹僦杭州，除湖山相對外，愁坐一室，不可耐，不得已而縱求之後來之秀，則又與曩時所遊者邈不相及。會開府張公課士，其所首拔者爲朱子亦純，舉文銛利，如新鈚之出匣，快不可當。而賦詞纚纚，詩格皆駿上。予見而喜之，因過其所居，在城西南端，左山右湖，其間房所開，則適當雲居岑蔚之處。且其人本名家子，圖書紛然，良朋時時來。夫以挺生之人，而修游多得，宜其文賦之工，一出而遠近多辟易也。乃不數月間，而學使以高等子弟進之棘闈，即以賓興舉於鄉，詘指是科以儒士入薦者祇二人，亦純居一焉。觀者謂亦純年未及終、賈，其工舉文所固然，而爲賦爲詩必偶涉之事，或一時應試所弋獲，而乃舉文盈數百，其賦其詩亦與之相埒而各自成帙，此豈徒事科目者可同年語與？

今亦純未刻行稿，而先挾其賦與詩以游于長安。夫長安爲人才會歸之地，篇章輻輳，而又當聖天子崇尚古學，亦純自此必能以其技見知于時，且將與世之老師宿儒後先爭雄，所謂純鈎初發，有目共睹。而獨予以兀坐終老，即欲與之相對商經世之業，而又不可得，寧無悵焉？康熙己卯冬仲，西河毛奇齡初晴氏題。

---

① （清）瞿無疆等續修：《蕭山大橋瞿氏宗譜》第八本，清道光二十七年永思堂木活字本。

【按】文見朱樟《鹿野詩草》卷首。文中所及"開府張公"即張敏,生平已見前。"朱子亦純"即朱樟(1677—1757),號鹿田,又號慕樵,晚號灌畦叟,浙江錢塘人。康熙三十八年(1699)中舉。四十五年(1706),授四川江油縣知縣。雍正十一年(1733),擢山西澤州府知府。工詩,經學深湛,著有《鹿野詩草》《觀樹堂詩集》《水經注駁議》《蜀客談餘》,主持纂修《(雍正)澤州府志》。文中又及"而學使以高等子弟進之棘闈,即以賓興舉於鄉",指朱樟於康熙三十八年中舉事,《(雍正)浙江通志》卷一百四十四:"(康熙三十八年己卯科)朱樟,錢塘人。"①

文末署"康熙己卯冬仲",知此文作於康熙三十八年(1699)十一月,時毛奇齡七十七歲。朱樟少從毛奇齡問學,頗受所賞,毛奇齡《復與朱鹿田孝廉論論孟書》:"接札驚躍,所訊甫一昔,而《論》《孟》六條捷應如響。此在名下有學者,每遲遲未復,復亦不必得,而一昔了然,少年既夙悟,又且多學,此天生異才,使千聖絕學於斯大顯。北有李恕谷,南有朱鹿田,德不孤矣。"②朱樟《鹿野詩草》成,毛奇齡欣然爲作序。

《鹿野詩草》是朱樟最早的詩、詞合集,未見公私書目著録,現藏日本內閣文庫。

題《王百朋小像》(康熙三十八年)

維君青雲姿,風骨一何俊!卓犖排衆前,矯矯若神駿。生來本權奇,綠髮聳雙耳。待茲剪剔來,看出渥洼水。康熙己卯冬月,七十七老人初晴奇齡。

【按】詩見《王百朋小像》,浙江博物館藏。莞城美術館編著《傳神阿堵明清人物畫精品展》亦載。原無題,據意擬補。"王百朋"即王錫,毛奇齡弟子,生平已見前。

《王百朋小像》題"康熙戊寅秋月,魏子良爲百朋道長兄寫照。錢塘俞齡補圖",知王錫小像成於康熙三十七年戊寅(1698),魏子良爲寫照,俞齡補圖。據前知王錫生於順治十七年庚子(1660),本年四十。此小像應爲王錫四十生日所畫。拖尾除毛奇齡題詩外,另有蔡升元、洪昇、沈用濟、朱彝尊、龔翔麟、吳焯、朱襄等人題詩。

---

① 《(雍正)浙江通志》卷一百四十四,清文淵閣《四庫全書》本。
② (清)毛奇齡:《西河合集·書五》,清康熙五十九年刻本。

末署"康熙己卯冬月……七十七老人",知作於康熙三十八年(1699)冬,時毛奇齡七十七歲。

《無雙譜》引言(康熙三十八年)

古畫無雕本。李公麟畫孔門弟子,曾琢于石,顧未雕木也。宋紹熙間劉待詔進《畊織圖》,用棗木雕之,然其本不可見。余幼時觀陳老蓮雕《博古牌》,以爲絶跡,而南陵以《無雙譜》繼之。

夫南陵與予同爲詩,與徐仲山同學書法,未爲畫也而畫精。即是譜名"無雙",而實具三絶:有書,有畫,又有詩,不止畫也。爲畫特精,縱以紹熙舊雕本而合觀之,定無過者。適有以劉待詔清波門故居相問,予乃感其事而弁爲是言。七十七老人奇齡。

【按】文見金史《無雙譜》(康熙刻本)卷首。金埴《不下帶編》卷六:"吾宗古良初名史,尋以字行。儀偉器宏,精絶繪事……畫《無雙譜》,類陳老蓮《博古酒牌圖》,而姿態過之。《無雙譜》者,譜其古來獨一者也。以子房椎擊秦始王之類,凡四十事,事繪一圖,且各有贊。阮亭王尚書極賞之,呼爲'金無雙'。……二子可久、可大並繼美,人物爲丹青家稱首。"①金史,字古良,又字射堂,別號南陵,浙江山陰人。擅長人物畫。《無雙譜》又名《南陵無雙譜》,是清初人物版畫的代表作。金史挑選西漢至南宋四十位名人——張良、項羽、伏生、東方朔、張騫、蘇武、司馬遷、董賢、嚴光、曹娥、班超、班昭、趙娥、孫策、諸葛亮、焦光、劉諶、羊祜、周處、緑珠、陶淵明、王猛、謝安、蘇蕙、花木蘭、冼夫人、武則天、狄仁傑、安金藏、郭子儀、李白、李泌、張承業、馮道、陳摶、錢鏐、安民、陳東、岳飛、文天祥、繪成繡像並題詩文。

文中所及"與徐仲山同學書法","徐仲山"即徐咸清(1630—1690),字通朗,又字仲根,號仲山,浙江上虞人。人龍仲子。監生。性强記,一歲能識字。比長,遂精字學。康熙十八年(1679),應徵博學鴻儒,不第。著有《資治文字》《徐仲山日記》《傳是齋文集》等。金史與徐咸清同學書法,兩人年歲約相仿。毛奇齡官京師時,金史曾赴京,于其歸,毛奇齡作《金古良將歸》送之②。

文末署"七十七老人奇齡",知此文作於康熙三十八年(1699)。卷首除

---

① (清)金埴:《不下帶編》卷六,清稿本。
② (清)毛奇齡:《西河合集·七言律詩五》,清康熙五十九年刻本。

毛奇齡《引言》外,另有陶式玉《讀〈無雙譜〉》、王士禛《讀〈無雙譜〉復言》、宋俊《弁言》、徐咸清《南陵先生〈無雙譜〉敘》、董良櫃《讀〈無雙譜〉引》、金史《〈無雙譜〉自敘》,末爲金史門人盧詢題詞。《無雙譜》後來被不斷翻刻,以康熙間初刻本爲最佳,後世翻刻本多將序言删去。

諸虎男先生像贊(康熙三十八年)

先生鸞龍姿,軼氣橫九州。所向不得意,慷慨還林丘。方其作賦時,下筆凌王侯。以兹薄軒冕,踞坐還科頭。我來同巷居,相對忘春秋。一任道路間,礧硌驅馬牛。高松駕危石,一榻長相留。仰矚三天雲,俯眇萬里流。西河弟毛奇齡具藁。

【按】文見諸匡鼎《説詩堂集》卷首。原無題,據卷首"諸虎男先生像"補。《(乾隆)杭州府志》卷五十九:"《説詩堂全集》二十六卷,錢塘諸匡鼎虎男撰。"[1]"諸虎男先生"即諸匡鼎(1636—1711),字虎男,浙江錢塘人。九鼎弟。著有《説詩堂集》,輯有《今文大篇》《今文短篇》等。

文中有"我來同巷居,相對忘春秋"語,知此文作于毛、諸兩人同巷而居時。諸匡鼎《説詩堂集·橘苑文鈔》卷八《題暫遊萬里圖》:"去歲,自粵西歸,移居竹竿巷,得與老友毛翰林西河比鄰,每相聚談心。……庚辰仲呂之月,橘叟諸匡鼎題。"[2]"庚辰"即康熙三十九年(1700),文中言"去歲",知諸匡鼎於康熙三十八年從廣西遊幕歸杭州,旋移居竹竿巷,與毛奇齡比鄰而居。毛奇齡爲諸匡鼎畫像題詩,當在康熙三十八年(1699)。

諸匡鼎《説詩堂集》卷首除毛奇齡所作像贊外,另有金鋐序、練貞吉序、姚若楠序、趙沈塤序、章士玥《錢唐諸虎男先生傳》、諸璧發識語。

《石羊生詩稿》序(約康熙三十八年)

《石羊生詩》,胡元瑞應麟所著也,卷八十,詩千餘篇。徐子掄三慮其久而失傳,復選刻行世,而問序於余。余嘗嘆元瑞爲詩人而適際其難也。當明

---

① 《(乾隆)杭州府志》卷五十九,清乾隆刻本。
② (清)諸匡鼎:《説詩堂集》卷八,清康熙刻本。

正、嘉時，何仲默、李獻吉輩振興古學，倡爲高華宏麗之作，雄長詞壇。海内能詩之士，非傳贊稱臣，即偏師小隊，聊相援應於旗鼓之間而已。元瑞一東越後進，挾其吟卷，儼然與何、李抗行爭勝。同時王元美、汪伯玉、盧次楩諸名公，又聲華文藻，衣被天下，見元瑞而傾心折節，相引爲忘年交，謂當代詩人罕有出元瑞右者。元瑞之所以難歟！其論詩曰："古風之妙，專求意象；歌行之暢，必由才氣；近體務先法律；絶句專主風神。"自非學集大成，詣絶窮微者，未易見及乎此。而世且惜其年僅三十餘，文辭迥邁無前，未及與日俱化，是猶淺之乎識元瑞也！余謂第當論詩之傳不傳，不當論年之永不永，唐詩人無禄者莫如王子安、李長吉，子安詩沉雄博大，長吉詩幽奇巉刻，聲調各不相肖，至如《風》《雅》並驅，千秋不没，豈偶然哉！年固不足以限詩也。

元瑞任情獨往，萬象冥會，天真所發，疾徐抗墜，罔不中節。上接漢、魏之精神，下窮唐、宋之奧室，往往有老生宿儒研至髮衰齒落不能有片言隻字者，元瑞浩然楮墨間，性情咳唾，至今按卷可得，詩傳而年不與俱永哉！嗚呼，抑又難矣！傳稱元瑞爲人不尚榮名，不近聲利，瀟然寡營，有擢出塵壒之概。少慕皇初平叱石成羊事，因自號"石羊山人"。中鄉選，公車一上遂止。終年鍵户，窮究經史源流，多有撰述，而於詩獨工且富。掄三所選，亦祇十之四五，然汰沙簡金，爲有大功於作者，攬觀斯集，當不作吉光片羽之嘆也。是爲序。蕭山毛奇齡。

【按】文見徐肇元選刻胡應麟《石羊生詩稿》（清初研露齋刻本）卷首。丁仁《八千卷樓書目》卷十八："《石羊生詩稿》六卷，胡應麟撰，研露齋刊本。"①胡應麟（1551—1602），字元瑞，一字明瑞，號石羊生，又號少室山人，浙江蘭溪人。萬曆四年中舉，屢試不第。著有《詩藪》《少室山房筆叢》《四部正訛》等。

"徐子掄三慮其久而失傳，復選刻行世，而問序於余"，"徐子掄三"即徐肇元，字掄三，浙江嘉興人。徐嘉炎從孫。其刻書以"研露齋"名。文中所及"何仲默"即何景明（1483—1521），字仲默，號白坡，又號大復山人，河南信陽人。明弘治十五年進士。後官中書舍人。明正德十三年，遷陝西提學副使。著有《大復集》等。"李獻吉"即李夢陽（1473—1530），字獻吉，號空同，祖籍河南扶溝，生於甘肅慶陽。明弘治七年進士，初授户部主事，陞江西按司提學副使。工書法，得顏真卿筆法。精古文詞，提倡"文必秦漢，詩必盛唐"，強調復古。著有《樂府古詩》《空同集》等。"王元美"即王世貞（1526—1590），

① 丁仁：《八千卷樓書目》卷十八，民國本。

字元美,號鳳洲,又號弇州山人,江蘇太倉人。明嘉靖二十六年進士。歷官大理寺左寺、刑部員外郎和郎中、山東按察副使青州兵備使、浙江左參政、山西按察使,萬曆時期歷任湖廣按察使、廣西右布政使、鄖陽巡撫、應天府尹、南京刑部尚書,卒贈太子少保。著有《弇山堂別集》《弇州山人四部稿》《嘉靖以來首輔傳》等。"汪伯玉"即汪道昆(1526—1593),字伯玉,號太函、南溟,安徽歙縣人。明嘉靖二十六年(1547)進士。歷官義烏知縣、襄陽知府、福建按察司副使、福建巡撫、兵部左侍郎等職。著有《太函集》等。"盧次楩"即盧柟(1507—1560),字次楩,一字少楩,又字子木,河南浚縣人。著有《蠛蠓集》。"王子安"即王勃(650—676),字子安;"李長吉"即李賀(790—816),字長吉。兩人皆是唐代著名詩人。

此文未署年月,《石羊生詩稿》(清初研露齋刻本)卷首亦無他序,茲據清初研露齋所刻書推定其作年。屈大均《屈翁山詩集》卷首徐嘉炎序:"吾友番禺屈翁山詩名徧天下……憶自辛丑歲,翁山始至禾,偕竹垞同年訪余南州草堂……後己酉之歲,復來吾禾,留榻荒齋……余二人交垂四十年……我家從孫掄三兄弟好文,于古今麗典新聲,皆能溯源窮涘。茲選刻翁山詩如干首,屬余弁其簡端。……鴛湖同學弟徐嘉炎題。"①從文中可知,徐嘉炎與屈大均定交於順治十八年辛丑(1661),據文中"二人交垂四十年"推之,則徐嘉炎序作於康熙三十八年(1699)。另據徐嘉炎《抱經齋詩集》卷十《康熙己卯仲春上疏乞休詔許以原官致仕留別同朝諸先生八首》,知康熙三十八年己卯徐嘉炎致仕返嘉興。蓋康熙三十八年,徐肇元選刻屈大均《屈翁山詩集》八卷,亦於此際選刻胡應麟《石羊生詩稿》,姑繫於此。

《步陵詩鈔》序(康熙三十九年)

蕭山沈氏本名族,代生才人。少時與沈七禹錫爲"永興四友",而七工詩,每詩出,邑里皆誦之,不幸早卒。既而沈十功宗復工詩,與山陰傅君孝廉合刻行世,世所稱《江園二子詩》是也。今皆不可見矣。邑中爲舉文者盛於他時,而爲詩爲詞,率百不得一。

可山弱冠既能以舉文爭長藝林,而詩之與詞,復能嗣前哲而振興之,抑何天才通儁有如是也! 夫詩詞之遷變屢矣! 曩時景陵、雲間在啓、禎之際,相持不下,而究之兩家子弟不能偏存。今則虞山創説行海宇矣! 長安高髻

---

① （清）屈大均:《屈翁山詩集》卷首,清康熙刻本。

偶新世目，而一當時過，即如夏罏冬扇之不可以暫近。今有見愁眉泪妝而不相驚爲物怪者乎？然而學貴因時，行祈按節，由保得衣，聖賢不免。夫以可山之才，加以攻力，上之爲四始六義、摛詞廊廟，次亦不失爲元始、建安，足以鳴雞壇、兔苑之盛，隨地揚波，皆能有效。沈氏雖多才，要底於成，詩詞雖變遷，務求其進，可山勉之，夫亦精進焉，以期底於成焉可已。康熙庚辰首夏月，西河弟毛奇齡初晴氏拜題。

【按】文見沈堡《步陵詩鈔》卷首。沈堡（1677—1755 後），字可山，號步陵，浙江蕭山人。諸生。高士奇外甥。著有《步陵詩鈔》《漁莊詩艸》《漁莊晚唱》《漼桐詞》《嘉會堂集》《洛思山農雜編》等。

文中所及"少時與沈七禹錫爲'永興四友'，而七工詩，每詩出，邑里皆誦之，不幸早卒"，指毛奇齡少時與沈禹錫、包秉德、蔡仲光結爲四友，而沈禹錫工詩，不幸於順治五年卒。沈禹錫，生平已見前。蕭山在三國時名永興縣，故稱四人爲"永興四友"。文中又及"既而沈十功宗復工詩，與山陰傅君孝廉合刻行世，世所稱《江園二子詩》是也"，指沈功宗亦工詩，與傅宗詩合刻行世，名"江園二子詩"。沈功宗，生平已見前。傅宗，字德乎，浙江蕭山人，山陰籍。順治十七年（1660）舉人。沈功宗與傅宗兩人詩，合刻爲《江園二子詩》。毛奇齡《鑑園詩序》："而予選乎先、德乎詩爲《江園二子》，在乙未歲。"① 知沈功宗、傅宗兩人合刻之《江園二子詩》，乃毛奇齡於順治十二年乙未（1655）所選。毛奇齡《沈君墓誌銘》："君著《越紐遺書》不就，乃與德君合刻所著詩共十四卷，名《江園二子詩集》。吳江顧有孝，臨安陸圻、徐繼恩，山陰張梯，慈溪魏更與同邑毛牲皆有序。"② 又據毛奇齡《沈君墓誌銘》："功宗，字乎先，蕭山汀頭人。其讀書處名'江園'，稱'江園沈子'。後山陰傅宗者慕之，就君同里居，師事來蕃，讀書江園中，又稱'江園二子'。"③ 知江園爲沈功宗讀書處，傅宗慕沈功宗之名，前來就居。兩人師事來蕃，讀書江園中，因稱"江園二子"。毛奇齡《傅生行稿序》："山陰傅德乎與沈子乎先同以詩文行天下，稱'江園二子'云。當二子居江園時，好言大節，每曰：'慕義如皇甫規，文章如賈誼，亦可矣。'故兩人者皆兢兢好學力行，行文去雕飾，一時自好之士皆歸之。予嘗題之曰：'兩龍躍雲津，雙珠生浦源。'"④

文末署"康熙庚辰首夏月"，知作於康熙三十九年庚辰（1700）四月。沈

---

① （清）毛奇齡：《西河合集·序一》，清康熙五十九年刻本。
② （清）毛奇齡：《西河合集·墓誌銘一》，清康熙五十九年刻本。
③ （清）毛奇齡：《西河合集·墓誌銘一》，清康熙五十九年刻本。
④ （清）毛奇齡：《西河合集·序七》，清康熙五十九年刻本。

堡爲蕭山汀頭沈禹錫、沈功宗後人，於毛奇齡爲同鄉後學，其《步陵詩鈔》初成，毛奇齡欣然爲之作序。沈堡有詩志謝，沈堡《毛西河太史爲余作詩集序賦謝》："不附青雲士，幽光總陸沉。先生歌大雅，下士走巴吟。所愧菲葑質，乃承金玉音。願言策疲蹇，于以效高深。"①

爲王南村題《風木圖》（康熙三十九年）

聞君爲思親，築樓表憶雪。如何茂木間，朝吹更寒冽。
吳隱南中守，曾因哭父還。王陽真孝子，肯度岠頭關。
迢迢青橙林，中有痛心處。刁嘹助悲吟，何止數株樹？

蕭山弟毛奇齡初晴氏，時年七十有八。

【按】詩見禹之鼎爲王煐所繪《風木圖》卷（畫藏故宮博物院），宋健《王南村年譜》亦載。原無題，據意擬補。據宋健《王南村年譜》，康熙三十六年（1697）四月，王煐父鼎呂卒，同年十二月，禹之鼎爲守喪的王煐繪《風木圖》卷。②款署"丁丑嘉平爲紫翁老先生寫，廣陵禹之鼎"。禹之鼎（1647—1716），字尚吉，一字尚基，號慎齋，江蘇興化人，寄籍江都。擅山水、人物、花鳥、走獸，尤精肖像。初師藍瑛，後取法宋元諸家，轉益各師，遂成一家。康熙中授鴻臚寺序班。其肖像畫名重一時。有《騎牛南還圖》《放鷳圖》《王原祁藝菊圖》等傳世。王煐（1651—1726），字子千，號南區、盤蘸、南村、紫詮，河北寶坻人。以貢授光禄丞，晉刑部郎。康熙二十八年（1689），遷惠州知府。官至浙江溫處道。著有《憶雪樓詩集》。《風木圖》由查昇題簽，姜宸英引首，後紙除有毛奇齡題詩外，另有宋犖、趙執信、汪霦、湯右曾、查昇、姜宸英、史申義、旦林敬、吳暻、楊中訥、錢名世、張遠、陳世安、黃與堅、朱彝尊、尤侗、曹寅、王澤弘、劉灝、劉巖、查嗣瑮、王原、楊瑛昶、吳貽詠等人題詠及題識。

詩末署"時年七十有八"，知此詩作於康熙三十九年（1700），時毛奇齡七十八歲。據王煐《嶺衡游草·留別柴胥山》詩中注曰："庚辰初夏，與胥山定交湖上，時朱竹垞、仇滄柱、毛大可、毛會侯俱在座。"③知康熙三十九年庚辰

① （清）沈堡：《步陵詩鈔》卷一，清康熙刻本。
② 宋健：《王南村年譜》，天津古籍出版社2017年版，第206頁。
③ （清）王煐：《嶺衡游草》，清稿本。

（1700）四月，王焕游杭州西湖，晤毛奇齡，毛奇齡爲其《風木圖》題詩。康熙三十九年，毛奇齡恰七十八歲，與所署年歲合。

與張山來書（康熙三十九年）

江東月旦，久以老年兄作楞伽頂首，指不兼詘。祇欲搜觀秘笈，不可得。前從王丹兄處得竊觀《檀几叢書》二集，知年兄汎愛，濫收敗屨。雖極感知己謬顧，然終歉污牘，且喜且愧。今復不鄙衰朽，千里枉存，兼獲拜讀名集，鄧林森欄，扳躋莫及，百回開揭，爲之悵然。海內作者漸稀，而弟以日暮途遠之人，每嘆經學晦蝕，思與二三同志昌明其事，而此願未遂。先生上下千古，籤目如電，焉得面相折證，使後來學者有所指歸耶？

承索《曼殊別志》，此不幸之作，劇不足觀。原列在“志銘”卷中，而拙集未了，不得完印，只以殘卷奉覽。外呈《聖諭樂本解說》《竟山樂録》《皇言定聲録》《春秋毛〔氏〕傳》《詩話》《肜史拾遺記》《武宗外紀》《後鑒録》《蠻司合志傳》，共十種，統惟誨定。弟年七十有八，捉筆無緒，并藉鑒原。

【按】文見張潮《友聲新集》卷二。原無題，據意擬補。陳鼎《留溪外傳》卷六《心齋居士傳》：“心齋居士潮，張姓，字山來，新安人也。……僑居江都，遂家焉。潮幼穎異絶倫，好讀書，博通經史百家言。弱冠，補諸生，以文鳴大江南北。累試不第，以貲爲翰林郎，不仕。杜門著書，自號心齋居士。”[1]據劉和文《張潮研究》，張潮（1650—？），又號三在道人，安徽歙縣人。著有《聊復集》《心齋詩集》《心齋雜著》《幽夢影》《花影詞》等，輯有《尺牘偶存》《友聲集》《友聲新集》《古文尤雅》《虞初新志》《檀几叢書》《昭代叢書》等。

文中所及“前從王丹兄處，得竊觀《檀几叢書》二集，知年兄汎愛，濫收敗屨”句，指張潮所編《檀几叢書》二集收録了毛奇齡《三江考》事。“王丹兄”即王晫，生平已見前。文中又及“承索《曼殊別志》”，指張潮索閱毛奇齡爲妾張曼殊所作《曼殊別志書碑》[2]。

文末署“弟年七十有八”，知此札作於康熙三十九年（1700），時毛奇齡七十八歲。

---

① （清）陳鼎：《留溪外傳》卷六，清康熙三十七年自刻本。
② （清）毛奇齡：《西河合集·墓誌銘六》，清康熙五十九年刻本。

《老竹軒詩》序（康熙三十九年）

詩以時世爲轉圜，不過如十五《國》分正變耳。自長安高髻興，而效尤者且至倪衣冠入倮國矣。

漁玉詩上追高、杜，下掩劉、韋，即極其升降，亦錚錚具樊川、播州風骨，個儻瀏冽，神彩奕然，其指名人間，有以也。新舊集總超軼時彦，五古尤擅勝。惜予病後戒指畫，不敢動筆，聊載數語于此，志不忘云。西河弟毛奇齡初晴氏。

【按】文見趙沈壎《老竹軒詩》卷首。阮元《兩浙輶軒録》卷七："趙沈壎，字漁玉，號漁村，仁和貢生。著《沁雪堂詩鈔》。"①丁仁《八千卷樓書目》卷十七："《沁雪集》七卷，國朝趙沈壎撰，抄本。"《(民國)杭州府志》卷九十一："《沁雪堂詩鈔》，貢生仁和趙沈壎漁村撰。"②各書目著録趙沈壎有《沁雪堂詩鈔》七卷，皆未著録其《老竹軒詩》。《老竹軒詩》現存稿本，不分卷，南京圖書館、浙江圖書館有藏。

文中所及"漁玉詩上追高、杜，下掩劉、韋，即極其升降，亦錚錚具樊川、播州風骨"，毛奇齡將趙沈壎之詩與唐代高適、杜甫、劉長卿、韋莊、杜牧、劉禹錫相比擬，可見毛奇齡對趙沈壎學宗唐詩的認可，亦可窺見毛奇齡宗唐詩、鄙宋詩的詩學傾向。

此文未署年月，據諸匡鼎《説詩堂集》卷首趙沈壎序云："庚辰，館竹竿巷之顧氏，去先生居密邇。先生甫自粤歸，亟趨訊起居，見則大喜。……會某有薊門之役，又復暌隔。"③"庚辰"即康熙三十九年（1700），知此年趙沈壎坐館竹竿巷顧氏，旋赴京。據本書前文"諸虎男先生像贊"條考證，康熙三十九年，諸匡鼎、毛奇齡亦居杭州竹竿巷。則諸、毛、趙三人於康熙三十九年同居杭州竹竿巷，毛奇齡爲趙沈壎詩作序，當在康熙三十九年庚辰（1700）。

《蕭邑桃源朱氏宗譜》序（康熙四十年）

余季大觀，朱氏門倩也，一日，持《朱氏宗譜》請余序。曰"諾"。夫譜，難

---

① （清）阮元、楊秉初輯：《兩浙輶軒録》卷七，第561頁。
② 《(民國)杭州府志》卷九十一，民國十一年刊本。
③ （清）諸匡鼎：《説詩堂集》卷首，清康熙刻本。

言之矣。家之有譜，猶國之有史，然作史易，修史難，作譜易，修譜難，何言之？作史者，載一朝人物、政事，其大經大法，大書特書，大都得之歷朝捷録，而斟酌損益之。獨修史，則世遠年湮，事跡隱晦，而稗官野乘又皆雜出不經，非有古今之識，擅論斷之才者，不能訂訛正偽，垂爲信史。余向在館，與同列諸君言之詳矣。□作譜之與修譜，何獨不然？譜之作，由身而上，則爲高、曾、祖、父；由身而下，則爲子、孫、曾、玄；由身而左右，爲葺、功、緦、免，因而纂其世系，遞其行列，生、娶、卒、葬，耳目見聞之際，班班可考。若修□□□，將歷數十百年之後，子孫不能道其一二，欲假於賢豪□□□而澤之，恐不足以道揚祖德，傳信將來，爲族黨光，則修與不修等耳。

今朱氏宗譜自宋宗孝公來寓於蕭，子孫遂家焉。□□□年修之者不一人，而皆不可考。至明初而修之者，爲□□□、□墩公。明季之修之者，爲子儀公、澗松公。至我朝而補葺□□，爲幽臣與甯人輩。難之，故慎之也。朱氏子孫由所尊而益尊其所尊，由所敬而益敬其所敬，則不特宗孝公爲蕭之始祖，□木有本而水有源，何獨朱氏爲然哉？則是譜之始於宋，迄於今，□□父子昭穆，配偶葬瘞，井乎有條，秩乎不紊，考核精當，世系瞭然，□□信譜也，敢不是爲朱氏重？謹序。康熙四十年春王之吉，賜博學鴻儒科進士出身、授翰林院檢討、充史館纂修官編撰明史、乙丑會試同考官、年家眷弟毛奇齡頓首拜撰。

【按】文見朱仙嘉等續修《蕭邑桃源朱氏宗譜》（清光緒二十三年追遠堂藏木活字本）卷一。文中所及"余季大觀"即毛觀齡（1659—？），毛藟亭等續修《蕭山毛氏宗譜》卷四《三房世系紀》："（第十世）觀齡，字明瀾，原字大觀。生於順治己亥正月二十九日，邑庠生。配廣西南寧府永淳縣知縣朱組孫女。子一，文翰，早卒。"[1]知毛觀齡爲朱氏婿，與文中"朱氏門倩"語合。

文末署"康熙四十年春王之吉"，知作於康熙四十年正月（1701）。此年桃源朱氏重修宗譜，毛觀齡爲朱氏婿，毛奇齡應其所請，爲朱氏宗譜作序。

《天南一峰集》序（康熙四十年）

會稽有子望田先生者，以義畫家傳爲後生師範。余嘗一接其人成葬駱明府座，儀觀峻整，風度屹然，對之起敬。成葬爲余道先生踐履篤實，不事表

---

[1] （清）毛藟亭等續修：《蕭山毛氏宗譜》卷四，清道光二十六年爵德堂木活字本。

襮，名場文社望門投刺者，拒不與通。所居梅花書屋爲放翁種梅遺址，執經列侍，歲盈百許人。其言《易》，能兼象數、義理，融會貫通，而以己身之作止語默靜驗盈虧消息之故，蓋有道者。

迨余以辭賦應制科，中間留史館者數年，歸田後，悔實學不早，讀《易》，讀《書》，讀《春秋》、三禮，憬然有會於心。嘗出其一得詮次成書，未知於宋儒何如，然恪遵先聖明訓，不爲雷同附和之説，自謂無過。意以所編《仲氏易》正之先生，先生已前歿二十年矣。嗣君易堂致書千言抵余武林寓舍，曾讀余《春秋傳》而善之，語間辨難，疑義俱析，由一經以窮六學之蘊，無不貫穿井然。宋劉恕道原當皇祐初應詔問，以《春秋》《禮記》大義先具註疏，次引先儒異説，末以己意斷之，凡二十問，所對皆然。易堂仿之，寧足爲異？

古來治經之儒，雖各有專家，然未有不深於諸經而能通一經者。易堂説經，鏗鏗可徵，淵源有自。時適刻其古文二集成，請余爲序。余八十，老矣，精力衰憊，概除酬應。客以詩文進者，多爲枝葉之綴，開卷嚼蠟，悉謝卻之。若易堂，固余許爲通經士，其所論著，必長一格。文不本六經，不足以言文，昔稱"經術之文"，豈襲其辭以爲得探本？卓爾醞釀結轖，行墨間別露光采而已。"斯文遂絶，今復得子"，余于易堂正云。康熙辛巳春仲，西河毛奇齡初晴氏題，時年七十有九。

【按】文見田易《天南一峰集》卷首。王步青《天南一峰集序》："《天南一峰集》者，會稽故文學田君易堂所自題其古文辭也。……而田君以'峰'顏其集。……吾聞田君志行較然，篤於至性，淡於聲華，今披覽其文，容與閒易，壹倡三歎，泠泠乎其有遺音，以是思君之人，必有如嘗所聞者。昔西河毛氏、章溪仇氏、西溟姜氏嗟賞君文，目以'歐陽六一'。……吾又聞君既歿，家多藏書，所著有《讀易微言》、詩古文，未刻者積如干集。君之子實秬方謀次第梓之，語不云乎，'有子爲不死，有文爲不朽'，君其自是益歸然天南矣。"①田易(1669—1726)，字易堂，浙江山陰人。諸生。毛奇齡弟子。著有《讀易微言》《天南一峰集》。

文中所及"會稽有子望田先生者，以羲畫家傳爲後生師範"，指田自遠精通《易》學。田實秬《先考易堂府君行述》："長即先王父子望公，諱自遠，行敦孝友，學宗濂洛。……爲諸生者四十年，惟以造就後學爲事。……至五十九而舉府君。……王父去世，府君纔十二齡。……西河毛先生以鴻詞入翰苑，退居西陵，好獎借後起，海内士波蕩從之。府君贏糧笥書，受業其門，經義辨

---

① （清）王步青：《己山先生文集》卷一，清乾隆敦復堂刻本。

難累千百言不盡。雖府君爲學宗旨一本程朱，時與西河相牴牾，然學業實由此益進。"①文中又及"余嘗一接其人成莽駱明府座"，指毛奇齡在駱復旦座中與田自遠相識。"成莽駱明府"即駱復旦，生平已見前。文中又及"意以所編《仲氏易》正之先生，先生已前歿二十年矣"，指毛奇齡思以所著《仲氏易》請田自遠斧正，而自遠已歿二十。文中又及"嗣君易堂致書千言抵余武林寓舍，曾讀余《春秋傳》而善之，語間辨難，疑義俱析"，指田自遠子田易讀毛奇齡《春秋毛氏傳》，致書奇齡，相與辨難。

文末署"康熙辛巳春仲……時年七十有九"，知此文作於康熙四十年(1701)二月，時毛奇齡七十九歲。

元邑令國平於公行序(康熙四十年)

公諱善，字世魁，號國平，元雲南右參政沔之子也。世爲陝西西安府原冶人。至正八年，以進士由杭州推官改任蕭山縣尹，慨然以教養斯民爲己任。蕭山濱海臨江，而山、會居其下流，既苦澇，復苦旱，土地之磽，民風之薄，有由來矣。

公既涖任，周視四境，以爲湖可備旱，塘可備澇，旱澇無憂，民胡勿擾？於是日留意於江湖之濱。湖湘(湘湖)爲宋邑令楊文靖公所設，相四圍山勢，視合邑地形，而爲湖，周八十里，溉田十四萬六千八百有奇。其界制嚴密，蕭民咸受其利。嗣後人亡政息，至元監縣亦馬丁，見湖淵不潴，有廢湖之請。賴縣尹崔嘉訥力爭之，得已。然民之侵湖以爲己產者，已不啻十分之三。而既而事益壞，歲復大饑，山賊四起。饑民皆乘間竊發，田野荒穢，一望平蕪，孰爲田，孰爲湖，孰在民，孰在官，茫無所辨。公到任一月，即大興水利，以官帑發饑民，按圖籍濬湖築堤，而湘湖廓然如故。湖既濬，復築江海諸塘，綿亙數百千丈，兀然堅峙。蓋賑饑弭盜，清湖築堤，一舉而諸善備焉。

蕭既安，時乘小輿，或駕輕舟，往來湖山之麓、江海之濱，問耕課讀，與父老言慈、子弟言孝。蕭民習而安之，幾不知其爲名邑宰也。既乃大興學校，按月課生童而甲乙焉。有貧不能給者，出俸銀周恤之。自公涖任至解任，凡六年，而蕭大治。後以兵燹，不得還鄉，遂家於邑之長山。今長山有於司判墓，蓋元制以縣尹爲司判正官也。康熙四十年歲次辛巳孟夏上澣之吉，翰林院檢討西河毛奇齡頓首拜撰。

---

① (清)田易:《天南一峰集》卷首，清康熙間刻本。

【按】文見《蕭山於氏宗譜》卷二。《(嘉靖)蕭山縣志》卷五："於善,至正間由杭州府推官改任邑令。德性寬厚,以禮導民,興理學宫,防築水患,里巷翕然。秩滿,辭職,遂居于邑之長山鄉。"①知元至正年間,於善官蕭山知縣,後遂家蕭山長山鄉。

文末署"康熙四十年歲次辛巳孟夏上澣之吉",知此文作於康熙四十年(1701)四月。蓋蕭山於氏於此年重修宗譜,倩毛奇齡作序。

《梅花百詠》跋(康熙四十年)

梅花無佳詩。自何法曹、鮑參軍後,其最著者,莫如林處士,然"竹影橫斜""桂香浮動",本唐人之詩,而乃改其詞而竊以爲名,何其卑也!平子薪村,余嘗愛其藝文膾炙人口,其於聲律事不少概見。近游琴溪,值敬亭梅開之候,慨然爲《梅花詩》百首。夫偶然爲之,而即爲其難,已屬罕事,然且多多益善,一如罏婦之數錢、旅人之算日,自非疆才敏思什倍尋常,未易給也。

余與平氏伯仲訂文研之會閲五十年,要皆以文章名世,而漢凝以數奇小就,隔若參辰,雖或以四韻當一枝之寄,顧未嘗以此覘得失也。今薪村繼起,遽能抉其藩而發其奧。余方厭世學宋元詩,初習唧嘍,繼轉呦嚶,今且爲勾欄羊輇之音,以清客修飾,效元人小家。而始終倔强、凝然不變者,獨吾郡爲然。而薪村益復以三唐兩韻出入其間,孰謂平氏文章不至是益大耶?康熙辛巳仲夏日,西河毛奇齡漫題於望湖樓,時年七十有九。

【按】文見平一貫《珠山集》卷五《梅花百詠》末。《珠山集》現存二十卷,未見書目著録,現藏國家圖書館、中國社會科學院文學研究所。"平子薪村"即平一貫,字薪村,浙江蕭山人。

文中所及"梅花無佳詩,自何法曹、鮑參軍後,其最著者,莫如林處士","何法曹"即南朝何遜,"鮑參軍"即鮑照,"林處士"即林逋。三人皆有詠梅詩。徐堅《初學記》卷二十八:"梁何遜《詠早梅》詩:'兔園標物序,驚時最是梅。銜霜當路發,映雪擬寒開。枝橫卻月觀,花遶凌風臺。朝灑長門泣,夕駐臨邛杯。應知早飄落,故逐上春來。'"②郭茂倩《樂府詩》卷二十四:"鮑照《梅花落》:'中庭雜樹多,偏爲梅咨嗟。問君何獨然,念其霜中能作花、露中

---

① 《(嘉靖)蕭山縣志》卷五,明嘉靖刻本。
② (唐)徐堅:《初學記》卷二十八,清光緒孔氏三十三萬卷堂本。

能作實。揺蕩春風媚春日，念爾零落逐風颷，徒有霜華無霜質。'"①林逋之詠梅詩較著名，不贅錄。文中又及"近游琴溪，值敬亭梅開之候，慨然爲《梅花詩》百首"，知平一貫游安徽敬亭山，作詠梅花詩百首。

文末署"康熙辛巳仲夏日……時年七十有九"，知此文作於康熙四十年（1701）五月，時毛奇齡七十九歲。文中有"余與平氏伯仲訂文研之會閲五十年，要皆以文章名世"句，知毛奇齡與蕭山平氏兄弟交好，平氏兄弟皆以文章揚名。對於平一貫能嬗家學爲詩，毛奇齡極爲贊許，慨然爲作序。

復馮山公書（康熙四十年）

老疾不耐看文，惟尊著不厭多，總是傳文，不同也。吳門如顧亭林、汪苕文鮮不錯，甚矣考据之文難傳！山兄獨精確。敝鄉亡友如徐仲山、張南士真學人，惜死而無傳。日漸舒長，而老景彌促，且門外無一人可立談者，如何！

【按】文見馮景《解春集》（七卷本）卷二《與閻百詩論〈釋地〉書》後"附大可先生尺牘"。原無題，據意擬補。馮山公即馮景（1652—1715），字少渠，號香遠，浙江錢塘人。監生。康熙十七年（1678），游京師，授經於項景襄宅。二十三年（1684），設教於丘象隨宅。晚入宋犖幕。著有《解春集》《有道集》《幸草》《樊中集》等。丁仁《八千卷樓書目》卷十七："《解春集》十七卷，國朝馮景撰，刊本。《解春集》七卷，國朝馮景撰，刊本。"②知馮景《解春集》有七卷本、十七卷本兩種版本。

文中"吳門如顧亭林、汪苕文"即顧炎武、汪琬。顧炎武（1613—1682），字寧人，江蘇崑山人。貢生。少負異質，篤志古學，於九經、諸史皆能背誦。生平足跡半天下。於六書音義尤有獨得。學者稱亭林先生。著有《日知録》《天下郡國利病書》《肇域志》《音學五書》《韻補正》《金石文字記》《亭林詩文集》等。汪琬（1624—1691），字苕文，號鈍庵，初號玉遮山樵，晚號堯峰，江蘇長洲人。順治十二年（1655）進士，授户部主事，遷刑部郎中，降補北城兵馬司指揮，再遷户部主事。康熙十八年（1679），舉博學鴻儒科，授編修，與修《明史》。著有《堯峰詩文鈔》《鈍翁類稿》。從文中可以看出，毛奇齡對顧炎武、汪琬的考據頗爲不屑，認爲兩人的考證文章舛誤較多，但對馮景之考證

---

① （宋）郭茂倩：《樂府詩》卷二十四，《四部叢刊》景汲古閣本。
② 丁仁：《八千卷樓書目》卷十七，民國本。

大爲嘆賞,確切地説,是對馮景考證閻若璩《四書釋地》的舛錯之處極爲推許,認爲不但"精確",且可以傳世。

文中"敝鄉亡友如徐仲山、張南士"句,徐仲山即徐咸清,張南士即張杉,兩人均爲毛奇齡好友。徐咸清生平見本書"無雙譜引言"條考證。張杉(1621—1681),字南士,浙江山陰人。少負才名,與其兄梯、弟楞號"三張子"。爲詩宗開元、大曆。著有《麐寶山房集》。毛奇齡認爲兩位亡友是"真學人",意在感嘆兩友亡後,無人可與談學的苦惱,襯托出馮景是可與言學之人。

此文未署年月,馮景《解春集》卷二《與閻百詩論〈釋地〉書》:"景辛未客鄭公鄉,與先生辨析諸經義,別來忽忽十稔,每望三洲,何嘗不嘆。比得寓目大著《四書釋地》及《續》二書,發朱子《集註》所未發。第其間尚有於義未安者。不揣鄙見,商榷數條。"①"辛未"即康熙三十年,時馮景館淮安丘氏,與閻若璩"辨析諸經義",據"別來忽忽十稔"語,知馮景作札與閻若璩論《四書釋地》及《續》,時在康熙四十年。則此札後附毛奇齡致馮景札,亦當作於康熙四十年(1701)。

《解春集》現存二卷本、七卷本、十卷本、十六卷本。七卷本爲清康熙間刻本,藏南京圖書館。十卷本爲清康熙刻本,藏中國科學院圖書館。十六卷本爲清乾隆五十七年抱經堂刻本,藏復旦大學圖書館、南京圖書館。

二復馮山公書(康熙四十年)

久不相見,甚念。書到,細讀"七益",大有裨于經學,拍案叫快者三。德必有鄰,從此經學大明,吾道不孤矣。此天之所以啓牖之,非偶然也,敬謝敬謝。定當補梓《冤詞》中,與世相共,快極快極。《條貫》并奉正,不備。

【按】文見馮景《解春集》卷二《與毛大可先生書》後"附大可先生尺牘二"。原無題,據意擬補。文中所言"七益",指馮景讀毛奇齡所寄《古文尚書冤詞》及《春秋毛氏傳》兩書後,對兩書中毛氏的考證所作的七點補充。馮景述其緣由曰:

> 去年冬,先生辱賜大著《古文尚書冤詞》及《春秋毛氏傳》,景澄心靜氣,閉戶讀之,三月始盡,理精義明,昭昭然揭日月以行,於是《尚書》《春

---

① (清)馮景:《解春集》卷二,清康熙刻本。

秋》真面目始得一洗埃垢而出之。景末學輊才，何能仰贊高深？然嘗聞東漢魯叔陵有云：說經者傳先師之言，非從己出，不得相讓。難者必明其據，說者務立其義。夫據不厭多，義尤務廣，不廣則以爲義止於此也，不多則必疑乎據偶一見而乏更端也。是以不揣固陋，敬陳七條于左，或可以附益而發明之否？①

馮景對毛氏的考證補考如下：

《古文尚書冤詞》中："或曰：《國策》趙武靈王立周紹爲王子傅，引《書》云：'去邪勿疑，任賢勿貳。'今倒見，何也？"先生曰："此引古恒有之。《坊記》引《詩》'彼有遺秉，此有不斂穧'，後漢崔琦《外戚箴》引《書》'惟家之索，牝雞之晨'。"景益一條：《左傳·文十年》："子舟引《詩》曰：'剛亦不吐，柔亦不茹。'"《穀梁傳·僖二十二年》："禮人而不答則反其敬，愛人而不親則反其仁。"此或古語，《孟子》《穀梁》皆引用之，必有一倒者。又《孟子》曰："惡可已，則不知足之蹈之手之舞之。"《樂記》曰："嗟嘆之不足，故不知手之舞之足之蹈之也。"曹植《求通親親表》："未有義而後其君，仁而遺其親者也。"皆倒見者。此其一。或曰："古天子、諸侯皆只五廟，《呂覽》'五世之廟，可以觀怪'是也。今《太甲》曰'七世之廟，可以觀德'，非僞耶？"先生引《荀子》云"有天下者，事七世"、《穀梁》曰"天子七廟"、《王制》曰"三昭三穆，與太祖之廟而七"。景益一條：《祭法》云："王立七廟，諸侯立五廟。"《禮器》云："禮有以多爲貴者，天子七廟，諸侯五。"此其二。或曰："《史記·夏》《殷》《周本紀》多載《尚書》篇目，其在《殷本紀》則無不載者，乃獨無《說命》三篇，何也？"先生曰："不讀《國語》乎？楚靈王虐，白公子張諫曰'昔殷武丁能聳其德，至于神明'云云。此《說命》全篇文也。"或曰："此必古文抄《國語》，故詞語參易，往多未合。"先生舉"《殷本紀》引《高宗肜日》亦不全用其文，而參變有若此"；又舉"《國策》燕王謝樂間書引《論語》柳下惠事曰：昔者柳下惠吏于魯，三黜而不去。或謂之曰：'可以去。'柳下惠曰：'苟與人之異，惡往而不黜乎？猶且黜乎，寧于故國耳。'此並非《論語》原文。然而不謂《論語》襲《國策》"也。景益一條：《春秋》僖二十二年《穀梁傳》曰："過而不改，又之，是謂之過。"亦非《論語》襲《穀梁》也。《聘禮》："執圭入門，鞠躬焉，如恐失之。及享，發氣焉，盈容。衆介北面，蹌焉。私覿，愉愉焉。

---

① （清）馮景：《解春集》卷二，清康熙刻本。

出，如舒雁。皇，且行。”亦非《儀禮》襲《鄉黨》也。《春秋·文十二年》：“秦伯使術來聘。”《公羊傳》曰：“何賢乎繆公？以爲能變也。其爲能變奈何？惟諓諓善竫言，俾君子易怠，而況于我多有之！惟一介斷斷焉無他技，其心休休能有容，是難也。”亦詞語易，多未合。此豈今文《秦誓》抄《公羊傳》乎？此其三。或曰：“凡‘三公’‘九卿’，皆漢儒之言，古無是稱。”先生曰：“凡《公羊》《荀子》稱‘天子三公’，《周禮·考工》稱‘九卿之朝’‘九卿之治’，皆不出自漢註。即《王制》‘天子命三公、九卿、元士皆入學’，《月令》‘天子親帥三公、九卿，以迎春于東郊’，竝非東晉僞《書》也。”景益一條：《周禮·司服》：“王爲三公、六卿錫衰。”《國語》：“敬姜曰：‘是故天子大采朝日，與三公、九卿祖識地德。’”《史·殷本紀》：“以西伯昌、九侯、鄂侯爲三公。”《文王世子》：“設四輔及三公。”《禮運》：“三公在朝，三老在學。”《昏義》：“天子立六官、三公、九卿。”此其四。或曰：“《緇衣》引《君陳》曰：‘出入自爾師虞，庶言同。’今曰‘庶言同則繹’，是增出二字矣。”先生曰：“天下無‘庶言同’而可斷句者，然引古偏有之。王充《論衡》引《論語》‘罔之生也幸’，《漢·藝文志》引《論語》‘所重民、食’，《後漢·獨行傳》引孔子曰‘不得中庸，必也狂狷乎’，《漢·文三王傳》引《多方》曰‘至于再三，有不用，我降爾命’，此皆明明截下句不引。”景益一條：《檀弓》曾申曰：“饘粥之食，自天子達。”《晉書》陸機曰：“湯武革命，順乎天。”不惟引古截下句而已。又有截上字者，如晉段灼疏曰“吾老以及人之老，吾幼以及人之幼”，閻纘上書曰“孤臣孽子，其操心也危，慮患也深”之類。此其五。至於先生傳《春秋》，云：“志簡而記煩，簡則書之于簡，謂之‘簡書’；煩則書之于策，謂之‘策書’。然且簡、策之例，必具三事：一讀本國，一上之王朝，一告之四方邦國諸侯。《國語》臧文仲祀爰居，及聞展禽之言，使書之以爲三策。‘三策’者，一讀，一上，一告也。”景益一條：《內則》父既名子，“宰徧告諸男名，書曰‘某年某月某日某生’。而藏之。宰告閭史。閭史書爲二，其一藏諸閭府，其一獻諸州史，而藏諸州府”，亦是三策。此其六。先生謂秦用亥正，亦改月改時，引茅盈《內紀》九月爲秦十二月之證。景益一條：北魏高允與崔浩論漢元年冬十月五星聚于東井之謬，浩曰：“所謬云何？”允曰：“案《星傳》，金、水二星常附日而行。冬十月日在尾、箕，昏沒于申南，而東井方出于寅北。二星何因背日而行？是史官欲神其事，不復推之于理。”浩未之信。後歲餘，浩謂允曰：“先所論者，本不注心，及更考究，果如君語，以前三月聚于東井，非十月也。”夫前三月非建申之七月乎？改亥爲正月，則申爲十月，明矣。申爲十月，五星聚東井，方合，若于夏正十月，即不合。豈非漢史爲太初時所追改,而誤移其事于夏十月之明證哉? 此其七。①

　　毛奇齡認爲馮景所補充的七條考證"大有裨于經學",不由發出"吾道不孤"的感嘆,並言"定當補梓《冤詞》中",可見毛奇齡對馮景考據之學的認可,亦可窺知毛奇齡從善如流的學術態度,並非如傳言中的那般傲睨世人。馮景對毛奇齡的獨到見解欽佩之至,札末云:"每讀先生書,益人神智,五百年來,學之博,讀書之精細,析疑解經之審于微芒,誠無有與先生抗衡者矣!"②馮景與毛奇齡相差近三十歲,兩人稱得上是忘年交,更是學術上的知己。

　　文中"《條貫》并奉正",指馮景索要毛奇齡新著《春秋條貫篇》,毛奇齡遂寄《條貫》並此札。馮景《與毛大可先生書》:"聞著《春秋條貫篇》成,幸即賜讀,不啻竆桑之人飽嘗竈鼎也。皋月十日,景再拜。"③"皋月"乃農曆五月的别稱。據文末"附大可先生尺牘二",知是承上一札《與閻百詩論〈釋地〉書》後"附大可先生尺牘"而言。知馮景致毛奇齡此札作於康熙四十年(1701)夏五月,毛奇齡致馮景書亦當作於此年夏。

三復馮山公書(康熙四十年)

　　報謝後,又細讀至"秦冬十月"一條,尤爲精到。劉貢父註《漢志》亦云:"五星以秦之十月聚東井。秦之十月,今七月也。"是時日在鶉尾,故太白辰星得從歲星。此原有成驗,後人不甚解耳。必如此,始可與言經學。山兄從此當高置一座于聖門,勿塵塵以辭章稱雄長也。喜極,不宣。弟奇齡頓首。

　　【按】文見馮景《解春集》卷二《與毛大可先生書》後。原無題,據意擬補。是毛奇齡繼上札後,再次致書馮景,稱贊馮景對"秦冬十月"一條的補充考證"尤爲精到",並用"喜極"來表達其心情。此札亦作於康熙四十年(1701)。

與丁勖菴(康熙四十年)

　　合離分併,都忘歲月,今則年近八十,成廢人矣。夏至後避暑南山,家信

---

① (清)馮景:《解春集》卷二,清康熙刻本。
② (清)馮景:《解春集》卷二,清康熙刻本。
③ (清)馮景:《解春集》卷二,清康熙刻本。

罕通，昨始得觸熱出候，又恨不相值。先生朅來舊鄉，賢昆故友俱無存者，得無有"城郭如故"之嗟乎？太平四十年，人事都變，即詩文一道，亦復細腰、高髻時出時幻，老年不耐趨逐，棄若讐寇。今且殫心經學，恨日暮途遠，六經晦蝕，悉力洗發，十得五六。惟恐崦嵫不待，揵此薀隆後，努（駑）鈍卒業，是以不敢他願。

拜讀尊製，又不能無酒庸躑躅之感。其大選是自千秋之業，惜拙著不曾收拾，茲揀架上殘帙數種，呈藉一笑。總之未能免俗，聊復爾爾，甚不足道，仍棄之可也。敝寓無設榻一椽，無有樹之土數丈，良友至此，乏請教之地。此來定過，涼月容再圖握手，暫還山陲。匆匆佈意，不盡願言。

【按】文見陳枚輯《留青采珍集》卷五。"丁勗菴"即丁灝（1637—?），號皐亭，浙江仁和人。著有《鼓枻集》《北游草》，輯有《昭代文選》。文中所及"即詩文一道，亦復細腰、高髻時出時幻，老年不耐趨逐，棄若讐寇。今且殫心經學，恨日暮途遠，六經晦蝕，悉力洗發"，言毛奇齡晚年歸田後，摒棄詩文詞，肆力經學。毛奇齡《淮安袁臬州七十壽序》："自六十歸田後，悔經學未撢，杜門闉《書》《易》《論語》《大學》及三禮、《春秋》……客有以詩文造請者，直再拜謝不敏。"①《擬元兩劇序》："時予痛經學晦蝕，日疏衍不暇，且悔幼嘗爲詞損正學。"②與文中所言相合。文中又及"其大選是自千秋之業，惜拙著不曾收拾，茲揀架上殘帙數種呈藉一笑"語，當是丁灝輯《昭代文選》，毛奇齡奉文呈選。《（民國）杭州府志》卷九十五："《昭代文選》，仁和丁灝皐亭輯。"③

據文中"年近八十……太平四十年"語，知此札作於康熙四十年（1701），時毛奇齡七十九歲。

監茲五姪八十大壽詩（康熙四十一年）

仙山橫閣橫天起，中有仙人貌如綺。少小曾傳荀孟書，生平喜誦梁唐史。與人無兢氣度蝸，相看恍坐春風中。清和已過宴原叔，孝友劇推陳仲弓。當年林下酒車轉，與汝同稱大小阮。夜讀書翻月影寒，春遊衣換花溪

---

① （清）毛奇齡：《西河合集·序二十九》，清康熙五十九年刻本。
② （清）毛奇齡：《西河合集·序三十二》，清康熙五十九年刻本。
③ 《（民國）杭州府志》卷九十五，民國十一年刊本。

暖。今來甲子年又年,渭濱此日方垂緡。聖朝憲作舊朝老,鄉人望若人中儒。幽居不負弧矢志,況值冬行日將至。萊子應披綵服新,重孫久獻鳩車戲。千嵒萬壑拱紫臺,群儒高會東蓬萊。試從五色雲中看,南極一星天際來。同庚叔奇齡晚晴氏題。

【按】詩見毛齮亭等續修《蕭山毛氏宗譜》卷一。"監茲五姪"即毛遠圖(1623—1717),毛齮亭等續修《蕭山毛氏宗譜》卷四《大房世系紀》:"(毛)遠圖,行啓五,字監茲,生於明天啓癸亥十月十一日。……卒於康熙丁酉八月初十日,年九十五。"①毛遠圖,字監茲,"行啓五",故稱"監茲五姪"。"八十大壽",言毛遠圖八十壽辰時,毛奇齡贈詩祝壽。

文末署"同庚叔奇齡",知作於康熙四十一年(1702),時毛奇齡八十歲。

四復馮山公書(康熙四十一年)

讀尊翰實愧,過於獎借。反復諸作,心折倍常。當今古學衰息,相視有幾?且八家窩(窠)臼,膠固胸臆。惟此爲先秦閎高文。特以老病時發,兼東西往來,有如顧兔,未獲徧綴評語,然亦何能益足下毫末也?

【按】文見馮景《有道集·與毛翰林書》後。原無題,據意擬補。馮景向毛奇齡述及其爲文有三苦四幸,並請毛奇齡評其文。其言曰:

> 景於世事百無好,性喜屬文。比年傭筆官府,益爛墮自廢。今年多病,哀其存者,第十五首而已矣。然皆表節誼,寓勸懲,扶困窮,廣利濟,意所必欲作,不得已而有言,故不以十五首而少之也。景爲文有三苦:家貧兩遇災,若祖龍之雜燒,零落無完者。而嘗客於富貴之家,有僻書必借誦去,其家無考。又有雖貴不畜書者,故文棘而不豐,苦一矣。壯時久客京師及淮陰,京師賢士大夫之所聚,淮陰當南北衝,四方君子嘗所來往請益輒進。今蓄縮樊中三年,不克出見一先生,苦二矣。疇昔抗顏爲人師,授業有餘聞,輒抽毫泪泪,今筆札旁午,畢事已倦,苦三矣。然亦有四幸:故事既無考,第書吾之所素記,免獺祭之譏,一幸也。不克就正先進,乃以古爲師,二幸也。官辦畢

---

① (清)毛齮亭等續修:《蕭山毛氏宗譜》卷四《大房世系紀》,清道光二十六年爵德堂木活字本。

事，則乘閒疾書，意所必欲作者，三指騰筆，蓬蓬然如鴻毛之遇順風，三幸也。絶人事酬應，以在官爲解，一意理文事，故思專，四幸也。今去三苦得四幸，文雖少，頗喜無道行序集、藻繪無益之作。凡道行序集，皆人迫我而爲之者也，非我之所必欲作也。我所必欲作，則如疥者負癢、酒人極醉，急須搔之吐之，以爲大快。文如是，夫安得無益乎？曩壬申秋，景以文謁先生，先生賞之，謂景曰："足下學三分，文七分，三分吾所友，七分吾所師。"景愧謝。今又幾時矣，三分不加益，且虞七分之損、荒文不及，今請定而望後世相知者，其誰邪？謹録今年所爲文，辱先生之目，惟彈射病累，必句陶而字鑄，俾榮觀於後。敢再拜請。①

毛奇齡稱許馮景之文爲"先秦閒高文"，並應馮景之請評其文。馮景《解春集》卷六上《周正改時論》十："周政改時，人亦能言之。特以爲倡，自文考便自獨闢，且能使六經、三傳諸書無不貫徹，真通儒也。往讀《周本紀》，疑改元受命，故自有之，稱王更朔，尚少左証。而論中確確有據如是，始知善讀書者，凡六季以前俱不當偶忽一字。觀此，不益信乎？毛大可先生總評，時年八十歲。"②内載毛奇齡總評語，并明確記載"時年八十歲"，知此札作於康熙四十一年壬午(1702)毛奇齡八十歲時。

孝成徐太君讚(康熙四十二年)

當時我友未亡日，曾展斯圖命題額。今來我友墓草青，影幛雙開淚霈臆。夫人淑德邁等倫，好述君子如徐秦。景陵東海著聞望，覆幬儼然如有神。只憐我友赴瑶闕，先後雙雙去天末。不識中郎有後人，試看庭前桂花發。

【按】文見史晉等續修《蕭山史氏宗譜》卷四。"孝成徐太君"即史廷柏妻徐氏(1614—1676)，史晉等續修《蕭山史氏宗譜》卷九："史廷柏，字憲臣，號覺庵，又號訥齋，行永四。邑庠生。生於萬曆甲寅十月十三日戌時，卒於康熙丙辰七月初二日丑時，年六十三。配徐氏，生於萬曆甲寅四月初五日，卒

---

① (清)馮景：《有道集》，清康熙刻本。
② (清)馮景：《解春集》卷六上，清康熙刻本。

於康熙丙辰四月十二日,年六十三。生子一,同日。合葬張亮橋。"①知史廷柏夫婦同生萬曆甲寅年,同卒康熙丙辰年,與文中"只憐我友赴瑶闕,先後雙雙去天末"語合。

文中所及"當時我友未亡日,曾展斯圖命題額",知史廷柏未卒時,曾命毛奇齡題其妻徐氏畫像。文中又及"今來我友墓草青,影幛雙開淚霑臆",知此文作於史廷柏去世之後。康熙四十二年秋八月,蕭山史氏重修族譜,毛奇齡爲作序,其《蕭山史氏世譜序》云:"予與咄庵、覺庵兄弟訂同硯交,因得拜其尊大人兩世于堂,而其子其姓即又從此而齒遇之,迄于今,往來不絕。……今其孫吉先,承祖父志,合遠近而並修之。……向使吾友尚在,亦必以是譜爲不刊之則,而況乎後此之繼之者也?"②史晉等續修《蕭山史氏宗譜》卷一載毛奇齡序,末署"康熙四十二年秋八月,賜博學鴻儒科進士出身、授翰林院檢討、史館纂修官編撰明史、乙丑會試同考、年家眷弟毛奇齡頓首拜撰"③。康熙四十二年八月,毛奇齡爲蕭山史氏宗譜作序之際,兼爲史廷柏及其妻徐氏遺像作贊語。

訥齋[府]君贊(康熙四十二年)

曠然者度,窅然者神。遊情象外,而藹乎其可親。腹之便便,知其學之博;貌之粥粥,知其德之醇。胡爲乎不乘時奮起,而徒逍遥乎竹林之下、溪流之濱? 嗟乎,此我友訥齋先生之像也,而以貽其後人。

【按】文見史晉等續修《蕭山史氏宗譜》卷四。"訥齋"即史廷柏,生平已見前,兹不復贅。此文亦作於康熙四十二年(1703),詳見上文考證。

《倚樹堂詩選》序(康熙四十二年)

余久不事詩,比年杜門家居,患經學之紕謬,與二三同儕辯論其得失,漸次成帙。辛巳,有以詩再詢者,不獲已,選《唐人試帖》示之,以其爲體倡始,

① (清)史晉等續修:《蕭山史氏宗譜》卷九,清光緒十八年木活字本。
② (清)毛奇齡:《西河合集·序三十二》,清康熙五十九年刻本。
③ (清)史晉等續修:《蕭山史氏宗譜》卷一,清光緒十八年木活字本。

用法嚴緊，爲學詩所尤切。壬午，又集三唐七律。蓋時尚長句，而循流遡源，必定唐律、正指趣其間。自初迄晚，風格沿變，形樞同異，靡所不具，習詩者可以得其大概矣。

夫詩性情所發，必擴之以學，格欲其高，氣欲其宏，律欲其渾以密，而和平溫雅，則又使情餘於言、旨深於文。昔華亭陳先生論詩，謂正可爲也，變不可爲也；況正未始，不足以盡變。鼗鼓明磬，雅筲頌竹，其製雖平，而合神人、和物變，何必新聲始足駭聽哉！今人爲詩，厭常棄故，其弊由於不學古人裁構有法，排比有度，其調之高而辭之博，深沉廣大，浩然自得，非蹈襲膚浮者所能爲也。

吳江王子晦夫好爲詩，其於漢魏、三唐，多所研索，而憂、悲、喜、愉一見之於詩，顧詩在自爲而已矣。恃其形儗，則漢魏、六朝秪成沿襲，而善於鑪轊，則宋、元之委勢隨下，未必不可駕軼其上，而矧神、景、開、寶、大曆、長慶，雖升降不一，亦無不可通觀也耶？不自爲詩者，規摹愈下而愈趨流弊；自爲詩者，以我之性情囊括乎古人縱橫變化，直抒所得，豈必輘轤其句、雕琢其字，始足以騁絕俗而誇巧俊也歟？晦夫之詩，清和涵泳，知其學之深而融之久，不與世移易，誠能正其所趨，本乎自爲，遷流之患，自可砥止，吾於晦夫徵之矣！康熙癸未季秋，西河毛奇齡大可氏題。

【按】文見王奐《倚樹堂詩選》卷首。《(同治)蘇州府志》卷一百三十八："王奐……《倚樹堂詩集》，字維章，號可庵，又號晦夫。康熙己未，薦舉鴻博。"①據文中"吳江王子晦夫"知其爲江蘇吳江人。

文中所及"辛巳，有以詩再詢者，不獲已，選《唐人試帖》示之"，指康熙四十年辛巳(1701)，毛奇齡選《唐人試帖》事。毛奇齡《唐人試帖序》："康熙庚辰，士子下第後，相矜爲詩。……不得已出向所攜《唐試帖》一本，汰去其半，授同儕之有學者，稍與之相訂，而間以示人。……舊本雜列無倫次，且科年、爵里多不可考，會先教諭兄有'唐人試題'寫本，略見次第。因依其所列而周臚之，并分其帖爲四卷，而附途次所擬者，綴諸詩後。"②文中又及"壬午，又集三唐七律"，指康熙四十一年壬午(1702)，毛奇齡論定《唐七律選》事，毛奇齡《唐七律選序》："前此入史館時，值長安詞客高談宋詩之際，宣城侍讀施君與揚州汪主事論詩不合，自選唐人長句律一百首，以示指趣，題曰'館選'。……既而侍讀死，其手寫選本，同邑高檢討受而藏之，增入百餘首，仍

---

① 《(同治)苏州府志》卷一百三十八，清光绪九年刊本。
② (清)毛奇龄：《西河合集·序二十九》，清康熙五十九年刻本。

曰‘館選’。……因就侍讀所選本而大爲增損,約録若干首,去‘館選’之名而題之曰‘選’。"①

文末署"康熙癸未季秋",則此文作於康熙四十二年(1703)九月。

答蘇倫五見寄原韻(康熙四十二年)

解組非不早,落托歸錢湖。歡樂能幾何,歲月忽已徂。懷人在天末,一望空平蕪。

楚國好巴吟,斯世失大雅。何期冰雪文,投來自郢下。三反三覆間,誰當我知者?

良朋久不見,園樹生棠梨。探懷有遺鯉,欲贈無將離。側身望滄洲,媿此金錯貽。

【按】詩見蘇春《饑鳳集詩稿》卷八《柬毛太史大可兼索唐人試帖》詩後。原無題,只有"附答和詩"四字,據意擬補。《(同治)廣信府志》卷十一:"《饑鳳集》,上饒蘇春著。"②《(光緒)江西通志》卷一百五十九:"蘇春,字倫五,上饒人。其先世閩人。春幼工詩善書,入都,游尚書王士正(禛)之門,所業益進。嘗爲《詠猿》詩,士正(禛)嘆爲仙才,諸徵士多與交。所作《饑鳳集》十六卷,蕭山毛奇齡序之。試京兆,被放,飄然歸,徜徉山水間。"③

康熙四十二年(1703),蘇春有詩寄毛奇齡,兼索《唐人試帖》,毛奇齡有答詩。蘇春《柬毛太史大可兼索唐人試帖》詩,其一云:"春水鴨頭綠,風日宜西湖。一別隔千里,時光何易徂? 正當懷佳人,處處長蘼蕪。"其二云:"王室自已東,變風亦變雅。先生障橫流,隱憂千載下。尺素勸加湌,用勗後來者。"其三云:"唐人試帖詩,聞道出棗梨。玉色呈温潤,劍光露陸離。相思饑渴甚,瑤華可見貽。"④後附毛奇齡詩。

蘇春《饑鳳集詩稿》卷八署"癸未"稿,知此詩作於康熙四十二年癸未(1703)。

---

① (清)毛奇齡:《西河合集·序三十》,清康熙五十九年刻本。
② 《(同治)廣信府志》卷十一之一,清同治十二年刻本。
③ 《(光緒)江西通志》卷一百五十九,清光緒七年刻本。
④ (清)蘇春:《饑鳳集詩稿》卷八,清康熙刻本。

朱界淘《匏葉山莊集》敍（康熙四十三年）

人一出一處，皆當有文章挾持其間。雖士以文進處，即棄置勿復道。故古亦有言："身將隱，焉用文之？"謂鮮所用也。然而天地生人，出者有幾？乃一望總總，皆不足以當處士之數，則文倍要矣！特是文章雖繁，其可挾持相見者，祇此韻文。而韻文易簡，似於出處之得失無所厚繫。而予不謂然。

朱界淘先生爲維揚名士，予嘗讀其文而思之。及出宰諸暨，則固鄰邑長也。值予以偶杭，未及一見。逮見，而神采奕奕，顧盼傾四坐。私嘆一邱二縛，雖抑置百里，猶倜儻自著。乃未幾，而折腰不耐，遽拂衣去。時留詩予邑，有"乞歸賀監"之句，自悔行晚。而予邑慕義，且有搜其詩以屬論定，謂先生縱解紼，豈無可以當盛名者？吾乃略治行，而祇論其詩。

古文文而今文質，維詩亦然。祇明詩過飾，遂有以唐文、宋質作升降者。而以觀先生詩，用意馭詞，不以詞飾意，雖胸藏書卷，而任意所至，必會萃群籍，散擷其菁英，而止以質言刻畫其間。以故六義所發，曰興，曰賦，遇有感興，輒賦寫以出之。記室所云"體物而瀏亮"，謂境物當前，但以意體之，而無勿達也。夫人祇此意耳，意之所屆，感而爲言，而人即以言而會於意，境有從違，意無不得，此其挾持爲何如者？在昔謝、陸駢詞盛行典午，而陶氏泉明出之以醇樸，謂之"陶體"。雖其席長沙公後，代有顯仕，而身僅以彭澤老，出處之間，翩翩如也。即賦《歸來》後，歷被徵聘，而逍遥自適，依然不廢嘯咏。

先生號界淘。山莊匏葉，得毋與柴桑有同畛者乎？北齊陽休之藏泉明詩，謂晉文倫貫，至此始備，未嘗以韻文見少。況陶集十卷，詩四、文六。匏葉藏集，正復有在，吾故序斯詩而并及之。

【按】文見《（道光）重修寶應縣志》卷二十三，《（民國）寶應縣志》卷二十五亦載。《（道光）重修寶應縣志》卷二十二："《匏葉山莊集》《履尾吟》《樂府》《駢體》，俱朱宸撰。"[①]朱宸，字勖孺，號界淘，江蘇寶應人。康熙三十六年進士。官諸暨知縣。工書善詩。著有《匏葉山莊集》等。

《（乾隆）諸暨縣志》卷二十："朱宸，號盼陶，寶應人。康熙丁丑中李蟠榜

---

① 《（道光）重修寶應縣志》卷二十二，清道光二十年刻本。

進士。辛巳令暨。"①同書卷十六:"(知縣)朱宸,江南寶應人,丁丑進士,四十年任。"②與文中"朱界淘先生爲維揚名士……及出宰諸暨"語合。文中所及"乃未幾,而折腰不耐,遽拂衣去",指朱宸任諸暨知縣不久即去官。據《(乾隆)諸暨縣志》卷十六,康熙四十三年諸暨知縣爲趙俀。朱宸自康熙四十年至四十二年官諸暨知縣,其間,與毛奇齡頗多交往。康熙四十一年(1702),朱宸官諸暨知縣未及一年,政績斐然,毛奇齡作《諸暨邑侯朱公治行錄序》云:"邑侯朱公,由名進士起家,作天子命吏,出宰是邑。人之望公如望歲,其責備周詳,有非他邑可比擬者。乃不一載,而多士誦之,庶民謳之,覺從來惠化之速,無過於此,然且郵亭父老編輯所爲詞……而踵門而告予以序……以予年滿八十,其言可信也。"③

此文未署年月,據文中"拂衣去"語,知此文作於康熙四十三年(1704),時朱宸卸任諸暨知縣。

松溪先生七十自述用杜句作迴環體依韻奉和
(康熙四十四年)

人生七十古來希,安用空林講息機? 不見墻東王處士,老來長着芰荷衣。
洛下耆英知是誰,人生七十古來希。惟君舊有藏書屋,三月花開客滿扉。
伊予八十始歸里,老友相看惜有幾? 人生七十古來希,何幸稱觴到湖市!
綵弧十載一懸幃,熠熠朱纓望有輝。莫道懸弧三度少,人生七十古來希。

【按】詩見王言《古希集》卷一。詩題"松溪先生"即王暉,生平見本書"贈王丹麓"條考證;"七十",明此文爲祝王暉七十壽而作。據本書"和王子丹麓六十初度作即次原韻"條考證,王暉生於崇禎九年丙子(1636)三月十日,則此詩作於康熙四十四年(1705)。

王言《古希集》卷一載王暉《七十自序》詩八首,其詩題下注曰"偶摘杜句迴環用之,乙酉三月十日",與詩題"作迴環體"語合。"乙酉三月十日"即康熙四十四年三月十日。《七十自序》其一曰:"人生七十古來希,慚愧衰年也庶幾? 不是地天公覆載,那能燕坐享春暉。(天地)"其二曰:"多少朝榮夕已

---

① 《(乾隆)諸暨縣志》卷二十,清乾隆三十八年刻本。
② 《(乾隆)諸暨縣志》卷十六,清乾隆三十八年刻本。
③ (清)毛奇齡:《西河合集·序六》,清康熙五十九年刻本。

非，人生七十古來希。聖明御世原寬大，容老田間一布衣。(君)"其三曰："欲報親恩何汪濊，蹉跎年少傷心最。人生七十古來希，底事無成空老人。(親)"其四曰："讀書原不爲輕肥，敬佩師言願勿違。失學至今苦日短，人生七十古來希。(師)"其《後述四首》其一曰："人生七十古來希，況有糟糠共樂饑。漫說布裙操作慣，雞鳴曾記警春幃。(夫婦)"其二曰："氣本連枝情自依，人生七十古來希。頻年不及雲中雁，奮翼聯翩一處飛。(昆弟)"其三曰："束髮掄交曾不苟，切劘多藉金石友。人生七十古來希，喜得良朋稱耐久。(朋友)"其四曰："承歡菽水勝甘肥，貧病從教白髮微。爲問兒孫知我否？人生七十古來希。(父子)"①

《古希集》七卷，係王晫子王言(字慎旃)所輯。收錄清初諸名士和王晫《七十自述》所作詩，其中卷一收王澤弘、徐倬、羊翹、毛奇齡、董思凝、方象瑛、顧貞觀、徐釚、馮勗、毛際可、徐元正、王吉武、林佶、蔡方炳、費錫璜、汪文楨、王撰、朱端、嚴民法、吳儀一、陳佑二十一人和詩一百首，卷二收徐賓、趙貞、倪匡世、卓爾堪、張潮、褚人穫、唐之鳳、范允鎬、汪森、諸匡鼎、盛弘邃、鮑之沆、王著、毛遠宗、范溶、張奕光、徐瑤、臧廷鑑、汪文柏、柴世堂、韓獻、程雲鵬二十二人和詩一百四首，卷三收毛師柱、鮑楹、許田、吳淵、胡香昊、趙沈壎、張師文、司馬龍藻、戴熙、金埴、徐燿然、徐逢吉、張師孔、胡師瑗、錢咏、仇兆麟、吳曾、王錫、錢王昌、岑雯、李延澤、沈錦二十二人和詩一百四首，卷四收吳陳琰、毛序、王晉、姚之騆、楊文言、向逴、姚炳、徐施雨、何其煥、馮法唐、朱宗文、徐斯悔、柴升、孫玉相、吳允嘉、張仍洲、鄭景會、馬登瀛、孫謨、吳牧之、張琰二十一人和詩一百首，卷五收宋霞蔚、蔡琳、周沈植、蘇輪、蔡元憲、張紹基、沈元琨、宋班、丁士麟、汪熷、汪震吉、沈晉鈃、夏蓁、徐克堅、汪爲灼、曹用汲、項俞杰、周振、雷志培、徐星耀、吳朝鼎二十一人和詩一百首，卷六收裘維城、朱弘直、沈鳳儀、王永均、俞繩祖、吳之淇、吳捷、何鍾台、徐士鏞、(王)復禮草堂、曄東開、釋海岳中洲、釋元立鐵夫、釋濟日句玄、釋得信恬庵、釋然修桐皋、釋序燈弈是、釋慧文藻瀾、釋湛易天則、釋微緒亦諦二十人和詩九十六首，卷七收吳筠、褚人穫、何西堰、高式青、張大受、顧嗣立、洪嘉植、陳清鑑、蔣深、(王)熹儒、鄭梁、金介復、孫鳳儀、陳履泰、蔡宗亮、史載麟、閔基、閔燊、馮景十九人和詩五十七首。高其佩(字且園)《古希集序》曰："武林王丹麓先生一著青衿，輒去而學古，高隱松溪，所著書十數種，流布雞林。五十餘年間，海內名公卿無不結縞紵之交，時相酬答。……其五袠時，有《千秋雅調》之集……今七十餘矣，復有《古希》一集，自茲而耄而期，將學衛武公進德

不勃，匪但此日如趙逸之手不釋卷也。予故樂爲序之，與方伯有同志云。”汪
熷（字次顔）《古希集序》曰：“服官祝嘏，《千秋調》播美於前；養國乞言，《九老
詩》倡酬於後。烏衣巷裏，屬和千人；履道坊邊，類成一集。顧壽與年增，擘
鸞牋而競寫；而事因人重，倩斑管以高題。今先生杖國之年，復傳是作；乃鄙
人卒業之暇，更授兹編。”①

《讀書正音》序（康熙四十四年）

古字之必有音，諧聲是也。顧音易失讀，秦人作《蒼頡》《爰歷》《博學》三
篇，而不註讀音。漢宣徵天下能正讀者，使張敞受之，傳至杜林，已纂成《蒼
頡訓故》，而不傳其書。至齊、梁以降，則但取李登《聲類》一編，爭爲押音。
而唐、宋禮部試士，概收兩音之字，而限於一部，然且所收皆傍音，而去其正
音。學童之不能識字非一日矣！是以孔安國註《尚書》，不知伏生口授讀
“殷”爲“衣”，遂使《康誥》之“戎殷”、《武成》之“戎衣”兩不能通。古今經傳，
踵譌非一，各是師説，互相譏駁。石經雖立，而字、畫、音、義疑舛尚多。先仲
氏嘗云：“元祐朝臣皆不識字，見京師賣餕餡者，榜大牌於衢，不識何物。唯
歐陽修强解事，讀此必‘酸’字之誤，而不知‘餕’之原有‘酸’音，但是食餘，不
必酢物也。”

同年吳青壇先生由芸臺起家，進中執法，直聲震天下。而乃恬退二十
年，大展其生平所學，一發之於筆墨。其所輯《朱子論定文抄》，既已進呈聖
覽，仰荷嘉獎。其餘著述等身，又復以字音失讀，輯《讀書正音》四卷。自一
音異讀分類考辨而外，凡字音、字義有與音聲相離合者，更溯其源流，互相推
曁。至於奇文秘字，則又因韻而分之，此與揚雄之《訓纂》、相如之《凡將》，有
以異乎？而尋常字義在耳目前者，時師亦多訛謬，復終釋之，尤便於黨塾。
此書洵有功字學不淺也！

方今藝文大興，聖主以經術課儒治，而不廢小學。猶憶己未開制科時，
宣城施少參誤以支音出“斿”字，已録上卷，而皇上指出之：謂“斿”“旗”一字，
而“旗”屬支、“斿”屬微，必不通者。以微多“斤”傍，“斿”有“斤”音，與“旗”之
從“其”不同。觀《毛詩》以“言觀其斿”與“庭燎有薰（煇）”押，此可驗也。
“斿”馬（焉）得通“旗”？遂抑置次卷。而高陽相公又精於字音，謂“查”音轉
“察”，而無“察”義，將使天下文移判字改“查”爲“察”。而始寧徐咸清以制科

---

① （清）王言：《古希集》卷首，清康熙間刻本。

赴京，謂"查"音轉"在"，而不轉"察"，"在"即"察"也。相公遂忻然而不之改。是聖君賢相一時竝見，行將紀諸史乘，勒爲掌故。而《正音》一書，又復如是。夫軒黃御世，而猶欲《蒼頡》之七章、《保氏》之六技不傳人間，豈有是矣？康熙乙酉夏仲，蕭山同學年弟毛奇齡老晴氏題，時年八十有三。

【按】文見吳震方《讀書正音》卷首。《清文獻通考》卷二百十八《經籍考》："《讀書正音》四卷，吳震方撰。""同年吳青壇先生"即吳震方（1641—1714），字又超，號青壇，浙江石門人。康熙八年（1669）舉人，十八年（1679）進士，選庶吉士。後官至陝西道監察御史。康熙二十五年（1686），以言事落職。四十二年（1703），康熙南巡，以所輯《朱子論定文鈔》進呈，得復職，康熙且御書白居易詩以賜，因摘詩中"晚樹"二字以名其樓。著有《讀書正音》《晚樹樓詩稿》《嶺南雜記》《束軒晚語》《述異記》，輯有《朱子論定文鈔》，《說鈴》前、後、續集。

文中所及"猶憶己未開制科時，宣城施少參誤以支音出'旂'字，已錄上卷，而皇上指出之……遂抑置次卷"，指康熙十八年博學鴻儒試卷中，施閏章以支韻之"旗"誤出微韻之"旂"字，本已錄上卷，康熙指摘其誤，遂置次卷中。毛奇齡《制科雜錄》云："及拆卷，上又曰：'詩、賦韻亦學問中要事，何以都不檢點？'賦韻且不論，即詩韻在取中中者，亦多出入。有以冬韻出'宮'字者，潘末卷。有以東韻出'逢''濃'字者，李來泰卷。有以支韻之'旗'誤出微韻之'旂'字者，施閏章卷。"①文中又及"而高陽相公又精於字音，謂'查'音轉'察'，而無'察'義，將使天下文移判字改'查'爲'察'。而始寧徐咸清以制科赴京，謂'查'音轉'在'，而不轉'察'，'在'即'察'也。相公遂忻然而不之改"，指李霨（河北高陽人）認爲"查"音轉"察"而無"察"義，而徐咸清認爲"查"音轉"在"而不轉"察"。文中雖言"忻然"，實則李霨因而不高興，對徐咸清有所芥蒂。毛奇齡《制科雜錄》又云："先是，高陽師精于字學，謂古無'查'字作'察核'解者，今閣中票本及中外各衙門文移，俱用此字，不典。已啓奏御前，將票本'查'字已改'察'字，以爲'查'者'察'聲之轉也。惟中外衙門文移，將俟再加考實，一齊改定。值薦舉諸公到京，凡有進謁者，必一一晉接，詢辨此字，而遲久無應者。及徐仲山入見，問曰：'"查"字有出乎？'曰：'有。'曰：'在何所？'曰：'"查"者，"在"也，聲之轉也，即《虞書》"在璿璣玉衡"是也。'曰：'"查"聲不轉"察"乎？'曰：'"差"轉"察"，"在"不轉"察"也。'曰：'此字聲也，亦有字形乎？'曰：'有。'曰：'在何所？'曰：'《漢書》"山不茬蘖"，"茬"

---

① （清）毛奇齡：《西河合集·制科雜錄》，清康熙五十九年刻本。

從"在",而有"察"義。其在草部者,以槎枒抵捂,正當分析,故在形加草,此即通"槎"、通"查"之所自來也。''然則改察可乎?'曰:'"查"即"察"也,但《老子》曰"其政察察",故從前政府避"察"字而用"查"字,今仍用"察",是察察也。'高陽師怫然而起。至是,益都師力薦仲山,而高陽師無一言。或曰:恐即以此稍芥蒂云。"①毛奇齡通過回憶旃旗、查察之難辨,闡明吳震方《讀書正音》的重要性。毛奇齡亦精韻學,所著《古今通韻》被康熙帝獎諭慰勞。毛、吳兩人乃康熙十八年同年,吳震方《讀書正音》成,倩毛奇齡作序。

文末署"康熙乙酉夏仲……時年八十有三",知此文作於康熙四十四年(1705)五月,時毛奇齡八十三歲。

《賜書堂詩稿》序(康熙四十四年)

今之爲詩者不一,而好尚不齊,初以爲習俗淺易,相率爲膚曼之音。思方洋擺落,截去拘管,而身入儜傞而不自知。既又以爲任真之過,流於哩嗻,法宜治之以修飾。熨衣膠髮,舍鄉縣而寄之門桁之間。其在有才者爲之,袁慇孫雖裸,而不失雅步;劉禹錫銘陋室,猶翛然具寥廓之致。下此難言矣。

予久知江陰有翁子朗夫,少小特達,讀祖父之書,早以文章知於人,而未之覿也。及予歸城東草堂,朗夫偶遊越,停船過予。予乍見之,比之積雨見霽色、坐芥堂而對汪汪之陂。既已,耳目豁然,眦眥皆脫去。乃復出詩編示予,則意充而舒,度遠而不拘於隅。其才思縱發,所至開適,質無不足,而文又見其有餘。然且詞如繁露,氣若連珠,此豈今人之爲詩也?間嘗惜詩篇小道,楊子雲壯不爲賦,豈年近伏勝而猶守聲律之學?因之與及門諸子日討經義,矻矻不得暇。而以觀朗夫,既久抱不世之才,研經有素,第出其所學,何難上窮"六藝"、下殫《七略》,而姑以詩言?往予出都時,思檢近人所爲詩彙成一帙,已刻彭禹峰七律十頁、張南士五律三十頁,而至今未成,何則?難其人也。

近者天子南巡,召浙西能詩者試之於吳山之麓,又令召淮揚以南、建康以東諸多士試詩長洲,而究之後車所載亦鮮。朗夫其人而不與其選,予益高其志也。康熙乙酉仲夏月,蕭山毛奇齡老晴氏拜題,時八十三歲。

---

① (清)毛奇齡:《西河合集·制科雜錄》,清康熙五十九年刻本。

【按】文見翁照《賜書堂詩稿》卷首。故宮博物院藏"毛奇齡楷書霽堂詩序册"（新00071147-2/2）亦載，題作"霽堂詩序"，文小異，且有缺字。《清續文獻通考》卷二百七十九《經籍考》二十三："《賜書堂集》四卷，翁照撰。照字朗夫，號霽堂，初名玉行，字子敬，江蘇江陰人。乾隆丙辰，薦舉博學鴻詞。辛未，召試經學。"①"翁子朗夫"即翁照（1677—1755），《（同治）蘇州府志》卷一百十二："翁照，字朗夫，太學生，江陰人。學有根柢，尤工歌詩。……先後以鴻博、經學薦，皆不遇。晚乃寓居吳中，卜築鰈溪之濱，欲與沈尚書德潛爲耦耕伴，遽以病歿。"②

文末署"康熙乙酉仲夏月……時八十三歲"，知此文作於康熙四十四年（1705）五月，時毛奇齡八十三歲。文中有"及予歸城東草堂，朗夫偶遊越，停船過予"語，言毛奇齡歸蕭山城東草堂，翁照游越相訪。毛奇齡《續詩傳鳥名卷》一："康熙乙酉，相距六十年，予東歸草堂。"③亦可證康熙四十四年乙酉，翁照游越訪毛奇齡，請毛奇齡爲其《賜書堂詩稿》作序。

月瞻公六旬壽詩（康熙四十四年）

紫桑不用算居諸，家有先人舊賜書。孝友共推王烈里，衣冠長集子雲居。彩霞座上看翔鳳，錦水盤中且釣魚。最喜一觴環獻處，秋江十里盡芙蕖。

【按】詩見張景燾《重修登榮張氏族譜》卷十二。"月瞻公"即張錦（1646—1719），張景燾《重修登榮張氏族譜》卷八載董開宗《張月瞻先生傳》："先生諱錦，字子清，別號月瞻。……卒年七十有四。"④同書卷四："錦，字子清，號繡菴，別號月瞻。……生順治三年丙戌九月十五日戌時，卒康熙五十八年己亥六月初二日午時，享年七十有四。"⑤

詩題"六旬壽"，知爲張錦六十生日所作祝壽詩。據張錦生卒年及享年，推知康熙四十四年（1705）九月，張錦六十壽辰，毛奇齡祝壽詩當作於此年。

① 《清續文獻通考》卷二百七十九，民國景《十通》本。

② 《（同治）蘇州府志》卷一百十二，清光緒九年刊本。

③ （清）毛奇齡：《西河合集·續詩傳鳥名卷》，清康熙五十九年刻本。

④ （清）張景燾等續修：《重修登榮張氏族譜》卷八，清道光二十年木活字本。

⑤ （清）張景燾等續修：《重修登榮張氏族譜》卷四，清道光二十年木活字本。

題戴雪渠《索句圖》(康熙四十四年)

戴憑石渠賢,藉藉饒品目。方其居東湖,著書滿車簏。
生平信心友,半在東湖東。不虞安道來,剛值剡雪中。
扶風擁皋比,横經繞帷幙。前庭授生徒,後園設女樂。
典籤布卷軸,内侍羅簡編。春風轉耶溪,恍坐花源間。

【按】詩見戴彦鎔《越州詩存·次毛太史西河先生題余索句圖原韻》末。原無題,據意擬補。阮元《兩浙輶軒録》卷十:"戴彦鎔,字雪渠,舊字貢九,又字陶山。嘉興貢生,官會稽教諭。著《雪渠小草》《聽鶯樓初稿》《燕遊詩》《越州詩存》。"①《(乾隆)紹興府志》卷二十九:"(會稽學教諭)戴彦鎔,嘉興人。"②據戴彦鎔《越州詩存·將赴稽山留别故園同學諸子》,此詩編年入"丁丑",詩末注曰:"時憑限甚迫,余就道頗艱。"③丁丑即康熙三十六年(1697),知此年戴彦鎔赴會稽縣學教諭任。

毛奇齡爲戴彦鎔《索句圖》題詩後,戴彦鎔次韻作答,其詩云:"亭傍五雲門,名山豁雙目。硯田久荒蕪,猶慚號書簏。風雅先生主,從遊道盡東。蕭齋欣托附,可否藥籠中。梧竹緑陰濃,索句捲簾幙。薄彼具鬚眉,敢云近女樂。砭耳攜柑酒,消閒仗一編。繙吟香在手,恍坐春風間。"④

戴彦鎔《次毛太史西河先生題余索句圖原韻》編年入"乙酉",知作於康熙四十四年乙酉(1705),毛奇齡詩亦當作於本年。

諸母江夫人壽序(康熙四十四年)

杭州三諸子,皆以"男"字,世稱"三男先生"。予垂老歸里,惟虎男先生獨存,乃以醫痺故,僦太和堂藥室之左,因與先生同巷居。嘗過其庭,簾幙不甚廓,而中外肅然,女僮將命皆有禮,心竊敬之。前此吴門女士黄皆令偕其夫來杭,寓于西湖之秦樓,嘗言先生德配江夫人爲詩人王昌齡後身,其父孝

① (清)阮元、楊秉初輯:《兩浙輶軒録》卷十,第794頁。
② 《(乾隆)紹興府志》卷二十九,清乾隆五十七年刊本。
③ (清)戴彦鎔:《越州詩存》,清康熙刻本。
④ (清)戴彦鎔:《越州詩存》,清康熙刻本。

廉子九公係學士文昭公之孫,夜夢昌齡降其家,而生夫人。四歲,即能誦"秦時明月漢時關"句,公愛之,乃以"徵蘭"題,擇名族之幼悟而善詩者,得先生詩,許之。泊十六于歸,稱閨秀焉。毘陵惲正叔贈先生詩曰:"鏡中形影夢中思,繡戶重來知未知?自採江花賦神女,更留明月記秦時。"蓋實錄也。

予往徵其事于先生,曰:"事有之,顧大母張太君過珍惜,非其言不納耳。向非在坐,即不飲不食,乃以老僵手趾,漆室對榻,履不越戶畿者十年,頷矣。"至是,以同巷相過,偶問龍標君安否,先生必俯首代謝。爾乃時月易度,予以久羈故,旋歸蕭山,葺居城東舊草堂,而孝廉嚴儀煌、錢泉等頓以夫人六十壽請序于予。

予歸田廿年,竝不作屏幛文字。其在十年前,研經不暇,而近則倦于挈筆,醴陵侯才且盡矣。獨念"三男"久締交,而幸留其一,然且高才碩學,膺四方羔雁,終年作西都賓客。而夫人以閨房之秀,比之健婦之持門戶,三子四女,以婚以嫁,巢焚而更完,家廟遷而復理。先生以暮齒來歸,優游門巷,重與家人講順巽之樂,則夫人雖六十,仍是"徵蘭"賦詩時也。生年如朝暮,垂老彌甚,方龍標舉宏詞,授秘書郎,爲開、寶間名士,此與"三男先生"亦復何異?乃偶以不檢謫龍標尉,無友朋以爲聲援,暨世亂還江寧,至遺一老母而不能養。而夫人幼環錦繡,長御琴瑟,授綏以後,遂與先生爲友朋者越四十年,猶且大姑對榻漆室,戀戀不得舍,其前後相觀,互爲盈歉,毋亦太上所難忘者與?

時月雖易度,百年此日,千年亦此日也,予之所以壽夫人者如此而已。若夫習俗稱觴,十年一進,倘進而七十,予尚存在,雖不同巷,亦何必不爲序之?

【按】文見諸匡鼎《今文大篇》卷十一。丁仁《八千卷樓書目》卷十九:"《今文大篇》二十卷,國朝諸匡鼎編,刊本。"[1]

文中所及"杭州三諸子",指諸九鼎、諸匡鼎等兄弟三人。諸九鼎(?—1676),原名曇,字駿男,《(民國)杭州府志》卷一百四十五:"諸九鼎,原名曇,字駿男,錢塘人。弟匡鼎,字虎男,並有令聞。時人方之機、雲。九鼎才鉅學贍,貫穿經史百家言,爲人倜儻,有不可一世之概。"[2]諸匡鼎,字虎男,生平詳本書"諸虎男先生像贊"條考證。文中又及"吳門女士黃皆令偕其夫來杭,寓于西湖之秦樓,嘗言先生德配江夫人爲詩人王昌齡後身",黃皆令即黃媛

---

① 丁仁:《八千卷樓書目》卷十九,民國本。
② 《(民國)杭州府志》卷一百四十五,民國十一年刊本。

介，生平已見前。黃媛介曾言諸匡鼎夫人江氏是唐朝詩人王昌齡的後身。文中又及"其父孝廉子九公係學士文昭公之孫，夜夢昌齡降其家，而生夫人。四歲，即能誦'秦時明月漢時關'句，公愛之，乃以'徵蘭'題，擇名族之幼悟而善詩者，得先生詩，許之"，指江父以"徵蘭"爲題擇婿，得諸匡鼎詩而喜之，遂將女兒許配諸匡鼎。章士玠《錢唐諸虎男先生傳》："先生諱匡鼎，字虎男，杭州錢唐人也。……先生少即工於詩，時孝廉江公子九爲尚書文昭公孫，年少中乙科，目空一世，偶命先生賦《瑞蘭》詩，援筆立就，江公大加嘆賞，乃以女字先生。"①諸匡鼎《説詩草堂記》："余弱冠未有室，辛丑，江子九先生命余賦《瑞蘭》詩，詩成則婿余，余於是因詩而有室。"②諸匡鼎《祭嚴姑母江太夫人文》："太夫人爲文昭公女孫，與余婦翁子九公蓋兄妹也。余自辛丑歲就婚于公家。"③知諸匡鼎於順治十八年娶妻江氏。文中有"洎十六于歸"，知順治十八年江氏十六歲，則江氏當生於順治三年丙戌(1646)。

文中有"夫人六十壽，請序于予"語，知文爲江氏六十壽辰而作。以江氏生年順治三年(1646)推之，知此文作於康熙四十四年乙酉(1705)。文中有"予以久羈故，旋歸蕭山，葺居城東舊草堂，而孝廉嚴儀煌、錢杲等頓以夫人六十壽請序于予"語，指毛奇齡於康熙四十四年自杭州歸蕭山城東草堂，嚴儀煌、錢杲請爲諸匡鼎夫人江氏六十作壽序。

通議大夫晉贈開府大宗趙公墓誌銘(康熙四十四年)

公趙氏，諱之鼎，蕭山人，大宗其字也。少倜儻有大略，讀書尚意識，不務咕嗶，而殫心于經世之學。處士蔡子伯善臧否人物，嘗曰："胸懷亮達，博習治術，吾師趙大宗。"何毅菴亦云："吾見大宗，輒謂杜弼、王景略世稱王佐才，不過如此。"以故一時名士多造于其門。顧余先季父，趙婿也，事以舅行，且長于予逾十歲，每見必肩不敢併，而公以謙退，出入齒讓如友客，人多稱之。

先是，公游長安，大中丞天機董公幣聘之幕府。會海多游屬，而潢池之歸命者，又安置無地，公指陳機宜，且爲條奏"防海""屯插"諸方略，當宁是其言，因羈遲易州，士大夫請教無虛日。私念少孤，母太君在堂，孀居者三十年

① (清)諸匡鼎：《説詩堂集》卷首，清康熙刻本。
② (清)諸匡鼎：《説詩堂集》卷五，清康熙刻本。
③ (清)諸匡鼎：《説詩堂集》卷八，清康熙刻本。

矣，"吾負米來此，何可久住？且何足慰母意？"值順治丁酉，京闈舉鄉試，公以儒士假易州籍對策，主者胡君大奇之，擢第一，爲三輔解首，公幡然曰："吾知所以慰母矣。"乃援旌節例，投牒禮部，而匂群公之在朝者爲之因緣，部下牒郡縣取結，敕頒度支銀兩，建坊以旌之，題曰"賢節"。公乃馳歸，大治其門垣，易棹楔以石，而題名其間，擇日受賀，與季弟鄉貢士共扶母坐于堂，親朋無遠近咸俯首拜堂下，以爲歡云。

既而公子文璧登康熙癸丑科武進士及第，以第三人拔侍衛御前，賜第長安街。適予官京師，聞侍衛君將迎公來京，過其第問之，而公不來。越五年，君奉旨授外職，建牙永甯路，公以家事至永甯，還道京門，予迎留馬前。公執手歎曰："吾絕意仕宦三十年，爲老母春秋高，未敢離也。今來月餘矣，老母年九十有五，尚能扶杖倚門閭哉？"當是時，公年亦七十羸。少抱經濟，期有用于世，乃驟丁鼎革，伏處者有年矣。偶一出而頭角迸露，屹然跨衆首，徒以孝思迫切，思遂養以娛餘年。而太君多壽，終其身膝前不少稅，遂致萬里之才詘以跬步，古所謂"不于其身，必于其子孫"，公之謂與？

公居家雍睦，與兩弟共衣被，親朋往來，各姻姻無少間，鄉人之感公誼而願報者多有也。按邑誌，公名宦之裔，先爲大都宛平人。元制：邑長籍蒙古，稱達不花，凡士人之以科目進身者，率爲邑丞簿。遷祖君實公，當至正間，由進士僉簿縣事來蕭山，禦寇有功，遷江浙樞密院參軍，而遂家于蕭。一祀學官，一祀北嶺祠，代生賢哲。至公適九世，方期益大，而惜其不竟于用。康熙三十一年五月，公卒，距生明萬曆三十七年七月，得年八十有四。以子貴，誥封通議大夫、三等侍衛加四級，晉贈榮祿大夫。元配徐，蚤世，繼配韓，並誥封淑人。子四：長文璧，即侍衛君也。君以康熙戊辰領轂騎征噶兒旦，歷遷福建福州協副總兵官，而留鎮于湖之辰州。因敘征臺灣功，於甲申之冬，特授廣東高雷廉總兵官，開幕府于嶺海之間。或曰："其深曉兵要，皆公素指授，無少遺者。"次文琳，歲貢生。次文清，康熙丙子舉人。次文璿，國子生。孫八：長邦鎮，歲貢生。次鎧，國子生。餘俱幼。女三，所娶所嫁皆名族，茲不具載。歲乙酉，侍衛君已移鎮高州，遣使持書幣叩于庭，曰："先大夫死十四年矣，尚暴之攢木而不歸骨，生亦何益？逝將筮窀穸，敢匂高文以銘之，爲不壞計？"則何敢辭矣。乃銘曰：

惟公世積，挺生俊雄。躬秉義烈，鬱爲人宗。特其才略，有王佐功。江表臣虎，南陽臥龍。每諮治術，如桓挺鐘。因之賢哲，等于雲從。張相慷慨，伯始中庸。偶應幣聘，羔雁是共。疏展三策，聲聞九重。障海有備，還頑即工。乃緣鄉解，假籍安東。論通白虎，文成射熊。衰然居

首,以冠至公。祗念失怙,有母尸饔。搤臂知痛,望眼欲瞍。急請旌例,
表其門墉。奔歸膝前,彀形蔽踪。三辰畏逝,一命安榮。老萊七十,仍
如兒童。家可爲政,孝能作忠。百年指顧,遂丁下舂。禁有頗牧,庭饒
遜蒙。淝水克敵,淮西平戎。揮戟日返,刺石水通。北搗沙漠,南征猺
獞。夙稟指授,餘論未終。胸有兵甲,比之趙充。未竟之用,傳于無窮。
今玆歸然,曰惟公宮。神道迢遞,豐碑穹窿。微文何以,誦公德功。後
下馬者,請瞻此中。翰林院檢討、年家眷甥毛奇齡頓首拜撰。

【按】文見趙引修等續修《蕭山趙氏家譜》卷八。趙之鼎(1609—1692),
字大宗,號玉鉉,浙江蕭山人。趙引修等續修《蕭山趙氏家譜》卷二《世系記》
一"第九世易大房":"之鼎,行泰六十九,生萬曆三十七年己酉七月十七日,字
大宗,號玉鉉。儒士。中順治丁酉科順天解元。以子文璧貴,誥封通議大夫,
累贈榮祿大夫、總兵官。配徐氏,贈一品夫人。繼韓氏,封一品太夫人。……
子四:文璧、文琳、文清、文璿。卒康熙三十一年壬申五月十四日,年八十
四。……翰林院檢討同邑毛奇齡誌墓。……配徐氏,生萬曆三十六年戊申五
月二十七日,卒順治六年己丑十二月十一日,年四十二。繼韓,生崇禎四年
辛未十月十七日,卒康熙五十年辛卯九月十八日,年八十一。"①與文中"至
公適九世,方期益大,而惜其不竟于用。康熙三十一年五月,公卒,距生明萬
曆三十七年七月,得年八十有四。以子貴,誥封通議大夫、三等侍衛加四級,
晉贈榮祿大夫。元配徐,蚤世,繼配韓,並誥封淑人。子四:長文璧,即侍衛君
也。……次文琳,歲貢生。次文清,康熙丙子舉人。次文璿,國子生"語合。

文中所及"公居家雍睦,與兩弟共衣被","兩弟"指趙之鼐、趙之鼏,據趙
引修等續修《蕭山趙氏家譜》卷二《世系記》一"第九世易大房":"之鼐,行泰
八十三,生萬曆四十七年己未八月二十六日,字大生。邑庠生。配孫氏。子
二:文珽、文起。卒康熙二十四年乙丑正月十二日,年六十七。"②同書同卷:
"之鼏,行泰八十九,生天啓二年壬戌十月初七日,字燧師。貢生,候選州同。
配曹氏,繼婁氏。子二:永、文勳。……卒康熙十二年癸丑六月十八日,年五
十二。"③文中又及"遷祖君實公"指趙誠,字君實。據趙引修等續修《蕭山趙

① (清)趙引修等續修:《蕭山趙氏家譜》卷二《世系記》一,清光緒二十二年丙申追遠堂木活
字本。
② (清)趙引修等續修:《蕭山趙氏家譜》卷二《世系記》一,清光緒二十二年丙申追遠堂木活
字本。
③ (清)趙引修等續修:《蕭山趙氏家譜》卷二《世系記》一,清光緒二十二年丙申追遠堂木活
字本。

氏家譜》卷八《趙氏始祖名宦公傳》："公諱誠,字君實,以主簿陞江浙樞密院經歷使,進階奉訓大夫,致仕。公,燕之宛平人,元至正中除授蕭山邑簿,署縣事。自始除至徙秩數十年,民前後仰其政德,願留公于蕭。而公亦以蕭風土厖厚,遂家于蕭。"①

據文中"歲乙酉,侍衛君已移鎮高州,遣使持書幣叩于庭,曰:'先大夫死十四年矣……'"語,知康熙四十四年乙酉(1705),趙文璧請毛奇齡爲其父誌墓。

《漁莊詩艸》序(康熙四十四年)

詩爲藝文之一,而風雅而降,每與世俗爲推移。予舊羈館中,同館官有倡爲宋元詩者,私號"時製"。會聖天子大振文教,親御保和殿集諸詞臣作應制體詩,遂有以時製見黜落者。今長安高髻迤遍海內,而予郡名下有訂能詩者,以"越會"爲名,首禁時製,聞者咸望而畏之。

沈子可山以弱年入會,與諸先達爭雄長,既已出《可山詩稿》并《步陵集》相繼問世。乃復以所居漁庄,與同會李子峻瞻讀書其中,遂以所著《漁莊詩》請序於予。予披受之,見其檢而浹,雋而可思。雖緣情迤易,而不詭於法,彬彬乎質有其文矣。余老不爲詩,且屏棄一切,而汲汲於聖門經世之學,以爲學術者,藝文之所由本也。世之逐末而忘其本者,亦復何限? 而可山廁群賢之間,不苟隨時俗,因之捨卑趨而返正始,抑何撟健! 然且伐木自好,借唱酬予汝爲服習之藉,此其於友朋間爲何如者? 則苟欲進以經術,而有何難焉? 西河弟毛奇齡題於書留草堂。

【按】文見沈堡《漁莊詩艸》卷首。阮元《兩浙輶軒録》卷十六"沈堡"條:"沈堡,字可山,蕭山諸生。著《漁莊詩艸》。"②沈堡,生平詳本書"步陵詩鈔序"條考證。《漁莊詩艸》現存六卷,集編年,所載詩起自康熙四十二年癸未,迄於康熙四十四年乙酉冬。

此文未署年月,據沈堡《漁莊詩艸》卷四《遲毛西河太史遊蘭亭不至卻寄并索序言》,此詩繫於"甲申",知康熙四十三年甲申,沈堡寄詩并索序。所索

---

① (清)趙引修等續修:《蕭山趙氏家譜》卷八《趙氏始祖名宦公傳》,清光緒二十二年丙申追遠堂木活字本。

② (清)阮元、楊秉初輯:《兩浙輶軒録》卷十六,第1148頁。

之序當即此序。《漁莊詩艸》卷首沈堡自序末署"乙酉嘉平月,沈堡自題於漁莊書舍",知《漁莊詩艸》紀詩止於康熙四十四年乙酉冬,毛奇齡序亦當作於康熙四十四年乙酉(1705),集當刻成於康熙四十五年丙戌。黄裳《來燕榭讀書記》卷五"漁莊詩草"條云:"《漁莊詩草》六卷,蕭山沈堡可山撰。康熙刻。十行,十九字。版心上方黑口,左右雙邊。前有康熙丙戌毛奇齡序,康熙丙戌朱彝尊敘,乙酉嘉平自序。"①所言"康熙丙戌毛奇齡序",乃據《漁莊詩艸》刻成之年定作序之年,微誤。

承德郎匪菴公傳(康熙四十四年)

公諱浚,字亮生,號匪菴。少孤,事母極孝,常痛母苦節,乞臺使旌門以慰之。弱冠,補山陰庠生,既而膺省辟。康熙丁丑,筮仕廣西南寧府參軍。先是,南寧未始有城,前任即有築城之議,因公私無積,隨議隨寢。公下車甫匝月,即欲爲地方圖鞏固之計,而築城之議起,面陳其事于大憲。大憲難之,諭曰:"築城之役,前員曾估費萬有九千金,爾僅估五千金,以微員而當大任,脱賠累,悔無及矣!"公曰:"官無大小,苟利社稷,死生以之。矧築城,萬世利也,敢憚勞焉?"大憲壯其言,即爲之請諸朝,朝允之。公遂與郡人度其規制,定其處分,晨夕率僚佐躐山越水而經營焉。不數月,而嶽聳雲連,瑤城壁立。南寧紳士爲之立碑以紀其績,咸額手稱嘆曰:"維城鞏固,非丁公之力,不及此。"大憲廉其能,尋陞山西太原府前衛參軍。公以年臻杖鄉,晉省遼遠,思乞休。大憲慰留之,委署太原府通判事,政簡刑清,吏民德之。公曰"可以辭矣",遂告歸。

居鄉聯親串,講信睦,敦友朋之好。年八十二,以壽終。子四,長、次、三皆蜚聲黌序,四入城(成)均。女三:長適辛酉副榜王壇,次適乙卯舉人王達,三適國學生蔡肇楠。

論曰:余交匪菴深,服其慷慨有志節,進退不苟,君子也。今返真久矣,顧懿行尚存,雖敗管猶能紀之。應博學鴻儒科、授翰林院檢討、充明史館纂修官、年家眷弟毛奇齡頓首拜撰。

【按】文見丁南生等續修《蕭山丁氏家譜》卷十一。"匪菴公"即丁浚(1623—1704),據丁南生等續修《蕭山丁氏家譜》卷三"相十二房":"(七世)

① 黄裳:《來燕榭讀書記》下册,遼寧教育出版社 2001 年版,第 103 頁。

浚……字亮生，號匪庵，敕授徵仕郎山西太原府前衛參軍，署理太原府承德郎通判事。生天啓癸亥五月二十七日丑時。娶盛氏。子四：維垣、三捷、三才、英。女三：長適康熙庚戌進士先吉王公子康熙辛酉副榜候選知縣王壇，次適康熙乙卯舉人任山西千總王達，三適太學生蔡肇南。卒康熙甲申正月三十日辰時，年八十二。"①知丁浚卒於康熙四十三年甲申正月三十日，與文中"年八十二，以壽終"語合。

文中有"今返真久矣"語，知此文作於丁浚卒後。毛奇齡於康熙四十四年乙酉（1705）自杭州歸蕭山，知丁浚卒狀，遂爲作傳。

沈爲久《集句詩》題辭（康熙四十四年）

嘗讀沈子爲久禁體詩，知爲我友天易長公，以家庭薰習得之。未幾，爲久復寄示《集杜詩》二十七首，機杼結撰，自然工妙，益使人諷誦忘倦。或謂詩有集句，乃不自爲之，集自前人之詩，似非詩人本色，然人之心思才力，無所不有，其能集之者，即其能爲之者也。春秋時，列國之才，多所賦詩，如鄭僑、晉肸輩，傳其贈答，何嘗自爲之？祇誦人詩耳。其後庾公南樓，曾稱理詠，理詠亦誦人詩也。集詩有誦詩之義，非杜詩而何誦乎？集之而杜詩如己之詩，豈猶近代之爲之集之乎？且集之爲義亦大矣。古之名將相，身膺重任，驅策群力，惟恐用違其才；及其功建名立，居然一己之能，從來能爲之者，何一非能集之者？集詩其小者也。予於爲久之能集杜詩，且喜爲久之能爲杜詩矣，於是乎書。蕭山毛奇齡題。

【按】文見沈善世《集句詩》"集杜詩初刻"卷首。沈善世，據章藻功《沈爲久守歲集唐詩題辭》題下注曰："沈名善世，字爲久，浙江秀水人。"②

文中所及"知爲我友天易長公"，指沈善世爲毛奇齡友人沈之奇長子。沈之奇（1653—？），字天易，浙江秀水人。久客任城。著有《大清律輯注》。文中又及"爲久復寄示《集杜詩》二十七首"，指沈善世所輯《集杜詩初刻》，共二十七首。沈善世《集句詩》"集杜詩初刻"後，另有《集杜詩二刻》，共二十五首；《集杜詩三刻》，共十首。

此文未署年月，據沈善世《集句詩》"集杜詩三刻"卷首陸奎勛序云："癸

---

① 丁南生等續修：《蕭山丁氏家譜》卷三"相十二房"，民國二十一年木活字本。
② （清）章藻功：《思綺堂文集》卷十，清康熙六十一年刻本。

巳夏五,鴛湖爲久沈子貽示《集杜》三刻。"①此"癸巳"即康熙五十二年癸巳,知沈善世《集杜詩》凡三刻,其第三刻成於康熙五十二年癸巳五月,則初刻、二刻必早於此年。《集句詩》"集杜詩初刻"卷首除毛奇齡序外,另有毛奇齡弟子陳佑(字自曾,秀水人)序,陳序亦不署年月,據毛奇齡《四書索解》卷四:"及予歸草堂,距向主客時越二十年。及門以予病,請予説《四書》不可得,會會稽章泰占、嘉興陳自曾來,堅請予説《中庸》。"②據拙著《毛奇齡年譜》"康熙四十四年乙酉"條:"自杭州歸蕭山城東草堂舊居。"知毛奇齡於康熙四十四年自杭州歸蕭山城東草堂。則陳佑至自嘉興,請毛奇齡説《中庸》的時間,當在康熙四十四年乙酉(1705)。陳佑與沈善世同爲秀水人,蓋於此際沈善世介陳佑請毛奇齡爲其《集杜詩》初刻作序。

寄陳山堂(康熙四十四年)

不通候問久矣!老先生高文典册,爲時賢領袖,稽古之效,已有明驗,徒以北南間隔,弟又老去,雖同館,不能親切,反不若向時閭巷唱酬之快,每念及,輒引領久之。今年逾大耋,耳聾足瘍,思首丘故鄉,因葺城東舊居,爲菟裘之地。乃四顧茫然,誰可語者?始知巷有居人,亦未易事也。

烏程鄭芷畦兄,弟好友也,博通多識,所著《湖志》并《廿一史約篇》,膾炙人口久矣。今以飢驅,欲覓刑名館于京師。因思老先生視文友若性命,且聞見廣闊,或得於九天之□,俯推薄分,敢爲之曹,想記室知我,定不膜外。至于仰慕之切,思望顏色,則積之有素,不在此區區也。老年作劄,艱于冶鑄,伏床草草,并祈亮原。臨筆念切。弟名專具,敬叩。

【按】文見故宫博物院書畫部藏《清樂只室畫家尺牘册》(00177831-5/24)。原無題,據意擬補。陳至言,生平已見前。

文中所及"烏程鄭芷畦"即鄭元慶(1660—1734),字芷畦,浙江歸安人。通史傳,旁及金石文字。晚治經。著有《湖録》《周易集説》《詩序傳異同》《禮記集説參同》《官禮經典參同》《家禮經典參同》《喪服古今異同考》《春王正月考》《海運議》《二十一史約編》。《(光緒)歸安縣誌》卷三十七:"鄭元慶,字芷畦,歸安學生。自幼通史傳,覃思著述,期有用於世。毛奇齡、朱彝尊、胡渭

---

① (清)沈善世:《集句詩》卷首,清康熙刻本。
② (清)毛奇齡:《四書索解》卷四,載《西河合集》,清康熙五十九年刻本。

諸名人並折行輩與之交。"①文中又及"今以飢驅,欲覓刑名館于京師。因思老先生視文友若性命,且聞見廣闊",指鄭元慶因生活困頓欲赴京師覓館爲生,毛奇齡與陳至言爲同鄉同學,又同官翰林,因致信陳至言請其代爲經畫。

據文中"今年逾大耋,耳聾足瘍,思首丘故鄉,因葺城東舊居,爲菟裘之地"語,知此札作於康熙四十四年乙酉。"年逾大耋"即年過八十,知此札作於毛奇齡八十多歲時。毛奇齡《答蘭溪唐廣文翼修書》略云:"某崦嵫之歲,又三經大病。癸未冬,感寒幾死。昨秋,又伏熱幾死。今則寒暖交煎,目不辨黑白,心數不能記一二,居然一廢人矣!惟懼首丘無地,急還蕭山,洗藥城東舊廬者已及半年。"②"癸未"即康熙四十二年,從行文可知,毛奇齡於康熙四十二年冬、四十三年秋兩遭大病,因於四十四年自杭州還居蕭山城東舊宅。毛奇齡《續詩傳鳥名卷》一:"康熙乙酉,相距六十年,予束歸草堂。"③可爲證。與本文"思首丘故鄉,因葺城東舊居,爲菟裘之地"語合,故繫於此。

題悦我軒(康熙四十四年)

佳士不恒遇,垂老歎積薪。何期跬步間,獲此雙南珍? 意氣既難量,風雅真絶倫。遠過鹿門客,豈減藍田人? 王楊并樓子,從此稱有鄰。方今世趨壞,高髻徒嶙峋。誰謂宇宙寬,俯仰空四垠?

【按】詩見王端履《重論文齋筆録》卷一。原無題,據意擬補。"悦我軒",乃蕭山王氏子弟讀書處,王宗炎(號晚聞)曾讀書其中,後改名"重論文齋"。王端履《重論文齋筆録》卷一:"重論文齋,舊名悦我軒。平屋三楹,前饒花木,後俯清池,爲先君晚聞公讀書之所,端履幼亦肄業其中。後遭家難,鵲巢久被鳩居。嘉慶丙寅,始復故業,先君子爰易今名以志感。道光戊子,余兄弟析爨,室歸於予。因逼近内室,改建樓居,而遷書塾於廳事之西南隅,仍以舊額顏之,不忘本也。"④

王端履《重論文齋筆録》卷一云:"康熙乙酉,悦我軒落成,時毛西河先生年九十四歲矣。爲集李群玉、張喬句書楹聯云:'披雲漱瓊液,傍池觀素書。'

---

① 《(光緒)歸安縣誌》卷三十七,清光緒八年刊本。
② (清)毛奇齡:《西河合集·書六》,清康熙五十九年刻本。
③ (清)毛奇齡:《西河合集·續詩傳鳥名卷》,清康熙五十九年刻本。
④ (清)王端履:《重論文齋筆録》卷一,清道光二十六年授宜堂刻本。

又題一詩於縑素云……今聯已鋟木,詩尚藏於余家。"①"康熙乙酉",即康熙四十四年(1705),此年王氏悦我軒落成,毛奇齡題詩當作於此年。但康熙四十四年乙酉,毛奇齡八十三歲,非"九十四歲"。王端履所記或有誤,闕疑俟考。

始祖柏山公傳(約康熙四十四年)

公諱煦,字日初,柏山是其號也。本黟支,邑庠生,遊學來蕭,贅於韓宅。今所稱"汪家堰",即公之故居也。善讀書,其文章表見當世。長於音律,有"夢隨芳草徽江緑"一聯。性幽僻,曾攜斗酒入山林,即景吟詩。收拾奚囊,其遺稿遭兵燹,僅存一二,宋人所云"無可奈何花落去"是也。

公有手録《宗譜》一帙,深悉汪氏淵源。其祖即承清公。粵稽汪氏,自三汪四傳後,有二十八承,公爲海內望族。今公數百年來,瓜衍椒綿,支分派別,譬猶繭之縷於盆者,有條不紊,非仁者之克昌其後歟?抑亦有開之必先也?公壽八十有一,葬祝家橋。

予久不捉筆,不作序頌,而家傳紛投,尤不敢漫附一字。而獨於汪氏不然,世鮮才士,其子孫必有文章繼起,顯於一時,爲前人光者。郡邑乘記且不勝載,寧第鄭穆七族之誇有公孫、羊舌十一族之重有叔譽哉!是以爲傳。賜博學鴻儒科進士出身、授翰林院檢討、充史館纂修官、同里毛奇齡拜撰。

【按】文見汪震等續修《蕭山汪氏宗譜》卷一。汪煦(1458—1538),行八三,字日初,號柏山。庠生。明成化間由四明游學至蕭山,見閘堰一帶風景佳秀,定居汪家堰,入贅韓姓人家,即蕭山汪氏始祖。據汪震等續修《蕭山汪氏宗譜》卷一《東汪始祖斯禄公傳》,汪煦子汪魁(字斯禄)遷居蕭山河墅里定居,爲蕭山東汪始祖。②

此文未署年月,據文末署名"賜博學鴻儒科進士出身、授翰林院檢討、充史館纂修官"語,知作於康熙十八年毛奇齡授官後。另據文中"予久不捉筆,不作序頌"語,知作於毛奇齡晚年專務經學、摒棄文賦詞業時。綜上,知此文約作於康熙四十四年乙酉(1705),時毛奇齡自杭州返蕭山城東里居,值東汪氏續修族譜,毛奇齡爲其始祖汪煦作傳。

---

① (清)王端履:《重論文齋筆録》卷一,清道光二十六年授宜堂刻本。
② 汪震等續修:《蕭山汪氏宗譜》卷一,民國二十三年集慶堂木活字本。

毛以澳傳（約康熙四十四年）

　　瞻武生而舌正方，六歲不能言，及能言，而穎異絕倫。博極群書，補博士弟子，餼於庠。康熙甲寅閩變，賊蔓延衢、處閒，肆掠無屬。時瞻武季父士希年已八十矣，賊獲之，索金錢無所得，將縛以爲質。瞻武前叱曰：“縛即縛我耳，叔老，無相楚。”賊即縛瞻武去。至衢城南九龍山，其渠帥見瞻武狀英偉而詞敏給，欲屈爲書記。瞻武怒裂眥，且罵曰：“奴輩殺掠已耳，焉用天下士哉？”賊榜笞雨下，臀肉賤（濺）地，甚以鐵箍腦豕鬣撚溺處，不死。其地有關壯繆祠，瞻武卜筊，得“馬瘦毛長”之語，初弗解也。會賊潰脱歸，始知筊云“馬”者，賊馬勝也。

　　後爲學使太倉王公選拔士，及遊雍，司成翁鐵菴一見器之，由是六館人士爭誦其文，而名噪長安。無何，以年少時爲賊幽囚者再歲，沮洳卑濕，雙耳重聽，且於人事亦稍稍淡矣，遽歸。余方乞假里居，常相過從。瞻武爲文，力追漢魏，詩格在唐人王、孟間。卒年六十三，其子克亭亦能文云。

　　【按】文見《（光緒）遂昌縣志》卷十“毛以燠”條，阮元《兩浙輶軒録》卷十三“毛以澳”條亦載。《（光緒）遂昌縣志》卷十：“《吸月樓詩稿》，國朝毛以燠撰。《詩萃內編》：燠字瞻武，康熙丙寅拔貢生，著有《吸月樓存稿》。毛奇齡小傳曰……按：以燠，舊志人物門失載，故附載原鈔小傳於此。《此君亭詩話》：克亭述其先人既爲賊困，其猶子彬謂以多金賂賊，身名俱不能全。乃潛往賊寨，伺其榜笞橫甚，則少少與金求緩，百方營救，得以不死。瞻武既以身代叔，彬復不避斧鑕以全叔身名。兩人孝友，均足傳世。後彬前死，瞻武哭以詩曰：‘分爲叔姪親如弟，竹馬回頭兩小兒。今日衰年成永訣，不如早死亂離時。’噫，亦可哀矣！以此詩少質直，故不入選，附見於此。”①《（光緒）遂昌縣志》卷七：“毛以澳，二十五年拔貢。”②《（光緒）處州府志》卷十七：“毛以澳，拔貢。”③《（光緒）遂昌縣志》卷七“澳”、卷十“燠”歧出，所指應爲一人。據其字“瞻武”，“澳”字較確。另《（光緒）遂昌縣志》卷七有“毛以濬”條，乃其兄弟行，亦可證“燠”字誤。

---

① 《（光緒）遂昌縣志》卷十，清光緒二十二年刊本。
② 《（光緒）遂昌縣志》卷七，清光緒二十二年刊本。
③ 《（光緒）處州府志》卷十七，清光緒三年刊本。

　　文中所及"學使太倉王公"即王掞(1645—1728),字藻儒,號顥庵、西田主人,江蘇太倉人。王錫爵曾孫。康熙九年進士。選庶吉士,授編修,旋遷左贊善,充日講起居注官。以病告八年,起右贊善。康熙二十四年至二十七年,提督浙江學政,嚴剔積弊,所拔多宿學寒畯。累遷侍讀學士。三十年,超擢內閣學士。三十三年,遷户部侍郎,直經筵。三十八年,調吏部。四十三年,擢刑部尚書。五十一年,授文淵閣大學士,兼禮部尚書,直經筵如故。六十年,請重立胤礽爲太子忤旨,應讜戍,以年老由子代行。雍正元年,以原官致仕。著有《西田集》。文中又及"司成翁鐵菴"即翁叔元(1633—1701),原名縋,字寶林,號靜鄉、鐵庵,永平籍,江蘇常熟人。康熙十五年(1676)進士,授編修。十七年(1678),主山東鄉試。二十四年至二十六年,任國子監祭酒。後擢吏部侍郎,遷工部尚書。三十一年(1692),起補刑部尚書。著有《鐵庵文集》。文中又及"其子克亭"即毛桓(1684—1742),《(光緒)遂昌縣志》卷八:"毛桓,字克亭,號荔園。孝友嗜學。弱冠,聲名籍甚。文矯健沉雄,詩亦精琢,兼工書法。貢入北雍,讀書敷文書院,兩舉優行,一薦鴻博,又再掌昌山教,延課南明書院。所著有《荔園文集》《遠抱樓詩集》《四書解義》。"①

　　文末有"卒年六十三"語,知此文作於毛以澳卒後。文末言"其子克亭亦能文",據《(光緒)遂昌縣志》卷八"弱冠,聲名籍甚,文矯健沉雄"語,推知毛以澳約卒於康熙四十四年(1705),姑繫於此。

十七世陞之公贊(康熙四十五年)

　　其胸可以藏萬卷,而飽於藿藜;其目可以矚千古,而安於熹微。其身可以紆青紫、曳金玉,而恬然於鍼刀之餰、薜荔之衣。吾見其英年而砥思也,神垂秋水,顏如朝曦,有似乎元龍湖海,登百尺樓而莫之與齊;及其壯年而乘時也,摛文翰海,馳名藝苑,有似孔璋倚馬,鷹揚河朔,而不可以幾;逮乎暮年而養頤也,飭行韜德,知雄守雌,有似太邱道廣,可以繼三宗、圖百城,而爲鄉閭之所仰、遠近之所希。人第見恂恂退讓,終始一轍,而不知歷少壯而各隨其宜。特吾沐其教,景其範,覯其鬚眉,而豈意其偕賚志以老也,吾將與之遊乎南山之巔、北海之涯。翰林院檢討兼脩國史西河毛奇齡題。

　　【按】文見陳粲等續修《蕭山唐里陳氏宗譜》第二册,無卷數。陳陞之,生

---

　　①　《(光緒)遂昌縣志》卷八,清光緒二十二年刊本。

平不詳,《蕭山唐里陳氏宗譜》未載其生平資料。

此文未署年月,據任爲煒《唐里陳氏重修家譜序》末署"時康熙四十五年丙戌九月,同邑任爲煒頓首題"①,蓋康熙四十五年丙戌(1706),唐里陳氏重修家譜,毛奇齡爲文贊陳陞之。

《重刊臨海集》序(康熙四十六年)

《臨海集》者,唐義烏駱賓王集也。賓王本才士,而伸大義于天下。時之傳其文者,初稱《武功集》,以起家武功簿也。繼又稱《義烏集》,則繫之以所生之地。而究其生平,實以好言事,由永淳侍御史謫臨海丞,因之哀其志者,即以所謫官名之。雖其所爲文,與龍門王勃、幽州盧照鄰、華陰楊炯三人者齊名,名"垂拱四傑",然而"垂拱"武氏號,非其志云。

夫以六季多才士,不幸遭逢亂朝,相沿事篡竊。以至于唐,非遇擯斥,即殞身焉。其亦苦矣!然而大義不明,忠憤無所發,即新都居攝,亦嘗舉東平義旗,移檄郡國,然無一字傳于天下。而賓王草英國檄,淋漓慷慨,激切而光明。一若是文出而天經地義,歷數百年來不能白者,而一旦而盡白之,此豈才士文章已哉!特是五嶽四瀆,地不多産,聖賢豪傑,接踵有幾?所賴生其後者,表式而維持之。況文章遞代,尤易銷亡,曩時藝文志有幾存者?

據本傳,賓王亡後,中宗曾詔求其文,而已多散失。然且二十之字,至今不識。即唐史所載官職,爲丞爲簿,亦一往闕落。惟魯國郗氏受詔收賓王文者有云:"賓王在高宗朝爲侍御史,以諷諫下獄。"至今集中有《在獄賦螢》《在獄詠蟬》之作,而唐史無有。又且父祖閥閱,終古滅沫。至明萬曆間,蘭溪胡氏讀其《與博昌父老書》,中有云"昔吾先君出宰斯邑"一語,而後知其父爲博昌令也。乃予則又有進者。考集之首卷第一篇,則《靈泉頌》也。靈泉爲邑丞宋公孝事後母、丞廳皆下涌泉而作,然而未知爲何邑丞也,但以請作者爲蕭縣尉,因之作《舊唐書》者屬之徐州之蕭縣。而予嘗爭之。《頌》明云:"此邑城控剡溪,地聯禹穴。"徐州控剡溪乎?又云:"某出贊荒隅,途經勝壤。"賓王之臨海,當經徐乎?此必吾邑蕭山實有斯蹟,而生其地者,既弇鄙而不自知,即前時史官,又竝不遇一讀書人可檢點及此。而既而自疑予邑之復名永興在儀鳳年,其改名蕭山在天寶年,賓王之臨海時,即又安得有蕭山?而又既而讀《文苑英華》,則蕭縣"蕭"字本是"前"字,且有註云:"前集誤作'蕭'。"

---

① (清)陳棨等續修:《蕭山唐里陳氏宗譜》第二册,清道光十六年六望堂木活字本。

然後知前縣尉者謂前之縣尉，即予邑永興而前此之爲尉者，不惟"蕭縣"誤，即"蕭山"亦誤。夫即此一字之誤，而時地改易，史乘乖錯。其所藉于後人之刊正如此！

今同邑黄君景韓，不忘前烈，凡其家之先達，與此邦賢哲，皆表其已行，而修復其所未備，因之以釐訂之餘，較及臨海，景韓可謂後賢之特達者矣！抑予有感焉。寶婺爲文章之藪，自宋、元以來，作者代興，而湮没者亦復不少。嘗聞之蘇伯衡曰：乾道、淳熙間，東萊吕公與仲友唐公皆以儒術爲寶婺冠，而仲友所著過于東萊，見有《六經解》、《九經發微》、《十七史廣義》、《帝王經世圖譜》、《天官》《地理》《禮樂》《刑法》《陰陽》《王霸》諸考辨，以及《乾道秘府》《群書新録》，合不下八百餘卷。徒以爲門户所抑，至今子姓無一板存者。即永康陳亮，傑士也，亦以門户故，而所遺文集，欲再爲刊定而不可得。蘭溪胡氏曾較《臨海集》而重梓之，其已事也。景韓有志，能傍及他縣，盍亦發其微而表著之？康熙丁亥仲夏月，蕭山毛奇齡老晴氏題于書留草堂，時年八十有五。

【按】文見駱賓王《臨海集》（康熙四十六年刻本）卷首。《（嘉慶）義烏縣志》卷十四："駱賓王，字觀光。……賓王少負有志節，七歲能賦詩，善屬文，與盧照鄰、王勃、楊炯齊名海内，稱'四傑'。……歷武功主簿……擢侍御史，武后即位，數上疏諷諫，得罪下獄，賦《螢火》《咏蟬》諸篇見志，后釋其罪，謫臨海丞。棄官，游廣陵。……徐敬業舉義，署爲府屬，傳檄天下，斥武后罪狀。……敬業敗，賓王亡命，不知所之。"[①]與文中所述駱賓王生平事跡相符。

文末署"康熙丁亥仲夏月……時年八十有五"，知此文作於康熙四十六年（1707）五月，時毛奇齡八十五歲。文中所及"今同邑黄君景韓……較及臨海"，知黄景韓於康熙四十六年重刻駱賓王《臨海集》，倩毛奇齡作序。

《詩識名解》序（康熙四十六年）

古人通諸經以說一經，江都傳《公羊春秋》，而《三策》所對，六藝備焉。外黄令演《易》，并以《洪範》五行、黄鐘九變爲六十四卦之用。自帖括起，而呫嗶興，策以經義，則訓詁日蹟，然而帖十括五六，猶能誦經。策大經兼策小經，則于經師所解說猶矗矗也。至元人造八比法，而帖括亡，即訓詁亦不可

---

① 《（嘉慶）義烏縣志》卷十四，清嘉慶七年刊本。

問矣。今人習書義,不識名物,況《毛詩》名物萃于諸經,凡學官所授,以訛傳訛,誰則能指物如指掌者?乃夫子明曰"多識于鳥、獸、草、木之名"。少時,作《毛氏(詩)續傳》,擬釋鳥、獸、草、木爲別編,而避人未暇,祇得《鳥名》一卷,附《續傳》後。顧其書爲怨家肶篋,遂已失去。

錢唐姚子彦暉生秉異才,嗣其世父首源之學,與其兄魯思俱以經生高等發明經術,其所著不一名。而彦暉于說《詩》之餘,就夫子所言,分勒鳥、獸、草、木爲四部,合十有五卷,題之曰"詩識名解"。其考據之博,辨析之細,雖名物而義行其間,比類所及,必與六藝相證明;然且因名責實,舉漢、唐諸儒所廣稽而參辨者,皆一一櫺理而刊定之,誠《箋》《傳》後一要書也。

今國家崇尚經學,凡書肆論說有關五教者,悉收入秘府。會南巡杭州,彦暉兄弟各有所呈進。上止輦,嘉賚之,而受温綸命留備乙覽。今此書一出,不又爲秘府增一籤乎?世無學人,求其辨五色之黳、識并角之獸而不可得矣。當予走四方,祇思見一讀書者,而北南萬里,必不一覯,以爲天不愛道,昊蒼之生人,何便如是?此則八比之烈真有酷于祖龍者。而既而思之,自漢迄元,其爲窮經者何限?雖學人間出,不必如今日之寥絕,然而江都以後,詘指幾人?間嘗論列氏經學,皦然可指者,惟當陽、北海、漢唐二孔氏并賈學士庶幾無媿,而外此而韋昭、王肅、李善、小司馬、顏師古輩,即皆不得與,以其于經學無所關也。今彦暉負實學,而其所學者復能補經師之未備,則雖以身廁諸儒之間,而有何難焉?康熙丁亥首冬,蕭山毛奇齡老晴氏題于城東之書留草堂。

【按】文見姚炳《詩識名解》卷首。《清文獻通考》卷二百十三《經籍考》:"《詩識名解》十五卷,姚炳撰。炳字彦暉,錢塘人。"①

"錢唐姚子彦暉"即姚炳,阮元《兩浙輶軒録》卷十九:"姚炳,字彦輝,休寧籍,移家錢唐。著《蕵谿草堂集》。"②文中所及"嗣其世父首源之學",指姚炳繼承其伯父姚際恒之學。姚際恒(1647—?),字立方,號首源。安徽歙縣人,寄居浙江仁和。讀書涉獵百家,後專攻經學。著有《九經通論》《庸言録》《好古堂書目》等。毛奇齡《詩話》四:"亡兄大千爲仁和廣文,嘗曰'仁和祇一學者,猶是新安人',謂姚際恒也。予嘗作《何氏存心堂藏書序》……兄曰:'何氏藏書有幾?不過如姚立方腹篋已耳。'立方,際恒字。及予歸田後,作《大學証文》,偶言:'小學是寫字之學,竝非《少儀》"幼學"之謂。不知朱子何據,竟目爲童學,且哀然造成一書,果是何説?'立方應聲答:'朱所據者,《白

① 《清文獻通考》卷二百十三,清文淵閣《四庫全書》本。
② (清)阮元、楊秉初輯:《兩浙輶軒録》卷十九,第1378頁。

虎通》也。然《白虎通》所記，正指字學，誠不知朱子何故襲此二字？'因略舉唐、宋後稱'小學'者數處，皆歷歷不謬。坐客相顧皆茫然，則度越時賢遠矣。"①姚際恒學問之博，毛奇齡及其兄萬齡深爲嘆服。文中"其兄魯思"指姚炳兄之駰，生平詳見本書"類林新咏序"條考證。

文中另及"間嘗論列氏經學，皦然可指者，惟當陽、北海、漢唐二孔氏并賈學士庶幾無媿，而外此而韋昭、王肅、李善、小司馬、顏師古輩，即皆不得與"，"當陽"指杜預，"北海"指鄭玄，"漢唐二孔氏"指漢代孔安國、唐代孔穎達，"賈學士"指賈公彦。毛奇齡認爲只有杜預、鄭玄、孔安國、孔穎達、賈公彦稱得上是經學家，而韋昭、王肅、李善、司馬貞、顏師古，皆不得稱爲經學家。毛奇齡《復章泰占質經問書》云："是以文章之士，列代都有，而能通一經而稱爲儒、博通群經而稱爲大儒，則自漢迄今，惟西漢有孔安國、劉向，東漢有鄭玄，魏有王肅，晉有杜預，唐有賈公彦、孔穎達，合七人。而他如趙岐、包咸、何休、范甯之徒，皆無與焉。即或博綜典籍，胸有筐篋，如吳之韋昭，晉之郭璞，唐之李善、顏師古，宋之馬端臨、王應麟輩，並于經學無所預。"②毛奇齡在答弟子章大來的來信中，重申自漢迄清初，只有孔安國、劉向、鄭玄、王肅、杜預、賈公彦、孔穎達七人稱得上是博通群經的大儒，趙岐、包咸、何休、范甯、韋昭、郭璞、李善、顏師古、馬端臨、王應麟等，皆于經學無預。由此可窺毛奇齡治經尊漢而薄宋的傾向。

文末署"康熙丁亥首冬"，知此文作於康熙四十六年丁亥（1707）十月，時毛奇齡八十五歲。

《四書正事括略》自序（康熙四十六年）

往者徐都官尚書特頒聖諭，徵經註之不立學官者，悉録入秘府，以備攷正。予時欲應之而未能也。暨垂老歸田，門生、兒子復以立學官經註説事有誤，輯予近年所論著，爲之"正事"。夫立學經註即八比功令，所見行縱有誤，亦何用刊正而正？不然，生不習帖括，求所謂一行三字貼經以括經，無有也；又不習經義，凡諸經大經、《論》《孟》小經，舉其文以通其義，不可得也。今所正者，猶是八比餘事耳。

攷元代王生造八比法，自破、承至束、比訖，原有"結尾"一條，以己意刊

---

① （清）毛奇齡：《西河合集·詩話四》，清康熙五十九年刻本。
② （清）毛奇齡：《西河合集·書八》，清康熙五十九年刻本。

經註之誤。如前朝"君子務本"題結言,"務本"非務始是也。開國嚴關節,而去結尾,至順治辛丑而仍復之,以爲舊法如是矣。今之結尾能刊誤乎?然而仍有結尾,而結尾之舊法又復如是,則以八比遵功令,而存此"正事",以當刊誤之一綫,誰不謂然?西河毛奇齡老晴氏,八十五歲。

【按】文見毛奇齡《四書正事括略》卷首。毛奇齡《四書正事括略》卷首王崇炳"序目"云:"西河先生歸草堂,不能著書,嘗輟食歎曰:'吾欲作《論》《孟》傳,一刊事理之誤,而不可得矣!'會嗣子述齋雋南宫還,思以娱親,偕兄孝廉君,翻先生經集,摘其事理可刊正者,而置説理於有待,曰理賾不勝舉,且是否可各執,惟事有一是而無兩可,因而刊之曰正名、正文、正禮制、正故實,而統曰'正事',合五卷,凡一百六十九條。"①毛奇齡《四書改錯》卷首唐彪識語:"先生老不事筆札,每以未註《四書》爲憾。門生、兒子善承意,輯先生經集與講録之及《四書》者,作《四書正事》八卷。"②李慈銘《越縵堂讀書記》一《哲學思想》:"閲毛西河《四書正事括略》,凡七卷,又附録一卷。前有西河自序,言時已八十五歲,門生、兒子輩輯其所論《四書》諸説爲之。其門人東陽王崇炳爲之'序目',言先生嘗欲作《論》《孟》傳,一刊事理之誤,以老不復能著書。其子孝廉文輝、進士遠宗,偕門人會稽章大來及同邑張文彬、文楚、文蕙兄弟,搜尋先生所著《大學證文》《中庸説》《論語稽求篇》《四書賸言》《四書索解》等二十種,摘其正事物之誤者,合爲五卷。一曰正名,二曰正文,三曰正禮制,四曰正故實,五曰雜正,凡一百七十六條;後續補二卷,凡五十四條;共二百二十一條,中亦間附三張子之説。其附録一卷,則遠宗即當日答難之詞録之爲一十五條。"③蓋此書初爲五卷,後續有六、七兩卷,補前所未備,又附録一卷爲主客問答之語,共爲八卷。

文末署"八十五歲",知此文作於康熙四十六年(1707)毛奇齡八十五歲時。

《筍莊詩鈔》序(康熙四十六年)

余老友孟子次微以古文辭自豪,顧不喜爲詩,世亦未有以曾子固不能詩恨之者。向余與郡中名流約爲詩,已而各鏤板以行,伯調梓《歲星堂集》傳,

① (清)毛奇齡:《四書正事括略》卷首,清道光二十年蕭山沈豫蛾術堂刻本。
② (清)毛奇齡:《四書改錯》卷首,清嘉慶十六年金孝柏學圃重刻本。
③ (清)李慈銘:《越縵堂讀書記》,上海書店出版社2000年版,第135頁。

荆山梓《望舒樓集》傳，康臣《采山堂集》後出，亦傳。余詩傳不傳未敢知，若次微所梓古文辭，其必傳無疑矣。既余兩人以宦游歸，蘼萏於會城，甚歡，且相勉爲窮經有用之學，桑榆之齒，而猶作少年狡獪，舛已。

久之，次微持所著《經論》百篇贏質於余，又出其小阮敏度詩一編，皆屬爲之序。余調之曰："《經論序》何辭？子不爲詩而爲人索詩序，余爲詩而悔而復序人詩，如息壤何？"次微嘿然。余笑曰："是則然矣，而猶有説。夫《詩》，六經之一體，而後世聲律之詩，又《三百》之支流也。設如俗下所稱時製詩，零糟薉溲，瀰漫卷軸，如禽蛩啁哳，市井讕謱，而以語於正始之音，將駕舟斷潢絶港，求探星宿之源，何可得已？苟其旨肅以括，其詞麗以則，雖采蘊女子，執殳武人，聖人録之而群從，有揚扢風雅，顧抑勿使爲則。芝蘭玉樹，不植之庭階，而鋤去之乎？子之乞序，殆未可訾議爾。且余嘗從友人所見敏度所爲《李女宗詩》，其中謬推余詩，則卓朗儁上，與是編略同。昔十五國有風而越無風，自《烏鳶》《采葴》後，至謝客始以詩鳴。今敏度能輩伯調、荆山諸公後起，越風且駸駸盛矣。余固樂爲之言，而又何靳焉？"西河弟毛奇齡書於書留草堂，時年八十有五。

【按】文見孟騤《筍莊詩鈔》卷首（陝西圖書館藏清康熙刻本）。阮元《兩浙輶軒録》卷十二："孟騤，字敏度，號藥山，會稽歲貢生。著《筍莊詩草》。"①

文中所及"余老友孟子次微"即孟遠，生平見本書"傭庵北游集序"條考證，兹不贅述。文中又及"伯調梓《歲星堂集》傳"，指徐緘《歲星堂集》。徐緘（？—1670），字伯調，浙江山陰人。初擅制舉業，爲"雲門五子"之一。復以詩古文爭長海内，祁彪佳愛其才，使二子從游，遂移家梅市。著有《歲星堂集》，今不傳。毛奇齡《二友銘》："君諱緘，家山陰之木汀……君詩十卷、文六卷，已刻，名《歲星堂集》。"②文中又及"荆山梓《望舒樓集》傳"，指錢霍《望舒樓詩集》。錢霍，字去病，一字愿學，号荆山，浙江上虞籍，山阴人。贡生。著有《望舒楼詩集》，輯有《望舒楼古詩選》。文中又及"康臣《采山堂集》後出"，指沈胤范《采山堂近詩選》。沈胤范（1624—1675），字康臣，號肯齋，浙江山陰人。康熙六年（1667）進士，由中書歷官刑部郎中。十一年（1672），典江南鄉試。著有《采山堂近詩選》《采山堂二集》。毛奇齡《采山堂詩二集序》云："予與康臣爲詩時，同之者爲伯調、木弟、桐音、奕喜四人。木弟早世，無集。而兹四人者，各有刻集行人間。其集以堂名，伯調名'歲星'，桐音名'芳樹

① （清）阮元、楊秉初輯：《兩浙輶軒録》卷十二，第904頁。

② （清）毛奇齡：《西河合集·墓誌銘十》，清康熙五十九年刻本。

齋’，奕喜名‘柬書’，而‘采山’則康臣所居堂也。……今康臣遺集，其同舍郎汪君爲之較讎，而以不忘舊，仍名《采山》，且屬予爲敘。”①知諸人詩集皆以所居堂命名。

文末署“時年八十有五”，知此文作於康熙四十六年（1707）毛奇齡八十五歲時。據文中“次微持所著《經論》百篇贏贄於余，又出其小阮敏度詩一編，皆屬爲之序”，知此序乃是毛奇齡應老友孟遠之請，爲其侄孟騄《筍莊詩鈔》作序。

與沈鹿坪書（約康熙四十六年）

老耳雖聾，一聞大名，如晨鐘之警於心。若大文，方幅清新佚蕩，翻覆可喜，則雖盲者猶思見之，況眊目儼存，其啓我蒙昧多矣。所歉者馬齒過長，未審過此會合否耳。弟以避人故，走徧天涯，相識者衆，然實無多人，如貴鄉迦陵、蓉湖，皆先我反真，大抵皆才人之尤者耳。先生以才子而生名郡，即出其所著，早足以雄長藝林，辟易儕輩。特弟所推望，不止於是。方今理學源流，微而莫續，天鍾之英，必有抒發，揮戈力挽，先生寧得無意乎？小兒南歸，服教已多，數行之復，難伸意緒。老筆慌惚，惟祈諒之。奇齡頓首。

【按】文見沈鍾《霞光集》卷首“附毛西河太史書”。原無題，據意擬補。沈鍾（1676—?），字鹿坪，江蘇武進人。康熙四十七年舉人。由清流知縣調福建屏南知縣，以忤上官罷職。著有《霞光集》《柳外詞》《夢餘詩話》等。

文中所及“貴鄉迦陵、蓉湖”，迦陵即陳維崧（1625—1682），字其年，號迦陵，江蘇宜興人。康熙十八年（1679），舉博學鴻儒科一等，授翰林院檢討，與修《明史》。著有《迦陵集》《湖海樓集》《烏絲詞》等。蓉湖即周清原（?—1707），字雅楫，一字浣初，號且樸，又號蝶園，後改號蓉湖，江蘇武進人。康熙十八年（1679），舉博學鴻儒科一等，授翰林院檢討，充《明史》纂修官。官至工部右侍郎。著有《雁宕山遊記》。

文中有“皆先我反真”語，知此文作於陳維崧、周清原卒後。陳維崧卒於康熙二十一年，周清源卒於康熙四十六年，則此文當作於康熙四十六年至五十一年間。文末有“小兒南歸，服教已多”語，知此文作於毛奇齡子遠宗自京師南歸後不久。毛奇齡《四書改錯》卷一：“康熙丙戌，予柬還草堂，以年踰八

---

① （清）毛奇齡：《西河合集·序十》，清康熙五十九年刻本。

十，不能著書。兒子遠宗偕兄子文輝從京師歸，與門人張文彬、文楚、文蘉兄弟，輯予《經集》中有爲《四書註》作駁辨者合之，作《正事》一書。"①知毛遠宗於康熙四十五年丙戌中進士後即歸里。毛奇齡《四書正事括略》自序末署："西河毛奇齡老晴氏，八十五歲。"知《四書正事括略》作於毛奇齡八十五歲，時值康熙四十六年丁亥。綜上，此札約作於康熙四十六年丁亥，故繫於此。

《類林新咏》序（康熙四十七年）

自古以事入詞者，莫如六季，然而發於胸而傳於指，鮮所憑藉。而隋、唐以還，漸次有鈔柧、書掌諸本挾持行世，名之曰"類書"。顧當其所始，大抵摘事之要言以爲領襪，而後條其首趾以實之，故虞永興仕隋省，作《北堂書鈔》。其時去古猶未遠，然且採摭既具，抑復奉詔編偶儷之句，以教學僮。而于是躍事而興，凡選腴、合璧、韻類、賦類之學，則從此盛焉。乃若別製新體，變詞賦而爲之詩，如襄陽皮氏所稱《鹿門家鈔詩詠》者，先析諸門部，就類成韻，而註各事于其下。相傳其書約五十卷，頗稱詳備，惜今無傳。

姚子魯思承其世父首源之學，與兄弟雅文、彥暉前後競爽，爭以著述鳴于時。其詩、詞、古文早示篇帙，爲鄉邦所稱。乃復以博通群籍，間取事類門部，作六季體詩，五字一事，十字一韻。凡自經史子集、雜文雜記而外，擷書多而載事博，抑且詞旨翩翩，氣揚而調振，一似展三唐排體而爲之註者。昔人評少陵長律云"渾涵汪洋，千彙萬狀"，洵足獨步當世。至韓、柳，則肆才縱力，工巧相矜而已。此殆兼之。書凡二十二部，二百三十二事類，合之成三十六卷，名"類林新咏"。恐襄陽舊《詠》不能過焉。

予早年出遊，無巾箱之攜，時從大家假書閱，而十不一得。顧嘗留京師，益都、合肥兩相公每于高會間輒試一雜事，雖在座多人，而隨舉隨答，了無扞格。今讀其門部，掩其註，即取其至簡至著，如"蠅""蚊"小類，亦且記不能過半。此固老敗健忘，七十以後，罕能道五十以前事者，然而作者之淹通，則可驗矣。聖天子天縱淵奇，遠邁前聖，向于巡杭時，魯思偕彥暉曾獻賦頌于屬車之次，已親蒙駐輦而覽，嘉之。及再巡，而魯思是書適成，裝潢完好，併墨搨自篆《千文》一部，恭進行在，自大學士下，凡扈蹕諸文學，咸嘖嘖交薦。皇上溫綸亟稱焉，留書南書房，以備乙覽。而魯思以二親方具慶，而未遽赴京邸也。

按：類書進御之始，莫先于《修文殿御覽》，其書爲北齊祖尚書僕射所輯，

---

① （清）毛奇齡：《四書改錯》卷一，胡春麗點校，華東師範大學出版社 2015 年版，第 5—6 頁。

而其後始有《太平御覽》與景德、祥符《御覽》諸書見于史册。今是書甫出,而
遽蒙留覽,其與襄陽之《家鈔》已相去萬里。特是天之生才,固非偶然,而人
之得致其主知,亦豈易事?以魯思之才,出其舉文與制文,自足以致身天府。
顧三年一登試録之陳,比之庭實,誰則爲供奉所宿留者?而家臆詠輯,哀然
幸廁之《修文》《天和》之間。他日者,高文典册其内足以充秘笈,而外可以傳
名山,吾于魯思端有厚望焉,豈虛譽哉!康熙戊子端月,西河毛奇齡老晴氏
敬題于書留草堂,時八十六歲。

【按】文見姚之駰《類林新詠》卷首。《清續文獻通考》卷二百七十五《經
籍考》十九:"《類林新詠》三十六卷,姚之駰撰。"①《(民國)杭州府志》卷一百
四十五:"姚之駰,字魯思,錢塘人。康熙六十年進士,改庶吉士。遷御
史。……著《類林新詠》,恭遇聖祖南巡,進呈乙覽,梓以行世。通籍後,又著
《元明事類鈔》。"②

文中所及"姚子魯思承其世父首源之學,與兄弟雅文、彦暉前後競爽",
指姚之駰繼承其伯父姚際恒之學,與兄弟姚雅文、姚炳同知名。姚際恒、姚
炳,生平已見前。姚雅文,生平不詳。文中又及"書凡二十二部,二百三十二
事類,合之成三十六卷,名'類林新詠'",指《類林新詠》共三十六卷,分爲天
文部、歲時部、地理部、人道部、藝習部、文學部、武功部、法象部、音樂部、珍
貨部、宫室部、服御部、器用部、飲食部、草竹部、花木部、林木部、果木部、禽
鳥部、走獸部、鱗介部、昆蟲部,共二十二部,二百三十二事類。文中又及"益
都、合肥兩相公",指馮溥(山東益都人)、李天馥(安徽合肥人)。馮溥
(1609—1692),字孔博,號易齋。山東益都人。順治三年(1646)進士。四
年,補殿試,改庶吉士。六年(1649),授内翰林弘文院編修。十年(1653)五
月,改經局洗馬兼修撰;七月,遷翰林國史院侍讀。十一年(1654),授國子監
祭酒。十三年(1656),授内翰林弘文院侍講學士,旋轉侍讀。十四年
(1657),充經筵講官。十六年(1659),擢吏部右侍郎。康熙初年,轉左侍郎。
七年(1668),擢都察院左都御史。九年(1670),擢刑部尚書。十年(1671),
授文華殿大學士。二十一年(1682)致政歸。著有《佳山堂詩集》《佳山堂二
集》。李天馥,生平詳本書"寄王丹麓"條考證。

文末署"康熙戊子端月……時八十六歲",知此文作於康熙四十七年
(1708)正月,時毛奇齡八十六歲。

---

① 《清續文獻通考》卷二百七十五,民國景《十通》本。
② 《(民國)杭州府志》卷一百四十五,民國十一年刊本。

《稼雨軒近詩》序（康熙四十七年）

古"六藝"首《詩》，雖廟堂之上，高文典冊，亦必以五七字爲乘韋之先，故館閣唱詶，頗重體製。向者余在館時，皇上親御保和殿，課詞臣以應制之作，其有非體者黜之，尊典冊也。頻年以來，間或雜之以草野之音，以爲長安高髻姑隨會轉圜，而于是藝文之一，有未可問矣。

貴陽周先生以掞天之才，力持大雅，其于"四術""六教"，凡與經學有發明者，悉究極根柢，不詭流俗。而至于爲詩，則興、比互進，情、文兼生，古可追魏晉，而今體聲律總不出神、景、開、大之間。昔所稱"風雅之宗，領袖群彥"者，非先生與？明代無學，其在嘉、隆間，每謂歌詠寖衰，所挽回而振興者，多不在館閣，而在部寺。而先生一起而灑雪之，顧予謂先生之學不止是者。

前此乙酉鄉試，先生奉簡命主文兩浙，其題之錮于學究，千百年膠轕，牢不可破。堂堂書義，一似帖經之糊題，聖人大經爲之泅沫不止。策士入秦，知高陵、涇陽，而並不知有秦王者。而先生悉力釐正，使是科墨藝超然獨絕于天下，則其原本經術、崇聖學而輔聖治爲何如者？嗟乎，讀其詩可以觀矣！康熙戊子秋七月，蕭山同館弟毛奇齡漫題于書留草堂，時年八十六歲。

【按】文見周起渭《桐埜詩集·稼雨軒近詩》卷首。《（道光）貴陽府志》卷五十三："《稼雨軒近詩》一卷，貴陽周起渭撰，凡詩十八首。"[1]"貴陽周先生"指周起渭（1665—1714），字漁璜，一字載公，號桐埜，貴州新貴人。康熙二十六年（1687）中舉。三十三年（1694）成進士，改庶吉士。散館，授翰林院檢討。後官侍讀學士，簡順天學政。旋陞詹事府詹事。工詩，其詩以奇、新著稱。著有《桐埜詩集》。

文中所及"前此乙酉鄉試，先生奉簡命主文兩浙"，指康熙四十四年乙酉，周起渭任浙江鄉試主考官事。法式善《清秘述聞》卷三："（康熙四十四年乙酉科鄉試）浙江考官檢討周起渭，字于璜，貴州新貴人，甲戌進士。"[2]

文末署"康熙戊子秋七月……時年八十六歲"，知此文作於康熙四十七年（1708）七月，時毛奇齡八十六歲。周起渭爲毛奇齡同館後進，蓋其集初成，毛奇齡爲作序推重之。

---

[1] 《（道光）貴陽府志》卷五十三，清咸豐刻本。
[2] （清）法式善：《清秘述聞》卷三，清嘉慶四年刻本。

《四書改錯》自序（康熙四十七年）

四書無一不錯。謂四書五經爲六經，錯也。古六經即“六藝”，《經解》稱六教，《漢志》稱六學，皆以《詩》《書》《禮》《易》《春秋》加《樂》爲六，竝非四書，以舊時無四書也。

謂四書爲四書經，錯也。四書，四件書也。分言之，則《大》《中》稱大經；《論語》稱兼經，亦稱小經；《孟子》則但爲《論語》所兼，而不自立爲經科。若合爲四書，則直書而已。故元朝以書問二道、經問一道明作分別，且特造八比文，名曰“書義”，可驗也。

謂四書爲四子書，錯也。孔、孟固二子；《史記》謂子思作《中庸》，亦是一子；若《大學》誰作？朱氏自分經、傳，謂經是曾子述孔子之言，傳是門人記曾子之意，則已不專屬曾子書矣。至《或問》“曾子作《大學》”，朱氏又言：“或古昔先民有之，未必曾子。”則安可據耶？若鄭氏《禮註》、孔鮒《孔叢子》竝云《大學》《中庸》皆子思所作，此或可據，然亦三子書，非四子書也。

謂《大》《中》本《禮記》中文，程氏、朱氏始專行之，錯也。《大學》本《禮記》四十九篇之第四十二、《中庸》第三十一，然早已專行。《漢志》有《中庸説》二篇，《隋志》有梁武帝《中庸講義》，唐人有《大學》專本，即宋仁宗朝亦曾以《大學》專本賜及第進士。皆程、朱以前事也。

謂程氏、朱氏始合併四書而命以名，錯也。四書合併于北宋，至南宋初，胡安國輩已早舉其名，然竝不云合自程氏。若朱氏，則在寧宗朝雖有開僞學禁，稱朱熹四書，然但舉舊名。且朱氏作註，亦不合稱四書，如《大》《中》稱“章句”，《論》《孟》稱“集註”。至元朝用以取士，雖總用朱本，然仍曰“書義”，用朱熹《章句》《集註》二書，竝不渾稱四書註，可驗也。

謂宋曾以四書取士，錯也。宋初以九經取士，間及《論語》。至元祐變法，有《論》《孟》義。然是時以《詩》《禮》《周禮》《春秋左傳》爲大經，《周易》《公》《穀》《儀禮》爲中經，《論》《孟》竝不在經科。即朱熹《選舉私議》，亦但言諸經科中皆當兼《論》《孟》問義。則終宋之世，但兼及之，未嘗有專科之事。且第兼《論》《孟》，不及《大》《中》，以是時《大》《中》止《禮記》本，而未嘗有增改移換如今世所行之本。惟元延祐年始開科取士，一變舊法，以四書爲書，《易》《詩》《書》《禮》《春秋》爲經，而去《周禮》、《儀禮》、《春秋》三傳、《爾雅》、《孝經》等于不用。且限四書、五經傳竝用宋人經註，立于學官，而前儒經註一概不問。惟《禮記》則元時尚用鄭註，而入明而復以宋陳灝（澔）註易之，而于是諸經、諸傳俱蕩然矣。此實漢、唐、宋後一大變法也。

謂四書文爲帖括，錯也。隋、唐至宋，其試士有帖經一法：取所習經本，掩其兩端，中間留一行，裁紙爲帖。凡帖三字，而使之括之。十帖括其五以上，即謂之通。此記經之法，今無是也。

謂四書文爲經義，錯也。試士經義有兩法：以口問者曰"口義"，以筆問者曰"墨義"。皆就經策題而解其義，如《釋詁》《釋訓》類，此明經之法，今無是也。

謂四書文爲制文制藝，錯也。制文制藝者，天子自爲策制以試士，名爲"制科"，又名爲"大科"。其科自西漢策賢良文學以後，沿隋、唐及宋，累累不絶，如宏詞、拔萃、直言、極諫等，與進士、明經諸科相間舉行。惟元、明兩朝八比興，而制科遂絶。凡舉孝廉、舉方正，皆止薦辟，竝不策試。是制文以八比廢，而反謂八比是制文，是指晝作夜，真大夢也！

且謂八比是宋王安石所造，錯也。安石變法，但去詞賦，祇用經義。且以《詩》《書》《周禮》三經自造訓詁，使經生誦之，以之作文，謂之"三經新義"。何嘗有八比之名、八比之法見于史册？乃忽造安石八比文，居然行世，豈非笑話？考元朝變法時，用王耕野名充耘者造八比一法，名《書義矜式》。其法自破題、接題、小講，一名冒子；後有官題，又有原題。于是有大講，即中比也；然後有後講，亦名餘意，即是後比；而其最要者，又有原經，亦名"考經"，使經文來歷明白；乃又有結尾，專以己意斷傳註之誤。雖與今世所行者稍有出入，而其法不變。乃以元王氏爲宋王氏，以元延祐法爲宋元祐法，真夢之夢也！

然且日讀四書，日讀四書註，而其就註義以作八比，又無一不錯。人錯、天類錯、地類錯、物類錯、官師錯、朝廟錯、邑里錯、宮室錯、器用錯、衣服錯、飲食錯、井田錯、學校錯、郊社錯、禘嘗錯、喪祭錯、禮樂錯、刑政錯、典制錯、故事錯、記述錯、章節錯、句讀錯、引書錯、據書錯、改經錯、改註錯、添補經文錯、自造典禮錯、小詁大詁錯、抄變詞例錯、貶抑聖門錯，真所謂聚九州四海之鐵鑄不成此錯矣！聖天子知其然，已于甲辰、丁未兩科直廢八比，而惜諸臣依徊，無能爲仰承之者，以致因循有年，仍還故轍。然猶特頒敕諭，搜天下經註之與學官異者，悉收入祕府。其神鑒卓然，深知學官經註有誤如此！

康熙丙戌，予東還草堂，以年踰八十，不能著書。兒子遠宗偕兄子文輝從京師歸，與門人張文彬、文楚、文甃兄弟，輯予《經集》中有爲《四書註》作駮辨者，合之作《正事》一書，先正其名物、文藝、禮制、故實，而闕其義于有待，以爲義煩而事簡。第正其簡者，且又不盡其刊正之力，謂之"括略"。而惜其陸續補綴，無經紀也。按，八比最重，莫如原經、結尾二法，專以己意考經而斷經註之差謬。如前朝浙試，有"君子務本"題，結言"據此，則'本'安得訓作'始'？君子務始，始立而道生，可乎"是也。第其後曲護經註者，謂結尾詞費，易藏關節，遂隱相遺落。而順治辛丑，既已定功令，而竝復之。夫復之，則仍可正錯矣。業遵功令復八比，而即以八比之復結尾者，正經註之錯。言者無罪，聞之者足以戒。因取《正事》一書而條理之。而遠宗、文輝仍赴京師，三張兄弟以傭書散去，老病臥牀，日呼兒孫能書者口授而使記之，題之曰"四書改錯"。《離騷》曰："固時俗之工巧兮，偭規矩而改錯。"解之者謂俗固多錯，然背規矩而改之，則雖改亦錯。吾之題此，正恐改者之仍有錯也。他日皇上南巡，當躬進此書，以勾聖鑒。否則藏于家，以俟門生、兒子之入獻焉。康熙戊子某月日。

【按】文見毛奇齡《四書改錯》卷首。丁仁《八千卷樓書目》卷三："《四書改錯》二十二卷，國朝毛奇齡撰，抄本。"[1]全祖望《蕭山毛檢討別傳》："抑聞西河晚年雕《四書改錯》，摹印未百部，聞朱子升祀殿上，遂斧其板。"[2]因此書"刊成旋毀，故流傳甚少"[3]。

文中所及"因取《正事》一書而條理之，而遠宗、文輝仍赴京師，三張兄弟以傭書散去，老病臥牀，日呼兒孫能書者口授而使記之，題之曰'四書改錯'"，指毛奇齡不滿於《四書正事括略》一書的無條理，而兒子遠宗、姪子文輝及門生張文彬、文楚、文蕋兄弟亦天各一方，因口授而使孫輩知書者記之，成《四書改錯》一書。由此可知，《四書正事括略》是《四書改錯》的前身。《四書改錯》合朱熹《四書章句集注》中有錯誤的條目，按錯誤的種類分篇，分爲三十二門、四百五十一條，全面批駁朱熹的《四書章句集注》，是毛奇齡四書學的集大成之作。

文末署"康熙戊子"，知作於康熙四十七年戊子(1708)，時毛奇齡八十六歲。

《讀史亭詩集》序(康熙四十七年)

天間世而生一人，則必其人爲可傳。而特其所傳之數，或以文章，或以

---

① 丁仁：《八千卷樓書目》卷三，民國本。
② (清)全祖望：《鮚埼亭集外編》卷十二，清嘉慶十六年刻本。
③ (清)毛奇齡著：《四書改錯》卷末"金孝柏跋"，胡春麗點校，第545頁。

事功，往往分見以立名。而苟求其備，則雖漢、唐迄今，亦且頷頷乎難之！

開府彭禹峰先生，文章家也，而夙抱事功之志，嘗自言曰："丈夫龍驤虎奮，應策功竹帛，當高帝時取封侯，而乃碌碌公等，偕趙國十九人，捧銅盤，飲雞、狗、馬之血，則其人必不傳。"以故丁申、酉之季，由名進士授百里。去官，非其志也。會遭喪亂，盡毀所爲文，齧齒殺賊，思以殄米脂、柳澗之蘗，因之受英王之聘，開府貴州，大拓西南疆。當是時，先生以屠然書生，破賊狼江、馬嶺間，何其壯也！然而屢進屢退，棲遲戎馬者越十年。值王文通公暨經略丞相深知先生，以參知行省開藩滇池，進西粵儀同，爲牂牁、夜郎諸官長。而迄不能如漢樓船暨兩伏波故事，因又嘆曰："生即逢高帝，而自知骨相不稱，不能割茅土，仍不若退爲文章，猶得比封君與萬戶侯等。"而惜乎文章多散亡也！

先生少以時文名，既以詩名，又既以古文詞名，而時文蔑略。即嘗督學三楚，大顯經義於天下，而棄置勿道。若詩、古文詞，則在靖州殺賊時，輜車喪失，凡從來文槀之在笥者，悉付之烏有。乃馳驅行間，積其累年所撰著，如幕府移文、軍梱白事，或橫槊而賦，或摩盾以起草，以至陸賈之爲書、司馬相如之爲諭告，封章羽布，所在都有。然且鐵橋初開，關索再闢，舉凡版圖所入，例有記載，銅鼓、石硃，類多刀筆銘勒之製。予向歸田時，僅録其聲律，謂三唐以還，罕有其匹。因作《還町録》，而冠之卷端，然終未嘗録其文也。

康熙丙戌，先生之季子爲予同館官，督學兩浙，其文教之興，得人之盛，變庸俗而振閶闔，與先生等。乃於竣試之暇，輯先生詩文，彙若干集并若干卷，合而成之爲一書。予受而讀之，上之渾渾噩噩，幾於泂穆；次亦兀臬奇桀，截去郛郭。撇韀鞚，而絶塵以奔，比之開疆辟土，廓然於名城大域之間，覺事功未竟，反得藉文章而事功以傳。予嘗謂古文之衰，起於世之摹彷八家者，比之元創八比，描曠而畫煩，生人意氣盡矣！而先生論文，適與余合，故曰"嘉、隆後論詩，不必七子；唐、宋後論文，不必八家"，吾於先生見傳人焉。先生真文豪矣哉！若夫以事功而兼文章，則惟杜當陽者，能以平吳功註《春秋》策書。近則王公新建，既已平賊、平蠻、平畔逆，樹不世功，復能出所爲文，與信陽、北地相頡頏。而究之文以功掩，稱其功，無稱其文者。然則先生超然矣！時康熙戊子長至後，蕭山後學毛奇齡敬題於書留草堂，年八十有六。

【按】文見彭而述《讀史亭詩集》卷首。《清文獻通考》卷二百三十一《經籍考》："《讀史亭詩集》十六卷、《文集》二十二卷，彭而述撰。"[1]"開府彭禹峰

---

[1] 《清文獻通考》卷二百三十一，清文淵閣《四書全書》本。

先生"即彭而述(1605—1665),字子籛,號禹峰,河南鄧州人。明崇禎十三年(1640)進士,官陽曲縣知縣。丁母憂,遂終明之世不仕。順治初,英親王徇湖廣,薦爲提學僉事,遷永州道參議,旋巡撫貴州,後官廣西右布政使、雲南左布政使。工詩精史,著作頗豐,著有《明史斷略》《滇黔草》《南游文集》《讀史新志》《讀史別志》《讀史異志》等。生平詳汪琬《堯峰文鈔》卷三十四《彭公子籛傳》。

文中所及"予向歸田時,僅録其聲律,謂三唐以還,罕有其匹。因作《還町録》,而冠之卷端,然終未嘗録其文也",指康熙二十五年毛奇齡歸田時,作《還町雜録》,首録彭而述之詩。文中又及"康熙丙戌,先生之季子爲予同館官,督學兩浙",指彭而述第五子始搏於康熙四十五年任浙江學政事。《(雍正)浙江通志》卷一百二十一:"(提督學政)彭始搏,字方洲,河南鄧州人。康熙戊辰進士。四十五年以右春坊右諭德兼修撰任。"① 彭始搏(1645—1732),字直上,號方洲。彭而述第五子。康熙二十七年(1688)進士。歷任翰林院檢討、御史等職。風采凜然,人稱"冰御史"。

文末署"時康熙戊子長至後……年八十有六",知此文作於康熙四十七年冬杪,公曆爲 1709 年,時毛奇齡八十六歲。文中有"乃於竣試之暇,輯先生詩文,彙若干集并若干卷,合而成之爲一書"語,指彭始搏彙刻其父詩文爲《讀史亭全集》,毛奇齡因爲撰序。

吳心遠先生《韻切指歸》序(康熙四十八年)

古者有雙聲而無切韻。雙聲者,"鴛鴦"與"蟋蟀"是也。且以緩、急聲當切韻之用,而不著其法。緩、急聲者,緩聲爲不可,急聲爲返;緩聲爲如言,急聲爲然是也。自六季諸儒好言翻切,齊中書郎周顒始創爲"四聲切韻",而隋之陸詞即以"切韻"名其書。其所云"切",雖曰韻本煩多,約使簡切,實則翻切之意寓于其中。舉漢魏書註,以字釋字,如云"某讀作某"者,亦皆以翻切代之,然而法尚未備焉。至宋造翻切之法,取七音三十六母,作《通考》一卷,冠之"禮部官韻"之首,名爲"韻法",而且以"音和""窠切""撮口""齊齒"雜註其傍,而指歸亂矣。

海陽吳心遠先生精於韻學,由蒼頡以降,六書、四體,各有考辨。而於切韻尤致意,嘗據新安李氏、宣城梅氏諸韻法合作一卷,取之十六母而卻其四,

---

① 《(雍正)浙江通志》卷一百二十一,清文淵閣《四書全書》本。

取喉、舌、脣、齒而實"音鮇""窠切"於不用。且判字清濁，別聲陰陽，正韻中原間相出入，而其最要者，則舉韻之同切者而歸于一。細考聲律所始，原以李登《聲類》，呂靜、段弘之《韻集》，合同類而彙編之。韻之所由，重綱紐也，今第著韻法，祇立上字爲之的，而下字射之，則何如有綱有紐之得所指、復得所歸？而惜其書未付梓而遽辭世也。迺先生瀕行，諄諄以是書之傳必得西河爲之序，而嗣君純孝，輒能越陌度阡，務使穡秕得在前，以善成其志。則是慈孝之大，悉於是書並見之，而豈僅韻法之璀璨者爲？康熙己丑仲夏月，翰林院檢討、史館纂修官、年家眷弟毛奇齡頓首敬題于書留草堂，時八十七歲。

【按】文見吳遐齡《韻切指歸》卷首。丁仁《八千卷樓書目》卷三："《韻切指歸》二卷，國朝吳遐齡撰，刊本。"[1]"海陽吳心遠先生"指吳遐齡，字心遠，安徽休寧人。"海陽"即休寧之古稱。

文中所及"嘗據新安李氏、宣城梅氏諸韻法合作一卷"，新安李氏韻法，指李世澤《韻法橫圖》；宣城梅氏韻法，指梅膺祚《韻法直圖》。吳遐齡自序云："取李紹嘉（嘉紹）、梅誕生韻法，標四十四位，驪括《中原音韻》《洪武正韻》二書，經以四聲，緯以音切，命曰'韻切指歸'。"[2]文中又及"而惜其書未付梓而遽辭世也……而嗣君純孝，輒能越陌度阡，務使穡秕得在前，以善成其志"，知吳遐齡卒時，其書未刻，而毛奇齡乃是應其子吳之玠之請爲此書作序的。

文末署"康熙己丑仲夏月……時八十七歲"，知此文作於康熙四十八年（1709）五月，時毛奇齡八十七歲。

《金華文略》序（康熙四十八年）

孔子曰："我欲觀夏道，是故之杞，而不足徵。"夫之杞而猶不足徵，其故何也？謂夫文與獻之有未備也。夫如是，則文獻要矣。然而獻何能徵？獻年不滿百，而無文則亡。結繩以前，未聞能道一人也，顧亦有文在，而仍難徵者。三代饒策書，且殷、周祚長，合不下千數百歲，而人文之盛，則止《春秋》二百年，而他無聞焉。何則？以《春秋》一書，其文有定之者也。而不惟是也。予嘗讀江左五書，嘆其人其文何減三代？即十國棼輪，其所著編年舊

---

① 丁仁：《八千卷樓書目》卷三，民國本。
② （清）吳遐齡：《韻切指歸》卷首，清康熙四十九年吳之玠刻本。

文,亦復如是。而修五史者,寥寥焉。此真目不見國書所云"無知而妄作"也者!然且宋、元各有詞,宋詞雖清班道學皆有藏詞存集中,而元詞千本,則并當年功令所稱十二科取士之法,亦蔑之沫之。迄于今,諸詞繁然,不知爲何代之書、何王之文。非天降,而非地出,公然若鬼倀之游人間,則可謂信史者乎? 則無徵而已。

金華自顏烏、許孜以後,多忠孝節烈之士,而各有文章。在唐則駱丞最著,而舒侍郎與馮節度繼之,顧專以詩名。至宋、元迄今,則道學如呂伯恭,經學如唐與政,史學如陳同甫,以及元之金、許,明之王、宋,輝煌彪炳,指不勝詘。東南文獻,未有若斯之盛者! 然而全文未易輯,而從前會粹,若《文統》《文憲》《文徵》《婺書》類,又多所闕軼。王子虎文起而選定之,而唐子中舍受其尊人圯菴之遺命,而爲之較錄。凡夫大經大法、典禮制度,以至帝王之升降、時代之得失,或剖析理學,或表章人物,稍有係于匡時救世之作,必櫽括而探存之。然且前賢不幸有爲門户所排棄而遭焚滅者,亦竭蹷搜討,不遺餘力,將所謂闡幽之功多于紀盛者,非耶?

虎文父子皆有學,其文致足傳,以視前賢,祇接踵間耳。予邑多文獻,而繼起乏人。以"蕭山"名邑,昉自《漢志》,而改名"蕭然";以唐賀學士知章生斯卒斯者,而認作鄞人;以予先司馬公作《三江水利碑記》,樹之郡門,而舊時郡志竝亡其文。此何爲者也? 夫而後,塊可知已! 康熙己丑仲秋月,西河毛奇齡老晴氏敬題于書留草堂,時八十七歲。

【按】文見王崇炳《金華文略》卷首。《清文獻通考》卷二百三十八《經籍考》:"《金華文略》二十卷,王崇炳編。"[1]"虎文"即王崇炳(1653—1739),字虎文,號鶴潭,浙江東陽人。貢生。少負才名,通諸經,善詩古文,然屢困科場,轉習岐黄之術,後專注鄉邦文獻的整理。著有《金華徵獻略》《學耨堂詩稿》《學耨堂文集》《廣性理吟》等。

文中所及"在唐則駱丞最著,而舒侍郎與馮節度繼之,顧專以詩名","駱丞"即駱賓王(義烏人),"舒侍郎"即舒元輿(東陽人),"馮節度"即馮宿(東陽人),三人俱是唐代人,以詩名。文中又及"道學如呂伯恭,經學如唐與政,史學如陳同甫",呂伯恭即呂祖謙(金華人),以道學顯。"唐與政"即唐仲友(金華人),以經學名世。"陳同甫"即陳亮(永康人),以史學知名。文中又及"元之金、許",指元代的兩位大儒金履祥(蘭溪人)、許謙(金華人)。文中又及"明之王、宋",指明初的王禕(義烏人)、宋濂(金華人)。諸人皆金華府大儒。

---

① 《清文獻通考》卷二百三十八,清文淵閣《四庫全書》本。

文中又及"王子虎文起而選定之,而唐子中舍受其尊人圮菴之遺命,而爲之較錄",知王崇炳輯《金華文略》,唐正位受父圮菴遺命爲之校錄。

文末署"康熙己丑仲秋月……時八十七歲",知此文作於康熙四十八年(1709)仲秋,時毛奇齡八十七歲。

《倪文忠公全集》序(康熙四十八年)

古云"文以人傳,人亦以文傳",然而無其人不傳。夫無其人而不傳,何也? 揚雲有文,桓譚傳之,則其人也。孔壁之古文,孔《傳》傳之,孔氏《正義》亦傳之,則其後之人也。然而難矣!

吾郡之人文盛于明代,而餘姚爲著。當弘、正之際,逆瑾亂政,天下無敢清君側奸者,清之自"三文"始。"三文"者,姚之王文成、謝文正、倪文忠也。故事,惟詞官諡"文"。文成由曹司起家,獨破例而諡曰文,則其文固足多者。若文正、文忠,則皆詞官也。文正與文成皆有集行世,而文忠不然。初劾瑾外謫,與之文等耳;而既而武宗南狩,文忠甫還内,而遮道而諫,杖朝門五十,加之跪陛五晝夜,猶且刺血伏陛,書一詩進諫,謂之"詩諫"。則即此一詩,而其人、其文交相繫焉。此在千秋萬世後,猶當誦之,而泯而不傳。予嘗入史館纂修《明史》,急欲搜其文入史册中,而不可得也。考文忠生平,早有文譽。有稱其詩近陶、杜者,有稱其文過信陽、跨北地者,有並稱其詩若文集大成者。而文忠謙晦,兼之貧不能鏤板,迄于今,其已刻者多散軼,而筐篋之餘,其爲鱏(鱓)魚之所寢食者,且沈沈也。往者其文孫諱章曾輯《小野集》四卷,以文忠號小野,故名。顧闕而未備,而其他雜刻,曰《太倉稿》,則以謫太倉爲名;曰《觀海集》,則以謫太倉時,奏開白茅港,相地海上,而假以是名。然而人文契合,宛若符竹,文忠之文恰有爲之文。所訂定者,一《豐富集》,則文正所選而序之者也;一《突兀稿》,則文成講學龍泉,輯其文而授之及門之錢氏者也。而乃索其書,而仍不可得。

今裔孫繼宗受其先大人遺命,發其藏篋,并他書所載片言隻字,既已乎錄,且勾諸世家舊族之收弄者,歷數十寒暑,而粗得其概,合已刻、未刻而編次之,名"文忠全集"。雖未全,幾全之矣。然則前人之文之有賴于後人也,以後人之即其人也,然而有繼之者也。予之言此,抑亦于後人之繼者有厚望焉。康熙己丑仲秋月,蕭山後學毛奇齡謹題于書留草堂,時八十有七。

【按】文見倪宗正《倪小野先生全集》卷首。《續通志》卷一百六十二《藝文略》：“《倪小野集》二十二卷，明倪宗正撰。”①《（光緒）餘姚縣志》卷二十三：“倪宗正，字本端，別號小野。……弘治十八年進士，選庶吉士。以逆瑾，目爲謝黨，出知太倉州。……出知南雄府……諡文忠。宗正有夙慧，精於《易》，工書與詩。”②

文中所及“姚之王文成、謝文正、倪文忠也”，指明代的王陽明、謝遷、倪宗正，三人皆餘姚人。與文中“吾郡之人文盛于明代，而餘姚爲著”語合。文中又及“今裔孫繼宗受其先大人遺命……合已刻、未刻而編次之，名‘文忠全集’”，指倪宗正裔孫繼宗，合倪宗正已刻、未刻之文字，彙爲《倪小野先生全集》。阮元《兩浙輶軒錄》卷十八：“倪繼宗，字泰徵，號復野。餘姚歲貢生。官遂安訓導。”③

文末署“康熙己丑仲秋月……時八十有七”，知此文作於康熙四十八年（1709）八月，時毛奇齡八十七歲。

《苑青集》序（康熙四十八年）

予序山堂詩若干年。及予官長安，山堂以國子肄業游長安間，大司成新城王公亟稱山堂詩若文冠一時名下，予復爲序其五七律。而今予以請假在籍，山堂復輯其近所爲詩賦并雜文、詩餘請序之，而未有應也。會癸酉，與予兄子同榜舉于鄉，丁丑成進士，授庶常，遠近籍籍稱衡文知人，能於暗中舉名下士。予讀其舉文，稱善，因取其詩、詞、賦并雜文誦之，知山堂古今文皆冠流輩，即詩賦諸體與雜文，無不踞其巔而制其勝。

獨怪予三敘其文，其文之日進，則予年日就老，而山堂自庚辰散館後，所修《一統志》，宋、金、元、明四朝《詩選》，以及《佩文韻府》《朱子全集》《淵鑑類函》等詩俱告成，稱旨，迺益嘆其才大而肆，應不可及也。詩文至今日一大變矣！舉文變而善，詩古文則每變愈下。詩厭溫厚，棄三唐而趨趙宋；而賦頌、樂府悉遺其高文典冊，以爲制氏、禮樂不足道。于是總燕鄙之音，操《齊諧》之習，洮涼衰颯。而至于文，則沿舉文之軟靡者而爲之，以當八家，而于是詩與古文皆亡。山堂于舉文則變而之善，能取高等；而至于詩古文，獨守而不變，一任擊瓶趨溺之流競誇新製，而一以“三義”“八法”之意行之，清新俊逸。

① 《續通志》卷一百六十二，清文淵閣《四庫全書》本。
② 《（光緒）餘姚縣志》卷二十三，清光緒二十五年刻本。
③ （清）阮元、楊秉初輯：《兩浙輶軒錄》卷十八，第1304頁。

比之庾、鮑，此非所謂"工生于才，達生于明"者與？揚子雲曰："向使孔氏之門用賦，則賈誼升堂，相如入室。"然則以山堂之才而獻之當宁，宜其高文典册鬱爲國華也，豈止人羨遭逢已耶？康熙己丑穛杪，年家眷同學弟毛奇齡題于城東之書留草堂。

【按】文見陳至言《菀青集》卷首。《清文獻通考》卷二百三十五《經籍考》："《菀青集》，無卷數，陳至言撰。"①陳至言，生平已見前，兹不贅述。

文中所及"予序山堂詩若干年"，指康熙十五年五月，毛奇齡爲陳至言近體詩作序。毛奇齡《陳德宣山堂近體詩序》云："德宣與何卓人游，卓人亟稱德宣才不可及，方有事制舉，而以詩爲餘事，然已率能如郎士元、劉禹錫輩。予覽之，嘆曰：'良然哉！'……倘假予以年，吾見德宣之能名也。德宣好買山《至言》，故以至言名而山其堂，然則山堂不僅以詩也。"②文中又及"予復爲序其五七律"，指康熙三十一年春，毛奇齡爲陳至言五七律作序。毛奇齡《陳山堂五七律詩序》云："邑之稱工詩者二人：一張子邇可，一山堂。邇可中年始學詩，山堂以小年，雖時各不同，顧其爲驟工則一也。……張子邇可近在都，予欲以邇可、山堂爲吾越張，而山堂方刻詩示世，予喜而序之如此。"③

文末署"康熙己丑穛杪"，知此文作於康熙四十八年（1709）九月，時毛奇齡八十七歲。康熙四十八年，陳至言彙其詩、賦、雜文、詩餘，成《菀青集》二十一卷，毛奇齡第三次爲作序，與文中"獨怪予三叙其文"語合。

《越州詩存》序（康熙四十八年）

古經不一，而有韻之經居二焉，《易》與《詩》是也；古文亦不一，而有韻之文居七八焉，辭賦、銘頌與册祝、贊會、訓誥、禱誄，皆是也。是以詩多於文，而有韻之文較多於散文。向使登臨必作記，遇倡酬贈答必重之以文序，假感時觸事而故爲孤憤之篇、離俗之論，則雖着筆藩溷，削牘若流枚，猶不能亟具方幅，況矢音矣！

嘉興戴雪渠先生早以詩名，予嘗讀其《癸甲集》而稱之。及其試仕，以司徒師氏掌教會稽，仍以甲子編其詩。乃自丑至丑，名曰"復時"；由少師以進

① 《清文獻通考》卷二百三十五，清文淵閣《四庫全書》本。
② （清）毛奇齡：《西河合集·序九》，清康熙五十九年刻本。
③ （清）毛奇齡：《西河合集·序十五》，清康熙五十九年刻本。

大師，名曰“遷秩”。合《復時》《遷佚》，詘指已一十三年，始得受其所爲詩而再讀之，雖予實老疏，然先生之不輕以詩示人，亦可驗矣。顧讀之而服其學，并服其識力。胸有墳索，舉時之聲律，而一本之四始六義、風雅比興之則，是之謂“學”；以末俗之茅靡波流，依形改飾，始而時世，繼而爲愁眉泪粧、折腰齲齒之習，而在吴不隨吴，在越不隨越，斯謂之“識力”。然且上合乎經，而下可該乎詞賦、銘頌之所爲，諷詠之下，高文見焉。

予十年以來，以經學研辨，戒爲人作詩序，而不諒之徒謂予右文而左詩。夫以韓愈之不識“浴沂”、眉山蘇氏之不解“高宗遯荒野”，則富貴浮雲，不知老至，曾不若杜甫引經之未嘗或錯，人亦貴有學耳。試以先生之詩觀之，向曾以司徒荒政兼行賑卹，而先生賦“嘽馬”之章，誦“哀鴻”之什，至今其詩載卷中。近復以皇恩覃敷頒詔來蕭，甫解驂，而宣揚德意，不減單襄。即賦詩觀志，亦足補吴季、趙孟所未逮。則其以學詩而授政，而使四方，猶且道達不辱，各就其所學而見諸行事有如是者，而況其爲詩？蕭山毛奇齡老晴氏敬題於書留草堂，時年八十有七。

【按】文見戴彦鎔《越州詩存》卷首。戴彦鎔及其《越州詩存》，見本書“題戴雪渠索句圖”條考證，茲不贅述。

文末署“時年八十有七”，知此文作於康熙四十八年己丑(1709)，時毛奇齡八十七歲。

武夷山莊詩(康熙四十八年)

四十餘年金石交，羽經翼傳隱蓬茅。草堂不在鍾山麓，誰作移文欲解嘲？

【按】詩載王復禮《武夷九曲志》卷一。王復禮(1645—?)，原名甫白，字需人，後字四勿，號草堂，浙江錢塘人。守仁六世孫。性孝友，富著述。著有《草堂集選》《家禮辨定》《四書集注補》《季漢五志》《三子定論》《武夷九曲志》《聖賢儒史》《節物出典》等。輯有《古文未曾有集》。

據傅小凡、謝清果《朱子理學與武夷山文化》：“武夷山莊坐落於一曲溪北、大王峰東麓巖後，清代心派學者王復禮於康熙四十八年(1709)創建。”[1]

---

① 傅小凡、謝清果主編：《朱子理學與武夷山文化》，廈門大學出版社 2008 年版，第 23 頁。

知武夷山莊於康熙四十八年由王復禮建成。毛奇齡贈詩亦當作於康熙四十八年，時毛奇齡八十七歲，與詩句"四十餘年金石交"合。

與沈方舟書（康熙四十八年）

老臥山中，去城四十里，便不能晉接，未免悵惋！間別許久，未見新著，承示《漢詩論騭》一卷，知我兄近作定當詣極。今人日把宋詩，即三唐亦未窺及，敢言漢耶？少觀李滄溟樂府，似全未講究，視諸樂題，爲金元曲子牌名，可笑孰甚！今得鍾嶸暢言之，品目之中，力闡奧義。此卷一行，庶長安高髻藉之小減，末流之挽，應不在魯陽揮戈下矣。何日圖晤？念之念之。弟毛奇齡頓首。

【按】文見費錫璜、沈用濟輯《漢詩說》末。原無題，據意擬補。《清文獻通考》卷二百三十八《經籍考》："《漢詩說》十卷，費錫璜、沈用濟同編。"[①]《(雍正)四川通志》卷十下《孝友》："費錫璜，字滋衡，密之子。"[②]《(光緒)北流縣志》卷十四："沈用濟，字方舟，浙江錢塘人。國子生，閨秀柴靜儀之子……其室朱柔則亦能詩，可謂一門風雅者矣。"[③]文中所及"承示《漢詩論騭》一卷"，蓋《漢詩說》初名《漢詩論騭》。

此文未載年月，據《漢詩說》卷首沈用濟序："余初讀漢詩，未能通其義。後得交費子滋衡，刀玉磨礱，始漸有所入，然未敢筆之書也。己丑夏，歸自京師，訪滋衡於邗江。見時流競趨新異，六朝暨唐，概置不講，何論於漢？相與歎息。夫詩不深入漢魏樂府破其閫奧，而徒尋摘宋元字句之間，是猶溯水而不窮其源，登山而不極其巔，宜乎去雅而就鄭，見僞而不見真也。正今之失，非漢詩不可，因各抒所見，名'漢詩說'。……余學殖荒落，未能窺測古人奧旨。滋衡承屢世家學，寢處此中者積數十年，識力獨有所到，故立說多本滋衡。世有好學深思之士，讀是書亦可知余兩人之用心矣。錢唐沈用濟撰。"[④]"己丑"，即康熙四十八年己丑(1709)，《漢詩說》於此年刻成，毛文亦當作於此年。

毛奇齡晚年與沈用濟多有交往，從《西河合集》中可見倆人交往之跡。

---

① 《清文獻通考》卷二百三十八，清文淵閣《四庫全書》本。
② 《(雍正)四川通志》卷十，清文淵閣《四庫全書》本。
③ 《(光緒)北流縣志》卷十四，清光緒六年刊本。
④ (清)費錫璜、沈用濟輯：《漢詩說》卷首，清康熙刻本。

康熙三十九年,沈用濟詩集成,毛奇齡爲作序。①沈用濟妻朱柔則《嗣音軒詩集》成,毛奇齡亦爲作序。②毛奇齡晚年僦居杭州,沈用濟往返京師,毛奇齡與友人龐塏托其傳書,龐塏《叢碧山房詩三集》卷七《寄毛大可檢討》有云:"沈子南旋日,相詢有寄書。沈方舟歸,有寄。"③龐塏又有《喜沈方舟自浙中至兼得毛大可書》。④

肇生公像贊(康熙四十九年)

淮海之俊,潁川之宗。與物誠信,居家素恭。一鄉善士,名重里中。趨庭嗣喆,堪爲追蹤。德配賢淑,蘋蘩可風。甫教婉娩,聿歸鴻濛。今兹影幛,一堂雍容。千秋瞻仰,以享以供。姪婿毛奇齡頓首撰。

【按】文見陳錫鈞等續修《蕭山長浜陳氏宗譜》卷四。"肇生公"即陳繩祖(1643—1710),據陳錫鈞等續修《蕭山長浜陳氏宗譜》卷四:"繩祖……字肇生,生明崇禎癸未七月初八日子時。配曹氏。子二,長宗堯,次宗舜。公卒康熙庚寅七月十三日,時年六十有八。"⑤知陳繩祖卒於康熙四十九年庚寅七月十三日,則此文亦當作於康熙四十九年庚寅(1710)之後,姑繫於此。文末署"姪婿毛奇齡",知毛奇齡乃陳繩祖姪婿。於其卒後,毛奇齡爲其作像贊。

《藥園詩稿》序(康熙四十九年)

余僦杭州,與時賢往來,共推吳子尺鳧爲藝壇之宗。嘗講學沈昭嗣園,集諸方主客,不設司録,而尺鳧以下,坐論格物同異,一時學者多稱之。顧尺鳧好自秘,日居深巷,蒔花種竹,足不越户外,而車轍常滿,且有千里命駕,留幸舍而數晨夕者。以故流連文酒,間嘯歌予汝,積其所爲詩,而久而成帙,於以問世。

---

① (清)毛奇齡:《西河合集·序二十八·沈方舟詩集序》,清康熙五十九年刻本。
② (清)毛奇齡:《西河合集·序二十七·嗣音軒詩集序》,清康熙五十九年刻本。
③ (清)龐塏:《叢碧山房詩三集》卷七,清康熙刻本。
④ (清)龐塏:《叢碧山房詩四集》卷四,清康熙刻本。
⑤ (清)陳錫鈞纂修:《蕭山長浜陳氏宗譜》卷四,清同治十一年敬睦堂木活字本。

余思韻文雖細事,顧時習升降,輒成運會。尺鳧自抒其所學,不務爲趨逐,而稟經酌雅,動合古法,昔所稱"彬彬質有其文"者,斯詩有焉。特世鮮實學,即詞章出入,亦徒恃誇餙,爲一時標榜。而尺鳧不然,曾於皇上南巡時獻《迎鑾》賦頌,而聖心嘉之,已召對吳閶舟中,使隨駕北行,而尺鳧以親老辭。其不自矜炫而好恬退至於如此! 諸詩一斑,則亦何足以概之? 康熙庚寅首冬月,西河毛奇齡題於書留草堂,時年八十有八。

【按】文見吳焯《藥園詩稿》卷首。丁仁《八千卷樓書目》卷十七:"《藥園詩稿》二卷,國朝吳焯撰,刊本。"①《(乾隆)杭州府志》卷九十四:"吳焯,字尺鳧,號繡谷,錢塘人。……康熙乙酉,聖祖仁皇帝南巡,召試賦詩,稱旨,賜御箭,命隨行。值兄比部郎没,父年老,遂請終養。丁酉,翠華再幸,焯奏《歲華紀麗續編》十卷、《聖因寺志》四卷、《海潮集説》三卷,皆宣付内閣。焯藏書數萬卷……於六書至爲熟洽。又以許氏《説文》所引經傳與《經典釋文》不相應,嘗與無錫朱襄析《説文》,分編經傳,以補《釋文》之未備。雍正己酉,聘修《浙江通志》及《西湖志》。著有《藥園詩稿》《渚陸鴻飛集》《玲瓏簾詞》《南宋雜事詩》行世,其餘撰著十餘種,藏於家。"②與文中"曾於皇上南巡時獻《迎鑾》賦頌,而聖心嘉之,已召對吳閶舟中,使隨駕北行,而尺鳧以親老辭"語合。

文中所及"嘗講學沈昭嗣園",指康熙四十二年春,毛奇齡偕吳焯、錢彦雋、宋俊、張于康、項溶、王錫、柴世堂、李庚星、陳佑、姚之駰、姚炳、凌紹頤等講《大學》《曾子問》於沈佳園,《(乾隆)杭州府志》卷九十四:"吳焯……九歲能詩,常與毛奇齡、朱彝尊暨一時主客講學沈佳園。奇齡詢格物同異,時焯年最少,居下座,大言曰:本末,物也。知本,即物格矣。因舉黎立武、管東溟、羅近溪諸家指意竟相往復,毛奇齡執手稱畏友。"③"沈昭嗣"即沈佳,字昭嗣,號復齋,浙江錢塘人。康熙二十年(1681)中舉,二十七年(1688)進士。初授監利縣知縣,後補安化縣知縣,卒於官。著有《復齋詩集》《明儒言行録》《明儒言行續録》。

文末署"康熙庚寅首冬月……時年八十有八",知此文作於康熙四十九年(1710)十月,時毛奇齡八十八歲。

---

① 丁仁:《八千卷樓書目》卷十七,民國本。
② 《(乾隆)杭州府志》卷九十四,清乾隆四十九年刻本。
③ 《(乾隆)杭州府志》卷九十四,清乾隆四十九年刻本。

《綏安二布衣詩》序（康熙四十九年）

嘗遊福州，閩中丞張君招東南諸名士賦詩樣樓，坐中諸諸稱昭武、綏安有兩布衣者工詩，其詩在信陽、北地之間，世爭傳誦之，而未之見也。暨予東歸草堂，老齒益逼，不復預人事。客有從昭武來者，已謝之去。既而聞布衣朱公字爲章者，其文孫天錦、雨蒼各貢舉于鄉，以不忘前哲，合輯《綏安兩布衣詩》，越千里專請爲序。予乃矍然曰：“此非向之願一見其詩而不得者耶？”亟留之。啓視，且令小史通讀之。渢渢乎質而文，敦牂而能馴。其興懷廣遠，而言情甚親，且工於賦寫。所云“體物瀏亮”者，顧不失其倫。然猶兩人各百首，雖合志，不同術，而方幅相比，有如璧人。此在三唐，當高置一席，尚肯爲有明諸子捧車輪乎？

因之夷考其行：當崇禎之季，米脂賊破關中，丁公德舉與公同邑，居然不相善也。丁公杖策走關下，托貴人上書，不得。乃衣短，後出居庸關，將投宣大軍，制賊之險。而賊已踰河下，宣大軍居庸守者皆迎降。遂從柳溝入，直逼京師。丁公嘔血長嘆曰：“吾海上布衣也，所謀不成，仍蹈海已耳。”公則聞國變，狂走數日，登故越王臺，北向長號。捆家所有貲糧，變賈人，俯身燕、代、齊、魯間，相時而遷物，三之五之，遇有急，輒周之。即還里，亦然。嘗曰：“子范子有言：‘吾以賈人雄海邦，累散千金。’此布衣之極，吾猶是已。”以故人稱“兩布衣”。

兩布衣厚自晦，雖丁公善兵事，公富儒術，各埋蓂惟恐後。獨性好咏吟，酒傭（後）稍稍露其技，然亦多棄去，無少留者。乃人之搜之，或關門驛壁，或市券曆日紙隙，或叔伯唱和，而其人出之，或偶存囊底，及諸孫遍求，則已無賸矣。遂有以少爲嗛，而予曰否。以彼兩布衣，雖不遺一字，亦且如陳留老人，凡道傍含齒者，皆具心目。況儼然百首，存梁鴻五字之外，未嘗少減。若秖以詩人論，則《孟亭》一卷，詩不必遽遜輞川也，獨是詩以人傳，前人之詩，則又以後人傳。公已昌，後河汾隱居，後生三珠。而丁公老死海濱，隻身無聊。汀州幕府聞其賢，曾招致軍前，稍爲資給；且貽海蠻婢，使生一子。吾不知丁公所生子今何在也，使者歸，爲我詢之。康熙庚寅長至後，蕭山毛奇齡晚晴氏漫題於書留草堂。

【按】文見朱國漢、丁之賢《綏安二布衣詩》卷首，《（乾隆）建寧縣志》卷二十六亦載，文小異。徐𤀹《小腆紀傳》卷五十八：“朱國漢，字爲章，建寧人。

少孤,事母以孝聞。甲申,闐變狂走,登故越王臺址,北向慟哭。焚素業,挾賫游吳、越、燕、趙、荆、豫,與傭儈共甘苦,所至遇古忠臣、名賢祠廟墟,暮歌詩憑弔,有騷人之遺意。與同邑丁之賢有《綏安二布衣詩鈔》,蕭山毛奇齡爲之序云。之賢字德舉,崇禎時挾策入都,欲獻書闕下,言兵事,不果。北都陷,念家有老母,脱身南下。有王將軍者建牙汀州,招致幕下,復稍稍資給之,贈以婢,生一子。僦屋城東桃花溪上,以卒。"①

文中所及"嘗遊福州,閩中丞張君招東南諸名士賦詩樣樓,坐中諸諸稱昭武、綏安有兩布衣者工詩",指康熙二十六年毛奇齡遊福州,福建巡撫張仲舉招飲樣樓,稱福建朱國漢、丁之賢兩布衣工詩。

文末署"康熙庚寅長至後",知此文作於康熙四十九年冬。文中有"其文孫天錦、雨蒼各貢舉于鄉,以不忘前哲,合輯《綏安兩布衣詩》,越千里專請爲序"語,知朱國漢孫朱霞(字天錦)、朱霖(字雨蒼)中舉後,合輯朱國漢、丁之賢兩人詩爲《綏安兩布衣詩》,倩毛奇齡作序。

《志姜堂贈言册》序(康熙四十九年)

予邑饒節婦,而其最著者,一徐司訓妻李氏,一周成吾先生德配徐太君,即今所稱"志姜堂"者。兩家皆前朝著聲,相傳靖、曆間,接踵而起,巋然若泰華之相對峙,曰徐節婦、周節婦云。北里巷所稱,若記傳,例稱母姓,見予《書》辨卷。予入史館,撰《明史》記、傳,已于嘉靖十四年傳節婦李氏,因之求徐太君名,自隆慶至萬曆,遍查實錄,不可得。

周石公先生者,太君之懸孫也,由學士出轉補太常卿,後進通政司使。予以同館後進,造其第諗之。先生曰:"此先節之所以爲不可及也。先節幼知書,能文章。嘗痛先高訣別時,不立影幛,每執筆,彷彿必不得似。忽瞑坐,見先高來,信手圖之,而生平宛然,因題二詩於其端,其詞甚哀。爾乃遠近聞之,爭相傳寫,且有踵其韻以來贈者。先節大悔恨,廢筆墨焉。若夫題旌,則臺史(使)、部使旌門者屢矣,每欲請于廷,而哀辭之。嘗曰:'是吾以身市名也。《詩》云"不諒人",此不諒矣,吾"之死矢"矣。'"以故九旌門而不敢請。然而名者實之賓,實在而名卒歸之,世之投贈者溢方幅焉。

兄子鼎泰字子鉉,係文伯先生喆嗣。已彙成一册,藏于家。"他日,先生歸,爲我序諸?"而曰:"然。"今歸來有年,特過子鉉,索其册,且拜且讀,曰:於乎,有

① (清)徐鼒:《小腆紀傳》卷五十八,清光緒金陵刻本。

大節如是而名不彰,非天道矣! 天監其實而人予以名,過之而愈顯,抑之而倍揚。閭里稱之,遠近從而響應之。沃洲冢宰題其堂,嘉禾翰林記其事,臨安觀察銘其墓。凡浙之東西,江之南北,上自相國,下逮韋布,一時能挈筆者,無不薈萃於斯册。淵乎盛哉! 以視予傳李,寥寥片竹間,相距何等? 然則太君超然矣! 予嘗較兩節,李苦于奔喪而不苦于侍疾,太君侍瘵已三載,而瘵變爲瘍,首痛刺骨,鼻毒穢臭達外,爾乃以體藉首、以口吸鼻者越一年;李艱于撫孤而不艱於養老,太君撫孤外,日役十指,市肥甘進饌,亦已苦矣。然猶以贅家故,隔巷寒暖,不切數數請迎養,而未之許。太君曰:“得毋翁老髮禿與?”乃薰絲作假髻,覆以爲巾,翁照而忻然就之。讀傳至此,雖進節于孝,而又何媿焉! 康熙庚寅嘉平月,邑後學史官毛奇齡秋晴氏拜題并書,時年八十有八。

【按】文見魯燮光編《蕭山叢書》第一册《周節婦志姜詩遺跡序》卷首。《(民國)蕭山縣志稿》卷十九:“魯燮光,字瑶仙,晚號卓叟。原籍山陰,其先世自清初來蕭山,居西河下。燮光以廩貢生選授慈溪訓導,俸滿,保陞知縣,歷署山西和順等縣令。光緒時,晉省洊饑,辦賑頗力,巡撫李秉衡大器之。性好學,手不釋卷,初選輯《永興集》一百數十卷,遭亂殘缺。晚年著《蕭山儒學志》八卷、《湘湖水利志》四卷、《西河志》一卷,均未刻。在山西著有《山右訪碑錄》一卷。重游泮水,壽九十餘。”①魯燮光《蕭山叢書》共收書十一種,除王思任尺牘選本爲明人著作外,其餘十種均爲清人所著,而魯燮光所著達八種。各書著者均爲蕭山人,於研究蕭山文獻,較有助益。

文中所及“徐司訓妻李氏”,指蕭山徐公黼繼妻李氏,徐公黼曾官閩縣儒學教諭,因稱“徐節婦”。毛奇齡《旌表徐節婦貞節里碑記》云:“蕭山貞節里者,明旌表徐節婦所居里也。……節婦故李姓,閩縣儒學教諭徐公黼繼妻也。……至嘉靖四十三年,年八十八,距公死六十九年,卒。……崇禎二年,知縣陳振豪,始名其里爲貞節里,豎碑於儒學左三元樓側。……又十五年,而邑人毛姓與節婦六世孫芳聲、芳烈友善,乃爲之記。”②文中又及“一周成吾先生德配徐太君,即今所稱‘志姜堂’者”,指周成吾妻徐氏,稱“周節婦”。“周石公先生”即周之麟(1622—1691),字石公,號簡齋,浙江蕭山人。順治十四年(1657)舉人,十六年(1659)成進士。官檢討。後官至通政使。文中又及“兄子鼎泰已彙成一册”,指周之麟姪鼎泰彙諸人贈詩爲《志姜堂贈言》。

---

① 《(民國)蕭山縣志稿》卷十九,民國二十四年刻本。

② (清)毛奇齡:《西河合集·碑記一》,清康熙五十九年刻本。

周鼎泰，字子鉉，浙江蕭山人。與毛奇齡交好，毛奇齡集中《周子鉉游天台山記事》[①]、《題周子鉉所藏董尚書臨聖教帖》[②]、《志雪堂記》[③]，均是爲周鼎泰而作。

文末署"康熙庚寅嘉平月……時年八十有八"，知此文作於康熙四十九年庚寅十二月，公曆當爲1711年。

文學聲遠王君像贊（康熙五十年）

猗嗟王君，邑之俊良。生於名閥，家有青箱。少攻文史，長習典章。蜚聲藝苑，馳譽膠庠。孝於侍疾，和糜裹創。仁於里閈，賑蓄卹荒。方期大展，天衢翱翔。如何早世，乘雲帝鄉。趨庭繼起，爰開書倉。石匱既探，名山以藏。奉兹影幛，將垂烝嘗。以嬗世世，千秋不忘。賜博學鴻儒科進士出身、授翰林院檢討、充史館纂修官、同邑年家眷弟毛奇齡頓首譔。

【按】文見王洪源等續修《蕭山王氏家譜》卷五（乾隆二十年木活字本）。"聲遠王君"即王鉽（1659—1684），毛奇齡《孝子聲遠王君暨節婦汪孺人合葬墓誌銘》："予舉制科時，遇王毅庵進士於長安，詢其子弟之有文者，首以兄孫聲遠對。……乃僅越七年至甲子歲，而聲遠已死，爲悵然久之。今予以病假在籍，初僦杭州，既而歸草堂，距向在都時已三十餘年。孤子洪源手捧陳太史、沈吏部所製狀，伏地請曰：'先大人以甲子棄世，越十年癸酉，已筮葬於城東大義里之前司畈，二十年矣。今將扶先慈柩車，行合葬禮。念墓前無麗牲碣可容題字，而竁門一抔，尚留封石。惟先生吾祖父行，痛子姓夭札而噓咻之，是猶起楊童而使之秀也。'予久聞毅庵言，知聲遠賫志，自應表著。乃檢其狀版，有云：君性孝，嘗侍父疾，脅不親席者閱三月。終以不起，哭之，幾至滅性。顧居喪未久，而母疾相繼。因鑒前之失，謂養疾有疏闕，日禱於室神，請以身代。且曰：'從來刲股者有效有不效，吾寧信其效者。'乃謀之婦，急刲股，瀹糜以進，母疾竟愈。親串聞者皆大驚，以爲非純孝所感，不至此。予掩卷嘆曰：'嗟乎，即此一事，足傳矣！'君諱鉽，字聲遠，王姓。系出琅琊族，而中遷會稽，當時所稱王、謝者。迨元、明之間，復有贅蕭者，爲蕭山王氏。嘗

---

① （清）毛奇齡：《西河合集・記事》，清康熙五十九年刻本。
② （清）毛奇齡：《西河合集・題題詞題端》，清康熙五十九年刻本。
③ （清）毛奇齡：《西河合集・碑記二》，清康熙五十九年刻本。

入史館，較蕭山氏族，其以名臣入《明史》列傳者，惟魏尚書、張尚書二人，而他無聞焉。其在萬曆間，祗王公茂槐贈司空少尚書，曾以尹京兆時督理渠道，載其事《實録》。而猶子玉鳧公，亦以進士作司空郎以繼之。以故閥閲之盛，繩繩勿替。自鼎革以來，贈内閣中書舍人、崇祀鄉賢慎之公粤生二子，長亮臣公，諸生，與弟毅庵内翰並有名。亮臣公生中卧，補國學生，有子四，其次即聲遠君也。伯、叔皆貢生，而季以國子候補州司馬，共相友愛。君嘗讀《斯干》詩，及'兄弟式好'語，爰取前文，以'竹苞松茂'題其門，且終君之世，不異寢食。此正《君陳》所謂'令德孝恭，惟孝友於兄弟'者。若夫鄉黨姻卹，還金卻券，餉獄囚而救道殣，事固有之，顧此不能詳，且亦非所重也。乃其德配汪孺人，則尤可感者。孺人本名族，世嬗閥閲，其父、兄皆有聲藝壇。而孺人知書，以賢淑稱。顧遭時不偶，二十始來歸，裁五年而稱未亡。……君以康熙二十三年八月五日卒，距生順治十六年十一月三日，得年二十有六。孺人以康熙四十九年十一月十九日卒，距生順治十七年四月二十五日，得年五十有一。子一，即洪源，國學生，候選州同知。娶山陰周氏，左都督浦口總兵諱方蘇公曾孫女、工部虞衡司郎中諱襄緒公孫女、候選州同知諱侒公女。繼娶錢塘吴氏，廩生諱國梁公女。女一，適同邑來之燦，康熙辛卯科舉人。孫二：宗柱、宗楷，幼。乃爲銘。"①

此文未署年月，據毛奇齡《孝子聲遠王君暨節婦汪孺人合葬墓誌銘》末有"女一，適同邑來之燦，康熙辛卯科舉人"語，知毛奇齡爲王鉽所作墓銘及像贊，當在康熙五十年辛卯(1711)。

孫廣其《松鱗集》序(康熙五十年)

人非倕之指，即不能共工；苟無離朱之目，亦安能與罔象爭豪芒之微?此皆有天焉主乎其間，而人力不與焉。故辭賦雖小道，有捉鼻撚髭而必不得者，而或者偶然挈筆且施施焉得之。

孫生廣其負過人之姿，弱冠工舉文，不爲詩也，爲詩工；未爲諸體詩也，爲諸體詩皆工。嘗遊京師歸，得詩若干首，見者異之。及與人晏游，耳目所寄，唫詠生焉。六朝、唐人多五字詩，自宋、明迄今，五字減而七字繁，昔者吾友往往以此定升降焉。廣其五字律庶幾唐詞，而爲古詩，且遽能窺及于選樓之閒，其天才爲何如者！高常侍五十始學詩，昌谷少爲詩，然必嘔出心而後

① (清)毛奇齡:《西河合集・墓誌銘十三》,清康熙五十九年刻本。

已,要皆才地劣爾。吾方欲得一高才生,與之説禮學樂,而不可得也,今于廣其有厚望矣! 康熙辛卯冬仲,西河毛奇齡漫題于書留草堂。

【按】文見孫大志《松鱗集》卷首。阮元《兩浙輶軒録補遺》卷二:"孫大志,字廣其,仁和人。著《松鱗集》。"①《(民國)杭州府志》卷九十二:"《松風集》《松鱗集》,仁和孫大志廣其撰。"②

文末署"康熙辛卯冬仲",知此文作於康熙五十年(1711)十一月。

賀瑞徵公八袠榮壽(康熙五十年)

石經門下舊啼鶯,遺老猶存鄉序情。鳩杖此時扶醉酒,鹿鳴前度聽吹笙。鴻妻久著齊眉賦,驥子能傳藝苑名。伊昔洛陽圖畫裏,香山高會總耆英。

【按】詩見郎師虁等續修《蕭山郎氏宗譜》卷三《贈言録》下。"瑞徵公"即郎應祥(1633—1714),《蕭山郎氏宗譜》卷二《世系録·三房》:"應祥,行利四十七,字瑞徵,謚醇壽。鄉大賓。生崇禎壬申年十二月初八日戌時,卒康熙甲午年九月三十日寅時,壽八十三歲。"③知康熙五十年辛卯十二月初八(公曆爲1712年),郎應祥八十壽辰,毛奇齡作詩祝壽。

《靳史》序(康熙五十年)

自《古文苑》家必先攻四教、六學,取其授受得失可以資後儒考辯者而形諸著作,謂之"經術"。明代即不然,專立五經學,一昉元人取士式,以宋儒訓詁爲指歸,藉之取科第。而他有著作,則自詩、詞、文、賦外,相尚爲小品,以徒事怡悦。以故一代文苑如太倉、新安輩,亦且經術疏略,雖著書等身,而弇以史。考升菴《丹鉛》,僅足備野稗之數,而餘無聞焉。

休寧查賓王先生,秉卓絶之資,少登藝壇,遽以制舉文爲時賢所稱。已而薦於鄉,萬曆丁酉,升京兆賢書。方是時,有明當盛年,天下無事,而先生

---

① (清)阮元:《兩浙輶軒録補遺》卷二,清嘉慶刻本。
② 《(民國)杭州府志》卷九十二,民國十一年刊本。
③ (清)郎師虁等續修:《蕭山郎氏宗譜》卷二,清光緒二十八年詒穀堂木活字本。

膺顯譽，入謁公車門，既擅高才，砥名教，而世多推轂譽。凡四方賢達輻輳長安者，無不推先生爲乘時之宗，而先生處之泊然，志在高尚。但偕計再四，而幡然忽退，藏書數萬卷，閉户矻矻。初以詩文示海内，而編纂漸繁，遂成巨集。自象緯以迄名物，其卷帙寡多，吾不得而指數數也。顧一變時局，獨饒經術，予註《易》時，客有舉先生《周易陶瓶集》以爲説者，間嘗求其書不得，而悵然忽之。今其孫禮南克承家學，其爲詩高潔，有孟亭之風，不媿昆裔。乃結納滿寰宇，與予兄子南游者敦縞紵之好，作詩寄予，且寄先生重刻《靳史》三十卷，而屬予爲序。

予曰：此先生經術之外之微言也乎？經有正言，"子所雅言"是也；有法言，子曰"法語之言"是也。並無所謂"靳言"者。"靳"者吝也，吝爲正言，而故微言以相媿。《春秋》乘丘之役，宋人請萬歸，而"宋公靳之"，杜預曰"戲而相媿"是也。然則先生以經教，而何取乎靳？曰經學之違時久矣！孔子正言，梁武嘗以之策士，而流於拘曲；古經皆法言，顧揚雲竊之以名書，而頗僻甚焉。是莊語格格，反不若微詞諷引婉而善入。所謂"言者無罪，聞之者足以戒"，靳雖近戲，抑亦立説之善經也。其不名"經"而名"史"，亦曰此有實事，不徒托之空言已耳。不然，靳者吝也，先生既吝於正言，而禮南傳先生書，復吝其經學，而先梓是史以嬗於世，人之稱"斯（靳）史"也，其謂之何？康熙辛卯長至後一日，蕭山毛奇齡敬題於書留草堂，時八十九歲。

【按】文見查應光《靳史》（康熙五十年查禮南重刻本）卷首。阮元《文選樓藏書記》卷一："《靳史》三十卷，明孝廉查應光著，休寧人，刊本。"[1]《（光緒）重修安徽通志》卷二百二十四："查應光，字賓王，休寧人。萬曆丁酉舉人。……輯有《群書纂》《靳史》。"[2]

文中所及"今其孫禮南克承家學……與予兄子南游者敦縞紵之好，作詩寄予，且寄先生重刻《靳史》三十卷"，知查應光孫查禮南重刻《靳史》，因查禮南與毛奇齡姪交好，故應其所請，爲作序。

文末署"康熙辛卯長至後一日"，知此文作於康熙五十年冬杪。

《家禮經典參同》序（康熙五十一年）

康熙壬辰夏四月，集城東草堂，與莫子蕙先、張子風林同覩是書，嘆其參

---

① （清）阮元：《文選樓藏書記》卷一，清越縵堂鈔本。
② 《（光緒）重修安徽通志》卷二百二十四，清光緒四年刻本。

經酌典，引據精核，爲從來言《禮》家所未有。至其論三族、論賓老、論公子之外兄弟、論嫂叔服類，闋然一詞曰："發天地之扃矣。"因朗吟舊句以贈之："關西學術推夫子，天下英雄只使君。"蓋實錄也。具此學力，歲不我與。聞尚有《禮記集說折衷》，當速脫稾。老眼摩挲，望之望之。九十叟西河弟毛奇齡漫筆。

【按】文見鄭元慶《家禮經典參同》卷首。鄭元慶，詳參本書"與陳山堂"條考證。

文中所及"與莫子蕙先、張子風林同覿是書"，莫子蕙先即莫時荃(1634—1715)，浙江蕭山人。張子風林即張文蔇(1688—1758)，字風林，號樹聲，浙江蕭山人。康熙五十三年(1714)舉人。雍正六年(1728)，任新都縣知縣。九年(1731)，調成都縣知縣，陞成都府同知。官至雲南澄江府知府。著有《螺江日記》《大學偶言》等。

文中有"康熙壬辰夏四月……九十叟西河弟"語，知此文作於康熙五十一年壬辰(1712)四月，時毛奇齡九十歲。

《枝語》序（康熙五十一年）

自《論語》飭學《詩》，謂能多識鳥、獸、草、木之名，因之草木與鳥獸以四物而分兩類，《爾雅》有釋，毛公有《傳》，鄭康成有《箋》，陸璣有《疏》，唐孔氏有《正義》。而後之連類而起者，曰狀，曰録，曰志，曰譜，曰品，曰史，紛紛焉。予嘗爲友人作《毛詩識名解序》，而感之，重繙予幼年所著四物名卷，僅僅得《鳥名》三卷，留經集間，抱媿久矣！

錢塘孫子晴川以藝文爲雞壇領袖，超軼儕輩者越三十年，近始大出其所學，於以示世。先録《草木篇》，合群花衆卉、異果珍木，而彙爲一集，無起訖，無領襯，不設次第，不分別門户，大有殊於世之爲類書者，且不預立名目。初不知其書爲何名也，草草寄予。余讀之，一如胸羅林囿，腹有阪隰，隨舉一物，而興情四來。或言根柢，或疏枝葉，或道其形貌顏色，或我有高意而物隨我引，或任物轉圜而意從物變。有似賦者，有似頌者，有似蒙經、寓言者，有似蘇、黃諸小品者。然且偶一詳嚴，雜舉名目，輒有神農之經、岐伯之志、劉攽之譜、曾端伯諸公之雜録所未備者。嗟乎，觀止矣！康熙壬辰首夏，西河弟毛奇齡敬題於書留草堂，時年九十。

【按】文見孫之騄《枝語》卷首。《清文獻通考》卷二百二十七《經籍考》："《枝語》二卷,孫之騄撰。"①"錢塘孫子晴川"即孫之騄,字子駿,號晴川,浙江仁和人。性耿介,博極群書。雍正間,官慶元縣儒學教諭。著有《考定竹書》《別本尚書大傳》《枝語》《二申野録》《松源經説》等。

文中所及"予嘗爲友人作《毛詩識名解序》",指毛奇齡爲姚炳《詩識名解》作序,詳見本書"詩識名解序"條。

文末署"康熙壬辰首夏",知此文作於康熙五十一年壬辰(1712)四月,時毛奇齡九十歲。

《性影集》序(康熙五十一年)

詩有情有文,而世之稱工詩者,每曰"不知情生於文,文生於情",一似情與文可以交峙而相生焉者。因之華亭陳氏在明季論詩,狃嘉、隆浮續之習,專以文行。而虞山錢氏矯之,特出南宋徑率詩爲之揮戈曰:"詩衹有情耳。"於是不學之徒縱橫而起。不讀《詩序》乎:"在心爲志,發言爲詩。"志即情也。性根於心,而併見於情,情爲性之影,猶之言爲心之聲。夫以卜氏文學之賢,而其所序《詩》,本於心志,則非無文無學者所得而覬覦,明矣!

禊亭王先生席家世之盛,讀書中秘,其於金匱、墳典,無所不窺。而第以詩論,宋人不識六笙詩,即四箱、三調,全未講及。而明儒弇鄙,填橫吹,句字比之褓兒之學語,傅婢呦嘍,最爲可笑。先生於《樂録》,自登歌以及部伎、竹枝、子夜,隨在揮霍。且和魏《樂府》十篇,仿張籍《相和歌詞》一十六章,甚至唐人趙氏分賦、薛道衡《夜夜鹽》詞,凡二十首,亦且就其詞而追和,殆盡此,豈眇學所能到者?況漢貴擬古,自蘇、李而降,多有擬詩。而先生擬《十九首》,擬陶,擬杜,擬元、白、皮、陸,以至擬眉山,擬渭南,意匠所及,幡幡如也。夫歲序遷易,山川變幻,與夫友朋之離合聚散,應必有當前實境形於其間,唯善賦物者,爲能即事而曲達之。不浮不襲,使境次歷然。獨是體物之詞,貴敹晰而惡俚褻。而先生出入經史,取其犀利而簡捷者,略爲點綴,讀之者躍然稱快。此雖本性情,而何一非學?

予晚習經術,遂絶酬應。凡以文序俯屬者,輒起謝不敏。而今且耄矣,手腕重於椎,焉能挈筆?而先生以同館名賢,每樂得其文而讀之。且予通家子姚生魯思,今學人也,曾編己詩爲類書,名"類林新詠",風行人間。頃辭公

---

① 《清文獻通考》卷二百二十七,清文淵閣《四庫全書》本。

車門,攜先生詩來,知魯思爲先生校浙闈時所首取士,其磁鍼契合,早已如此。夫毛亨(亨)已在門,而西河詩學其爲斯文所準則,抑又何言?康熙壬辰夏五,同館弟蕭山毛奇齡拜題於城東草堂,時年九十。

【按】文見王時憲《性影集》卷首。《清文獻通考》卷二百三十五《經籍考》:"《性影集》八卷,王時憲撰。"①"禊亭王先生"即王時憲(1655—1717),字若千,號禊亭,江蘇太倉人。康熙二十三年(1684)舉人,四十八年(1709)進士。由宜興教諭改翰林院庶吉士,散館,授檢討。五十六年(1717),主陝西鄉試。

文中所及"且予通家子姚生魯思……攜先生詩來"語,知毛奇齡應姚之騆之請,爲王時憲《性影集》作序。姚之騆,詳見本書"類林新咏序"條考證。

文中署"康熙壬辰夏五……時年九十",知此文作於康熙五十一年壬辰(1712)五月,時毛奇齡九十歲。

《嵊西杜氏重修宗譜》序(康熙五十一年)

壬辰秋,余避客山中,東邑嵊西杜族諸君子以修葺家乘將告竣,彙其淵源世系,不遠數百里問序於余。余謂氏族之有譜也,凡以序昭穆、辨尊卑、別長幼,而敬宗睦族之心所由生也。今披《嵊西杜氏宗譜》,其得此義矣。爲肅然起敬,謹按而序之。

杜氏出於陶唐,天下之所同也。流分澤遠,底於南湖者,嵊西之所獨也。稽其得姓,則周成時有諱元者,封於杜,以地爲姓,此得姓之始也;稽其遷徙,則周宣時諱伯者,以左儒之諫不納,子孫徙魯,此遷徙之始也;魯昭四年,諱洩者,與季孫爲難,遂徙楚,此渡江之始也;漢元朔間,詔徙天下豪族於茂陵,復遷京兆,此得郡之始也;晉太康時,征南諱預者,都督荊襄,幼子諱尹者,世居襄陽,此南遷之祖也。唐乾符間,延陵令諱羔者,避黃巢之難,遷於台之黃巖,此渡浙之祖也;宋十一世孫南湖先生諱燁者,登進士,宦東陽,遂家焉,此嵊西杜氏之祖也。

問:東邑諸杜族有同異否? 曰:源合而流分也。征南之長子諱錫者,衍而爲北杜,幼子尹公者,則衍而爲野河、爲嵊西,此同異之分也。問:祧祖爲誰? 則曰:以功業論,宜祧征南,然世遠年湮,變遷屢矣;以始遷論,宜祧延

---

① 《清文獻通考》卷二百三十五,清文淵閣《四庫全書》本。

陵,然地遠親盡,禮不逮矣。以道德論,則南湖爲理學大儒,又始遷於東邑,宜其祧南湖與?余曰:有是哉!杜族之知所本也。夫帝堯之心法傳於周、孔,而闡於朱、程。南湖先生又朱夫子之高弟也。以法之於師者法之於祖,以得之於祖者而遺之子孫,故其雲礽繁衍,多以道德文章、忠孝節義著名,若日星炳耀,不可得而掩也。如曾孫諱綖者,創建學宮,以慷慨仗義著。苕溪司訓諱世業者,醇儒多出,其門人謂胡瑗再見,以德業文章著。通政使諱其驕者,出納王命,以位望勳爵著。見山先生諱惟熙者,得南湖私淑,崇祀鄉賢,以理學著。兆武諱惟芝,盡難邊關;適我諱學伸,殉身社稷,以忠烈著。太華諱文孟,萬里尋親,歿於遠地;仲望諱明標,三千里抱父尸歸葬首邱,以孝行著。封邱令諱時萼,廉仁格天,雹不損麥,民爲立祠,以異政著。其他孝子賢孫、貞女烈婦,指不勝屈者,何莫非南湖之遺澤然也?嗟乎,吾見世之人薄視其祖功宗德者,有寢廟邱墟者矣,有世系勿講者矣,烏覩所謂敬宗睦族哉?

今杜氏聚族岷西,五百年於茲矣,陵谷滄桑,雲泥翻覆,不知幾變遷於其間。而杜氏世守烝嘗,鐘簴無恙,凡以厚風俗而敦禮讓者,又何莫非南湖之遺澤然也?雖然,吾更有進:夫帝堯之心法曰親睦九族,周公之心法曰尊賢親親,孔子之心法曰篤親興仁,朱子闡列聖之心法以授之南湖者,無非此敬宗睦族之心也。而杜氏之子若孫法祖宗之心法者,亦無非此敬宗睦族之心。而修葺家乘之本意也,杜氏勉乎哉!若夫瓜瓞勿替,麟趾迭興,砥礪於忠孝文章爲邦國之光者,又余所厚望也夫。康熙五十一年歲次橫艾執徐壯月,賜博學鴻儒科進士出身、授翰林院檢討、充史館纂修官編撰明史、賜宴瀛臺、御試保和殿甄別上卷、乙丑科會試同考領十八房官、蕭山九十歲老人毛奇齡拜撰。

【按】文見杜家駒、杜夢飛等續修《岷西杜氏宗譜》卷首,乃毛奇齡爲東陽岷西杜氏重修族譜所作序。

文中"見山先生諱惟熙者",指杜惟熙,字子光,號見山,浙江東陽人。著有《悔言錄》。毛奇齡曾爲杜惟熙《悔言錄》作序,毛奇齡《金華杜見山悔言錄序》云:"東陽多名儒,而舊所推者爲杜見山先生。……聞杜君雍玉素以孝稱,乃憫其先《錄》之亡,力搜其殘編,細爲較輯,而重授之梓,使先人所學復傳于世。……世之讀是《錄》者,但以親長求聖學,而又何疑焉。"①又毛奇齡《東陽杜雍玉詩序》:"顧殘年相對,由同里舊遊外,獨與東陽學人王虎文父子

---

① (清)毛奇齡:《西河合集·序三十四》,清康熙五十九年刻本。

暨盧子遠輩，間以學術相往復。而子遠競推其鄉人杜君雍玉爲文章之雄。予嘗爲其先人杜見山先生作《悔言録序》，嘆是家有學，其後必有繼起者。而雍玉果以文名，且出其所著《楓莊詩》，遠屬論定。"①杜雍玉即杜秉琳，浙江東陽人。毛奇齡晚年與東陽學人王崇炳父子及盧人宏以學術往來質難，而杜秉琳得以介盧人宏等結識毛奇齡，毛奇齡因爲杜惟熙《悔言録》和杜秉琳《楓莊詩》作序。

文中有"壬辰秋，余避客山中，東邑峴西杜族諸君子以修葺家乘將告竣，彙其淵源世系，不遠數百里問序於余……康熙五十一年歲次橫艾執徐壯月"語，知康熙五十一年壬辰(1712)秋八月，東陽峴西杜氏重修宗譜成，倩毛奇齡作序。

鹾署復建三友居詠（康熙五十一年）

先生擅文譽，早讀中秘書。祇因論鹽鐵，曾踞南床居。今來使海邦，愛與蓬藋俱。坐傍有斷碣，呼童洗泥淤。云是宋代物，所記五大夫。加之嶺嶠客，三益稱友于。從來秉國計，最重唯軍需。因之熬滄波，賴以充儲胥。先生借追鋒，轇轕行商車。大者比傅相，小亦管夷吾。爾乃擺兩袖，唫嘯同清虛。以視三友盟，介潔當何如！

【按】詩見顓圖《投珠集》卷一。原無題，據意擬補。顓圖，據《投珠集》卷端署"長白顓圖象原輯"，知顓圖字象原。《(雍正)浙江通志》卷一百二十一："顓圖，滿洲正藍旗人，康熙四十九年任。"②延豐《重修兩浙鹽法志》卷二十二："顓圖，滿洲正藍旗人。浙江道監察御史，康熙四十九年十一月任。"③知顓圖爲滿洲正藍旗人。據《(雍正)浙江通志》卷一百二十一，石芳柱於康熙五十一年任此職。知其于康熙四十九年十一月至五十一年間任浙江道巡鹽御史。

顓圖官浙江道巡鹽御史期間，在鹽署重建三友居，諸人紛紛作詩詠贈，顓圖輯成《投珠集》三卷。卷一收徐潮《鹽署復建三友居詠》等詩，卷二收何喬雲《三友居賦》等賦，卷三收章藻功《三友居序》等序、記、説、傳、雜著。

---

① （清）毛奇齡：《西河合集・序二十九》，清康熙五十九年刻本。

② 《(雍正)浙江通志》卷一百二十一，清文淵閣《四庫全書》本。

③ （清）延豐：《重修兩浙鹽法志》卷二十二，清同治刻本。

此詩未署年月，卷首有康熙五十一年壬辰（1712）夏許汝霖序、張伯行序及頡圖自序，集當刻成於此年，毛奇齡贈詩亦當作於此年。

佩玉公以上四代圖贊（康熙五十一年）

管城"樹德堂"者，章大正公之遺緒，佩玉年翁之世業也。憶昔東壼先兄與佩翁交好有年，壬子春，攜其三嗣君飛輅渡江，至先兄仁和黌署，寄籍院試獲雋。予見佩翁之簡默莊重，恂恂文雅，誠非碌碌者等。而且宗族鄉黨咸以"孝友"稱令嗣五人，胥爲盛時名彥。孫枝競秀，悉見克紹箕裘。既而邑宰劉公甲子冬特以大賓之觴舉焉。蓋自公之曾祖大正公以碩德舉鄉賓，逮祖越山公、父瑞凡公，俱蒙引年盛典，至公而冠帶之尊延及四世，抑何世德之崇隆也！

閱數十年，予季弟館管城，偕令嗣以《四代圖》造廬請序。余即以昔日之交序而贊之，曰：全城之樹德者，至大正公而駸駸盛矣。繼以越山公之恢廓，瑞凡公之繼述，佩翁之光裕，則四代以前之餘慶可知，而四代以後之榮昌正未有艾也。且四代太孺人，咸有王、孟、陶、柳之賢，其相夫子，撫胤胄，而豐饒蕃衍，不其然乎？猗歟休哉！堂名"樹德"，予即以德之所世求者序其圖，蓋以昭其祖禰之德業相符，抑亦誌佩翁與先兄交好於不忘云。翰林院檢討、乙丑同考官、九十老人年家眷弟毛奇齡拜撰。

【按】文見章行言等續修《蕭山章氏家譜》卷二《懿美錄》。"佩玉公"即章文俊（1613—1690），字佩玉。"佩玉公以上四代"，指章文俊的曾祖（章大正）、祖（章應龍）、父（章世顯）及其本人，凡四代。據《蕭山章氏家譜》卷十四"上章榮二公派"："（第廿八世）培基長子大正，行榮二，字必端。鄉大賓。配本邑漁浦許氏，生一子應龍，葬伏虎山。"①同書同卷："（第廿九世）大正之子應龍，行尊四，字越山。鄉大賓。生嘉靖戊午十月十八日，卒崇禎辛巳正月廿一日，年八十四。配本邑漁浦許氏，生嘉靖甲子正月初六日，卒順治丁亥八月廿六日。生五子：世顯、世華、世芳、世茂、世美。"同書同卷："（第三十世）應龍長子世顯，行重四，字瑞凡。鄉大賓。生萬曆己丑十二月初十日，卒順治己亥正月二十日，年七十一。配暨邑次峰俞氏，生萬曆庚寅五月十五日，卒康熙戊申十一月廿六日。生四子：文俊、文詔、文祥、文達。"同書同卷：

---

① 章行言等續修：《蕭山章氏家譜》卷十四，民國三十六年續修本。

"（第三十一世）世顯長子文俊，行英七，字佩玉。鄉大賓。生萬曆癸丑十月廿一日，卒康熙庚午七月二十日，年七十八。配河上鎮朱氏，生萬曆乙卯五月廿四日，卒順治己亥六月初六日。生四子：武勳、武鐏、鑛、鉉。繼娶暨邑湄池傅氏，生天啓甲子九月廿九日，卒康熙辛未十月廿九日，生一子鏡。"與文中"令嗣五人，胥爲盛時名彥……蓋自公之曾祖大正公以碩德舉鄉賓，逮祖越山公、父瑞凡公，俱蒙引年盛典，至公而冠帶之尊延及四世""全城之樹德者，至大正公而駸駸盛矣。繼以越山公之恢廓，瑞凡公之繼述，佩翁之光裕，則四代以前之餘慶可知"語合。

文中所及"東壺先兄與佩翁交好有年，壬子春，攜其三嗣君飛輅渡江，至先兄仁和鬐署，寄籍院試獲雋"，指康熙十一年壬子春，章文俊攜其第三子章鑛至仁和縣參加院試并獲庠生資格，時毛奇齡長兄萬齡（號東壺）官仁和縣教諭，與章文俊爲至交。《蕭山章氏家譜》卷十四"上章榮二公派"："（第三十二世）文俊三子鑛，行禎廿一，字飛輅，號燕山。錢塘學庠生，思授修職郎。生順治癸巳九月十七日，卒乾隆戊午五月廿九日，年八十六歲。配塘裏陳廩生陳必達公女，生順治辛卯二月十五日，卒康熙甲子十月初三日。"

文末署"九十老人"，知此文作於康熙五十一年壬辰（1712），時毛奇齡九十歲。文中言"予季弟館管城，偕令嗣以《四代圖》造廬請序"，指毛奇齡族弟坐館管村章氏，章鑛以《佩玉公以上四代圖》請毛奇齡作序。

《饑鳳集詩稿》序（約康熙五十一年）

詩者，性情之發也，性情温柔敦厚，詩必纏綿蘊藉。爲之者取其宣己之堙、導己之鬱，而聞之者亦足以興感其善心、懲創其逸志。故《三百篇》之草、蟲、雨、雪，凡出諸勞人、思婦之謳唫者，無不令後世佩誦之，不過欲興、觀、群、怨之旨，由忠孝而歸於爾雅，各得其可以而已也。是則《詩》之爲教也，慨自王室已東，風變爲雅，雅變爲騷，而《詩》遂亡。嗟夫！此非《詩》之亡也，《詩》之爲教先亡也。蓋必上有《關雎》《麟趾》之篇，下自有《桃夭》《芣苢》之什。國朝自鼎命以來，定郊廟之樂章，錫臣工之燕享，凡諸篇什，堂皇美備，而海内之沐浴《詩》教者歷有年矣。于是有南施、北宋、新城、東塘諸君子起而以應其昌明，猗歟盛哉，何聲教之隆也！

余向在史館之暇，得吾友王浴日謂其門下得士，彼時即耳熱蘇倫五之名，而未班荆也。迨後桑榆景迫，乞歸休沐，始與倫五會于西湖之上，急索其詩，僅出數十首。誦之，泠泠然，疑非人間音韻。是夜，再三誦之，心若自慶其有遭。然至把臂談心，始知倫五雖出"南施北宋"之後，曾游王新城之門，與孔東塘之往返。其爲人則恥浮名，務實學，雖受諸君子之賞識，惟是鍵戶潛修，故世未獲覩威鳳之一羽、文豹之一斑也。即欲謀梓，倫五曰"俟刪訂成帙，然後請焉"，後遂買舟南歸太末矣！別數年來，良朋契闊，節序遷流，而余一頹老之人，何時再得泛舫於清波之上、分題於紅燭之前哉？噫嘻，憊矣！適太末人來札云："今刻詩稿《饑鳳集》十六卷，丐序。"予顧曰：凡學者以善而友一鄉、一國以及天下，等而上之，又可接論古人，豈但予與新城、東塘得與交游，而始爲之廣益耶？吾謂施、宋雖在倫五之前，其得以尚論者，無不共相浸淫乎《詩》教之中，即如春風扇物，苗然以興，孰肯自廢於發育之外者乎？蓋其漸被于《王風》之澤者深也！

讀是詩者，知其典正精醇，迫右丞也；韶秀疏越，孟襄陽也。悱惻不減於杜陵，艷麗大過於義山。或有時用其平易瑣屑之意，皆有漢魏六朝之致，而非拘守長慶、管見劍南者之所可托也。愷摯以貫爲忠孝，博雅以致其溫文，和而不私，怨而不怒，得失事物之引證興感，皆于詩乎見之。是則倫五之詩，纏綿蘊藉，皆其性情溫柔敦厚也，豈非望治者之所願見哉！爲我告採風諸君子，文教且洋溢，天下且太平，兆于是詩矣！

【按】文見蘇春《饑鳳集詩稿》卷首。蘇春生平，詳見本書"答蘇倫五見寄原韻"條考證。文中所及"于是有南施、北宋、新城、東塘諸君子起而以應其昌明"，"南施"指施閏章，"北宋"指宋琬，"新城"指王士禛，"東塘"指孔尚任。諸人在清初皆以詩名，與下文"始知倫五雖出'南施北宋'之後，曾游王新城之門，與孔東塘之往返"語合。文中又及"余向在史館之暇，得吾友王浴日謂其門下得士，彼時即耳熱蘇倫五之名"，指毛奇齡在明史館修史時，從王浴日處知其門人蘇春善詩。文中又及"迨後桑榆景迫，乞歸休沐，始與倫五會于西湖之上"，指康熙四十年，蘇春游杭州，與毛奇齡相晤事。蘇春《將往甬東留別太史毛大可先生》，其一曰："武林門外楊柳陰，江水浮雲一片心。榜人風順頻催促，今宵尚在吳山宿。難得先生與我談，攜手斜陽看花竹。興致翁蒸倍少年，酒會花期次第數。歸來燈下自掀髯，蟻行細字摩挲讀。生平著述遍天涯，五千餘卷經刪錄。刪書春畫掩朱門，不脫朝衣念國恩。玉尺宮人量體製，紅綾回首味還存。賜燭頒題修禊事，從禽屬奉羽林軍。諫書不羨相如賦，蓁蕪獨闢蠶叢路。"其二曰："昆侖渤澥壯神明，晚年不受溪山誤。龍井新茶沸素磁，山房筍蕨盈匙筯。百畝蘭芽有美人，香盈空谷無虛負。春也涼涼踽踽人，軟輿衝雨曾勞顧。噫嘻此意何其賢，于今貴賤稱難遇。文章顯晦非人謀，悠悠原不關榮辱。曉發湖山滿眼青，娟娟春月西泠樹。"①

　　此文未署年月，文中有"别數年來，良朋契闊，節序遷流，而余一頹老之人……適太末人來札云：'今刻詩稿《饑鳳集》十六卷，丐序'"語，據現存蘇春《饑鳳集詩稿》，其刻成於康熙五十二年，則毛奇齡作序約在康熙五十一年（1712）。與文中"别數年來……而余一頹老之人"語亦合。

---

① （清）蘇春：《饑鳳集詩稿》卷六，清康熙刻本。

毛奇齡佚文辨僞考録

毛奇齡弟子李塨曰："先生早知名，遠近碑版爭欲得先生一言以爲榮。奈丁年出門，垂暮登朝，及還鄉而年已老矣。碑記存者十之七，係嗣君遠宗所纂。傳則史館起草二百篇，秘不示人，惟取平時所作及史館之備而不用者，存若干首。若墓文則皆先生自奔之，無雜人者。塨從先生游，見杭人慶吊，凡生日、移居、上官、遷秩，率用先生文以飾屏幛，即尋常貽贈，一方一幅，必署先生名，傳視珍重，然而皆贗鼎也。至墓、塔勒石，公然以僞文裝潢，拜跪相餉，即先生見所勒本置不辨。間有勾先生爲文，先生但書名閟印圖記去。即豪宗貴戚偶以金幣相摯請，亦不之應。雖曰其人無可傳，恥爲諛墓，然筋力亦敗矣。王恬曰：餘杭董老泉，名士也，將易簀，呼兒請先生。同邑金君諱輅者，乞先生親爲墓文，幸得見而瞑，既而遣其友孫君大白重促之，然終以應之遲，瞑不及待。先生擲筆長嘆曰：'負死者，負死者！'其不易得如此。然則後之欲以僞文纂入之，亦可免矣。"①可見毛奇齡盛名之下，托其名之文不在少數。李庚星亦云："先生晚年專務經學，戒勿輯文集，故詩、賦、記、序諸文稿存者尚多，俟檢校，同未刻者續刻，其目不載。至屏幛、墓石諸碑版文，任人贗作，掌録者已慎防竄入，以辨真贗，但僞文甚多。按：先生七十歲時，即自爲墓誌辭世。而是集之成，訖于康熙三十八年，計之，實七十有七。倘是年以後，更有他刻，非門下所録，總屬贗本，觀者審之。仁和門人李庚星附識。"②毛奇齡弟子李庚星於《西河合集》刻成時，特別言明"非門下所録，總屬贗本"，亦可見托名毛奇齡之作甚多。

上巳後三日汎舟西湖即席分韻得先字（康熙四十年）

爲赴徵賢約，因過載酒舡。春疑脩禊晚，老媿舉栖先。晴氣穿林豁，泂

---

① （清）李塨：《西河文集序目》三，載毛奇齡《西河合集》卷首"總目録"末，清康熙五十九年刻本。
② （清）李庚星：《西河合集識語》，載毛奇齡《西河合集》卷首"總目録"末，清康熙五十九年刻本。

波轉棹圓。錢王祠下過，慷慨憶當年。

又得西字（康熙四十年）

良會爭投紵，高年且杖藜。雲山行處匝，少長坐來齊。別後觀魚藻，更□被鹿醣。鐘聲前寺遠，日色下湖西。

錢王祠下作（康熙四十年）

故里臨清水，荒祠閉落暉。千秋遂俎豆，四世並旒衣。蘚碣重重毀，花舡□□歸。江東舊文學，老去欲何依。<small>錢王改所居臨水里爲勳貴里，故首云。</small>

【按】以上三首詩，俱見故宮博物院書畫部藏"清代名人書劄册——毛奇齡詩翰"（新 00145437-18/25），詩末署"西河毛奇齡具藥"，而毛奇齡《越郡詩選》《瀨中集》《西河合集》均未載，顯僞。茲考證如下：

毛奇齡於明清易代之後，廢舉業，始學作詩。《蘋書第三集跋》："及甲申以後，予乃廢舉子業，稍效爲呻吟。"①《介和堂詩鈔序》："暨予罷兵革，稍爲詩歌。"②其順治年間所作詩，基本收錄在各種清詩選本——如《越郡詩選》《吳越詩選》《鼓吹新編》《今詩粹》中。康熙十五年，毛奇齡刻其詩集《瀨中集》，將各清詩選本中的大多數詩收錄在內，只刪除了少數涉及清初"通海案"及抗清痕跡的詩，則毛氏康熙十五年前所作詩，絕大多數見於《瀨中集》中。毛奇齡於康熙十七年赴京應試博學鴻儒，二十五年夏自京回杭，僦居杭州竹竿巷，自此摒棄詩詞歌賦之業，專務經學。康熙三十八年，毛氏彙刻其早年著述爲《西河合集》，康熙十五年至三十八年間所作詩，收錄其中。則此三詩果係毛氏所作，當在康熙三十九年至四十三年間。

毛奇齡《詩話》八："予有《錢湖記事詩》五題，凡十首。"其一題爲《舟中望寶石塔》，云："康熙四十年三月，予同朱竹垞諸子過湖上作三日游。第一日，舟中問寶叔塔故蹟，嫌舊志不實。一謂僧寶所建塔，'所''叔'形誤。一謂錢王俶入覲，民建塔保之，呼'保俶'，'俶''叔'聲誤。然皆無據之言。考是塔

---

① （清）毛奇齡：《西河合集·跋》，清康熙五十九年刻本。
② （清）毛奇齡：《西河合集·序十一》，清康熙五十九年刻本。

甚古。《郡國志》云：'寶石山上有七層寶塔，王僧孺稱其巧絕人工。'則其來舊矣。且是塔以山得名，'寶叔'者，'寶石'之誤。蓋山本多石，有巾石、甄石、落星石、纜船石，舊名山足曰'石塔頭'是也。今湖多增勝，而是塔久壞，誰其修之？詩曰：'金沙聚坡陀，文甓壓瑪瑙。望去皆有情，觀者慢言巧。''古寺開神境，諸方仰上岑。清天湖面似，插破一蒲針。'"①知康熙四十年三月，毛奇齡與朱彝尊等過西湖作三日游。其二題爲《過錢王祠觀表忠觀碑兼入祠右廢寺》，云："是日，有言《表忠觀碑》在錢王祠者，因過觀之。考表忠觀在龍山之麓，觀毀，遷其碑來祠，然碑皆露立，且有仆者。及觀畢，欲憩祠右一廢寺，不得入。按，是地當湧金門外，爲錢王故苑，苑曾產靈芝，因捨苑宅作靈芝寺。南渡後，建祠寺傍，新進士放榜訖，每題名于寺而開宴焉。真勝地也。今祠止三楹，坐錢氏三世五王，而寺已頹然不可問矣。詩曰：'舊苑留壞牆，荒碑臥行路。欲採雲母芝，草長不知處。''日落移舟晚，春明啓宴遲。誰憐臨水宅，猶是曲江池。王所居名臨水里。'"②知毛奇齡與朱彝尊等過吳越王錢鏐祠亦在諸人游西湖的第一日。據朱彝尊《曝書亭集》卷二十重光大荒落《上巳後三日顧孝廉之琬招同諸公泛舟西湖即事分韻得交字》《吳越武肅王祠觀表忠觀碑得潛字》③，知毛、朱等人游西湖第一日乃"上巳後三日"，即三月初六日。與此第一首詩題有"上巳後三日泛舟西湖"語合，當爲同一時同一事。毛奇齡游西湖詩均載於《詩話》八，與此三首詩不符，顯僞。

此外，《詩話》八所載此游第三題爲《西馬塍看花》，云："次日，竹垞赴李都運席，未至。……且塍者，畦稜之名，第可藝植，牧獸非其事矣。今人家屋傍尚有花，第無藝花者。詩曰：'溜水橋邊路，迢迢獨自行。西塍花自好，何必問東塍。''閉門誰家園，不見有花樹。但見賣花翁，收花入籃去。'"知毛、朱等人西湖游的第二日，是赴西馬塍看花，朱彝尊因赴兩浙都轉運鹽使鹽法道李濤飲席，未與游。此游第四題爲《第四橋尋水仙王祠》、第五題爲《泊舟回峰塔訪小南屏山石壁書蹟》，第四題《第四橋尋水仙王祠》云："第三日，雨後過二堤，覓王祠不得，酹酒賦此。詩曰：'龍宮有人王，曾祀兩塘側。神巫將招茅，太守請配食。''秋菊井旋廢，春蘭花不生。每聽《小海唱》，愁上望湖亭。《晉書·夏統傳》有《小海唱》，祀伍胥之曲也。'"第五題《泊舟回峰塔訪小南屏山石壁書蹟》云："是日，日將西，久坐望塔。及訪小南屏，觀石壁所書《家人》卦、《學記》、《中庸》，摩挲延佇，而日已銜岫矣。……詩曰：'南屏有回峰，曲抱當

① （清）毛奇齡：《西河合集·詩話八》，清康熙五十九年刻本。
② （清）毛奇齡：《西河合集·詩話八》，清康熙五十九年刻本。
③ （清）朱彝尊：《曝書亭集》卷二十，民國八年上海商務印書館四部叢刊景清康熙五十三年刻本。

寺門。王妃建黃塔,俗號黃皮墩。"黃皮","王妃"之訛。志云"地植黃皮",誤。''迤邐屏山西,石壁看垂露。坐對索靖碑,不覺日西去。'"①知毛、朱等人西湖游的第三日,是游第四橋、水仙王祠、回峰塔、小南屏山等。毛奇齡等人游西湖的第二日、第三日所作詩,亦與此三詩不符,亦可證其僞。

墟中十八詠序(康熙四十一年)

余自丙寅歸里,居湖上,邵子允斯訪余渡西陵,杯酒夜飲,時共偃卧,問會稽才士能斯文者,允斯稱章氏十子爲《墟中十八咏》,上力追建安,次不失神龍、開元,數人者於書皆屈意講貫,鼓動拔起,其意致遠矣。且曰:"幸先生一言指車,聲價十倍。"余非能重人聲價者,顧見能詩之士,則踴躍歡喜,月旦評次不厭。因索《墟中》詩,徧□□其言情體物,各極抒寫。章氏□代多偉人,余少猶及覿格菴先生,今其宗黨乃大起如是,根之深者華自茂,其益信矣乎!詩皆五絕句,題亦可玩,先以畫,披圖展卷,即使人忘倦。章氏之居,擅一邑之勝,而人文又魁奇秀出,甲于東海。爰授之梓,可以見諸君皆有高世獨立之志,而無忝前賢矣,喜援筆爲之序。時壬午窹月隔冬至一百六日,西河老人奇齡題。

【按】文見章大來輯《墟中十八咏》卷首。章大來,字泰顓(一作"占"),號對山,浙江會稽人。毛奇齡弟子。著有《玉屏山房詩》《後甲集》。毛奇齡《道墟十八圖詠序》題下小字注曰:"舊《圖詠》刻序一篇,係門人邵允斯代先生作者,此從原稿存本改正。"②"門人邵允斯"即邵廷采(1648—1711),字念魯,又字允思(一作"斯"),浙江餘姚人。諸生。少從韓孔當講學姚江書院,又遍交證人弟子,聞誠意、慎獨之説,欣然悦之。屢試不第,講學姚江書院十餘年,授徒著述,終老鄉里。康熙三十八年,執贄受業於毛奇齡。爲學重在經世致用,力倡讀史以救當世之失。對宋明忠烈、晚明恢復事蹟,皆極意搜羅表彰。著有《思復堂集》《姚江書院志略》《東南紀事》《西南紀事》等。從題下小字注可知,此文是邵廷采代毛奇齡所作,毛奇齡原作現載《西河合集》中。録此存照,以明其詳。

---

① (清)毛奇齡:《西河合集·詩話八》,清康熙五十九年刻本。
② (清)毛奇齡:《西河合集·序四》,清康熙五十九年刻本。

世經堂集序①（康熙五十一年）

　　蓋自事功與學術爲兩塗，即求之古人中優於此者，必絀於彼，非其才所不逮，即力有不暇，此望洋觀止不能已于徐西泠先生也②。先生五歲能吟五言詩③，十歲舉神童，《燕子》一賦、《榴花》七律④，受知於張西山、胡荆州兩公。甫弱冠，自墳典丘索⑤、性命精微、天文地輿⑥、象數方名、禮樂河漕、軒岐攝生諸銓諦，無不窺其秘奧，由是著作埒等身。一舉拔貢士⑦，三中副車，遍歷天下名山大川。凡著述，莫不家傳戶誦，一時名遂噪都下。適清獻、司農兩公藉其長才，又爲和碩康親王⑧、尚善貝勒延置幃幄，十餘年間，凡一應條陳奏議、豐功偉績、裨益於國計民生者，諸君子享其名，實出自先生手也。

　　己未，同舉博學宏辭科⑨，予得讀書中秘⑩，先生將次詮用，又爲靳文襄、于總憲題授監理⑪，開中河三百餘里，避黃河之險洩七十二處，山河之水朝宗於海⑫。先生指授方略，咸克底績⑬，論功以六品服俸，暫補興化縣尹，兼攝州縣篆者七所⑭，過轍有善政⑮。既而奉命賑濟高、寶、興、泰七州縣⑯，爲之破產，全活不下韓魏公七十萬之眾。於是督撫、河漕會薦，九卿科道保舉，恭逢特簡⑰，吏部首推⑱。聖駕南巡，龍舟召對⑲，前後五次，并應制《西

---

① 按，此序脫胎於徐旭旦《世經堂初集》（康熙四十八年刻本）卷首徐元正序，因出校勘記加以比對，以明所改。下校勘記徑稱"徐元正序"。
② "徐西泠先生"，徐元正序作"家西泠弟"。
③ "先生"，徐元正序作"吾弟"，下同，不一一出校；"吟五言"三字，徐元正序無。
④ "榴花七律"四字，徐元正序無。
⑤ "自"上，徐元正序有"上"字。
⑥ "天"上，徐元正序有"下至"兩字。
⑦ "一舉"，徐元正序作"壬子"。
⑧ "又"上，徐元正序有"繼"字；"和碩康親王"，徐元正序作"和碩親王"。
⑨ "同舉"，徐元正序作"應"；"科"下，徐元正序有"時"字。
⑩ "得"字，徐元正序無。
⑪ "憲題授監理"，徐元正序作"河題請因授監理"。
⑫ "開中河三百餘里，避黃河之險洩七十二處，山河之水朝宗於海"，徐元正序作"開導中河七十二處，泄海口三百餘里"。
⑬ "咸克底績"，徐元正序作"遂底平成"。
⑭ "縣尹兼攝"，徐元正序作"署"。
⑮ "善政"，徐元正序作"政聲"。
⑯ "而"，徐元正序作"又"；"高寶興泰七州縣"七字，徐元正序無。
⑰ "恭"，徐元正序作"遂"。
⑱ "推"下，徐元正序有"大用"二字。
⑲ "聖駕南巡龍舟"，徐元正序作"會今上南幸舟次"。

湖《金山》諸賦及《迎鑾詩》三十六章、《西湖十景曲》，援筆立就①。上奇之，將拔置薇垣中，備朝夕顧問。適丁內艱②，固辭去。甲申，補楚之清瀏，一時輦下名公鉅卿歌"長沙不久留才子"之句③，餞之長安門外，當時以爲榮。未幾④，攝漵浦⑤，兼瀘溪⑥。且九疑之寧遠，素稱劇邑，苗猺雜處，時多八排、六謡之賊剽掠其間，瀟湘爲患。于是石制憲、趙撫軍保題以"清廉著效，才品優長，熟悉風土，保障永賴"上薦，欽奉俞(諭)旨，特授寧遠令。下車之日，首以撤兵爲亟。編保甲，練鄉勇，招苗猺，撫遺子，親率捕巡，練總、家奴殺賊者再，從此宵小遁形，奸宄斂跡。三載以來，賊寇不敢犯境，道州、江華、永明皆得寧謐。又詳請將備永鎮地方，爲善後計。近走銀鹿攜所刻《世經堂文集》、《詩詞》、《樂府鈔》示余⑦。

予大喜過望，因知先生之所以治楚者⑧。寧邑故出蒼梧之堃⑨，地雜苗猺，民多梗化。先生開誠布公，減賦稅，絕苞苴，戢强暴，靖萑苻。吏號"一錢"，民歌《五袴》，蓋德教入人之深也。益嘆事功不由學術，則其本領不厚而發之也，必不能入乎人心、譽聞當事、洋溢乎邦國！先生之著作⑩，其奏議則西京也，其駢麗則晉、魏也，其記、敘諸體則唐、宋也，其詩則三唐也，其詞則宋、元也，其樂府則黃鐘大呂，不落後世靡靡之音也。金聲玉振，真可謂之集大成矣！⑪ 然有賈、董之暢茂，而去其雜霸；有何、應之綺麗，而益以氣骨；有韓、蘇之如潮如海，而納之規矩準繩⑫。蓋醇乎其醇，無體不備，是真兼乎古之作者！況漢、唐以來，諸公或徒託之空言，或未究諸實事。若先生，本其學術，出爲事功，在河而河奏功，在漕而漕著績，在劇邑則劇邑謳歌，在嚴疆則嚴疆徧德。實在功業，隨分設施，行見政成，上理大江南北⑬、三楚百粤，諸

---

① "西湖十景曲援筆立就"九字，徐元正序無。
② "丁內艱"，徐元正序作"因內憂"。
③ "之句"二字，徐元正序無。
④ "未"上，徐元正序有"惟是臨岐執手，兄北弟南，愈疏瀰耳"十四字。
⑤ "攝漵浦"，徐元正序作"聞攝漵邑"。
⑥ "兼瀘溪"，徐元正序作"兼篆瀘署"。
⑦ 自"且九疑"至"樂府鈔"，徐元正序作"又未幾，題授九疑山長，近又聞兼攝營浦矣。夫大湖以南，素稱盤錯，方不解吾弟何屢試輒以最聞，而兩臺之薦無虛日也。今年春，扈蹕南巡，歷視上中下河，諸境父老爲予言：'此猶昔年君家監理功也。'予正不得一騫首爲念，乃吾弟已走使南迎，并攜所刻《世經堂初集》"。
⑧ "知先生"，徐元正序作"詢弟"。
⑨ "寧"上，徐元正序有"知"字。
⑩ "先生"，徐元正序作"今吾弟"。
⑪ 自"其詩則"至"集大成矣"，徐元正序無。
⑫ "之"下，徐元正序有"于"字。
⑬ "江"，徐元正序作"湖"。

執政能以得人進①。聖天子開明堂而受賀焉,僉曰②:"果不負是人,今益老
其才矣。"③三載報最,特陞連平刺史,晉秩大夫。九連介在萬山之中,賴先
賢王陽明先生平九連之後,新設一州,控制四省,任綦重也。然西泠先生治
連平,一如治吳、治楚也,碁年而連平大治④。用是資其經術,黼黻皇猷,益
得出生平所著作數百萬言,若二集、三集,以迄樂府、詩歌、詞曲鈔本⑤,并
《河漕輯要》《壽民醫統》等書,固不獨藏之名山、傳之其人,而彪炳天壤、潤色
太平者,當益繼清獻、司農兩公以光顯南州也⑥。先生子姓聯鑣竝轡,後先
繼起,均爲金華殿中人物,石麟書香,光焰千古矣!因喜而呕(爲)之序。時
康熙歲次壬辰中秋日,同學毛奇齡晚晴氏拜手謹譔⑦。

【按】文見徐旭旦《世經堂詩文集》(康熙五十一年重刻本)卷首。丁仁
《八千卷樓書目》卷十七:"《世經堂全集》三十卷,國朝徐旭旦撰。"⑧徐旭旦
(1656—?),字浴咸,號西泠,又號聖湖漁父,浙江錢塘人。康熙三十二年副
貢。以河督靳輔薦,開宿遷新河三百餘里,河工成,遷興化知縣官。後官廣
東連平知州。著有《世經堂詩鈔》。毛奇齡稱徐旭旦、徐旭升、徐旭昌三兄弟
爲"徐氏三珠樹",見毛奇齡《東皋二圖序》:"錢唐有名士而寓於醫者三人:一
陸景宣,一沈謙,其一東皋徐君也。……東皋席名臣之裔,豪於藝林,與兄西
泠、弟北溟,稱'徐氏三珠樹'。"⑨

文末署"時康熙歲次壬辰中秋日",知此文作於康熙五十一年壬辰
(1712)中秋,時毛奇齡九十歲。按,徐旭旦《世經堂初集》康熙四十八年刻本
爲三十卷,卷首有康熙己丑董思凝序、康熙丁亥徐元正序。而康熙五十一年
刻本包括《世經堂初集》三十卷、《世經堂詩鈔》二十一卷、《世經堂詞鈔》五
卷、《世經堂樂府鈔》四卷,與文中"近走銀鹿攜所刻《世經堂文集》《詩詞》《樂
府鈔》示余"語合;且每卷卷首有"錢塘徐旭旦西泠著,同學宋實穎既庭、毛奇
齡大可選"字樣。此康熙五十一年刻本,當是徐旭旦著作的彙刻本,前載毛

---

① "三楚百粵,諸執政",徐元正序作"兩臺"。
② "僉",徐元正序作"固"。
③ "果"上,徐元正序有"朕曩者召對"五字。
④ 自"三載報最"至"連平大治",徐元正序無。
⑤ "鈔本"二字,徐元正序無。
⑥ "司"上,徐元正序有"偕"字;"光顯南州",徐元正序作"高大吾宗"。
⑦ 自"先生子姓"至末,徐元正序作"予拭目俟之矣,因喜而急爲之序。時康熙歲次丁亥清和
月既望,愚兄元正子貞氏拜手謹譔"。
⑧ 丁仁:《八千卷樓書目》卷十七,民國本。
⑨ (清)毛奇齡:《西河合集·序三十》,清康熙五十九年刻本。

奇齡序，經與康熙四十八年本徐元正序比勘，知毛奇齡序基本脫胎於徐序，只不過是將徐序稍作增删改動，署毛奇齡名而已。康熙五十一年，毛奇齡已九十高齡，年老體衰，每卷卷首署"毛奇齡大可選"，恐非屬實；且此序較長，行文風格與毛奇齡他文亦不類，僞托之跡甚明。另據黃强先生考證，徐旭旦《世經堂初集》《世經堂詞鈔》中抄襲前人及同時代人的著作頗多，詳參黃强、申玲燕《徐旭旦〈世經堂初集〉抄襲之作述考》①、黃强《徐旭旦〈世經堂詞鈔〉中抄襲之作考》②，亦可證毛奇齡此序爲僞作。

貞西公傳（康熙五十二年）

文伯諱之冕，別字貞西。贈中丞公胄子也。生而敦敏。十三喪母來，事繼母戴甚謹，宗族稱孝焉。崇禎丁丑，年十九，補諸生，以藝文名。予嘗兄事之。既而棄舉子業，恬淡自得。修方外高躅，一肪乎柴桑之親白社者。嘗蒐岐黃術，鍊禁方，以救時痾，全活甚衆。

會邑饒水災，西江塘與蘆康河圯，人多漠視之，而公獨肩任，有若己溺。量功役，計程簿，既減惜官費，而民患已絕。他若增築湘湖塘，修學宮、縣廳事，悉準是焉。其抱負經濟堪大用爲何如者！

乃生于萬曆四十七年己未，逮今康熙十七年戊午，得歲六十，卒。子一，即鼎泰，蹕公高行，予嘗謂"旄人把臂，倖與王安豐、濬冲父子作林下遊"，正指此也。值周氏修族譜，予以知之切，因爲立傳。西河毛奇齡，九十一歲，謹傳如右。

【按】文見周家楨等續修《蕭山來蘇周氏宗譜》卷二。"貞西公"即周之冕，字文伯，號貞西。"乃生于萬曆四十七年己未，逮今康熙十七年戊午，得歲六十"，知周之冕生於萬曆四十七年己未（1619），卒於康熙十七年戊午（1678），享年六十；"子一，即鼎泰，蹕公高行，予嘗謂'旄人把臂，倖與王安豐、濬冲父子作林下遊'"，指周之冕有一子鼎泰，父子俱與毛奇齡爲友。

文末所及"值周氏修族譜，予以知之切，因爲立傳"，知蕭山周氏重修宗譜，毛奇齡爲周之冕作家傳。周國龍《恂菴公來蘇家譜序》末署"時康熙乙卯

---

① 黃强、申玲燕：《徐旭旦〈世經堂初集〉抄襲之作述考》，《文學遺産》2012 年第 1 期。
② 黃强：《徐旭旦〈世經堂詞鈔〉中抄襲之作考》，《文獻》2015 年第 3 期。

季冬朔日,裔孫國龍敬書"①,周書《心遠公修輯來蘇家譜序》末署"康熙五十一年七月,二十六世孫書敬序"②。知蕭山來蘇周氏於康熙年間曾兩次修譜,一在康熙十四年乙卯(1675),一在康熙五十一年壬辰(1712)。周之冕卒於康熙十七年,則文中"值周氏修族譜",當指康熙五十一年所修譜。

文末署"西河毛奇齡,九十一歲",毛奇齡九十一歲時,值康熙五十二年癸巳(1713)。據毛黼亭等續修《蕭山毛氏宗譜》卷四"(奇齡)卒於康熙癸巳三月初五日,年九十一",③毛奇齡卒於此年三月初五,此前兩月毛奇齡蓋已病入膏肓,難作此序,托名而已。

水閣于氏宗譜序(康熙五十二年)

邑南漲潘橋左,前後兩村皆吳氏,而後村吳氏實自水閣遷此,本于氏。宋時有諱俊者,登寧宗朝進士,尚榮王趙希瓐女正一院主,其父祥二公贅於水閣,遂爲蕭山于氏始祖。越明而忠肅公謙被禍,隙家搆于氏,祥二之裔左喬易姓徙居,卜築於後村,爲吳氏,已傳五六世矣。

今其後嗣儒有、性皆、西崖、觀海諸君,思水之必有源、木之必有本也,因異枝而尋其榦,因異派而溯其源,仍復舊姓。爰自祥二公下,訂定族譜,爲昭爲穆,以紀以綱,井井秩秩。嗚呼,可謂仁孝也已! 而諸君猶若有憾,謂于本周武王後,時封其子綱叔於邘,邘亡,子孫去邑氏于,淵源可核。獨祥二公以上世次無傳,訪之忠肅一支,又中斷難合,是用深惜。

齡以于之本邘,此其可信者也。虞去虍爲吳,棗避讐更棘,疎刑左爲束,邽删右存朱,古人因事易氏,往往有之。惟世次殘缺,殊不可强。雖然,于氏遍海內,而郡馬顯於宋,當時必有姻戚族屬聯附而表見於記載間者。天下事患不求,不患不得,或求之而即得之,或求之之久而後得之,得之遲速不同,而求之而必得,理固然也。況尋宗問祖,尤子孫仁孝之誠,可以格先靈、感天地者哉! 是又在諸君之勉之矣。時康熙五十二年歲次癸巳春三月,翰林院檢討、充史館纂修官、年家眷弟毛奇齡頓首拜撰。

【按】文見于肇麟等續修《蕭山于氏宗譜》卷一。文中所及"邑南漲潘橋

---

① (清)周家楨等續修:《蕭山來蘇周氏宗譜》卷一,清光緒十五年木活字本。
② (清)周家楨等續修:《蕭山來蘇周氏宗譜》卷一,清光緒十五年木活字本。
③ (清)毛黼亭等續修:《蕭山毛氏宗譜》卷四,清道光二十六年爵德堂木活字本。

左,前後兩村皆吳氏,而後村吳氏實自水閣遷此,本于氏",指蕭山後村吳氏本爲于氏,由蕭山水閣遷此。王之槐《于氏譜序》云:"蕭山蜀峰吳氏,其先乃于氏也,自水閣而遷此。"①

又"宋時有諱俊者,登寧宗朝進士,尚榮王趙希瓐女正一院主",指于俊舉宋寧宗朝進士,娶榮王趙希瓐女正一院主,王之槐《于氏發派》:"祥二公……公生子二,長諱俊,登宋寧宗朝進士,榮王趙希瓐招爲郡馬,配正一院主。"②

又"祥二公贅於水閣,遂爲蕭山于氏始祖",指于笙入贅蕭山十一都水閣張氏,是爲蕭山始遷之祖。王之槐《于氏譜序》云:"水閣于氏之始,自祥二公紫閬而遷此,歷今一十六世矣。……世系昉自祥二公者,以其爲蕭山始遷之祖也。"③王之槐《于氏發派》:"次子諱笙,行祥二,又自紫閬同徙居蕭山十九都水閣。……惟祥二公贅水閣張氏,子孫家之,蕭山之有于氏,蓋始此。"④知祥二公名于笙,由暨陽紫閬徙居蕭山十九都水閣,爲蕭山于氏始祖。

又"越明而忠肅公謙被禍,隙家搆于氏,祥二之裔左喬易姓徙居,卜築於後村,爲吳氏,已傳五六世矣",指謙被殺後,殃及同姓,于笙之後裔于墀遷蕭山後村,改姓吳。黃炳《左喬公行略》:"于氏當宋時居暨陽紫閬,自郡馬之皇考祥二公贅蕭山水閣,遂家焉。至十世孫諱墀號左喬,炳之外曾祖也。……以水閣地隘,偕母田太君遷蜀峰之下,曰後吳畈,夙夜勤勞……謂之'吳'者,時忠肅公遇讒,殃及同姓,爲于氏後者紛紛易姓,而左喬公亦因之,此所以隨地氏吳,而子孫遂以承之也。"⑤王之槐《于氏發派》:"忠五公之八世孫左喬公自水閣徙居蜀峰之下,迄今七世,已一百五十餘年矣。"⑥

又"今其後嗣儒有、性皆、西崖、觀海諸君……仍復舊姓",指于文熊、于士琦、于學嵩、于萃宗於康熙五十二年重修于氏宗譜,改吳爲于。蔡必達《郡庠生儒有公傳》:"公于姓,名文熊,儒有其字也。始祖祥二公由暨邑紫閬遷蕭之水閣,至高祖左喬公徙居西蜀山下。父庠生聖藩公,母柴太君,繼母黃太君。聖藩公生三子,公居長,好讀書,爲郡庠諸生。性孝友,事父母克盡心力,事繼母一如生母。……仲弟迪吉,季弟西崖,至老怡怡。季尚義好施,家業漸落,公授以己田數畝。生平樂善不辭倦,改過不少吝,常以聖賢自

① (清)于肇麟等續修:《蕭山于氏宗譜》卷一,光緒四年佑啓堂木活字印本。
② (清)于肇麟等續修:《蕭山于氏宗譜》卷一,光緒四年佑啓堂木活字印本。
③ (清)于肇麟等續修:《蕭山于氏宗譜》卷一,光緒四年佑啓堂木活字印本。
④ (清)于肇麟等續修:《蕭山于氏宗譜》卷一,光緒四年佑啓堂木活字印本。
⑤ (清)于肇麟等續修:《蕭山于氏宗譜》卷三,光緒四年佑啓堂木活字印本。
⑥ (清)于肇麟等續修:《蕭山于氏宗譜》卷一,光緒四年佑啓堂木活字印本。

期。……族舊有譜，遭兵燹殘缺，而宗支日繁，源委未悉……遂偕從弟性皆于康熙癸巳多方採輯，越六載譜成。……乾隆廿九年歲次甲申葭月之吉，眷弟蔡必達頓首拜撰。"①何國泰《儒有迪吉于公合墓誌銘》："于氏多醇德君子，儒有、迪吉二公居其二。父聖藩公，娶柴氏，生三子，長郡庠生儒有公諱文熊，次迪吉公諱惠昌，季西崖公，即泰之外父也。……高祖左喬公自水閣徙西蜀山下，歷公四世，業頗饒。長公知節儉，故能增益開大。……長公配金氏，生子二、女一，繼王氏，生子三、女一。……長公卒於雍正乙卯十月初四日。"②來謙鳴《性皆公傳》："于氏於蕭爲望族，代生傑人，世業儒。公諱士琦，字性皆，子雲公之四子。甫九齡而失怙，遵母訓，奮迅書香，有聲黌序。配趙氏，以名門女通內則……公作事有幹才，好施予……鄉黨間有以事質成者，公數言爲解，無不感服去。居恒以詩書課後嗣，次子旋青其衿幼兒名列成均，世咸稱公種德之報。"③朱坤《例贈登仕郎西崖公傳》："于先生諱學嵩，字西崖，醇行人也。少力學，慷慨自負，出就試不偶，旋棄去。……先生祖居浦江，自南宋時遷蕭之水閣，其二世遜宋寧宗朝進士，尚正一院主。明時遷後吳村，彬彬詩禮家也。……至生平事親之孝，教子之嚴，治家之肅，待人之寬，不能殫述也。……先生元配沈氏，有淑德，能成先生之行。生女三，長適余友何子秋田，次適傅，幼適韓。子三，長曰京，次曰宗夔，幼曰宗範，京授登仕郎，例應贈如其職。"④傅學泗《郡庠生觀海公暨配陳太君合傳》："公名萃宗，字觀海，行宗五，伯甯公長子也。生而穎異……束髮讀書，智慧不與群兒伍。稍長爲文，便有崢嶸不羈梗概。……即弟兄有四，亦終崖岸無聞，故一時親友群嘖嘖稱道其賢。生平課讀之餘，兼事生產，所以丕基式廓，家業漸興。入晚歲，喜宗派之繁衍，痛譜書之剝蝕，不及時纂輯，將世遠年湮，宗支莫繼，曷勝寄慨？爰商之房族，諸公無不踊躍歡欣，共襄厥志。……迄今世系井井，昭穆班班，俾後子孫展卷如棋布之明，按部若星羅之朗，絕無風霜燹火之虞者，敢忘創始之功哉？元配陳太君者，幽而有度，淑而能貞，肅事舅姑，和調鄰里，固稱婦道矣。……公生于康熙十七年二月初四日戌時，卒於雍正十一年八月初一日酉時，享年五十六歲。生子二，長嗣英，次嗣培。生女二，一適單，一適楊，不及備載云。"⑤王之槐《于氏譜序》云："而吳子俊升、儒有、性皆、西崖、起濱兄弟叔姪……因先世舊譜灰燼……遂以輯譜爲己責。

① （清）于肇麟等續修：《蕭山于氏宗譜》卷三，光緒四年佑啟堂木活字印本。
② （清）于肇麟等續修：《蕭山于氏宗譜》卷三，光緒四年佑啟堂木活字印本。
③ （清）于肇麟等續修：《蕭山于氏宗譜》卷三，光緒四年佑啟堂木活字印本。
④ （清）于肇麟等續修：《蕭山于氏宗譜》卷三，光緒四年佑啟堂木活字印本。
⑤ （清）于肇麟等續修：《蕭山于氏宗譜》卷三，光緒四年佑啟堂木活字印本。

五十二年癸巳輯譜始，相延至今，尚未告成。今歲戊戌徂暑，適覯寧波于氏譜牒，核之水閣于氏宗派，原委燎若觀火，本末明如指掌，參互考訂，信而有徵，諸公不勝雀躍。……槐深嘉于氏譜不爲徒設，故共勷其事，而并爲之序。時康熙五十七年歲次戊戌中秋朔後四日，元甥婿王之槐樹德氏頓首拜序。"①王之槐《于氏發派》："中更姓吳，今復其初，仍于氏。時康熙五十七年戊戌中秋後三日，眷晚生王之槐頓首拜述。"②綜上可知，康熙五十二年至五十七年，于文熊、于士琦、于學嵩、于萃宗四人主持纂修于氏宗譜，復吳姓爲于姓。

又"謂于本周武王後，時封其子綱叔於邗，邗亡，子孫去邑氏于"，指于氏本姓姬，爲周武王後。周武王封其子綱於邗，邗國亡後，其子孫以"于"爲氏。王之槐《于氏發派》："嘗考于氏自武王封其子諱綱於邗，爲發派之祖，後去國之邑以著氏，遂姓于。世代久遠，支派繁衍，其詳不能悉攷矣。"③

文末署"時康熙五十二年歲次癸巳春三月"，據前文可知，毛奇齡卒於康熙五十二年癸巳三月初五日，而此序末署"春三月"，僞托之跡甚明。

五言楹聯（康熙五十二年）

南嶺垂楊月，西河歌詠風。
　　　　康熙癸巳仲冬呵凍書，九十一叟西河毛奇齡書。

【按】此五言楹聯收藏於臺北故宮博物院。末署"康熙癸巳仲冬……九十一叟"，"康熙癸巳"即康熙五十二年癸巳（1713）。據前"貞西公傳"條考證，毛奇齡卒於康熙五十二年癸巳三月初五日，此聯署"康熙癸巳仲冬"，顯僞。

---

① （清）于肇麟等續修：《蕭山于氏宗譜》卷一，光緒四年佑啓堂木活字印本。
② （清）于肇麟等續修：《蕭山于氏宗譜》卷一，光緒四年佑啓堂木活字印本。
③ （清）于肇麟等續修：《蕭山于氏宗譜》卷一，光緒四年佑啓堂木活字印本。

毛奇齡散佚評語輯補

王甕《歸鳥二章》

音旨蕭寥，在子荊、子諒之間。

陸曾燁《大昊三章寄商隱居》

亦魏、晉以後諸格，然尚近束晳。章之學術最醇，古文並昌黎，賦近漢，獨詩非其所長，然生峭處亦有似韓、盧一種者。自章之喪，而吾郡無學，區區韻語，求之猶緒事也。

包秉德《贈大可諸子》

間用辭，以事微近六季，然氣格高矣。飲和精博過楊用修，有內、外集，未行世。

包秉德《從延平歸哭祖母詩》

頗近退之，然言情甚旨。飲和幼孝弟，其尊大人嘗言“四十年來無失容”，嗟乎難言矣！

——以上《越郡詩選》卷一

徐緘《空城雀》

純乎漢製。伯調詩大概如海外蜃樓，變縱憒縕，不可名狀。其樂府獨長於吳聲，此合下作，迷煩拙錯，則三調本色也。予與伯調別有《三子》，茲選特取其稍變者耳。

徐緘《楊白花》

本詞如新調笙篪，此則諸適近唐矣。其情致全得之音節間。

來集之《稗艸子》

幾似太白，以沉着自異。

謝晉《車遙遙篇》

似張籍《行路》、賈島《早行》諸詩，此唐樂府本色也。

張梯《行路難》

純乎明遠、樂天後，非所儗也。木弟詩如藍田，歸獵嚴警，獨倍惜病，不

261

得其全詩耳。

陸曾燁《五弟來》

悢悢欲泣。昔人謂《黍離》爲弟尋兄詩，倘亦如是耳，此合《韓夏哥》，俱係新本。

朱士稚《雞鳴歌》

調合本辭，其旨似唐人《早行》諸詩。

朗詣詩如秋霄隼決，蕭爽而銳捷，往不可及。

張宗觀《疇昔辭》

用賓詩如太華晚霽，極其高秀，使造至今日，勝仲嘿矣。其全詩爲朱朗詣持至歸安，急不得索，此其粘壁詩也。南士每以用賓之死方吾邑子先，誠痛之矣！

葉士遴《南離篇》

閎麗，頗有唐山遺音。

祁理孫《折楊柳枝辭》

前辭以不蒙見佳，後辭風隱，俱極本色。

姜廷梧《黄葛篇》

桐音詩如平橋春汎，洸洋緩溢，居然大家。西陵諸子亟稱其詩爲近代罕有，故其選古，大約從家馳黄所品定者。伯調、木弟與桐音論詩有年，讀《待删集》，固知其情法有獨到也。

張杉《黄葛篇》

南士詩如寒潭收潦，瀟滋自得，樂府古調似子建，近調似太白。恨帙繁，往多缺落，今但錄凤昔見寄者，已隱隱見全豹矣。

《黄葛》東晉，《樽酒》中唐，《少年》後周，並膾炙人口，故并錄之。

沈胤筢《君馬黄》

以唐調雜古音，頗近元辭。大抵康臣詩纈濯如湍錦，其於近體尤工，近方入奥，然一夕而嘔血數至，雖緣苦思，倘亦神忌之矣！

單隆周《千里思》

首四句銳往，似少陵調，後迤邐入古。

葉汝龍《蓬平秀》

季木詩無體不脩，離奇蒼莽，不可名狀。特其章法稍夷，斯二作，真古裁矣。

何之杰《關山月》

似梁簡文《雁門太守》諸作。伯興雅善病，新詩零散，不及輯，此皆舊刻，然已頡頏大家矣。

董鏐《襄陽樂》

俊俠無近情，子長詩才在韓、孟間，㢮取其雅馴者以合度，要其跅跁之技，猶見容色。

祁班孫《枯魚過河泣》

奕喜詩如三山倒景，望之如雲臨之風，輒引去。又如露桃東井，鮮葩沁人，其樂府尤獨絕，初得《戰城南》數篇，驚爲太白；既久得《艷歌何嘗》，則直詫絕矣。嘗與大聲語："吾郡詩若蕃仙之精秀，奕喜之超軼，自可上下千載，縱橫萬里。蕃仙於詩尚宿，奕喜纔矢歌，即能軼群絕跡若此，向使進之，即太白豈可量也？近代頗多作者，以之頡頏猶人耳，吾於奕喜不能不心詘之矣。"

祁班孫《雁門太守行》

意氣直哲，微似近今，然聲繁而節驕，恐亦非晉後可擬及也。

黃運泰《寶劍篇》

開平詩大約似陳、隋一種，《十索》《七憶》，具極姿致。近體輕秀處，微似溫、李。自甲申後，深自棄置，入山養橘柚，收芋拾橡，日飲酒數斗，興至略涉筆墨，然輒能使風氣日上，此固其宿穎也。

黃運泰《十索詩四首》

纖猗似沸大《委靡》諸辭。

沈功宗《善哉行》

能獨出機杼而畢合古法，此真具才。當代樂府，首推北地。吾郡則吾邑爲得體，自子先亡後，大敬恥事筆墨，飲和繼逝，予與同人悉鹿鹿不暇，斯道將墜。近年得孚先、德孚振之，喜漸有起色。孚先才最峻，其詩如嶍江水落，浩而能削，量其所至，當不止如王、孟眼中之人，未易覯也。

祁德茝《怨詩》

梅市閨秀爲吾郡冠。忠敏公以大節自見，闔門内外，悉隔絕人事，以咏吟寄志。侍妾家婢，無不能詩，真盛事也。商夫人詩逼盛唐，與子婦楚纕、趙璧，女卞容、湘君輩，講究格律，居然名家。嘗見奕喜云："近方共究選古，然已能彷彿惠連，道蘊非其比。"伯調曾有詩云："箕子國中許小妹，錦官城内王夫人。風流曠代不相接，筆陣一門驚有神。"以方王、許，似猶過之。

——以上《越郡詩選》卷二

朱士稚《江行》

全擬玄暉。

朱士稚《北門行》

風格本《十九首》，其高爽之氣，前則明遠，後亦太白。

林辰《門前水》

只答語便結，章法高陗，其辭旨惋痛，乃過"白髮時下"數語。

木道古詩最強奧，近體頗學中、晚，然大率慷慨激烈，棄置時俗，循其畦徑，有絕不顧計議者，破壁獨行，亦一奇也。

王毓芝《閨怨》

"葉葉"句，自是好語，結不露感意，但寫悲情，尤見章法。

謝晉《奉贈余若水城南隱居》

必不可得，則柴桑一輩，似未可輕議者。躊躇此間，何許心量？

來集之《春日雜咏》

此唐人擬古佳作，隨物興感，標寄甚長。

祁鴻孫《九日童山晚眺》

似宣城《登望》詩，高警卓犖，具體生動。

徐芳聲《輓會稽陶貞烈詩》

徽之詩以偉麗爲宗，自閉户來，力究經術，遂毀棄一切。予與徽之同記陶漢爲嫂氏烈詩，今視之，知其自寄深也。予嘗謂十年以來不媿稱處士者，惟徽之一人，是詩稍見之矣。

張梯《遲伯調桐音大可不至》

劃然而起，高雄俊宕，即鮑、謝何以過之？

姜國昌《盆蘭》

不爲綺合，自爾朗適，元亮別調。

陸曾燁《病起》

其用意俊刻，取物狷恝，雖皆落唐以後，然格調猶近古。五古純取格，遂有全無意理者，此猶有意理，故亟取之。

董匡《白馬篇》

沉雄激壯，自是建安本色。

徐緘《雜詩》

力追三謝，而被以諸體，玄黃經緯，燦然可觀。

徐緘《陶徵君田居》

雋于陶，然意氣自遠。

徐緘《中秋對月》

脩旨和節，在康樂、玄暉之間。

徐緘《雨雪述懷》

"促懽"四語，偃蹇自妍。

吕章成《八駿詩》

此裁之樂府之一也。裁之新樂府遠過西崖，以寄太晚，遂割入五古。世或訾景純《遊仙詩》無列仙之趣，當此淘笑，恐又爽然自失矣。

黄宗炎《懷古》

晦木伯仲皆不屑以詩自名，太冲尤自秘，然《懷古》《書感》之作，流誦已久，越石剛介，于此略見矣。

丁克振《做古》

大聲詩本以豪橫擅絶。此二詩，即聲、色間亦遂有萬里之勢。大聲嘗語予："時無合詩，繇無氣，故鼓勢以壯氣，則調自出。"近方爲"南浙詩選"之舉，予苦繩矩，得大聲矯厲之，則江左風氣當何如也！

朱曾蠡《録別二首》

從蘇、李取致，而自出機杼，酷似于鱗《録別詩》。仲軼與章侯尚爲放歌，此二作，其就律時也。

來蕃《東洲曲三首》

體似少陵，辭似次山，旨似長慶，從唐人中別搆一種村情野色，宛轉沁人。吾邑詩能自闢蹊路者，首推成夫。大聲每謂其詩如叩哀玉，讀其全詩，流離世故，真不啻哀動行路矣。

來蕃《悲哉行》

風木慘慘，此成夫永言也。只結用"自看"二字，使讀者痛絶。

來蕃《端居》

村田摯性，寫得惋痛，《國風》遺音。

包秉德《鬭鷄篇》

酷似宋、齊間逸詩。

駱復旦《送余虎文北行》

前篇直敘平昔，更無起結。次篇寄託悶遠，且微寓規惜意。用意固神，章法亦絶。

姜廷梧《喜雨》

"造化"數句，自是偉語。

邵懷棠《放歌行》

抒格渾壯，抽思雄傑，王仲宣一流也。近方習靡難，此矯出，録此二首，爲之快然。

沈霄鶴《寄余若水》

起致浩廓，近漢魏作者。具體清婉朗散，亦稽、阮侶也。崔士行孤介，高懷自寄，宜其有此！

張杉《別蕭山諸子五章》

聲情愴惻，每多顧盻。雖機杼獨出，然亦蘇、李遺音也。猶憶南士別時，仝人各賦詩，且有至墮淚者，間道止百里，況攜妻將母，所甚難已。乃援之悒悒，其于仝人晨夕間爲何似也。

何文煒《擬寡婦怨》

在昌黎、柳州之間。

葉雷生《擬古》

放懷徒歌，自爾隱心惻脾，此情至之調也。蕃仙詩如蜀山霽雪，高永而秀削。近體尤獨絶，每稱于鱗七律爲三百年罕有，恐對蕃仙，不足獨擅矣。

沈胤範《遠遊》

託旨遙雋，辭色穎達，明卿佳構。

何之杰《弔陳黃門師》

彷彿謝客《廬陵王墓下》諸作。

單隆周《夜夜曲》

繁情雅調，不縵不激，魏晉以來粹篇也。

祁理孫《喜金大來歸自婁東》

激宕有餘，其佳處正如阮生清泜，停鑣弭節，杳不可及。

祁班孫《擬西北有高樓》

與本詩頡頏，覺士衡以下，去之彌遠。

姜圖南《瓶荷未放忽爾隕落有感》

含情早衰，感念幽没，往多愴辭。

馬胤璜《期慧雲不至》

朗俊似阮。玉起詩最娟秀，其聲情極爲合古，選次將成，率爾得此，爲之一快。

黃運泰《雜詩》

覽古而得其概，故隨所標寄，悉得神會。

沈功宗《審志詩》

其二　思理嚴確，稍入近今，然高節邁度，祛盡靡細，居然大雅。

徐一鳴《七月詞》

文孺“十二月詞”，大抵祖陳、隋遺調，微似填辭，此作近中唐矣。

王登三《述忠擬古》

剛簡殊有生分。嶧長《述忠》詩，分源悉委，合三十首，當一代史乘。取此二作，略見其概。

徐胤定《贈葉聖野》

克家諸體俱近襄陽，每覺滔滔清絕。

朱禹錫《倣古》

不失古體。

丁夢芝《鷁搏雀》

此大聲長公詩也。辭意磊塊，方之其父，亦猶孟德之於子桓。

釋明盂《淡然見交三十年矣今夏過寓山將歸楚老眼相看聊賦短章用以志感》

曠然高寄，休上人合作也。

言情甚旨，彼故作玄會者，直狐情耳。

祁德茞《賦得紉針脆故絲》

簡文句。本自刻劃，此更逐節刻劃出之，體物溜亮，無過此詩。

結歸正雅，是古法。

——以上《越郡詩選》卷三

徐緘《訪海寧查君於胡氏園亭感賦》

低昂頓挫，多少意態。吾郡七古頗雜，似少前人蘊氣珝辭之旨，此與伯調共相刪定，以明體裁。

此是盛唐調，七言宜虛排，然聲長節縵，往往傷格，故選中於初唐曼體所擇便寡。

徐緘《徐仲根叔雅陶拜玉邀遊土城山同諸公賦》

殊有豪色。時予與同賦，覺仲根兄弟、拜玉諸子流連惆款之致，宛宛在目。

林辰《繡女詞》

是元、白一種。然微具四子意態，故佳。木道刻意中、晚，乃所詣往往得上，是其致高。

范礽《山月篇贈章含可》

不獨雄宕，其姿致宛不可及。

張梯《西陵諸子招飲即席賦贈并別》

追前眷後，流連動人，木弟之於友好乃爾。

氣格清壯。

曹逸《題陳氏海日圖》

雄翔混博，全乎少陵。

祁鴻孫《軍婦塩》

格、致兩絕，"貍皮"數語，尤刻劃可傷。

丁克振《白花歌》

生趣欲絕，是齊、梁七言佳境。

只數語，具極流淫之態。

傅列張《清凉山弔古》

初、盛風格，其興感寓物，亦正以淺處畢合，不知者鮮不以澹泊失之。

駱復旦《夜坐聞濤贈弟》

末句無端綴入，奇絕，音調亦暢。

沈胤笵《明月篇》

仲嘿《明月篇》，欲舍杜而宗四子，此則又宗杜矣。且意氣慷慨，又微似李。要之，前後不必相襲也。康臣極意爲詩，況此夕過于滯淫，是篇成，便失血數斗。今讀其辭，始知不媿嘔心也。

來集之《今宵曲》

從齊、梁入格，故蘊聲餙色，皆與《烏棲》《白紵》等篇出入，此當與江、薛爭勝，非顧、維可比也。

史在明《崖溪種花歌》

似張謂《湖上對酒》諸作，“只今”句插入感嘆，始接廢後一段，尤見章法。

姜承烈《擊鼓行送章含可北行》

得之李、杜之間。

魏方炘《招隱詩》

情致以簡澹，益得超摯，覺右丞《青雀歌》以下俱有繁色。又曰：“與劉安《招隱》反觀。”

毛萬齡《畫中美人歌》

綺于蕭梁，軼于楊隋。覺子安以下，猶屬後起。余幼時從兄學，聽其説詩，謂甞在審聲，聲盡而格調自出。此實比辭入樂要義，近方就陥刻。余獨取其夙昔所製者，表體裁耳。

葉雷生《舊縣歌》

似正言高作，結尤見寄託深惋。

葉雷生《七夕戲傚昌谷體》

較昌谷稍利。

姜廷梧《江樓晚眺》

調似太白，其神思蹇卷，則稍異耳。

姜廷梧《韓幹畫馬圖》

與少陵《韋偃》《曹霸》二詩亦復神似。

來蕃《雞鳴歌》

野情宛然，末但作比觀，不更入安分語，尤妙。方之中唐，較勝張籍《野老》諸詩，非戴叔倫《女耕田》等可幾及也。

來蕃《躑躅》

元結五言尚多盡語，此以長句當《國風》微旨，歌咏之餘，使人三嘆。

祁班孫《西陵道中作》

輕風軼度，太白神境。

不煩結構，抒灑自得，彼少陵、四子有意比較者，俱屬儈父。

張杉①

清流滔滔，風格最遒，此亦與仲根、拜玉諸子同賦。今取伯調、南士、昌其三作，以見其勝。

單隆周《山人勸酒》

純是太白。

王楫《婦鼉》

已勝王建"小動"數語。撒手撰布，使形聲俱動，尤是神絶。文水詩思力俱出人一頭地，且每多驚人句，惜過於鑿落。怪者盧仝，鬼亦李賀，以文水之才而至此，則求異之過也。

初閲文水詩，謂猶是習俗。及再閲，則精彩爛然矣。刻集未備意，藏本定多合，作急不得搜，至今爲恨。

何之杰《送王雙白西歸汎舟湘湖感懷之作》

慷慨激越，中色高而氣和，在神龍之後、開元之前。

范日謙《雉帶箭》

哀生爲吾郡宗師，博極典籍，著書軼漢魏。獨爲詩不宗前古，介然自立，要亦是矯厲太過。然持其偉奇，亦足獨樹千祀矣。原集寄最晚，且尚滯九曲，後復從奕遠遊姚歸，遴録寄至，則前卷刻定矣。古體最高，附此數首，聊見一班（斑）。

黃運泰《大雨中聽張王二君絃索》

雜沓而至，故作浩汗，總爲絃索，生情後亦酣暢。

黃運泰《歌風臺行》

起得父老章皇之態，末寫入乃公慷慨，氣致頹宕。

——以上《越郡詩選》卷四

---

① 此首失題。

趙甸《雨》

自是清瑩。禹功集託桐音往索不至,此舊寄詩。

何之梧《題仲叔聽松樓》

格致最清。

沈夢錦《與友人飲荒園次韵》

格意清壯,三、四句更蒼朗。

來蕃《辭鄉人所贈義穀》

似學杜而過者,然最多質艷。成夫狷情稍見,此詩後四句俯仰自安,可謂巧于估貧。

錢霍《江上逢寒食》

有陳、杜遺格。去病古體最高鋭,然嫌太激,近體則極初、盛矣。"老至"不合,以佳語存之。

毛萬齡《贈王鴻資登臥遊樓》

即以當鹿門《岳陽》、司勳《黃鶴》,夫豈或媿?

徐中樞《上揚州》

是嘉州佳境,結更俊宛合法。密侯詩材思奇上,特以過劖刻,稍墮中、晚。若此作,真無閒矣。

徐芳聲《答沈康臣兼懷綺季伯調奕喜》

一意數折,然無折不出,深情健筆,少陵合作。

金廷韶《又答來韵》

情辭惋摯,全似少陵。二如居柴桑,然流離慷慨,每具太真過江時態,二詩情見乎辭矣。

張宗城《移居》

俊于少陵,渾於常侍。

姜圖南《送何次德南還白門》

摯語,以沉頓得之,在工部往往有此。

丁克振《春懷》

芊綿靡煩之音,能使人怨生,調雖岑、王,情實江、薛矣。

朱士稚《從軍詩》

視盈川稍開勁,此當是陳、杜初變時格也。

朱士稚《題邗關春浮閣》

以隔對起接,五、六極其宛宕。

劉越生《贈沈玉集甥并志感》

渾似拾遺。子范情深致長,其為詩多不務華餙,雄深老健,所臻乃爾,幾乎古道獨行矣。

沈胤箷《喜友人北歸賦贈》

康臣詩極多綺情，數作獨取其高穩者。

祁鴻孫《送趙參軍赴徐州》

中四似陳、杜高句，結得感惜。

祁鴻孫《自娥江之舜水道經梁湖用友人原贈韵》

其二　起俱極高爽。

呂章成《秋夜》

格高而韵閒。

張梧《寄楊允達》

其二　皆是杜格。雛隱兄弟皆學杜，木弟得其沉鬱，南士得其高峻，雛隱得其超往。

徐緘《江南曲》

似齊、梁間俊調，在唐惟太白方解作此。

王自超《知介生赴西市》

俱似少陵。茂遠古體唯五古略近，近體全入格，惜所遺無幾耳。以茂遠之才，特不早自振，抱憤鬱死，嗟乎！"右丞""司戶"，孰與解者？今讀其辭，幽愁怨恨，猶使我有仳儷失職之痛也。

王雅禮《南城雜詩》

其三　《雜詩》百首，撫情流離，感念身世，真有悲歌過泣者。文叔亢懷少陵，景跡襄陽，固當有此。

王毓蓍《舟發姑蘇》

似本雲卿，其高藻之色，皆撰布之所不能得。

何嘉迪《塞下曲》

何減盈川？

董豳《聞雁》

洗刷最淨。

前六句雁與諸色似參錯竝出，然故是聞雁時境，故接"哀鳴"字不亂。

金世泰《旅中夜雨》

大來五律最高穩，近遊白下，此得之東書堂壁間。

包秉德《即山稿成呈教大敬南士大可昌其四子》

恍見夙昔倡和時風流，自任意象，自子先、飲和亡後，而吾郒寥寂，讀此詩，爲之墮泪。

沈華《初秋》

祗臣兄弟詩,俱有開、寶間格意。

張粲《小酌梅花船步祁奕慶韵》

"幽艷"句,是入神語。

吕洪烈《過浙江武林作》

聲律清壯,不媿盛唐。

徐咸冲《銅雀伎》

仲根詩託伯調往索不至,此辛卯社詩。

姜廷榦《題文園》

時予與同賦,"到門"句,至今媿之。

杜肇勳《客舟》

其二 首四句自爲解説,後四句極決絶之態。

張杉《懷季方六弟》

至五纔入懷弟意,然起四已是凄絶,故以"感慨"句一語掉足,結復推宕,篇法甚清。

沈禹錫《北征詩》

子先詩如發春田,徒角槍題,時有淫創,惜中道早喪,遺文不傳。吾黨自大敬與昌其諸子揚厲古學,頗稱振興,及子先逝後,漸及凋落,且兵火之餘,遺集無一存者。子先數近體皆從記憶間得之,存没興廢,可爲隱痛。

沈禹錫《荒峀》

字字森蕭,憶予居南城,成夫嘗稱是詩帶鬼色,今不幸中矣,第不知當時何以感此。

祁班孫《古意》

閎麗儁偉,太白神境,謝榛《武皇巡幸歌》方此劣矣。奕喜五律有微似孟者,要其變格。

祁班孫《即事》

俊而不恝,壯而不鬱,故是太白。

何之杰《秋懷》

伯興律在初、盛,無崇格,其七律多學杜。

單隆周《寒食雨中上墓》

昌其律獨宗杜陵,特其才思雄潤,多及諸家。三、四秀楚。

傅宗《早對》

格渾而致長,德孚於家室、朋友間沉深愷摯,盡見二詩。

黄中美《送人之餘姚》

結致長。

周玉輪《詠兔絲》

通體雅令。秋駕久遊閩,此係社作。

范日謙《書見》

跁跱俯仰,多少沉痛。

徐胤定《渡錢塘》

克家律只格致穩協。

黄運泰《雪後造山寺》

三、四幽削。

黄運泰《霽日作》

誕放自寄,然色態流動。

黄運泰《贈人納婦》

自是佳令。

朱錡《從軍南征》

勁渾之氣,是神龍後格調。

徐誼《同威仲吉甫過西林菴》

具體清穩,"歸雲"句已能及古人矣。

傅以成《題白鹿山團瓢》

四如數歲時屬對,便能入律。近方究古學,偶及詠啥,遂具風格,此吾邑他日一作者也。

黄繩祖《江南曲》

孝威爲開平樹嗣,少年好學,其爲句微及六季,與之深造,當亦後來之俊。

釋方真《中秋登紫微山》

觀幻將遊天台,攜三吴諸公札至,宿予廬,因出此詩。

商夫人《哭父》

祛華務實,自然貴重。起語開壯有體。

張德蕙《中秋》

楚纕詩格律最峻,且每多名句,如"卻扇"句,亦不易到。

朱德蓉《寄長瓊》

總是雅飭。

高彦彪《古意》

讀此,覺常理《古別離曲》未免拙滯。

祁班孫《古意》

秀警合法。

單隆周《靈隱寺》

與義烏作疏密自異，然故是各到。

王雅禮《贈陳質叔十六韻》

發斂抑揚，殊覺神駿。

——以上《越郡詩選》卷五

劉世鵾《感舊》

其二 微似過激，然法嚴而調穩。北生，今之管、葛，不潔雕繪，故每多任懷語。

趙廣生《贈賈祺生明府還歸江干》

情法均至，五、六尤浩絕。公簡詩高奇而巉刻，要亦恥寄墻字者。

葉雷生《河西雜感》

蕃仙律高秀處媲美于鱗，然于鱗矜工此質宕，故自各到，大抵在王、李之下，錢、劉之上。

葉雷生《聞陳四玉倩授東甌學博》

如許感惜，意怨而不怒。

葉雷生《人自西陵還不得胡大彥遠書悵然有作》

"秋風"句，感得遠而無迹。

葉雷生《除夕感懷》

其二 三、四語直而神宛。

葉雷生《董子長遠寄詩次韵答之》

稍涉中、晚，然秀色自異。

徐緘《擬宮怨》

其四 精工偉麗，全乎盛唐。伯調律無方體，要多似嘉州，間有入中、晚處，俱是旁及。

徐緘《王昭君》

非爲漢解嘲，但於此可得古人讀詩論世之法，伯調舊有敘，今删之。

徐緘《愛妾換馬》

二作俱名秀，"棄置"二語，尤不易到。

呂章成《登范蠡城》

已臻維、顥勝地。

王鴻烈《樓中》

只覺爽氣來集，子鴻詩不師古人，興會所至，率然成章，掩之似不及，然過之亦不存，故多偶得語。前後兩刻，風俊旨捷，自當獨存一種，似未可以繩矩苟之。録此二律，略見殊致。

朱禹錫《懷徐伯調》

意調遥俊。

錢其恒《晚步南皋值雨》

小似茂秦。

錢其恒《秋雨感懷》

起盛唐，後四稍涉晚，然故合調。

來集之《贈吴半壁》

三、四入近調，結雅絶。

蕭亮《和龍山廟壁肥公子韵》

伯闇人文俱高絶，祺生、季木亟稱其詩，此從季木記憶者。全寄不至，亦缺遺也。

金廷韶《金華》

其二　風格高勁，所謂氣至而調成者，即在初、盛，亦屬難得。

來道程《讀正德日録有感》

三、四是中唐調，結最高峻。式如詩無寄本，此係舊録。

翁德洪《春集大聲别館》

頗近初唐。

王正儒《答沈元戎》

鴻資詩法不勝意，讀其舊刻，但覺清雄。

徐芳聲《題開之大兄市隱小樓》

盛麗，入燕、許宫調。

張梯《舟過湖上遇世臣馳黄旬華飲别感而有作》

木弟七律全學杜，其渾直高壯處，則皆其得力候也。

姜國昌《贈陸麗京》

三、四秀出。

邵伯棠《擬唐人早朝大明宫作》

雖非舍人舊法，然“星河”二語，已逼摩詰“閣道迴看”之句。

朱士稚《感懷》

意完而氣雄，調高而辭麗，似原本詹事，歸于工部。朗詣律體已極初、盛名家境地。

朱士稚《集吳門送松陵徐崧游嘉善》

只前後虛點,是四實法,其意態流動,全得開、大以來風格。

吳沛《渦河》

格調渾成。雨公詩多見鋒穎,往來燕晉間,悉寄志語,此亦其感寓之一也。

丁克振《胡馬》

宛轉沉宕,非杜不能。

頸結連作數轉,古亦有此法。

沈胤笵《除夕感興》

康臣七律能使意從境出。

傅文升《秋興》

與公詩以撰刻爲宗,此係變調。

林辰《漫成》

原本許公,結體工部。

高彥彪《懷沈瞻山江城客寓》

臣虎七律極意盛唐,然已臻至處,此數作更取其近杜者。

張陛《文衡山故園訪隱》

意在格先,故氣致渾成。

毛萬齡《江村寒雨》

六“斂”字從“風約半池萍”“約”字得來。

毛萬齡《苦饑憶曹石霞詩次韵》

前半渾宕,後半精澄,各不相掩。

曹體升《寄懷丁大聲》

其二　與北地《秋懷慶陽》首同一感慨。

姜廷榦《秋夜》

綺季律每多切響。

姜廷梧《秋懷》

《秋懷》諸詩,與仲嘿《秋興》伯仲。

姜廷梧《懷劉北生客幕漳州》

後四句一意,五、六境中有情。

賈爾壽《別吳雨公和張孟发韵》

二詩亦恍見祺公流離憤痛之志。

杜肇勳《聞雁》

拗處酷似杜,故亦無礙。

包秉德《尊罍》

"豉"字不協，然較難更易，當以越音存之。

張杉《蔡大敬山行之約有年矣至是持糧到舍喜而有作》

只數意，轉掣得淨，便是能手。

一氣激宕，前輩所謂"四虛"者也。

張梧《早發揚子江》

擅崔灝、李白之勝。雛隱好遠游，近方滯維揚始歸，如此詩，不媿遊覽矣。

顏泰颺《舟行即事》

賡先詩才在魏、晉間，惜近無寄本，此得之伯調便面。

張佳《宿英甫作兼示武孫》

起致媡娟。名子病久無詩，此亦舊寄。

沈禹錫《齋中臥病次韻簡張南士》

子先病中猶作詩，此與南士贈答，約十數首，今記其三。

沈禹錫《毛大可以新詩見示是愈我病喜而酬之作》

"池塘"句，視我猶兄弟也，五、六憐我貧也。每讀此詩，爲之痛絕。

沈禹錫《贈醫》

此病劇口授予書贈者，"蓮花"二句入中唐，然重爲一時所稱。

何之杰《幹山新霽》

氣格超俊，兼有惋情。

黄宗炎《雨牕》

晦木詩大概感憤激切，不與時近，惜寄晚，艱于楔入，故僅見此耳。

祁班孫《項王廟》

氣格高岸，意調開朗，皆出自太白，其鮮繪皎練處，微涉新鄉。

祁班孫《送客遊湖湘作》

高風秀色，隨手展閣，練入無練。

起四如晴江練影。

單隆周《哭友人》

五、六森冽，昌其律無寄本，此係舊刻。

韓燦《春社晚歸》

境色開秀，粲夫詩刻意奇劖，此獨其近情之作。

吕洪烈《再晏芙蓉亭留別》

風華高迴，歷下絕調。玄繽律原本維、顥，爲吾郡有數品格，惜乎示我少也。

　　　　王仝高《夜泊》

氣格最雄。叔盧詩滔滔清絕，每得佳句在輞川、鹿門間，此合下《歸舟》，皆其變調。然往多岸率，遂少合作，如數首，起結猶具故態。向使天假之年，即全體王、孟可爲也。然譜唐兩劇，及式盧詩，業已著聲白下，即此二種，足傳矣。

　　　　姜圖南《春暮道中》

諸詩俱極高秀。

　　　　蔡雲奇《懷季弟從軍》

渾成，得工部勝地。九扶、漢舒兩詩俱係舊寄。

　　　　黃運泰《早春對雪》

其二　作意處猶是錢、劉，特其神韻較勝耳。

　　　　黃運泰《壽陸母六十》

鋪對周密，然極其練淨。辭旨既麗，風格復高。三、四一指鯤庭，一指麗京、梯霞諸子。

　　　　黃運泰《中秋望月吳江道中》

寫境最細，以氣清不失纖薄。

　　　　商夫人《產外孫喜予次女》

故自穩協。

　　　　朱德蓉《上巳》

浩落有勝情。

　　　　王端淑《賦得明妃夢回漢宮次吳夫人韻》

中四渾壯有色，結更婉變。

　　　　王端淑《禊飲和韵》

其二　情深而致長。

　　　　　　　　　　　　　　　　——以上《越郡詩選》卷六

　　　　王毓芝《塞上曲》

與盧綸作不遠。

　　　　凌天翰《採桑》

此本樂府，以寄遲，裁入五絕，比之《採荷調》《採桑》，度古辭猶宛然也。

　　　　裘有章《過西施山》

周望詩險仄而細削，似慷愾有餘而蘊藉不足。予初嗜之，以是選有成，矩多割惜焉。

　　　　徐緘《薤露歌》

不露他人已歌意，更覺悽絕。

黄運泰《山中曉歸》

境色淒暸。

王自超《郢城夜走》

此茂遠歸奔時作也。本是五律，截去四語，居然佳絕。

祁班孫《宮中樂》

調安致簡，深淺合法，盛唐正聲。

祁德苣《絕句》

綽有古意。

無名女子《絕句》

叔夜口授數首，聖野選其二。

——以上《越郡詩選》卷七

趙廣生《斷橋》

微似《竹枝》。

王毓蓍《絕命詞》

正義無詩，然正義何必有詩？錄此辭表概節耳。

"氣餒"二句，猶有餘恨。

范日謙《過倪文正先生園亭有感》

感遠。

張翼飛《憶故人》

天翁詩放浪自得，然亦無成稿，此偶見之大敬篋中。

丁克振《期不至》

思密而氣麗，正如少伯神品，玩之無緒，測之無端。

丁克振《征行曲》

大聲七絕與少伯伯仲。

丁克振《閱邸報》

總是蘊藉。

沈麟趾《湖中和范文白》

老態楚楚。天石詩以清遠自擅。

張梯《聞管》

較"空宮葉落"句微似粘著，然同一悽惋。

張梯《聞絃拍》

此較蘊藉。

沈兆錦《雜咏》

已到太白境地。

陳洪綬《絕句》

其一　追愴極悲。章侯詩隨意輸寫,俱不入格,惟七絕近晚唐,且多愀愴憭恨之音。

其二　自字悔遲,故又稱老遲,此寄來氏詩。

其四　此送綺季詩。

高彦彪《贈陳宗甫》

已逼懷川。

徐胤定《聞笛》

與太白作伯仲,較過常侍。

葉雷生《宿盱眙縣歌者寄河西僧》

中、晚絕句,有勝初盛者,于此見之。

徐緘《客中送別》

本韋莊前年相送作,而氣更涵渾。

姜廷梧《送人東歸》

悲涼渾宕,不媿盛唐。

朱曾蟲《從征》

翻王維"歸雁來時"二语。

朱曾蟲《與陳章侯步倪園偶成》

與嘉州"梁園日暮"同調,然氣似樊川。

王自超《秦淮雜咏》

其二　意調酸愴,李、王流易之作。

祁班孫《宮詞》

雋意在唐人時有之,然故當家。

祁班孫《折楊柳》

思涵而響遠,獨得正格。

何之杰《清明》

格調全本君虞。

黃運泰《別友人》

慷慨激壯,朔氣并入,在達夫、君虞之間。

釋明盂《閒興》

其一　《竹枝》遺韵。

商夫人《夜雨》

夫人填詞逼艸堂，故其仄調迴秀乃爾。

祁德茝《憶益姐》

婀娜流麗，極盛唐名家之勝。

——以上《越郡詩選》卷八

雜感六首

圜接不滯，而興屬甚長。

舉體無鄙促。

秋夜作

詞美英淨，有似寧朔。但竟體綺雅，動少虛散，則亦景陽以下善品也。

夏日過任三范己寄園留飲

唐五言尚矣，六季雖實不勝華，語矜雋旨。少陵律詩間有神似者，然沈痛激越，終自不減。驪聯五律似少陵，如"紅珠散濕香""機淺墜龍梭""齊紈撲月小"，已入徐、庾鈔地。

題聯萼書樓贈吳子禹定暨令弟苑臣兼呈沈子濱玉

阿聯五排宗少陵，仍不失沈、宋氣味。

舟中除夕

驪聯七律大抵風緻超逸者什之六，悲壯遒上者什之四，此則其變體也。但遊子他鄉情詞，政復爾爾，然一往豪宕古澹，固自不揜。

十五夜

驪聯五律、排律多六季風骨。玉臺體固所長也，數章更喜其不假琱繢，神韻綿長，六季中有數傑作。

——以上毛遠公《菽畹集》

梁甫吟

置身霄漢間，叱視萬有，詞固漢、魏，情亦管、葛。

古歌二首

其二　此如沈玩所制《憂思》《黃葛》，爲吳聲中第一高調。

相逢行

各似無緒，三解截見。

馬草謠

饑心儉色，恂愪言下，只七字，勝《小麥謠》多許矣。

——丁克振《迂菴改存草》卷一

野語三十首

其十二　似以《飛龍篇》爲《平陵》《蒿里》諸詩。

其十五　空洞荒忽乃至此,癡人見之,恐作"游仙體"觀矣。

其三十　直起直結,是曹氏"關東義士"諸篇篇法。

楚中李商梅遺我閒句賦贈

宣揚精英,抽拔妙實,非太白,決不解作。

山曉卧看

工會悟,又工賦寫,悠然思内,曠然境外,讀至令我欲坐欲卧,不能去矣。

西陵道

感時物鬱似杜,揮指斥拔又似李。

登月舫看人面桃念翁生正在白下掩窗嘆息坐以終日

只見花懷翁子耳,安得荒唐幻罔爾爾? 古詞鯉中素書,杜詩夢後顏色,豈果有之? 讀竟三嘆。

秋夜晏集賓門別館

不襲公讌一語,長懷悽悢,雖陳思,何便過之?

哭翁十五德洪

蔓草縈骨,猶爲可憐,何堪血肉溉草木哉? 悲搯心凹,哀纏骨根,每讀之,便爲泣下。

——以上丁克振《迁菴改存草》卷二

白花歌

脱去辭意,一團生趣,如光與鬼,池塘生春草,明月照積雪,固當此勝。

春風歌贈劉司理

風流雅靚,是梁元以下七言妙境,贈答詩那得有此?

横吹曲

意氣豪上,爲腰間大羽,另寫一生面,覺唐人"寧爲百夫長"句寒酸不堪。

——以上丁克振《迁菴改存草》卷三

春懷

芊綿靡煩之音,能使人怨生,調雖岑、王,情實江、薛矣。

寄翁十五

紛紜揮霍,緣情綺靡,按之逾深,恢之彌廣,盛唐絶調。

憶行人

自是閒徹。

花下素衣女

蘭（簡）文卻步。

戲贈

機迅體輕，鸝飄無端，一以爲燕居，一以爲鴻驚。

與蜀參軍

右丞標格。

臨水

頷聯空澹，頸聯幽屑，少陵絶調。

憶同戴二登望海樓

高情激躍，滌蕩無累。

賦得今日樂相樂

要眇，是樂府神境。

賦得岸花臨水發

繁寫細寫，無不入腠，真化工絶筆。

憶十三弟

音響驚測。

挽黃太母十四韻

激揚綺麗，開、大遺調，神龍前無此優潤，元和後無此杼越。

戴予照遺予罌粟

薛道衡得意處，只是婉約。

——以上丁克振《迂菴改存草》卷四

楊旨音堂設名菊百種高齋別天爲賦一律

沈詹事後，那得見此種高麗？

湘湖即事二首

其二　依境賦象，不肯汎寫，則未免有刻劃危滯之病，能如此苕管穎豎，意到手現耶？ 吾服其體物之能溜亮也。

重過臨清

高橫無上。

送開遠侯歸隱

粲奕奕而高逝，馳炎炎以相屬，浩然在青碧之下、沆瀣之上。

賀納寵姬

玉臺神境。

感懷三首

其一　讀三、四，目艷心驚，可痛可恨。

其三　意藏字裏，旨寓象外，所謂擴之不洿，按之不沉，內修其情，外修其形者，非耶？

悼翁十五賦得海天孤雁

蕭涼動人，五、六寫"孤"字，直使人鳴號顧盼處，無不慘栗。

——以上丁克振《迂菴改存草》卷五

征行曲

大聲七絕，與少伯伯仲。

期不至

思密而氣麗，正如少伯神品，玩之無緒，測之無端。

閱邸報

總是縕藉。

見女騎新粧賦艷體五絕句

競材角妙，意態橫出，王珪麗而窒，王建綵而靡，皆非所云。

登越王城

結句是倒裝法。

山行

如此，那得不道李白。

徽之新娶戲贈限春字

其二　艷詞至此，已入骨浹肺矣，須知艷者自敏，古人以頑艷相抵，非誣也。

銀紅牡丹

以賦物詩爲江寧宮詞，大奇。

夢中作竹枝詞送別

自然李白。

——以上丁克振《迂菴改存草》卷六

一剪梅·爲朱人遠題漢皋解珮圖小影

桃源艷姿，天台麗質，俱幻作江皋二女後身，措思宛折，詞致繽紛，末更入情語于遊戲中，倍見警策。

——丁澎《扶荔詞》卷二

懷紀子湘少府

五、六似太白，非《丁卯集》中調也。

——丁澎《扶荔堂詩集選》卷五

行經范陽與鄒石友邑令

"日落""冬深"二語，雄渾傑出，献吉而後，罕與爲匹。

——丁澎《扶荔堂詩集選》卷六

寄方二邵村時汲郡張坦公就道

以"歲""日""東""南"屬對，法工句婉，全作俱無聲偶之跡，殆幾幾欲化也。

——丁澎《扶荔堂詩集選》卷七

張登子招同李仲木蔣大鴻錢武子子璧張洮侯書乘徐彦和丹六於南華山館泛舟禊飲時上巳後十日

蘭亭勝跡，如續舊遊，雅麗新清，更足引人逸興。

——丁澎《扶荔堂詩集選》卷十

橫江詞

其二　供奉曾爲此詞，校之"世路風波"之感，尤見警策。

——丁澎《扶荔堂詩集選》卷十二

瓶菴銘

柳州説車朗以暢，歐陽説琴疏以越，葯園説瓶蕩以旨，一銘雋古，直駕周秦。

——丁澎《扶荔堂文集選》卷十二

二月丙申作

無端感寄，纏綿雜沓，是樂府古辭神韻。

——駱復旦《至樂堂詩鈔》五言古

贈淮陽宋生

合盧、駱、顧、維而有之，方得此境，進乎技矣！

——駱復旦《至樂堂詩鈔》七言古

三原雜咏

其八　紀事紀意，或諷或歌，純是少陵風格。

華山驛過同年王牖菴刺史有贈

格調伉爽，如秋宵之崔。

張毛道中

似杜老《秦州雜詩》。

　　　　　　　　——以上駱復旦《至樂堂詩鈔》五言律

送樊舍人之湖南

其二　極精練，又極雄渾，在唐人高、李集中，亦稱傑構。

送方渭仁孝廉南歸

此是岑嘉州妙境，李頎未可到也，何況有明七子？

　　　　　　　　——以上駱復旦《至樂堂詩鈔》七言律

從軍行

直處是漢樂府。

　　　　　　　　——駱復旦《至樂堂詩鈔》五言絕

五言古詩

定庵五古詩舊似始寧，近又力追選體，自枚、傅、韋、束後，建安、泰始，細加研槱，故能以志御氣，以情定辭，就康、樂之雅裁，發諸家之軼響。

七言古詩

定庵七古迢遞明晢，逐境徐入，正如春山疊翠，顧盼之間，暉映襟帶。

七言律詩

定庵七律有劍氣騰空、紛輪揮霍之致。

五言律詩

定庵五律志深而筆長，如昔人評曹子建詩，惟志氣渾厚，故嘗語與興驅，勢逐情起。

五言排律

定庵長律以抵排處多，推挽處少，故氣詞沈實，一往無浮響。

五言絕句

定庵五絕得清商樂府之遺，故賦物寫情，俱臻妙境。

七言絕句

七絕在三唐俱有勝地，定庵獨出入嘉州、輞川之間，雖省直、啓奏諸記事詩,皆非元和、長慶以後所得髣髴。

——以上姜希轍《兩水亭餘稿》

五言古

五古效漢、魏者,未免膚樸浮薄,不及蘇、李之和平冲融;學齊、梁者,多入淫靡誇誕,不及顏、謝之沉練堅質。求之愈深,去之愈遠,此詩家之故習也。惟西巘先生爲海内宗匠,浮霄薄漢,真若黃鵠一舉,縱橫千里,非近日搦管家可得而伯仲也。《鵝城》諸作,清新獨步,疑孟浩然、白香山復生,迨入蜀以後,浸浸乎少陵之傑作矣。旨趣雄深,涉筆遒健,允爲當代第一流。

——顧如華《顧西巘先生合稿》卷一

妾爲妻議

繼室,妾之通稱。正夫人死,而姪、娣當室,皆名"繼室"。然實非夫人,與今人稱繼室爲繼妻者不同。觀《春秋》首篇"繼室聲子生隱公",而聲子仍是妾,隱仍是庶子,可驗也。則繼室之稱,自是無礙,但不當作正妻耳。

——柴紹炳《柴省軒先生文鈔》卷三

洞仙歌·遊翠光巖仙人洞

如讀《虞初志》并《神仙列傳》,令人神怡目賞。

水龍吟·劍津

詞中亦具有干將、莫邪凌波決雲之慨。

滿江紅·寄慰雲間高季真三度悼亡

幄裏餘芬乍減,幛中微笑如聞,能不令人凄絶。

——以上金烺《綺霞詞二編》閩遊稿

齊天樂·端州署中逢端午

賢主嘉賓,歡歌笑語,是一幅西園雅集圖。

春雲怨·珠江即事

羅列皆璇宮異寶,璀璨眩目,視彼服火浣布,過季倫家,烏得不擊碎珊瑚也?

——以上金烺《綺霞詞二編》粵遊稿

上灘詞二首

風味似陳白沙,二詩進乎道矣。

——金埴《壑門吟帶》卷二

九月八日同柳門觀鳳皇泉次韵

唐人之佳者。

寄孟蘊叔明州

綽有古情。

——以上金埴《壑門吟帶》卷三

王翬畫山水障子歌兼爲某君壽

有忼慨磊落、不可一世之概。

越人賽會歌二首

彷彿唐人《神絃曲》詞。

服式禁

全似樂天《新樂府》詞。

佳甚。

迎春詞

一路俱似樂天,結尤犀快。

冬日送柴陞升之婺州兼寄楊衣言客蘭陰

氣調俱好,句多出色。

疊落金錢曲

樂府新聲始於西漢李延年,而唐之爲三部伎者因之,大率以關塞之聲雜出其間,漢之《折楊柳》,唐之《婆羅門》,皆是也。近代邊調多不合律,故徒謳及之,終不能採入《樂録》。《金錢曲》果行,是亦近代一新聲矣。元、白好言樂事,而小郊筆才大類元、白,如此歌行,推排流轉,豈止《聽都子歌》《田順郎曲》諸絶句可比擬耶!

烈女行爲錢塘孫秀姑賦

七字,焦仲卿妻,千古絶調。

——以上金埴《壑門吟帶》卷五

香奩詞

其二　似魚玄機語。

其三　竹枝之遺。

亡室葉少君週忌_{癸酉}

情事不堪。

寄毛徵君遊金陵

到處有興會。

香奩雜咏

其一　只尋常情事,艷意如許!

其二　雖是田家風味,與艷情稍别,卻佳。

——以上金埴《鬱門吟帶》卷六

湖上雜咏

如身歷其候。

此爲全詩。

登招寶山觀海

對仗俱妙。

郊居立秋

幽興可思。

秋日吴山曉望

極登覽之勝,真唐人詩格。

前悼亡爲元配葉少君作

其一　三、四,少陵佳句。

其五　悼亡之最警者。

其六　如讀孫子荆作,可謂文生于情。

夏日太行山行三首

郯城《太行》諸詩,有發攄,有感寄,有摩寫,有記述,備唐人五字三昧,所謂以遊覽得工者,非耶?

望終南山

三、四奇句驚人。

錢塘觀潮

"白日"一聯,奇句驚人。

灞橋别友

結語十字,可思。

己卯歲杪寄弟繡孫

其二　傷哉,一至此!

其三　傷哉,一至此!

其五　純乎長慶矣。

其六　五、六妙語，差可慰。

己卯歲杪寄弟繡孫

其二　慘不可讀。

其三　劇類香山。

秋日登鹽官天寧寺塔

如此，纔見唐人本色。

秋日吳山曉望

極登覽之勝，真唐人詩格。

——以上金埴《壑門吟帶》卷八

孤山放鶴亭新鶴

頷聯是鶴是逋，祇覺其儁。

結更神遠。

宋六陵

情景俱稱。

遊金山寺

五、六警句出色。

漫興五首

其一　佳句。

與羅昭諫"可堪貧過少年時"爭勝。語語通儁，三復殊有意趣，非經歷之久，不能道此。

其二　晚唐佳句。

其三　新句得意外。

其四　五、六，香山佳句。

其五　二語儁甚。

呈父同年杜大宗伯臻予告歸檇李二首

莊語仍有跌宕，故佳。

杭越覽古二十四首

其二　氣調俱壯。

其三　雖譜杭俗事，殊有《楚·騷》之風。

晚唐名家當高推一座矣。

其五　中二聯可與白傅頡頏。

其七　越中風景如畫。

其九　三、四工整,五、六超雋。

其十三　總結甚奇。

其十四　入懷舊意,一往激壯。

繼娶示新婦陸少君十首

其二　以七字代話言,下邳風味有之。

其三　節物俱讅。

其五　三、四佳句。

其六　結處一折不堪。

其七　家常語中,體裁均有,總情萃之言。

壬午闈中即事

其二　闈中有此,真不愧唐人風度。

第三首即事有意趣。

海外舟山作

二語兼有映帶。

壬申冬日厝亡室葉少君柩于西湖飲馬橋泫然有述

"頻年空説轉家鄉",傷心句也。

漫成

晚唐佳句。

——以上金埴《壑門吟帶》卷九

擬風光草際浮試體

刻劃之至,得三唐神髓矣。

擬目極千里試體換韵

刻劃而有氣象。

擬錦帶佩吳鉤試體

得三唐神髓矣。

擬霜隼下晴皋

刻劃盡致,已入唐人閫奧矣。

立冬

穩確是律法。

門對浙江潮

穩當。

吳山禱雨

就事實賦,不礙排摭。

——以上金埴《壑門吟帶》卷十

余館任待庵明府玉山草堂即廣文冰壺王進士枚臣韓孝廉燕克暨明
府講學處也乙卯余落浙闈適見西河有懷舊之作感慨係之因爲賦和
得一十九韻

排宕轉折，駢麗精工，極得初唐大意。

——蔡文《懷許堂續集》

感遇賦

漢後擬騷，俱無此古調，紛披尋變，合節了無畛畍，《楚詞》之雄者也。

西美賦

最葩極艷，才子之筆，吾俯首下拜矣。

怨賦

緣情綺靡，一往無盡，雖起江郎地下，亦必有生瑜生亮之嘆，況下此者
耶？唐宋賦俚鄙，涉於時義。明賦太摹古，則又窒塞偓促，了無性情。六朝
前後，一種形狀賦寫，皆足見才，然未有風流雅麗如此作者。櫟下老人亟許
漁村爲屈、宋再生，非虛語也。

偶遂賦

古調陸離，絕似靈均，收處快若微風之拂衣、清泉之決溜。

瑞木賦

詞若連珠，氣如繁露，不信張平子、潘安仁後，尚見此等！

秋風賦

潘生《秋興》之賦，與歐陽小體自別。

讀畫樓賦

猶在徐、庾之間，初唐四傑，俱遜此俊艷。

九仙山賦

倣漢魏大賦，其勃窣處，遂能與太冲並轡、平子方駕。

五蓮山賦

按度變節，無不入妙。結處與嵇、阮賦情相表裏。

——以上李澄中《臥象山房賦集》

梅花賦

梁簡文之麗旨，庾開府之雋才，唐宋律賦，皆非其匹。

——李興祖《課慎堂文集》卷一

棠村詞

或問《香嚴》之妙，曰雄放處時見偉觀。問《棠村》之妙，曰旖旎時亦屬

本色。

——梁清標《棠村詞》卷首

老母生日二首

詡菴名噪諸生中,詩情便傲厲如此!

——劉謙吉《雪作鬚眉詩鈔》卷六

笻在禪兄過我荒齋夋山夫趙砥之繼至談咏竟日率爾成篇

疏疏浩浩,頓挫自老,此種格韻,仍從少陵得來。

——朱鶴齡《愚菴小集》卷二

清平樂·插花

讀後闋二語,神矣化矣!

——陸次雲《玉山詞》

空倉雀爲傅節母賦

節婦不朽。

偶感

喙噪謂爾不祥,鳳兮何運之衰!

——以上梅枝鳳《東渚詩集》卷一

懷姑山沈夫子漪北

《十九首》之遺音。

——梅枝鳳《東渚詩集》卷四

古鼎閣歌爲鄧元昭太史作

古色斑斕,老筆蒼鬱。

寄輓席太母于孺人_{時席允叔以淚餘吟見示}

末幅説到自己身上,倍增感痛。

——以上梅枝鳳《東渚詩集》卷七

舟行即事

切時事,出以高卓。

寓中對雪懷家園綠萼梅

極似徐、庾。

——以上梅枝鳳《東渚詩集》卷八

丙辰元夕

白髮好禁春,是不明説出,可惜歡娛地,都非少壯時,恰又全説出,參看自得。

次五河渡寓感

悲慨渾壯。

雜感

四首意言雋妙,諷刺醖藉,當與《新婚》《垂老別》《石壕吏》諸篇參看。

——以上梅枝鳳《東渚詩集》卷九

歷下懷徵君沈師是時隱居黃山

森然自異。

靈巖寺宋四大刹之一

結似杜。

傷春

牢騷之氣,浮動楮墨。

——以上梅枝鳳《東渚詩集》卷十一

述懷

起得傲岸,結得瀟灑。

——梅枝鳳《東渚詩集》卷十二

春日唐寓庵司馬邀遊敬亭即席

其二　游歷最佳句,右丞有之。

其三　敬亭畫意。

題鰲峰乾笊觀神龍

感寄磅礴,真有破壁欲飛之況。

從宛陵之楚賦別唐寓庵

只尋常轉合,逼近唐調。

暮春別懷

其四　佳句酷似隨州。

詣皖城過太子磯

一掉興情百倍。

宿蘆中

清江夜泊,景次歷歷,岑、王有數之作。

與侯餘古話舊誌謝

一起風流慷慨,極其跌宕,通體俱得睥睨一切之概。

九日石子枚谷期登高阻雨與瀏陽諸同人賦菊得才字

氣雄調渾,盛唐絕構。

菊月之望同石子枚谷遊道吾山訪支畬和尚三首

其一　起致最勝,如建瓴之下。

其二　高處似王維。

別侯明府餘古述懷十絕

其十　俱以隱躍見玅,錢吳興《江行》詩無此騷屑。

登晴川閣

情景如在眼前,可謂登臨慨然。

江雪

三、四玅句,從來未發。

登黃鶴樓

思古傷今,一結無限。

春宵泊章江看村人鬧燈

余向亦有《看龍燈》詩,觀此,轉憶疇昔。

試春

"還須"二字奇絕,似有動愁之意。

題蘭

兩"谷"字,韻甚。

春江題桃

韻絕。

清明舟過昌江喜晴

有情有景,各極其玅,一結韻絕。

春怨

怨不可尋,只是無緒。

春夜寄懷

似初唐調,芊眠靡麗,情思萬端,弘、正以後,會此者亦鮮矣。三覆嘆絕。

春日之梅山謁子弘叔墓志感

中一段追溯疇昔,備極瀏灕頓挫之致。

南塘看農述懷

大概似張、王一種,結入感慨,則又合浣花、青蓮有之矣,氣調高古乃爾。

月下題荷誌感

通體高緊,起調尤俊。

與仔獻三弟泛北海池看月感懷

風韻襲人。

瑞荷篇

觸緒映發,極其推拓,而賓主之義秩然。

代友寄贈

有比有興,風人之遺。

春朝登龍山看許太守種花放棹之蘭亭

駘宕似太白。

愁兵

即事如睹。

秋夜聞雨志感

以散體作律,孫文融所謂"不對排句"也。其流動俊逸,非青蓮不能到此。

寄贈瀏陽吳弘先少府

真唐人詩。

懷瀏陽韓燦明府

只尋常結構,自合機法。

月關上人進檀香院賦贈

與孫舍人、宋考功諸游寺詩伯仲。

又 雜體情嚴。

花朝前二日壽會稽張邑侯

六韻長律,偏于應酬,中見工練,此三唐之所以勝輓近也。

舟雪

景次歷歷。

秋色

可無遲暮之感。

八月十五翫月

如許流連。

九日招吳門李聖芝同王觀復金烺家季銑集北海草堂即席

其二　自是唐人調法。

秋日閒居傚元亮體

自然佳趣，盡在數語，情景如畫。

春朝雪霽仝陳大錫麒男濤之亭山訪徐六軫芳

奇思迴句，起法瀟灑，興致在筆墨之外。

頌梅莊何刺史夫子治政

排律以流麗容與爲長，此首不減長卿。

懷容縣令熊進士飛渭

一起超然不群，如游魚翰鳥出水墜雲。

初夏聽鶯司馬許竹隱夫子課題

蘊藉風雅，自然斌媚。

秋郊即事

寫景構思，神韻超絕。

——以上茹泰《漫興篇》

何侍御傳

碑版敘事，別有三昧。左史、班孟後，唯陳、范二史俱有其法。下此雖韓退之，全然不懂，但生撰字句，面目不出。廬陵頗傑，而眉山失之甚遠。有明以來，具文而已。念魯論理議事之文，俱本經術，而於傳志紀述，又登堂入室，才大如此，何患不傳？爲之稱快不已。

——邵廷采《思復堂集》卷三

重修文雅臺記

夫子哀二年過宋，則在宋地宜有其蹟，文具根柢，故枝葉扶蘇，轉見茂實。

——邵廷采《思復堂集》卷四

孝友堂集序

文以零散見屬續，此是古法。

——邵廷采《思復堂集》卷六

送大兄還鄉

真正唐音，"動"字、"深"字俱穩。

送陸藍田

已臻王、岑妙地矣。

送六叔南歸

首作清融，次首便饒飄灑之致，末更沉着矣。合三首觀之，自足爭一座于開、大之間。

同張公潔夜坐

起聯何等高秀！

——以上沈季友《南疑集》五言律詩

梁園秋思

好氣調。

寄答張楚湄

朗然可思。

曉行鄘城

五、六唐句。

詠柳

輕秀，與題稱。

詠燕

雅秀不減河間。

儀封道上

三、四重字疊得生秀，以一氣連在下五字故也。

贈錢秋厓

"金"字押得生新，覺兩句俱入妙矣。詩有一字而全首生色者，此是也。

商水道中并序

序末　盧、駱之才。

詩末　高秀無比。

去夏錢章遠姑夫從汝南歸鄉就婚不意先姑夭逝今春重過署中見示悼亡詩感賦

結句善于言恨，且題中轉折俱見，妙絕妙絕！

——以上沈季友《南疑集》七言律詩

雨行上蔡道中十八韻

一往寫境，清新溜亮，疏密繁簡，俱各有法，此長律大才也。

結得盡。

——沈季友《南疑集》五言排律

春夜聞雁

無限言外，唐人妙處乃爾！

送譚南村之汝南

一　三疊字，參差入妙。

二　唐人唐人！

遊仙選一

不知所指，但覺一往雋永。

宮詞選八

一　雜之唐人中，不可辨矣。

三　歷歷有妙意。

八　《游仙》《宮詞》諸詩，已擅曹唐、王建諸君之勝，且寄託隱深，詞旨流麗，可稱意溢行間、致深文外。

——以上沈季友《南疑集》七言絕句

樂府古辭

蛤公樂府由三調正聲而兼及清樂，可謂結體按歌，精嚴有度。

富貴無相忘行

仍是《十九首》高調，嗣宗、泉明往得其概。

古歌

櫽括老子《五千言》作三十六字，大奇。

新婚別

前首追杜甫，後首勝王建。

五言古詩

義得而言喪，故文高以深；境謐而象生，故辭綺以則。大抵抒嵇、阮之通情，發沈、鮑之逸響。

韓侯釣臺二首

高古在青蓮上。智者不俱生，千古墮淚。

又　一辱反重于天下，第不知人重辱，辱重人耳，此一語勿使忍辱漢草草看過。

魯仲連邯鄲行

直是左太冲讀史詩。

奉懷大覺老人

又　蛤公初從天目老人醒發，而後接乳于平陽，及天目急欲推手，而平陽已先之矣。次章宛轉，略見大意。

同問梅過東谷塔院

興情隨境觸發,展轉入妙,唐人唯青蓮有此機構。

“火燒”二句,兼臨濟之杖、考城之筆。

雨阻

景靚而語練,沈、謝擬古之詩。

薊門咏懷十五首

四　促節搏擊,嗣宗之勝于襄陽處在此。

十一　直是與天地同其懷。

東社看松

“泉聲”一語,對仗似宣城。

過延慶寒泉子居

又　薪火相續處,頗費尋思,惜柳柳州爲“大鑒碑”,未悟此意。

過神水同門盧不遇

矯矯如高秋健鶻,一往撇脫,有道者固如是。

寒食遊上化

不知爲《十九首》、爲枚乘、爲傅毅。

懷曠圓禪師

月亦爲尺素書,奇絕,此從“我寄愁心與明月”語得來。

君子行

“心語”“目語”,千古奇闢,若欲擬之以目瞿、心瞿,反失之矣。

宿河渚息肩廬贈靜公

起處是境,次是胸,次任人領會,至若“冬月春月”,歷歷指點,抑何生陗!

又柬琴溪

氣調從《同聲》《秦氏》諸書得來。

同南雲弟登吳山望錢塘西湖感賦

渾成内稍見對仗,此建安至義熙間格調。

七言古詩

七古本唐音,然須有《大風》《柏梁》諸氣體,方見遒古。蛤公以忼愾之氣調聲按節,相其所到,若不屑屑于修辭者,宜其舍堆垜而就直尋也。

西陵渡行

起致甚古,接後忽作個中語,姿態橫生。

江上丈人行

《越絽》摹此事實奇,今讀此作,令我益生“蘆中”之感。

越山歌

逐步生境,逐境生趣,覺置身象中,游心物外,吾欲以右丞《桃源行》當之。

震澤覓疎溪禪師住處不得歌以寄懷

曠曠相遇,何所指着? 以爲亡人,以爲傲吏,都無是處,所以徘徊于蘆花、蔓草間也。

玉山行

浩然與萬物終始,一雪羊公登峴之思、宣聖在川之嘆。

捉船行用少陵哀江頭韻

此白太傅新樂府也。往時梅村、櫟園諸公俱有此題,得此作,可稱悉敵。摩寫捉船處纖析入妙。

——以上釋本圜《湘谿詩集》卷一

五言律詩

陶詩篤意真古,江詩猗猗清潤,蛤公兼而有之,故其遣調排辭如牟尼在手,珠光四飛。

京口

氣調壯渾,寫景生動,不愧游歷。

七夕立秋

極似張諤一種。

柬龔芝麓居士

又　一往有情,于起處宕往以出之,吾欲于少陵集中覓此首,了不可得。結亦地步。

雲門寺

只是調暢,便爲三唐有數之作。

悝寂禪師枉過輒思樓有作賦答一首

澹于相接,故細于領受。

若耶秋泛

五、六寫境,似六朝人。

紀伯紫齋中敍舊

又　期與路遥客如家熟,只當前意,試問從前有發者否?

山居

中四純以轆轤成對,所謂清空一氣,而仍不失比儷者,此詩有之。

釣臺

高人相對意,語語道破,讀至落句,使我興"古今人不相及"之感。

贈于石

逢高士便能解愁,何許襟期！詩故駘宕,無局局態。

庚戌九月十七夜舟中夢故人丁五醒而感賦

只落月屋梁意,三復沈痛。

再晤范睿五

一結千思萬思。

同自曉禪師飯牧園

"依""試"二字下得新,落句似合似離,俱見高手。

來鳳岡留題

對仗不必工確而氣流麗,比之青蓮駘宕一種。

白門四首

又　滿目淒惻語,卻道得壯渾。"金門"一結,可與續《哀江南賦》矣。

東流道中

無時水不波,恍置身江流中,耳目俱出,神筆神筆！

湖口縣望廬山

已見廬山真面目矣,觀其氣象,直欲置身何許！

過兜率張商英問法處_{時未住之前作也}

一往圓警,如彈丸脫手。"蜂房"二語,非大手筆如蛤公,誰能道得？

冬至銀山署中同丁抑之張百修陳枚卜分得丁字

逼真初唐調,雖澀字險韻,入手俱化,真是作者。

應朱肯堂兜率之請

又　高情簡韻,直欲躋陀天而上之,奚止下嗣兜率一席？

七言律詩

湘谿律頹唐似杜,即緊嚴處亦似杜,以詩豪未嘗不律細也。向讀中州彭禹峰詩,愛其瀾達有餘而精細未盡。閱《湘谿集》,吾欲起禹峰共賞之。

古南池觀杜少陵遺跡

又　觀少陵遺跡,詩便似少陵。

薊門雜詠

又　無題詩不純用郛廓語,遂一往沉著。

懷龔芝麓居士

高雅整飭,在盛唐贈答,亦當置之岑、杜之間。

同諸子集平陽西樓

雜敘雜坐,景一氣不雜,何等手筆！

南山禮密雲悟師翁塔

懷香報祀,覺昭昭靈靈,盡在現前。

寄答聞天迺

抝調至此,方是真少陵,請就其一氣起結處反覆誦讀。

酬任千之送住輞思樓

一往跳躍可喜。前後爲輞思樓作,倪迂畫意。

周文伯攜具招同待庵呂大集輞思樓

隨緣著在,長歌短笛,便化腐爲新。

庚戌北上再過淨慧別天谿同門

一往伉爽之氣,如振衣千仞,浩浩落落,道人心事,與語氣相逼而出。

馮易齋居士大拜招余過集賦賀一章

堂皇黼黻之詞,饒有意緒,逼真唐人。

壬子春再過報恩贈美發禪師

踈比長林,快如神駿,吾欲以崔司勳手筆當之。

震澤喜淑鐔弟出晛

開手曠情,亦曠句。

大水泊貴溪城門同陳枚卜分得篙字

高迴生陗,如不耐入律而律自合。

來我平再過

正如道安之于習鑿齒,自有神契。

憶楊梅

直是古樂府。

七言絕句

蛤公七絕超處似青蓮,練處似嘉州。

潘家園留別大化山人二首

除卻門外人,尚不知多少差別。

聞鐘

以仙筆寫禪意,祇覺飯顆山人之劣。

村居呂大同作三首

豁然竝露。

珠泉亭

一 "大珠""小珠",寫得踴躍,是珠還,是非珠。

四 此處著得一悔語,方不負領下之探。

青蓮洞

偏不說西來意,妙。

湘谿雜詩

對仗渾化初唐三昧,諸名境從此生色矣。

——以上釋本圔《湘谿詩集》卷二

遥和何屺瞻同人雨中送春

細玩味□方知是善學,盛唐纔有□□雅。

——蘇春《饑鳳集詩稿》卷二

春日吴山旅興

此四首較唐人"東風吹雨過青山",其雄壯清剛之處,此卻勝之。

——蘇春《饑鳳集詩稿》卷六

北墅竹枝詞

洞口桃花,漁郎難問津,劉子駿能無悒怏?

——王晫《北墅竹枝詞》

寄朱近修孝廉

參差錯落,如大珠小珠之落玉盤。

——王晫《尺牘偶存》卷上

答程婁東

蔡邕議論勝常,曰"讀王充《論衡》耳",客固邕之流亞歟?

——王晫《尺牘偶存》卷下

朱竹賦

艷彩陸離,時能見質,可稱"詩人之賦麗以則"。

——王晫《南惣文略》卷一

風雅體

擬風雅者,易祛庳靡,難臻和平。松溪性情所近,辭旨赴之,理絶研撫,而自然温厚,不徒以名物蒼質,音節佶屈,見其去古不遥。

松溪子

擬而後言，議而後動，松溪蓋自言其學如此。

——以上王晫《松溪漫興》卷一

憶王孫·寄董蒼水

三字句接得有力，下七字愈覺情深。

——王晫《峽流詞》卷上

鶯啼序·辛亥冬日同諸子陪周櫟園司農韓秋巖大令方與三孝廉泛舟西湖抵暮泊岸適袁蘀菴水部至自吳門櫟翁特爲治具復移棹中流深夜忘醉喜而賦此

長調每于換頭處生情生景，自有翠疊千峰、藍椏百頃之致，至其胸懷磊落，傲睨天地，故非淺人可及。

——王晫《峽流詞》卷下

卦變説

卦雖有交變，而總本於不易，說理明了，言無枝葉。

——翁照《賜書堂文稿》卷一

鳳車詞

唐時溫、韋稱才子，而韓、柳、李、杜反不與焉，以其獨能艷也。伯憩掞華披藻，艷才絶世，或以喁喁少之。予謂伯憩所歉者，非是也。伯憩世嬗勳爵，志在有爲，平原以不嗣遜抗爲憾，康樂以宗衮未述致嘅。其生平紆鬱，應自有在，若夫棄柔情而效莊語，非謝、陸所難也。

——吳棠禎《鳳車詞》

嶺南遊記

一氣貫下，絶代風神。

黔遊記

先總後散，一筆收來，曲折頓挫處絶無支蔓，故是作手。

伍子胥論

報父讐，是其正理。鞭舊君，是其逆天。一是一非，竟無着處。圖報于費無極，確當之論，千古無人見及者。讀史須如此斷之，足令伍大夫俛首無辭。

陽城論

凡事不近人情者，非聖賢中庸之道也。城既不娶，豈未讀"不孝有三"之章乎？未可爲世訓，足稱定評。

——以上徐浩《南州文鈔》卷一

遊戠山同徐減菴范聖木在中

兩事適得一義，結出妙絶。

過王遂東先生園居

搖魂動魄，如許纏綿，不特石破天荒，逗奇句也。

反騷

首六語已盡良月《惜梅吟》長篇矣，且陡然而起，得聞歌，輒喚之，致中消息至理，不特陳仲醇美人下場頭語也。

——以上《客旅紀遊集》嚴繩光《越秋唫》

賦

賦取材富而恐傷汎衍，貴詞麗而或嫌俳靡，故史公千秋軼才，不曉作賦。楊執戟嘗曰"長卿賦不是從人間來"，蓋難之也。覽兹集兩卷，體漢、魏之雅裁，發六朝之穎緒，洵足近追徐、庾，遠躔馬、楊矣。

——姚炳《蓫谿集》卷一

夏五登海峰閣觀雨

得唐調之俊爽。

——姚炳《蓫谿集》卷四

譜菜

李嶠多五字咏物詩，然佳處亦少。今讀蓫谿□十二章，可謂度越前人矣。

錢江夕眺

一起雄渾，絶似少陵得意句。

——以上姚炳《蓫谿集》卷六

七言律詩

彦暉七律真唐人體，與嘉、隆諸子大別，故妙。且聲調俱壯，鮮中、晚氣，可謂詩品踞最上矣。

烟霞洞

"僧廬""佛手"一聯尤出色。

冷泉亭

"鳴瀑"句説得到,五、六雋妙。

仙姥墩

此首尤妙,雖使劉文房爲之,不過如此。

夢謝亭

此首氣留色動。

八月十五夜待月不至

每於五、六得清句,此深得唐人七律三昧。

榆錢

殊品有神,俱不汎設。

蛛網

三、四大有意趣,雖抱甕,非汎設也。

山齋兀坐適童子送酒至

每題俱有物料,聲華、色澤二者兼之,真唐人作法,今人訝爲馬腫背矣。

恭祝聖壽一百韻進呈之作

此癸未南巡時所進祝詞,工麗華贍,允稱才士。宜其親承咫尺,面受温言,爲高文典册生色也。

——以上姚炳《蓀谿集》卷七

涼州詞

用意能融唐人佳處,而自露新致。

醉太平·劇飲口占

抵過伯倫短頌一篇。

——以上姚炳《蓀谿集》卷十二

歲暮雜詩偶用僻韻三十首

三唐無險韻律,韓、孟第古詩耳。今險韻詩滿長安,雖是習氣,然謹厚者亦復爲之,且倍增斌媚,所謂"才子影皆好,佳人背亦妍"也。若其奇健之氣,驅使詳洽,諧而不褻,戲而不虐(謔),同此無聊,獨得名作,東方先生豈甘草草處飢餓耶?

——尤侗《于京集》卷三

哀弦集

生倫死別，最易創感。況坎壈迭見，又中年易傷哀樂者耶？向讀《悼亡》諸作，備極痛悁，謂過于黃門遠甚。今讀哭子文并詩，則孟郊、顧況都集筆端矣。予每見悔菴輒相慰解，讀此，反不覺淚下，要是文能生情耳。毛大可評。

——尤侗《哀弦集》

大都亡

真可感嘆。

——尤侗《擬明史樂府》

外國竹枝詞

不意《婆羅》《塞上》之外，有此艷詞。

——尤侗《外國竹枝詞》

烏棲曲

初唐人合作。

白紵歌

綽有古情。

從軍行

不謂之盧、駱，得乎？

結俱得體得情。

採蓮曲

過于出相。

折入，妙妙。

王子安當此失色也。

少年行

麗語，從長吉濫觴。

真六朝調，非晚唐摩擬可比。

索性說盡，亦奇絕。

賽神曲

鄉俗行徑，以麗詞寫之，使我有故鄉之思。

七夕詞

即敘中諸意，流衍成篇，風流跌宕，樂天、夢得庶幾近之。

春曉行

春曉情景,歷歷寫出,沁心入肺,恨生平不能得此妙句。

早春同趙大遊靈巖山

起俱得體,自此一路饒勝情,使人如身入其地,應接不暇。即此一首,當今才士皆辟易矣。吾邑有木庵,豈非吾黨一長城耶?

春雨銅盤承漏歌

絕無少陵乞兒相。

結亦不腐。

逢趙泗濱兄弟飲

敘次俱見手筆。

五松歌飲梯雲叔五松亭醉後作

四顧酣適。

唐人絕調。

屋角薔薇曼衍斬竹爲架因賦此詩

古調閒情,一往入勝。

友人遺菊秧日曬黑內子使婢秉燭鍬泥親爲栽之予病初可未得助畚插事慨然賦此

樂事快事,王霸、梁鴻何堪專美在前耶?

意調參差入古。

接凡百句,更健捷。

苦熱寫悶反游仙詩三十二韻兼呈周亦韓

流麗激宕,勝郭景純五字多多矣。

舊人《昇天行》可不作矣,感慨係之。

白樂天童法亦好。

旅病對雪吟

起有興趣。

重應起處,俱見古法。

雨雜霰

古氣古調。

綠珠篇

奇論解頤。

鬏頭歌調謳者龍陽

長吉失色。

時事粀樂府。

錢樹子

微近刻薄。

廣陵吟 并序

奇極。

更奇絶。

起便妙。

述字一句奇。

一路迢遞,亦復何減白傅!

接入緩急徐疾,總合法度,于此始見盧、駱,高手。

此處接入四句更妙。

大海迴風,飄揚歷落,洋洋大篇。

結更不盡。

擬河成賦 并序

微步宋調,然論敘大意,固須如此。

章法音節,絡繹輻湊。

詞調凌厲,得《九章》之遺響。

蘭亭流觴曲水賦

通篇興會,全在于此。

一段古氣,磅礡不可一世。

可無"天朗氣清"之誚。

神來之句。

右軍微情,得此更暢。

愁賦 并序

可以形狀,賦寫故奇。

觸處皆見矣。

真可與《恨》《別》二賦相爲表裏。

以樂藥治之,真禁中方也。

燕巢賦 并序

江郎起調。

一路俱儁絶。

摩畫入細,所謂"體物溜亮"是也。

非沉涵六季,不能有此。

儁妙絶倫。

結意最妙,《三百》之遺也。

西湖賦

千秋麗質，矢口便見。

西湖面目，爲之一開。

妙句。

此一段尤不可少。

元夕觀燈賦

自當于齊、梁間高置一席。

較宋玉《美人》更爲齊整。

春遊賦 并序

要歸正大，賦體如是，不得以"道學"目之。

以五字起六代艷唱也。

遽有芊眠靡麗之態，元生賦才。

精鍊。

江淹、鮑照對此不覺失色。

接以古調，妙。

雜沓俱好。

此調始于六季，濫于初唐，後此莫鮮矣。

莊語愈好。

諾讐賦 并序

自信固然。

有好讐者，不可無好讐人者。

直入，好。

東西南北，佈置奇絶。

此段寫本質之美，無處不到。

此段寫粧成之麗，迥出塵寰。

讐至此已無賸矣，復寔指古人，虛該近代，仍非過情者，以諾之者深矣。

宋氏詼諧，不意千載後復見此文。

竹賦

即駢舉其類，小賦之最雋者。

兩層各有虛寔。

以名類起，以事類終，妙妙。

鴛鴦賦 并序

一何綺靡。

妙句。

鴛鴦只一點便了，何許神興！

梅花賦

唐賦之佳者。

馳情綿渺。

隱居賦并序

敍文皆有倫有脊。

跌宕開合，沉酣《楚·騷》，隨筆出之，皆成節奏。

——以上來式鐸《鬱瘆集》

古秋堂詩集序

論易處發前人所未發，定是不刊。脱胎于韓、歐諸大家，而學問識力過之。

書譜序

著意論書而意不在書。

吳縣志序代

局面大，力量大，方得此鴻篇。

楊屺園鄉飲序

發出化民成俗之至意，文有灝氣，固由識高，亦由養到。

畊餘草序

以引喻作正言，寓規諷意。

續舉鐸菴同仁會序

發“同仁”二字精義，勝讀《西銘》一篇，西村於立言中直兼立德、立功矣。

松筠會課序

識見必臻絶頂，議論必臻絶頂。

賀平陽王誠居夫子擢内閣學士兼少宗伯序

稱功誦德之詞，妙于不失身分，視與《上宰相書》相去遠矣。

朱拜石先生制藝序

譚理精而下筆老。

楊蔚公詩序

思舊之情，極其悲涼，而規諷之旨，又極剴切。

黃象一近詩序

論詩處精言可思，至理可參。

贈王生序

勸勉之意，溢于筆端。

——以上張永銓《閑存堂文集》卷一

孟子論文序上

論文處發前人未發之旨，文如萬斛珠泉，不擇地湧出。

孟子論文序下

朴實如家常話，此文之至者。

孝史序

寫出讀經之法，有功後學。文之博大精醇，置之大家集中，不可復辨。

關西趙氏兩世傳誌銘議集序代

高老精潔。

科舉文自序

科舉能壞心術，讀之可無慮此。

陳子萬哀哀吟序

古峭精潔，直臻神境，非貌似《公》《穀》者。

白沙古柏吳氏族譜序代

議論序事，俱臻絕頂。以喻作結，文有姿態。

潘有懷以得子爲壽序

題奇而文確。

任邑侯德政詩序

余與待菴交最深。其宰滬時，余客于滬亦最久。後在諫垣多建白，未究厥施，而溘先朝露。今讀此，爲之嗚咽。

一音和尚隨機録序

文有精銳之氣，所謂"光芒萬丈"者耶！

——以上張永銓《閑存堂文集》卷二

尊樂堂倡和詩序

步步引人入道，文之精卓不群，總由見理明而下筆透也。不談及詩，尤爲高絶。

壽邑令李鹿友序

此之謂善頌善禱。

學博王千子壽序代

論師道有關繫，似有爲而發。

姚江夏鏡止五十序

通篇將己伴説破，盡艱詞窠臼。

吕慕菴七十序

愈朴愈老。

王農山先生八十壽序代

極力鋪張，無應酬氣。

大司寇徐健菴先生六十序代

非此敘不足以傳，先生司寇萬世，絶大議論。

封通議大夫筠齋公七十壽序代

純作尚書體，此西村變格文字。

徐母周太君六十壽序

余客滬時，曾點次西崖詩。既聞其不禄，不勝人琴之感，毋以子傳不信然耶！

丁母李孺人五十序

絶似歐陽文忠公。

孫母沈孺人五十序

是婦可藉以不朽。

吳母楊孺人五十壽序

可備内史。

——以上張永銓《閑存堂文集》卷三

與同年北直學院楊賓實書

文正公之當配享文廟，實爲確議，書中詳明剴切，所當亟爲入告者也。

上大司馬范公書

與昌黎集中諸書識見較異，所謂"醇儒之言"者耶！

與同年修撰汪東山書

欲端士習，欲正人心，匪不平之鳴也，讀者辨之。

與同學諸子論文會書

示人讀書爲人實功，如大導師痛棒提喝，令人通身汗下。

與沈侶白書

平日有真實操持工夫，方能有此，實實勸勉文字，非口頭道學紙上名理也。父兄之教子弟之學，宜各書一通于座右。

——以上張永銓《閑存堂文集》卷四

天文論上

組織宋儒之理，以立言末歸到人上，即繫《易》之旨，有功名教之文，與《天官書》迥别。問答十三段，或詳或略，有層層剥入之妙。

天文論下

主意全在一結，法天之學，盡于此文。

人論上

將人獸關頭痛快言之，學者讀此，自不爲異端所惑，有功名教，端賴斯文。

人論下

極正大，極精實，又極奇闢，惟其得之學問者獨深，故其發之文章獨至。在朱子集中，方得此種精義。

性論

本性善立論，洗發理氣處，直得程、朱衣鉢。末示人下手工夫，可爲後學津梁。中三段俱用譬喻，文章虛妙處，亦談理名通處。

鬼神論

昔人謂"有去翳法，無予明法"，此篇從去惑上説，即此意也，是文之以側面作正面者。

——以上張永銓《閑存堂文集》卷五

重修微子墓碑記代

結以人心風俗自任，劇有關係。

重修松江府儒學碑記代

從來學記中無此大文字，韓潮耶？蘇海耶？賓門之講學耶，必傳何疑！

重修水月菴碑記代

文章必有一段發前人之所未發者，方見手眼獨闢。

重修法華菴碑記代

命意自高，立言有體。

重修上海縣城隍廟碑記

全從人事寫神功，是其學有源頭處，文之卷舒浩瀚，所不待言。

重修景范亭碑記代

下筆必有關于風俗人心，豈泛作者？

鹽城縣邑侯武公建通惠橋碑記

逐層洗發，武侯之惠政，賴文而傳。

松江郡侯謙菴魯公去思碑記代

氣似蘇長公。

——以上張永銓《閑存堂文集》卷六

遊皇姑寺記

事奇而論歸于正。前代妖尼之奇,無過唐賽兒,得此而兩。特一正一怪,則判然耳。讀此,可補《明史》之闕。

翠微山平坡寺記

觸處皆得正論,豈草草襲酈註、柳文作遊紀藍本者耶?

石景山記

後一段奇文宏漾,譬之遊山者水窮雲盡處,劃然改觀。

渡渾河記

竟是一篇"水利志",其詳贍處煞不可及。

馬鞍山萬壽寺戒壇記

此是遊記本色,至入戒壇後,別一蹊徑。

戒壇記

妙在前序戒壇制度,精晰不苟,以後便掉臂落落。

羅睺嶺記

摩寫險處如畫。

潭柘寺記

敘五事逐步轉變,驚心奪目。

隆恩寺記

將志與王季重書引作波瀾,是八家駕盧之法。

過街塔記

純以僧作點綴,大奇。

碧雲寺記

游者每以魏閹墓爲不平,讀此,當一笑置之。

香山來青軒記

有關係如此,何必不游?

臥佛寺婆羅樹記

爲婆羅樹記,爛熳生色。

洪光寺記

文之奇而有法者,雖畢力寫曲致,而文境倍豁,極意繪圖像,而文體愈方,故佳。

廣泉坐雨記

每即小以見大,是作者逍遙游處。

自玉泉山至高粱橋記

今之侍臣實有從西山題壁中遭逢睿覽而得之者,惜馬首之未能遽獻頌也。雖然，此書非即雄文之似者耶？

——以上張永銓《閑存堂文集》卷七

先祠記上
非仁孝之至，不能有此心；非仁孝之至，不能暢發此議。

先祠記二
直説到天地萬物爲一體，可以羽翼《西銘》。

蘆浦阡記
讀此，知清河氏之孝友睦婣，爲今日僅見。文之曲折灝渺，有韓潮蘇海之觀。

藏書樓記
作三段問答，有精義，有快論，真有功名教。

丁氏三世像記并贊
錯綜變化，史氏之遺。

鄭子采章像記
逐層剥入，一步深一步，得《公》《穀》之神者，結尤含蓄不盡。

荆妻金氏小像記有贊
敘事處似《史記》。

荆妻金氏後小像記有贊
讀二《記》，想見賢淑，彤史中亦僅見。

恒益堂記爲葵舒弟偕配倪孺人志祝
發揮經義，能令是堂不朽。

——以上張永銓《閑存堂文集》卷八

請復四壇祠議
極合先王神道設教之旨。

——張永銓《閑存堂文集》卷九

影菴山人傳
極雋潔中卻極濃腴，史遷而後一人。

二許先生合傳
兩人合傳，筆法似太史公。

閔内史傳
通篇以文作骨，可以想見其人，其下筆之分寸正自不苟。

泰安公傳

昔在樹滋堂中與弘軒訂交,心折其爲人。今讀是傳,覺當日神氣拂拂從十指中出,是文字中寫生手。

海蓬沈先生傳

純以《易》數描寫史文之妙于瑣碎者如此!

陸簡兮傳

敘事處酷似龍門。

周匪莪小傳

描寫俱有分寸。

瞿秋崖傳

文有關係,秋崖亦與俱傳。

仲弟玉藻小傳

"友于"之誼,不減"塤篪""常棣"。

——以上張永銓《閑存堂文集》卷十

子晉公墓表

詳敘實事,而能於閒處着筆,是史家文中潔而能腴處,着意在輯譜上立言有體。

鄉飲大賓顯考睿菴府君顯妣沈孺人行述

哀痛之情,勝讀《南陔》《白華》。

周節婦張氏旌門銘有序代

皆以風世立論,文有關係。

李潛菴墓誌銘

簡潔處勝于韓、歐。

銅蟹銘

托物寄興,足以移人。

酒斗銘

拳石勺水,實具五嶽四瀆之觀。

——以上張永銓《閑存堂文集》卷十一

勸富民助米施粥文代

立論有體,痛哭流涕之情,委曲詳盡。讀此文而不墮淚者,其人必不仁。

五十自箴文

學問愈深,刻責愈至,可以想見其人。

祭葉蒼巖文

忠節公剛大激烈之氣節，文能曲折傳之。

代先外祖祭陸儼若先生文

以讀《易》作柱子，非泛作誄詞者。

祭陸母姚太君文

文生于情，讀此可悟。

祭吳氏兩代合葬文

感慨係之。

祭銀臺元箸公文

此豈誄詞所能及？

——以上張永銓《閑存堂文集》卷十二

相者説

因術發出道來，爲愚人振鐸，爲術士下棒，文章之妙，酷似潮州。

徐孝女三割股説

此我鄉真孝女也，賴此文以傳，其辨論不媿良史。

百爵圖説

頌禱中寫出法戒，題之俗氣俱消，可謂小中見大。

書院粘壁語

如此，則舉業那得壞人心術？

牌解

發千古以上之人所未發，發千古以下之人所難發，如許小題，有如許奇觀，真是滴水而涵四海，拳石而具五嶽者，吾不測其心思靈妙何以至此？

骰解

極小題，命意極大，立論極精，引證極確，覺柳州《序碁》《序飲》諸篇真嚼蠟矣。

平北寇頌有序

堪與《平淮西碑》頡頏千古。

募建祛瘟醮壇疏代

似繪《流民圖》。

募砌吳淞閘口石街疏

縱筆所之，無往非提撕警惺人語，總是學有淵源也。

募鑄大士座後鏡疏

似棒喝語。

續舉惜字會疏

言簡而義精。

——以上張永銓《閑存堂文集》卷十三

告范文正公詞

醇儒之言。

題翎花草冊贈王穎長邑侯

立言有體。

題卓文君當鑪圖

抑揚操縱處,得文家三昧。

楊子客吳草題詞

婉切淋漓,妙于含蓄不露。

題臨蘇字冊後

心愈虛,學愈至,於此可驗。

西崖近草題詞

有逸趣。

題畫

無中生有。

題張程二君行樂圖

文中有畫,得子長神髓。

書郭學士撰連侍御殉節傳後

簡潔明淨。

家君七十徵言引

爲四六而仍屬大家。

連御史殉節誄有小序

文有正大之氣,足令侍御不朽。

先外祖敬脩公像贊有序

序、贊俱極有體。

題嚴子閬耕圖小像

借題指點。

趙承哉像贊有小序

跌宕。

題簡兮小照

是簡兮輕世肆志之心,不獨肖其貌,直肖其神矣。

顧公培像贊

就學佛者點化，仍是吾儒無邪蔽詩之旨。

高蕡洲像贊 有小序

頭頭是道。

三江考

詳核而當，過《水經註》。

——以上張永銓《閑存堂文集》卷十四

天

諸詩直欲屈《天問》，作"升天""氣出"諸唱。

擬虞舜卿雲歌

與《紫芝》伯仲。

青青河畔艸

"綠楊"語，愁絕。

坐月

格高而致深，真所謂意其內而象其外。

登雲龍山

頸聯是崔司勳登臨高句，結更神遠。

穉月登洪鳳山之孔觀亭望呂梁舟行

窮目於望外，故悠胅有會處，復而高警。

桃葉渡

正如桃葉初渡江時。

春三月過漏澤園見白骨蔽野心甚約之及穉再過則禾黍在望矣賦此志懷

通體沈雄激宕，若聲溢于辭、情溢于句者，是少陵嘔筆。

翻書

以直見紗，是趙壹一種。

賦詩

灝胅在溟渤之外。

古別離

其一　酷似隋帝《江南》諸調，其情致則又與簡文相近。

其五　子夜讀曲，尚無此掩倚。

其六　六曲自作首尾，齊梁風格，概見于此，是江淹《古別離》變曲。

無題

一起即具清歌奈何之況。

村居

三、四即境甚細，結見寄託，然故自忠厚。

送謝升之秇試

清壯中如許娟麗。

再遇

六章俱從空設造，《三百篇》以後，鮮此章法。

登崔雲橫書樓

如孟襄陽《臨洞庭》作。

宿豐南蘭若

通體疏靚，其風指在吳興、河間之間。

過明妃故里

真欲媿殺一世。

過都亢陂

感得隱深。

宿天寧寺

即境澹靜，故多所領致。

秇興

其二　清雄激壯，意旨沈而格調闊，全是工部。

十二之夜全承江吴父母季丈暨秇水社諸子泛舟分得秇字

其三　豪情勝游，合少陵《渼陂》長歌、青蓮《洞庭》短絕，裁作三律。

晉州道中偶感和壁上韻

結得沉痛。

述懷

對此芒芒，不覺百端交集。

登寶雲寺塔

與"三山半落""晴川歷歷"諸句爭去幾許。

秇日懷李彭年

三首宛轉沈壯，覺停之已踈落月之尚薄。

賦得徵書下五雲

初唐燕、許後，較難此種。

即事

諸詩見撫字之深。

擬古

雄深綺麗,多所寄託,是將以詹事之調發工部之嘅。

塞雲

體物最工,所謂以意爲卷舒,而隨物可得。

龝意

頷句具顧盼不堪之況。

衡水橋

高瞻遠望中寄託何許!

望家信

總寫得"望"字出。神思萬緒,一氣迸下,覺五十六字外,猶有未盡。

唐碑

不許觀索靖碑者,坐臥其下。

過水月菴

旨與境竝寓。

頷聯水月互見無跡。

過鄭州感賦

俱從神魂駭惕處寫出。

穌王鶴菴柱史望華韻

與少陵《望嶽》爭去幾許。

崔顥《黃鶴樓》爲今古絕調,至"岧嶤太華"作,便自不勝,以分力不加於華也。二詩開壯處,恰與題稱。

過咸陽諸陵

俯仰有餘。

過楊妃墓

亟其隱惻。

後二語括《長恨》一傳。

穌程翼老贈韻

格律高隱。

關山古意七十韻

幽奇弸彲,委曲駘宕,合少陵《北征》、昌黎《南山》爲一詩。

刻劃盡山水之勝。

《詩品》每有稱原本《楚辭》者,此當是原本淮南《招隱士》一首。

端陽感賦

只肯後點意,中四皆作鋪設,而轉折自足,所謂以四實爲四虛者,此是也。

蘭州歸夢

説夢過晳，則醒後愈不堪矣。

調高而旨深。

皋蘭接邸報戲賦

忼愾沈壯，意旨澗略，在盛唐諸家，亦唯老杜有此。

二首于登車攬轡外，別具骯髒。

其二　渭水、秦關、九宵、夏縣，何許感寄，此故以激壯見其旨達。

二首通讀乃盡致。

過遮陽嶺用黃參政韻

寫得幽久，所謂突于目而觸于指。

龢王鶴菴韻

疏麗，是嘉州合作。

都中見妓飲煙

刻劃雅細，賦情如賦物，政以宛晰見絶，此齊梁舊格。

旅舍鳳僊花紅白相間戲拈

刻劃瑣細，而準於大雅。

祀竈

莊既不失，諧亦自異。

迎春

可作《歲時記》餘。

剪甲

抒寫工麗，結句割慁處，如許雅令。

元宵

何處不寂歷？

東邨即事

于懷恨中遇之。

往返恒陽自夏又春佳景空過感賦

直作敘次，然摶結起伏，自爲首尾，此律家創格。

東赴饒陽

於三、四境中具如許氣象，五、六接後，那得不沉壯！

過博陵爲崔氏解嘲

雅解。

過冀州題石氏廢園

勝讀《連昌》長句。

癸巳穭遊温泉讀廣陵陸氏詩以嘗湯腸爲韻□其易俗饒陽道上勉穌
十有二首所謂未能免俗聊復爾爾

其十二　如許雅押，不必窮奇索僻，而自爾澹永，温泉勝地，需此倡和。

望都城

浩然得高雲盤盤之概。

醮聚五方語言各異戲拈

調笑自令。

雨後

通體雅靚，結句復感慨隱深。

悔做官

皆從得力後悔出。

望信

是何許望？

聽黄鸝

淺語自深。

鵲

諸詠物詩總是以刻劃見勝，然難此工麗。

自做

四首具見自分。

小來

笑宋子未工。

險言

咄咄逼人。

游西山

顧盼自得。

——以上朱虚《于園集》

到京日王阮亭先生以酒見招

王右丞“聖代無隱者，英靈盡來歸”，是此詩起四句氣象。

——宗元鼎《新柳堂集》卷三中

與閻百詩論《釋地》書

經學日出而日晦，此正士君子憂患之際，明知辯則多異同，然不得不爾。
書中諸條，皆老實商量，庶使説經者無穿鑿之弊，雖百詩爲今之康成，然令親見《聖證論》，亦未必不慨然稱博篤矣。

——馮景《解春集》卷二

柴處士元配張孺人傳

序閨閣中絮語，如聞其聲，豈非神筆？

——馮景《解春集》卷三

周正改時論十

周政改時，人亦能言之。特以爲倡，自文考便自獨闢，且能使六經、三傳諸書無不貫徹，真通儒也。往讀《周本紀》，疑改元受命，故自有之，稱王更朔，尚少左証。而論中確確有據如是，始知善讀書者，凡六季以前俱不當偶忽一字。觀此，不益信乎？

——馮景《解春集》卷六上

孔光論

巨君以草屬光，皆從削藁來，此真千古明斷之言。

光武遷呂太后廟主議

後幅真《繁露》之文。

——以上馮景《解春集》卷六下

任四邦

青巖律全取氣韻，雖轆轤交比，順逆相生，往得裁量，而涵情渾融，抒辭簡質，直以柴桑之情發襄陽之調。

——阮元《兩浙輶軒錄》卷三

朱德蓉

趙璧詩總是雅飭。《上巳》一詩，浩落有勝情。

——阮元《兩浙輶軒錄》卷四十

渡京口

極似謝惠連《西陵》、沈約《新安》《江水》諸詩。

過大梁哭東園夫子留寄紫庭侍御

知己之感，反復沈摯，比之咏生存華屋句，尤爲慷慨。

慷慨行答虞山徐天英兼呈郭桐園明府

瀏灘趺盪，不信太白後復見此詩。

渡滹沱河和友人韻

轆轤推挽，奕奕有氣。

甲子秋與毛子德鄰同應京兆試被放德鄰南旋賦詩四章留別諸同人步韻述懷以當驪歌

對伏渾化，而無抽孅之跡。

同李太史丹壑世臺踏燈即事口號竹枝詞四首

列落多趣。往與沈客子爲此詞而遜其美，讀此，當使延陵、吳興亦復有瑜亮之嘆。

蔡太史方麓先生奉命編纂春秋奉賀

頌美親切，知高文典册原非襲詞。

曹太史峨嵋先生招飲觀劇遇雨遂留宿清齋兼贈長君武歌

風流自殊。

——以上吳闡思《北游草》

《周易自得編圖説》

寅字甲庵，蕭山人，錢塘生員。入本朝，高隱不出，常流寓淮安，著《易、春秋自得編》。

——朱彝尊《經義考》卷六十五

姜氏鏡《書經見解》

姜鏡，字翼龍，山陰人。萬曆癸未進士，歷官廣東布政使。

——朱彝尊《經義考》卷九十

來氏汝賢《虞書解》

菲泉來氏汝賢，蕭山人，嘉靖壬辰進士。

——朱彝尊《經義考》卷九十三

王氏復禮《孝經備考》

復禮，山陰人，文成公五世孫，人稱爲草堂先生。

——朱彝尊《經義考》卷二百三十

王氏復禮《二經彙刻》

草堂取《孝經》《大學》諸家改本會萃刊之。

——朱彝尊《經義考》卷二百五十一

《禮緯》

《王制》正義引《禮緯》文云"三年一祫,五年一禘",群儒因之爭論不休,皆此二語啓之。

——朱彝尊《經義考》卷二百六十五

《孝經雜緯》

《禮記正義》引《孝經緯》文云:"后稷爲天地之主,文王爲五帝之宗。后稷配天地於南北郊,文王配五帝於明堂。"群儒爭南北郊并爭祭地北郊、祭昊天上帝與五帝於明堂,聚訟不已,皆本此文。

——朱彝尊《經義考》卷二百六十七

毛奇齡散佚殘句輯補

陸節婦傳

陸守訓母也。青年守志，族人利其產。一日，誘孤至柳巷刃之，忽後有呼殺人者，迴視，則黃衣道貌者也。因竄去，孤傷左頰，血蒙面仆地。黃衣出藥塗之，扶孤扣母門。母急訊故，轉瞬不知所之，乃以爲神也。於是謀所以遠害者，僦母家居焉。躬自課讀，長爲之婚，復故居，恢先業，子姓繁昌，苦節之報也。

【按】文見《（雍正）浙江通志》卷二百十。節婦徐氏，蕭山人陸道見妻，陸守訓母。

《鹿園詩集》序

鹿園七律高瞰天門，俯視江海，如庾公踞牀、元龍入室，傲岸充斥，觀者震動。

【按】文見《（光緒）餘姚縣志》卷十七《藝文上》。史在朋，字晉生，號鹿園，浙江餘姚人。諸生，受業於黃道周。著有《鹿園詩草》。《（光緒）餘姚縣志》卷十七："案，《越郡詩選》誤作'在明'。張廷枚曰：在朋少爲諸生，受業於黃漳浦。時漳浦方祭告禹陵，以詩文爲贄，漳浦器之，曰：'今之杜牧之也。'賦詩贈之。後在朋以志節見重鄉里，論者謂黃門之有在朋，猶蕺山之有姜希轍云。"①

---

① 《（光緒）餘姚縣志》卷十七，清光緒二十五年刻本。

《經鋤堂詩集》序

臨一胸具六藝，出雋俠之氣，而行以疏灝。往往詞流氣泱，言餘於志，非近代舉業家殫力揣摩、偶效吟詠者所能到也。

【按】文見《（同治）湖州府志》卷六十，《（光緒）歸安縣志》卷二十二亦載。吳寬，字臨一，浙江歸安人。康熙二十九年舉人。著有《經鋤堂詩集》。

與某書

彼者，偏各相左，殊爲悵惘。渡江能速來，想相見亦不遠也。尊詩急欲請教，自當通讀，以報□命。但老衰日至，恐稽遲几案，妨刻事也。容另面道種種。曼兄稿完上，祈查收之，不一一。弟奇齡頓首叩。

【按】文見故宮博物院書畫部藏"明清名人手札詩翰册·毛奇齡"（新00177735-32/47）。原無題，據意擬補。此札"彼者"上當有闕文。係與另一札粘在一起，粘貼之跡明顯，行文上下亦不屬。

毛奇齡佚文存目

河女之章

毛奇齡《蕭山縣誌刊誤》卷三："予少與包二先生飲和、蔡子伯、沈七子先儗《慕歌》《河女之章》《小海唱》三題，各製樂府。"①知毛奇齡曾作《河女之章》。蔡仲光《謙齋詩集》卷一《河女之章》注曰："河女者，曹盱女娥也。"②單隆周《雪園詩賦初集》卷一《河女之章》，題下注曰："悲孝女也。"③知《河女之章》爲詠曹娥作。但現存毛奇齡《西河合集》及他書均未見，蓋已佚。

《梅市倡和詩》序

毛奇齡《梅市倡和詩鈔稿書後》："《梅市倡和詩抄稿》者，閨秀黄皆令女君所抄稿也。皆令自梅市還歸明湖，過予室人阿何於城東里居，其外人楊子命予選皆令詩，而别録皆令與梅市所倡和者爲一集，因有斯稿。蓋順治十五年也。既而李子兼汝已刻《梅市倡和詩》，復命予序，則此稿遂不取去，遺簏中久矣。"④"李子兼汝"即李甲，字兼汝，浙江蕭山人。葉廷琯《鷗陂漁話》卷三《楊大瓢之父遣戍事》："……慈谿魏耕爲兵部侍郎張煌言結客浙東西，班孫留之寓山，或經年不去。先府君亦時時過寓山，與耕語。當是時，浙東名士競以氣節相尚，蕭山李甲、歸安錢纘曾與班孫，皆耕之所主也。"⑤知《梅市倡和詩》爲李甲所刻，毛奇齡爲作序。因李甲與祁班孫於康熙元年同戍寧古

---

① （清）毛奇齡：《蕭山縣誌刊誤》卷三"晉夏統"條，載《西河合集》，清康熙五十九年刻本。
② （清）蔡仲光：《謙齋詩集》卷一，清咸豐三年篤慶堂刻本。
③ （清）單隆周：《雪園詩賦初集》卷一，清康熙刻本。
④ （清）毛奇齡：《西河合集·書後》，清康熙五十九年刻本。
⑤ （清）葉廷琯：《鷗陂漁話》卷三，清同治九年刻本。

塔,故而《梅市倡和詩》刊刻時間必在順治十六年至十八年間,毛序亦當作於此際。

桃枝詞

毛奇齡《調笑令·馮二》序云:"馮二,馬洲當壚者也。倩鍾子由解姓《桃枝詞》,而就姓焉。姓渡江行,不得從。按,《桃枝詞》,今亡。二,名絃。"①

王百朋《梅花詩》敘

王錫《嘯竹堂集》卷首毛奇齡序:"予嘗與百朋論詩,喜其卓犖大雅,不因時習爲詭隨。曾敘其所爲《梅花詩》百首,以見大意。"②知毛奇齡曾爲弟子王錫《梅花詩》作序。

挽大章公

陳粲等續修《蕭山唐里陳氏宗譜》卷首目録載"挽大章公……毛奇齡"。知陳大章卒後,毛奇齡爲文挽之。但此文正文未載,或闕或佚。

---

① (清)毛奇齡:《西河合集·填詞四》,清康熙五十九年刻本。
② (清)王錫:《嘯竹堂集》卷首,清康熙三十五年刻本。

參 考 文 獻

一、毛奇齡著作

毛奇齡:《西河合集》,清康熙五十九年刻本。

毛奇齡:《毛西河先生全集》,清嘉慶元年刊本。

黄運泰、毛奇齡同撰:《越郡詩選》,清順治刻本。

毛甡:《毛西河論定西廂記》,清康熙十五年浙江學者堂刻本。

毛甡:《瀨中集》,清康熙刻本。

毛甡:《當樓集》,清抄本。

毛甡:《桂枝集》,清康熙刻本。

毛甡:《兼本雜録》,清康熙十七年刻本。

毛奇齡:《古今通韻》,清康熙二十三年史館刊本。

毛奇齡:《西河文選》,清康熙三十五年刻本。

毛奇齡:《西河前後集》,清康熙刻《名家詩鈔》本。

毛奇齡輯:《曼殊留視圖》,清刻本。

毛奇齡:《四書正事括略》,清道光二十年蕭山沈豫蛾術堂刻本。

毛奇齡:《四書改錯》,清嘉慶十六年金孝柏學圃重刊本,《續修四庫全書》經部第 165 册,上海古籍出版社,2002 年。

毛奇齡著,胡春麗點校:《四書改錯》,華東師范大學出版社,2015 年。

二、別集與總集

丁克振:《迂庵改存草》,清道光五年刻本。

丁澎:《扶荔堂詩集選》《扶荔堂文集選》,清康熙五十五年文芸館刻本,《清代詩文集彙編》第 78 册,上海古籍出版社,2010 年。

王士禛:《居易録》,清康熙四十年刻雍正年間印本。

王士禛:《帶經堂集》,清康熙四十九至五十年程哲七略書堂刻本,《清代詩文集彙編》第 134 册,上海古籍出版社,2010 年。

王士禛:《漁洋山人感舊集》,清乾隆十七年刻本,上海古籍出版社影印,2014 年。

王先吉:《容安軒詩鈔》,清康熙十七年刻本。

王步青:《己山先生文集》,清乾隆敦復堂刻本。

王奐:《倚樹堂詩選》,清康熙四十二年刻本。

王言:《古希集》,清康熙間刻本。

王時憲:《性影集》,清康熙五十年刻本。

王崇炳:《金華文略》,清康熙四十八年蘭溪唐氏刻乾隆七年金華夏之正修補本,《四庫全書存目叢書》集部第 395 册,齊魯書社,1997 年。

王晫:《霞舉堂集》,清康熙刻本,《清代詩文集彙編》第 144 册,上海古籍出版社,2010 年。

王晫:《蘭言集》,清康熙霞舉堂自刻本。

王煐著,宋健整理:《王南村集》,天津古籍出版社,2015 年。

王嗣槐:《桂山堂文選》,清康熙青筠閣刻本,《清代詩文集彙編》第 73 册,上海古籍出版社,2010 年。

王端淑:《映然子吟紅集》,清刻本,《清代詩文集彙編》第 82 册,上海古籍出版社,2010 年。

王端履:《重論文齋筆録》,清道光二十六年授宜堂刻本。

王錫:《嘯竹堂集》,清康熙三十五年刻本。

尤侗:《西堂文集》《西堂詩集》,清康熙二十五年刻本,《清代詩文集彙編》第 65 册,上海古籍出版社,2010 年。

尤侗:《艮齋雜説》,清康熙刻《西堂全集》本,《續修四庫全書》子部第 1136 册,上海古籍出版社,2002 年。

毛先舒:《毛馳黄集》,清初刻本。

毛遠公:《菽畹集》,清康熙刻本。

方象瑛:《健松齋集》《健松齋續集》,清康熙間世美堂刻康熙四十年續刻本,《四庫全書存目叢書》集部第 241 册,齊魯書社,1997 年。

左如芬:《纕芷閣遺稿》,清康熙刻本。

平一貫:《珠山集》,清康熙間刻本。

田易:《天南一峰集》,清康熙間刻本。

朱虚:《于園集》,清初刻本。

朱國漢、丁之賢著,何梅編:《綏安二布衣詩》,舊鈔本。

朱樟:《鹿野詩草》,清康熙三十八年刻本。

朱彝尊:《曝書亭集》,民國八年上海商務印書館四部叢刊景清康熙五十三年刻本。

朱鶴齡著,虞思徵點校:《愚庵小集》,華東師範大學出版社,2010 年。

延豐:《重修兩浙鹽法志》,清同治刻本。

任辰旦:《介和堂集》,清抄本,《清代詩文集彙編》第 84 冊,上海古籍出版社,2010 年。

全祖望著,朱鑄禹彙校集注:《全祖望集彙校集注》,上海古籍出版社,2000 年。

李孚青:《野香亭集》,清康熙刻本。

李澄中:《白雲村文集》,清康熙刻本,《四庫全書存目叢書》集部第 250 冊。

李澄中:《臥象山房詩正集》《臥象山房賦集》,清康熙刻本,《四庫全書存目叢書》集部第 250 冊,齊魯書社,1997 年。

李興祖:《課慎堂文集》《課慎堂詩集》,清康熙三十二年江樓閣刻本,《清代詩文集彙編》第 184 冊,上海古籍出版社,2010 年。

李鐸:《武林臨民錄》,清康熙三十四年杭州府刻本。

李鐸:《越州臨民錄》,清康熙三十一年刻本。

吳焯:《藥園詩稿》,清康熙五十年刻本。

吳遐齡:《韻切指歸》,清康熙四十九年吳之玠刻本。

吳農祥:《梧園詩文集》,清稿本。

吳農祥:《梧園詩選》,清丁氏嘉惠堂抄本。

吳蕭公:《街南續集》,清康熙程士琦、程士璋等刻本,《清代詩文集彙編》第 101 冊,上海古籍出版社,2010 年。

吳震方:《讀書正音》,《四庫全書存目叢書》經部第 203 冊,齊魯書社,1997 年。

吳闡思:《北游草》《秋影園詩》,清康熙刻本。

吳騫著,虞坤林點校:《愚谷文存》,浙江古籍出版社,2016 年。

汪琬:《堯峰文鈔》,清康熙刻本。

沈季友:《南疑集》,清康熙刻本。

沈胤范:《采山堂近詩選》《采山堂二集》,清康熙五十三年刻本。

沈堡:《步陵詩鈔》,清康熙刻本。

沈堡:《洛思山農駢枝集》,清抄本。

沈堡:《嘉會堂集》,清康熙刻本。

沈堡:《漁莊晚唱》,清乾隆十九年刻本。

沈堡:《漁莊詩艸》,清康熙刻本。

沈堡:《瀞桐詞》,清乾隆刻本。

沈善世:《集句詩》,清乾隆間寫刻本。

邵廷采著,祝鴻傑點校:《思復堂文集》,浙江古籍出版社,1987 年。

邵長蘅:《青門旅稿》,清康熙三十九年毗陵邵氏青門草堂刻本。

來式鐸:《鬱瘳集》,清刻本。

金史:《無雙譜》,清康熙刻本。

金埴:《不下帶編》,清稿本。

金埴:《鏚門吟帶》,清稿本。

金烺:《綺霞詞二編》,清康熙間觀文堂刻本。

周金然著,金菊園整理:《周金然集》,復旦大學出版社,2016 年。

周起渭:《桐埜詩集》,清康熙五十五年刻本。

宗元鼎:《宗定九新柳堂集》,清康熙刻本。

屈大均:《屈翁山詩集》,清康熙刻本。

孟遠:《孟次微集》,清刻本。

孟遠:《傭庵北游集》,清抄本。

孟騄:《筍莊詩鈔》,清康熙刻本。

胡應麟撰,徐肇元輯:《石羊生詩稿》,清康熙研露齋刻本。

茹泰:《漫興篇》,清康熙十五年刻本。

施閏章著,何廣善、楊應芹校點:《施愚山集》,黃山書社,2018 年。

施閏章:《越游草》,清順治間刻本。

姜希轍:《兩水亭餘稿》,清康熙十六年刻本。

姜承烈:《樂志堂文鈔》,清康熙刻本。

姚之駰:《類林新詠》,清康熙四十七年錢塘姚之駰刻本。

姚炳:《蓰谿集》,清抄本。

姚炳:《詩識名解》,清康熙四十七年刻本。

索芬:《晴雲書屋唱和詩》,清康熙刻本。

夏文彥:《圖繪寶鑒》,元至正刻本。

倪宗正:《倪小野先生全集》,清康熙四十九年清暉樓刻本,《四庫全書存目叢書》集部第 58 冊,齊魯書社,1997 年。

徐旭旦:《世經堂初集》,清康熙四十八年刻本。

徐旭旦:《世經堂詩文集》,清康熙五十一年重刻本。

徐釚：《南州草堂集》，清康熙三十四年刻本，《清代詩文集彙編》第 141 册，上海古籍出版社，2010 年。

徐浩：《南州文鈔》，清南州草堂刻本。

徐浩：《南州草堂詩文》，清康熙四十二年南州草堂刻本。

徐堅：《初學記》，清光緒孔氏三十三萬卷堂本。

徐嘉炎：《抱經齋詩集》，清康熙三十八年刻本，《四庫全書存目叢書》集部第 250 册，齊魯書社，1997 年。

翁照：《賜書堂詩稿》《賜書堂文稿》，清乾隆十六年刻本。

郭茂倩：《樂府詩》，《四部叢刊》景汲古閣本。

唐彪：《家塾教學法》《父師善誘法》，清康熙刻本。

陸次雲：《玉山詞》，清康熙綠蔭堂刻本。

陸圻：《威鳳堂文集》，清康熙間刻本。

陸棻：《雅坪詞譜》，清康熙二十六年刻本。

陸棻：《雅坪詩稿》《雅坪文稿》，清康熙四十七年陸凌勛傳經閣刻本，《清代詩文集彙編》第 119 册，上海古籍出版社，2010 年。

陳至言：《菀青集》，清康熙四十八年陳氏芝泉堂刻本，《四庫全書存目叢書補編》第 6 册，齊魯書社，2001 年。

陳枚輯：《憑山閣彙輯四六留青采珍集》，清康熙四十二年憑山閣刻本。

陳鼎：《留溪外傳》，清康熙三十七年自刻本。

陳維崧：《陳檢討四六》，清文淵閣《四庫全書》本。

陳維崧：《湖海樓詩稿》，清刻本。

陳確：《乾初先生遺集》，清餐霞軒鈔本。

陶宗儀著，徐永明、楊光輝整理：《陶宗儀集》，浙江人民出版社，2014 年。

孫大志：《松鱗集》，清康熙五十年刻本。

孫之騄：《枝語》，《四庫全書存目叢書》子部第 116 册，齊魯書社，1997 年。

孫治：《孫宇台集》，清康熙二十三年孫孝楨刻本，《四庫禁燬書叢刊》集部第 148 册，北京出版社，1998 年。

黄媛貞、黄媛介著，趙青整理：《黄媛貞黄媛介合集》，浙江古籍出版社，2021 年。

梅枝鳳：《東渚詩集》，清嘉慶滿聽樓刻本，《清代詩文集彙編》第 54 册，上海古籍出版社，2010 年。

章大來：《墟中十八咏》，清康熙四十一年刻本。

章藻功：《思綺堂文集》，清康熙六十一年刻本。

商景蘭：《商夫人錦囊集》，清道光十五年刻本。

梁佩蘭著，呂永光校點補輯：《六瑩堂集・二集》，中山大學出版社，1992 年。

梁清標：《棠村詞》，《清詞珍本叢刊》第三冊，鳳凰出版社，2007 年。

張以恒：《客越近詠》，清稿本。

張永銓：《閒存堂詩集》《閒存堂文集》，清康熙刻本，《清代詩文集彙編》第 152 冊，上海古籍出版社，2010 年。

張岱：《西湖夢尋》，清光緒九年刻本。

張岱著，俞平伯校點：《陶庵夢憶》，樸社，1932 年。

張岱著，欒保群注：《嫏嬛文集》，故宮出版社，2012 年。

張遠：《梅莊集》，清康熙刻本，《四庫全書存目叢書補編》第 79 冊，齊魯書社，2001 年。

張衡：《聽雲閣雷琴篇》，清光緒二十年景州李氏刻本，《清代詩文集彙編》第 109 冊，上海古籍出版社，2010 年。

博爾都：《東皋唱和詩》，清康熙三十五年刻本

博爾都：《問亭詩集》，清康熙三十五年刻本，《清代詩文集彙編》第 172 冊，上海古籍出版社，2010 年。

彭而述：《讀史亭詩集》，清康熙四十七年彭始搏刻本，《四庫全書存目叢書》集部第 200 冊，齊魯書社，1997 年。

董俞：《玉鳧詞》，載《清名家詞》第三卷，上海書店，1982 年。

單隆周：《雪園詩賦初集》《二集》，清康熙刻本。

馮躬暨：《湖上倡和詩》，清康熙刻本。

馮景：《有道集》，清康熙刻本。

馮景：《解春集文鈔》《解春集詩鈔》，清乾隆盧氏刻《抱經堂叢書》本，《清代詩文集彙編》第 182 冊，上海古籍出版社，2010 年。

馮景：《解春集》，清康熙刻本。

費錫璜、沈用濟輯：《漢詩說》，清康熙刻本，《四庫全書存目叢書》集部第 409 冊，齊魯書社，1997 年。

趙吉士纂編、盧宜彙輯：《續表忠記》，清康熙三十四年趙氏寄園刻本。

趙沈壎：《老竹軒詩》，清稿本。

蔣楛：《天涯詩鈔》，清康熙三十三年丘如升刻本。

蔡文：《懷許堂續集》，清刻本。

蔡仲光：《謙齋詩文集》，清咸豐三年篤慶堂刻本，《清代詩文集彙編》第 43 冊，上海古籍出版社，2010 年。

鄭元慶：《家禮經典參同》，稿本。

劉謙吉:《雪作鬚眉詩鈔》,清康熙四十二年刻本。

劉儼:《西陵詠》,清康熙刻本。

諸匡鼎:《今文大篇》,清康熙諸氏説詩堂刻本。

諸匡鼎:《今文短篇》,清康熙刻本。

諸匡鼎:《説詩堂集》,清康熙刻本,《四庫全書存目叢書》集部第 211 册,齊魯書社,1997 年。

駱復旦:《至樂堂詩鈔》,清康熙四年刻本。

駱復旦:《桐蔭堂詩鈔》,清康熙十四年刻本。

駱賓王:《臨海集》,清康熙四十六年黄之琦覺非齋刻本。

錢士馨:《甲申傳信録(外四種)》,文津出版社,2020 年。

錢价人:《河渭間集選》,清刻本。

錢芳標:《湘瑟詞》,清康熙刻本。

錢泉:《東勝紀勝》,清康熙刻本。

錢霍:《望舒樓詩集》,清康熙二十一年刻本。

獨孤微生:《泊齋别録》,清鈔本。

戴彦鎔:《越州詩存》,清康熙刻本。

魏畊:《雪翁詩集》,民國《四明叢書》本。

顓圖:《投珠集》,清刻本。

蘇春:《饑鳳集詩稿》,清康熙刻本。

嚴繩光:《越秋唫》,載《客旅紀遊集》,清初刊本。

龐塏:《叢碧山房詩三集》《叢碧山房詩四集》,清康熙六十年刻本,《清代詩文集彙編》第 155 册,上海古籍出版社,2010 年。

釋元璟:《完玉堂詩集》,清初刻本,《清代詩文集彙編》第 195 册,上海古籍出版社,2010 年。

釋本圖:《湘谿詩集》,清運甓齋稿本。

顧如華:《顧西巘先生合稿》,清康熙二年刻本。

王晫:《千秋雅調》,清康熙刻本。

王晫:《今世説》,清康熙二十二年霞舉堂刻本。

王端淑輯:《名媛詩緯初編》,清康熙間清音堂刻本。

平步青:《霞外攟屑》,民國六年刻《香雪崦叢書》本。

朱士稚、錢纘曾全選:《吳越詩選》,清初冠山堂刻本。

朱彝尊:《静志居詩話》,清嘉慶扶荔山房刻本。

阮元:《文選樓藏書記》,清越縵堂鈔本。

阮元:《兩浙輶軒録補遺》,清嘉慶刻本。

阮元、楊秉初等輯，夏勇等整理：《兩浙輶軒録》，浙江古籍出版社，2012 年。

阮葵生：《茶餘客話》，清光緒十四年本。

李慈銘：《越縵堂讀書記》，上海書店出版社，2000 年。

吳騫、羅振玉輯：《東江遺事》，民國二十四年石印本。

汪文柏：《汪柯庭彙刻賓朋詩》，清康熙三十一年汪文柏刻本。

汪文柏：《柯庭餘習》，清康熙四十四年刻本。

汪學金：《婁東詩派》，清嘉慶九年詩志齋刻本。

沈季友：《檇李詩繫》，清康熙四十九年刻本。

周亮工、周在浚輯：《賴古堂尺牘新鈔三選結鄰集》，清康熙九年周氏賴古堂刻本。

法式善：《清秘述聞》，清嘉慶四年刻本。

徐世昌：《晚晴簃詩匯》，民國退耕堂刻本。

徐釚：《本事詩》，清乾隆二十二年半松書屋刻本。

浙江士民輯：《布澤編》，清康熙刻本。

陶元藻輯，蔣寅點校：《全浙詩話》，浙江古籍出版社，2017 年。

黃始輯評：《聽嚶堂選翰苑英華》，清康熙二十三年寶翰樓刻本。

黃傳祖輯：《扶輪廣集》，清順治刻本。

鄂爾泰：《詞林典故》，清文淵閣《四庫全書》本。

商盤：《越風初編》，清乾隆三十七年刻本。

梁章鉅著，劉葉秋、苑育新校注：《浪跡三談》，福建人民出版社，1985 年。

張庚：《國朝畫徵録》，清乾隆刻本。

張嘉楨：《兩浙名藩蔣憲臺輿頌編》，清康熙三十五年刻本。

張潮編，王定勇點校：《尺牘友聲集》，黃山書社，2019 年。

葉昌熾：《緣督廬日記抄》，民國石印本。

程栗、施誯選：《鼓吹新編》，清順治間金閶沈定宇刻本。

鄒祇謨、王士禎輯：《倚聲初集》，清順治十七年刻本。

馮金伯：《國朝畫識》，清道光刻本。

楊賓：《尺牘新編丁集》，清抄本。

楊鍾羲：《雪橋詩話》，民國《求恕齋叢刻》本。

《署全浙提憲藍公德政留愛編》，清康熙筆意山房刻本。

魯燮光：《蕭山叢書》，清魯氏壺隱居抄本。

潘衍桐：《兩浙輶軒續録》，清光緒十七年浙江書局刻本。

魏耕、錢价人仝選：《今詩粹》，清順治十七年刻本。

羅振玉著,蕭文立編校:《雪堂類稿》,遼寧教育出版社,2003年。

釋道鏡、釋善道輯:《念佛鏡》,清光緒十年刻本。

三、方　　志

嘉泰《會稽志》,清文淵閣《四庫全書》本。

成化《杭州府志》,明成化十一年刻本。

嘉靖《蕭山縣志》,明嘉靖刻本。

萬曆《杭州府志》,明萬曆刻本。

康熙《蕭山縣志》,清康熙十一年刊本。

雍正《浙江通志》,清文淵閣《四庫全書》本。

雍正《四川通志》,清文淵閣《四庫全書》本。

乾隆《江南通志》,清文淵閣《四庫全書》本。

乾隆《紹興府志》,清乾隆五十七年刊本。

乾隆《杭州府志》,清乾隆刻本。

乾隆《諸暨縣志》,清乾隆三十八年刻本。

乾隆《蕭山縣志》,清乾隆十六年刊本。

乾隆《臨汾縣志》,清乾隆四十四年刻本。

乾隆《建寧縣志》,清乾隆二十四年刻本。

嘉慶《大清一統志》,清文淵閣《四庫全書》本。

嘉慶《高郵州志》,清道光二十五年范鳳諧等重校刊本。

嘉慶《義烏縣志》,清嘉慶七年刊本。

道光《蘇州府志》,清道光四年刻本。

道光《貴陽府志》,清咸豐刻本。

道光《武康縣志》,清道光九年刊本。

道光《重修寶應縣志》,清道光二十年刻本。

同治《廣信府志》,清同治十二年刻本。

同治《湖州府志》,清同治十三年刊本。

同治《蘇州府志》,清光緒九年刊本。

同治《上海縣志》,清同治十一年刊本。

光緒《江西通志》,清光緒七年刻本。

光緒《重修安徽通志》,清光緒四年刻本。

光緒《處州府志》,清光緒三年刊本。

光緒《淮安府志》,清光緒十年刊本。

光緒《武進陽湖縣志》,清光緒五年刻本。

光緒《餘姚縣志》,清光緒二十五年刻本。

光緒《遂昌縣志》,清光緒二十二年刊本。

光緒《北流縣志》,清光緒六年刊本。

光緒《歸安縣誌》,清光緒八年刊本。

民國《杭州府志》,民國十一年刊本。

民國《吳縣志》,民國二十二年鉛印本。

民國《臨汾縣志》,民國二十二年鉛印本。

民國《寶應縣志》,民國二十一年鉛印本。

民國《蕭山縣志稿》,民國二十四年鉛印本。

四、家譜及年譜

毛蕭亭等續修:《蕭山毛氏宗譜》,清道光二十六年爵德堂木活字本。

丁南生等續修:《蕭山丁氏家譜》,民國二十一年木活字本。

史晉等續修:《蕭山史氏世譜》,清光緒十八年木活字本。

沈荇等續修:《蕭山長巷沈氏續修宗譜》,清光緒十九年木活字本。

沈順根等續修:《蕭山汀頭沈氏宗譜》,民國三十六年承肅堂木活字本。

王洪源等續修:《蕭山王氏家譜》,清乾隆二十年木活字本。

單世基等續修:《蕭山單氏家譜》,民國十一年燕詒堂續修木活字本。

劉瑞高等續修:《蕭山崇化劉氏宗譜》,民國壬戌年德馨堂木活字本。

陳錫鈞等續修:《蕭山長浜陳氏宗譜》,清同治十一年敬睦堂本。

陳燊等續修:《蕭山唐里陳氏宗譜》,清道光十六年六望堂木活字本。

林鳳岐等續修:《蕭山東門林氏宗譜》,清光緒二十三年友慶堂木活字本。

鮑憲陶等續修:《蕭山長潭鮑氏宗譜》,民國六年承啓堂木活字本。

施世堂等續修:《蕭山新田施氏宗譜》,清光緒二十六年敦睦堂木活字本。

周家楨等續修:《蕭山來蘇周氏宗譜》,清光緒十五年木活字本。

汪震等續修:《蕭山汪氏宗譜》,民國二十三年集慶堂木活字本。

章行言等續修:《蕭山章氏家譜》,民國三十六年續修本。

郎師夔等續修:《蕭山郎氏宗譜》,清光緒二十八年壬寅詒穀堂木活字本。

於世璜等續修：《蕭山於氏宗譜》，民國八年敦敍堂木活字本。

田廷耀等續修：《蕭山道源田氏宗譜》，清道光十七年紫荆堂木活字本。

朱城等續修《蕭山瓜瀝朱氏宗譜》，清道光七年崇本堂木活字本。

瞿無疆等續修：《蕭山大橋瞿氏宗譜》，清道光二十七年永思堂木活字本。

朱仙嘉等續修：《蕭邑桃源朱氏宗譜》，清光緒二十三年追遠堂藏木活字本。

趙引修等續修：《蕭山趙氏家譜》，清光緒二十二年丙申追遠堂木活字本。

張景燾等續修：《重修登榮張氏族譜》，清道光二十年木活字本。

于肇麟等續修：《蕭山于氏宗譜》，清光緒四年佑啟堂木活字印本。

陳水堂等主編：《山陰天樂傅墩陳氏宗譜》，2014 年。

孫虞聖等續修：《山陰天樂孫氏宗譜》，民國十八年續修木活字本。

宋汝楫等續修：《山陰江頭宋氏世譜》，清咸豐十一年木活字本。

杜家駒、杜夢飛等續修：《峴西杜氏宗譜》，民國十六年木活字本。

朱榮等續修：《乾隆秀水朱氏家譜》，清咸豐三年刻本。

金烺等續修：《山陰賢莊金氏家譜》，清康熙四十一年刻本。

姜錫桓等續修：《姜氏世譜》，民國六年刻本。

吳隱等續修：《山陰州山吳氏族譜》，民國十三年刻本。

王士禎撰、惠棟注補：《漁洋山人自撰年譜》，清乾隆二十二年紅豆齋刻本。

卞僧慧：《呂留良年譜長編》，中華書局，2003 年。

方良：《錢謙益年譜》，中國書籍出版社，2013 年。

任道斌：《方以智年譜》，安徽教育出版社，1983 年。

李聖華：《方文年譜》，人民文學出版社，2007 年。

李維松：《蕭山宗譜知見錄》，浙江人民出版社，2020 年。

汪超宏：《宋琬年譜》，人民文學出版社，2010 年。

宋健：《王南村年譜》，天津古籍出版社，2017 年。

周絢隆：《陳維崧年譜》，復旦大學出版社，2021 年。

胡春麗：《毛奇齡年譜》，復旦大學出版社，2021 年。

胡春麗：《汪懋麟年譜》，復旦大學出版社，2014 年。

施念曾：《施愚山先生年譜》，《北京圖書館藏珍本年譜叢刊》第 74 冊，北京圖書館出版社，1999 年。

姚名達：《邵念魯年譜》，復旦大學出版社，2023 年。

徐朔方：《晚明戲曲家年譜》，浙江古籍出版社，1993 年。

陳斌、林新萍:《清初詩人費錫璜簡譜》,《古籍研究》總第 65 卷,鳳凰出版社,2017 年 6 月。

黃涌泉:《陳洪綬年譜》,人民美術出版社,1960 年。

章培恒:《洪昇年譜》,上海古籍出版社,1979 年。

張宗友:《朱彝尊年譜》,鳳凰出版社,2014 年。

張體雲:《張英年譜》,安徽人民出版社,2017 年。

鄔慶時:《屈大均年譜》,廣東人民出版社,2006 年。

馮其庸、葉君遠:《吳梅村年譜》,江蘇古籍出版社,1990 年。

蔣寅:《王漁洋事跡徵略》,人民文學出版社,2001 年。

韓系同:《毛西河先生年譜》(殘本),平步青抄本。

五、其　　他

房玄齡等:《晉書》,中華書局,1974 年。

劉昫:《舊唐書》,中華書局,2011 年。

張廷玉等:《明史》,中華書局,1974 年。

巴泰等:《清實錄》,中華書局,1985 年。

《康熙起居注》,中華書局,1984 年。

趙爾巽等:《清史稿》,中華書局,1977 年。

蔣國祥、蔣國祚:《合刻南唐書》,清康熙刻本。

《清文獻通考》,清文淵閣《四庫全書》本。

《清續文獻通考》,民國景《十通》本。

《續通志》,清文淵閣《四庫全書》本。

蔣良騏撰,林樹惠、傅貴九點校:《東華錄》,中華書局,1980 年。

王先謙:《東華錄》,清光緒十年長沙王氏刻本。

徐鼒:《小腆紀傳》,清光緒金陵刻本。

溫睿臨:《南疆逸史》,清傅氏長恩閣鈔本。

陳垣:《釋氏疑年錄》,中華書局,1964 年。

錢大昕:《疑年錄》,清嘉慶刻本。

祁理孫:《奕慶藏書樓書目》,清抄本。

朱彝尊:《經義考》,清文淵閣《四庫全書》本。

丁仁:《八千卷樓書目》,民國本。

永瑢等:《四庫全書總目提要》,中華書局,1981 年。

朱保炯、謝沛霖編:《明清進士題名碑錄索引》,上海古籍出版社,1980年。

錢實甫編:《清代職官年表》,中華書局,1980年。

楊廷福、楊同甫編:《清人室名別稱字號索引》,上海古籍出版社,1988年。

周叔迦:《釋家藝文提要》,北京古籍出版社,2004年。

江慶柏編著:《清代人物生卒年表》,人民文學出版社,2005年。

張慧劍編:《明清江蘇文人年表》,上海古籍出版社,2008年。

《小長蘆館集帖》,廣東人民出版社,2016年。

黃裳:《掌上的煙雲》,華東師範大學出版社,1998年。

黃裳:《來燕榭讀書記》,遼寧教育出版社,2001年。

張堃、朱岫雲、蔣祖勳、夏家驤選注:《歷代詩人詠富陽》,政協富陽縣文史資料委員會、富陽縣文聯、富陽縣文物館編印,内部發行,1990年。

蔣星煜:《〈西廂記〉的文獻學研究》,上海古籍出版社,1997年。

馮蒸:《趙蔭棠音韻學藏書臺北目睹記——兼論現存的等韻學古籍》,載氏著《漢語音韻學論文集》,首都師範大學出版社,1997年。

謝正光、佘汝豐:《清初人選清初詩彙考》,南京大學出版社,1998年。

黃季鴻:《明清〈西廂記〉研究》,東北師範大學出版社,2006年。

傅小凡、謝清果主編:《朱子理學與武夷山文化》,廈門大學出版社,2008年。

伏滌修、伏濛濛輯校:《西廂記資料彙編》,黃山書社,2012年。

束景南:《王陽明佚文輯考編年》,上海古籍出版社,2015年。

郭英德、李志遠纂箋:《明清戲曲序跋纂箋》,人民文學出版社,2021年。

黃強、申玲燕:《徐旭旦〈世經堂初集〉抄襲之作述考》,《文學遺產》2012年第1期。

黃強:《徐旭旦〈世經堂詞鈔〉中抄襲之作考》,《文獻》2015年第3期。

楊緒容:《碧筠齋本:今知最早的〈西廂記〉批點本》,《文獻》2018年第2期。

胡春麗:《〈明季杭州登樓社考〉補考》,《江南社會歷史評論》第16期,2020年10月。

人名索引（按姓氏拼音排序）

A

愛新覺羅·博爾都（博問亭） 143，144

愛新覺羅·索芬（索太僕） 144—146，149

B

包秉德 2，3，13，14，112，170，261，265，271，277

鮑叔牙 75

C

蔡文 292

蔡仲光 2—5，14，30，41，48，51，112，170，331

柴紹炳 17，123，287

柴世基 123

柴世疆 123，124

柴世埏 123

柴世堯 123

陳何 49，51—54

陳弘祖 115

陳洪綬 45，46，71，280

陳際泰 66

陳濟生 27，37

陳繼儒 66

陳津 115

陳居中 70，71

陳慶 115

陳陛之 208

陳繩祖 231

陳維崧 79，88，90，103，215

陳至言 85，90，145，151，152，154，204，205，228

程棟 26，27，31，32，37，38

D

戴彥鎔 196，229

丁灝（丁勖菴） 182，183

丁恢七 118

丁浚 202，203

丁克揚 50

丁克振 50，51，265，268，270，276，279，281—284

丁夢芝 50，51，267

丁澎 17，18，29，62，90，284，285

丁一蕙（丁迪吉） 15

丁之賢 233，234

杜秉琳 244

杜惟熙 243，244

346

F

范礽　83，267

方象瑛　94，95，104，127，133，191

費錫璜　191，230

馮景（馮山公）　88，131，178——180，182，184，185，191，326

馮溥　102，127，217

馮協一　127

傅宗　170，272

G

葛太君　25，26

顧樵　27

顧如華　287

顧炎武　102，178

H

韓逢庥　89

韓日昌　112

杭世駿　11

何任炎　90，152

何文煒　47，48

何之杰　13，41，90，152，262，266，269，272，277，280

何倬炎　85，152

何紫翔　39——41

胡應麟　168，169

黃應官　59

黃媛介　32，33，52——54，198

黃運泰　12——25，28，50，51，263，266，269，273，278——280

黃宗炎　14，15，265，277

J

賈從淮　128，129

賈從誼　128

賈從哲　128

姜承烈　86，87，119，120，268

姜啓　104

姜廷梧　29，262，265，268，276，280

姜圖南　266，270，278

姜希轍　130，287，329

姜垚　145

姜兆禎　83

蔣國祥　134，142，143

蔣國祚　134，135，142

蔣毓英　134，135，142，146，147

金烺　287，297

金史　166，167

金鎮　54，55

金埴　129，166，191，288——291

L

來蕃　14，170，265，269，270

來式鐸　312

藍理　148，149

郎應祥　238

李伯時　44，45

李長祥　42

李澄中　100，102——104，292

李鐸　122，138

李孚青　158，159

李塨　249

李甲　331

李天馥　92，102，134，217

李興祖　96，97，292

梁清標　104，293

林鳴珮　141

林楠　141

留正　138，139

劉恭　76

劉謙吉　293

劉儼　125，126

劉有奇　76

鎦姬　39，41

盧宜　135，136

陸埏　17，18

陸次雲　293

陸弘定　104

陸嘉淑　88

陸堦　17，18

陸進　55

陸君暘　78—80，82，83

陸奎勛　203

陸培　17，18

陸圻　17，18，31，170

陸茱　54，90

陸墀　17

陸予敬　22，23

陸垣　17

陸運昌　17

陸志熙　23

呂洪烈　272，277

羅京　56

羅振玉　10

駱賓王　209，210，225

駱復旦　86，87，176，265，268，
　285，286

駱襄錦　132

M

馬如龍　138

毛觀齡　174

毛桓　208

毛際可　90，94，133，191

毛萬齡　112，268，270，276

毛文輝　213，216，220，221

毛文龍　6，10—12

毛先舒　17，18，66

毛以澳　207，208

毛遠公　48，145，146，149，150，
　281

毛遠圖　184

毛遠宗　191，216

毛宗文　130，131

梅清　117

梅堯臣　117

梅枝鳳　116—118，293，294

孟騄　214，215

孟遠　86，87，103，214，215

莫蕙先　81

莫時荃　240

N

倪繼宗　227

倪之煌　48

倪宗正　226，227

聶先　103

P

龐塏　231

彭而述　222，223

彭始搏　223

平一貫　177，178

Q

瞿俊生　163，164

祁班孫　28，30，42，43，263，266，
　269，272，274，277，279，280，331

祁德茞　263，267，279，281

祁鴻孫　79，264，271

祁理孫　262，266

錢泳　131，132，197，198

錢霨　83，214，270

錢价人（錢瞻百）　29—33，39—42

錢肅潤　32，133

錢纘曾　26，27，87，331

欽蘭　23

全祖望　136，137，221

R

任辰旦　24，73，75，83，84，104，
　112

任四邦　326

茹泰　297

S

單隆周　3，5，24，41，74，262，
　266，269，272，274，277，331

商景蘭　30，33，52，53

邵長蘅（邵子湘）　87，88

邵懷棠　65，69，265

邵廷采　252，297

沈堡　170，171，201，202

沈菜　54

沈功宗　39—41，170，171，263，266

沈季友　54，298，299

沈佳　232

沈三讓　61

沈善世　203，204

沈天聞　61

沈胤范　214，262，266，268，271，
　276

沈用濟　165，230，231

沈禹錫　2—4，14，112，170，171，
　272，277

沈之鼎　61

沈鍾　215

施端教　48，131

施美　93

施閏章　13，17，28，29，32，33，55，
　62，68，88，117，118，193，247

施諢　26，27，31，32，37，38

史繼善　36

史廷柏　36，51，185，186

史在朋　329

釋本圍　301，304

釋道鏡　152

釋海岳　191

釋善道　152

釋元暉（鑒公）　130

釋元璟　120，121

釋元立　191

宋德宜　23

宋嘉評　43，44

宋犖　88，90，131，171，178

宋民表　44

宋民豪　44

宋實穎　62，90，255

蘇春　188，247，248，304

孫大志　238

孫萬全　108

孫維仁　108
孫文孝　107，108
孫之騄　241
孫治　17

T

太皇太后　114
唐彪　160，213
陶宗儀　70，71
田惟祜　139
田易　175，176
田自遠　175，176

W

汪霦　127，171
汪楫　88
汪烈女　150，151
汪懋麟　90
汪琬　178，223
汪文柏　124，191
汪煦　206
王崇炳　213，225，226，244
王端履　205，206
王端淑　33—36，278
王復禮　229，230
王奐　187
王驥德　66，68，69，83
王時憲　242
王鉽(聲遠公)　236，237
王士禎　1，4，5，37，88，90，121，128，167，247
王嗣槐　133
王錫　140，145，165，191，208，232，332
王先吉　111，112
王掞　208
王煐　171，172
王正儒(鴻資)　24，25，270，275
王晫　38，92，124，130，131，133，172，190，191，304，305
王宗炎　205
魏耕(魏畊、魏雪竇)　26，27，29—33，39—43，87，331
翁照　195，235，305
吴闡思　104—106，327
吴焯　165，232
吴陳琰　191
吴理禎　42，43
吴沐　85，144，145
吴農祥　143，144
吴騫　10，11
吴卿禎(雲章)　43，51
吴升　85，144，145
吴棠禎　305
吴遐齡　224
吴興祚　69
吴震方　193，194
吴儀一　130，131，191
吴允嘉　130，131，191
伍子胥　2—5，305

X

奚岡　11
徐浩　306
徐緘　29，42，152，214，261，264，267，271，274，278，280
徐明德　109，110
徐釚　33，34，62，79，127，191

徐崧　276

徐渭　67—69，86，149

徐咸清　132，166，167，179，192，
　193

徐旭旦　253，255，256

徐旭升　255

徐胤定　267，273，280

徐允哲（西崖）　81

徐昭華　104，132

徐肇元　168，169

Y

夏禹　1—3

閻若璩　179

嚴繩光　306

楊賓　55，314

姚炳　191，211，212，217，232，
　241，306，307

姚際恒　211，212，217

姚啓聖　93

姚文熊　84，85

姚之駰　191，217，232，242

葉雷生　29，266，268，274，280

葉穆濟　128，129

尤侗　23，62，90，171，307，308

於善　177

虞意　16

禹之鼎　171

袁駿　62，63

惲日初　12，14

Z

曾燦　82

查禮南　239

查應光　239

章鑣　246

章大來　212，213，252

章大正　245

章世顯　245

章文俊　245，246

章應龍　245

張潮　172，191

張岱　23，39

張德蕙　53，273

張衡　89—91

張錦　195

張曼殊　103，104，106，172

張敏　161—163，165

張杉　24，42，49，62，69，179，
　262，266，269，272，277

張梯　170，261，264，267，275，279

張文彬　213，216，220，221

張文楚　213，216，220，221

張文蘦　213，216，220，221，240

張錫懌　79，81

張新標　48

張彥之　87

張以恒　116

張奕光　191

張永銓　312—315，317—321

張遠　85，126，145，171

張宗觀　86，262

趙誠　200

趙沈壎　173，191

趙文璧　201

趙之鼎　200

趙之璜　200

趙之灝　200

鄭元慶 204，205，240

智朗明淳 153

周宸 154

周鼎泰 236

周金然 106，107

周京 130，131

周起渭 218

周清原 102，215

周世傑 127

周宜 154

周在浚 66，90，142，143

周之麟 235

周之冕 256

朱霈 234

朱德蓉 53，273，278，326

朱國漢 233，234

朱國祚 157，158

朱鶴齡 81，293

朱慶一 44

朱士稚 26—28，86，87，262，263，

270，275，276

朱霞 234

朱襄 165，232

朱虛 59，325

朱彝尊 90，95，104，131，157，158，165，171，202，204，232，251，327，328

朱宸 189，190

朱有燉 68

朱在鎬 81

朱樟 151，165

朱兹受（朱道人） 72，73

諸九鼎 197

諸匡鼎 65，167，173，191，197，198

顓圖 244，245

宗元鼎 325

鄒震謙 62，63

左如芬 84，85

後　　記

　　我對毛奇齡的研究，已將近二十年。自 2007 年在朱師維錚指導下，開始撰寫博士學位論文"毛奇齡與清初《四書》學"，我在閱讀毛奇齡著述及其交游文集的過程中，已知毛氏集外佚文所在多有，便開始留意搜輯毛氏佚文。2010 年入職復旦大學出版社以來，我在完成繁重的編輯工作之餘，對毛奇齡的研究從未中輟，相繼完成《毛奇齡年譜》的撰寫和《毛奇齡全集》的整理。作爲整理毛氏全集的題中應有之義，全面輯録毛氏佚文，事在必爲，否則"全集"不全，有名不副實之嫌。爲此，我制定了查找毛氏佚文的計劃。首先，查閲毛奇齡早年單刻諸小集，輯録其中爲《西河合集》摒棄之文；其次，以毛奇齡交游圈爲中心，翻檢其交游的別集，輯録各別集中毛奇齡所作序跋；再次，查閲清初詩文總集，輯録毛氏早年佚文佚詩；復次，翻閲清人尺牘、方志，輯録毛氏佚札佚文；又次，在"家譜樹"上搜閲清代紹興府各家譜，重點是蕭山、山陰兩縣的家譜，輯録家譜中的毛氏佚文；最後，查閲各博物館所藏清人書畫、信札，輯録毛氏書畫題跋及佚札。經過這種"竭澤而漁"式的搜輯，毛氏佚文數目已有 200 餘篇，初具一本書的雛形。2022 年 4、5 月間，因疫情而家居，我得以專心對毛氏佚文予以考證編年，辨析真僞。2023 年夏，我以"毛奇齡佚文輯考編年"爲題申請國家社科基金後期資助，獲得立項。此書即是該課題的結項成果。

　　感謝國家社科基金後期資助項目評審專家、結項鑒定專家對本項目的肯定，以及提出的寶貴意見，使本書趨臻完善。但最應感恩的人，非朱師維錚莫屬。在鄭州大學歷史系讀碩士期間，我選修了楊天宇老師的"中國經學史"課程，課外閱讀朱師所著《中國經學史十講》，深爲朱師的卓識與犀利折服，遂決定報考朱師"中國經學史"方向博士研究生。入學不久，我選擇中國經學史上的"怪人"毛奇齡作爲研究對象，獲得朱師首肯，並指示治學門徑。奈何我博士畢業未久，朱師遠赴玉樓之召。而今，我所致力的毛奇齡研究也算取得了一點點成績，權以此書告慰朱師的在天之靈吧。

　　清前期的古籍兼具文獻與文物的雙重屬性，深納於海內外各圖書館、博物館、檔案館之中，索閱不易。其中的甘苦，相信每一位從事古代學術的研究者都心有戚戚。拙著能夠順利完成，與圖書館界、學界和出版界諸位師友的慷慨襄助是分不開的，"功勞簿"上必須有他們的名字。首先要感謝浙江古籍出版社編輯路偉先生、祖胤蛟先生，他們幫助我查找毛氏佚文、散佚評語數十篇（條）。中國科學院羅琳老師應我之請，發來釋本圖《湘谿詩集》的PDF。杭州市蕭山區歷史學會陳志根先生、李維松先生，杭州市蕭山區地方志辦公室汪志華先生，熱心代查蕭山各家譜中的幾篇毛氏佚文。紹興阮建根先生，至今未曾謀面，慷慨惠賜山陰家譜數部。復旦大學古籍所在讀博士生鄭凌峰同學曾數次代為查閱複製毛氏佚文，復旦大學歷史系在讀博士生李宗輯代為查找毛氏稿本。故宮博物院喬娜女史、天一閣博物院李開升先生、復旦大學圖書館羊凱江先生、南京圖書館韓超先生、山東圖書館胡培培女史、紹興圖書館李弘先生和唐薇女史、杭州圖書館彭喜雙女史、蕭山圖書館劉冰女史、中國社會科學院劉躍進先生、中國科學院文獻情報中心莫曉霞女史、臺灣政治大學陳逢源先生、湖南大學羅琴女史、陝西師範大學李勝振先生、南京師範大學鄧曉東先生、人民文學出版社杜廣學先生和董岑仕女史、胡愚先生、查玉強先生，亦曾為查找毛氏佚文提供各種惠助。清華大學周絢隆先生以師長兼作者兼曾經的同行，遇有疑難，我時時向其請益，答疑解惑，助我頗多。故宮博物院書畫部所藏毛奇齡佚文全係手稿，極難辨認，復旦大學王亮先生乃書法名家，熱心協助辨識，浙江古籍出版社副編審路偉先生、上海人民出版社編審張鈺翰師弟亦曾協助辨認。拙著主體完成後，浙江人民美術出版社編輯吳嘉龍先生代為通校。古籍中常有疑難字打不出來，同事楊騏不厭其煩地代為造字。以上諸位師友、同門、同事給予的種種惠助，在此一並致以誠摯的感謝！

十餘年來，所輯毛氏佚文，隨輯隨發，先後發表 10 篇有關毛奇齡佚文佚詩的考證文章，感謝各期刊執事的青眼與辛勤編輯。感謝師弟張鈺翰，助我實多。數年來，遇有毛氏佚文，即拍照發我。項目申請時，力為蓋章推薦。項目結項出版，又親任責任編輯。感謝上海人民出版社助理編輯陳蓁蓁女史，她工作認真負責，辛苦核對全書引文。兒子博益在北京讀大學，數次在國家圖書館幫我查閱、複制佚文，又代為錄入文字，儼然成了我的學術助手。

如此興師動衆，"上窮碧落下黃泉"，並不能説明拙著已完美無缺，遺珠之憾，在所難免。亟盼大雅君子，多有遞補為感。

甲辰壯月，自識於滬上三餘齋。

圖書在版編目(CIP)數據

毛奇齡佚文輯考編年 / 胡春麗著. -- 上海 ：上海
人民出版社, 2025. -- ISBN 978-7-208-19396-3

Ⅰ. Z424.9

中國國家版本館 CIP 數據核字第 20256QR036 號

責任編輯　張鈺翰　陳蓁蓁
封面設計　夏　芳

毛奇齡佚文輯考編年

胡春麗　著

出　　版　上海人民出版社
　　　　　（201101　上海市閔行區號景路 159 弄 C 座）
發　　行　上海人民出版社發行中心
印　　刷　上海商務聯西印刷有限公司
開　　本　720×1000　1/16
印　　張　23.5
插　　頁　6
字　　數　393,000
版　　次　2025 年 4 月第 1 版
印　　次　2025 年 4 月第 1 次印刷
ISBN 978 - 7 - 208 - 19396 - 3/K · 3466
定　　價　128.00 圓